全部わかる

大相撲ガイド

成美堂出版

若手実力派が台頭、相撲界にも変化が

今、大相撲は通算勝星1105・幕内優勝41回という前人未到の記録を持つ白鵬ひとり相撲の様相を見せている。そんな中、貴景勝《たかけいしょう》（写真）、御嶽海《みたけうみ》、阿武咲《おうのしょう》、北勝富士《ほくとふじ》ら若手力士たちが次トップの座をうかがおうとしている。新しい時代の幕開けをひかえ、大相撲も世代の交代期を迎えている。そんな相撲のダイナミズムを、本書を通して広く、深く、楽しんでいただきたい。

もくじ

序章 大相撲の1年と本場所

第一章 取組のすべて

第二章　相撲の勝負

第三章　相撲界を支える人々

第四章　力士の日常

第五章 土俵という世界

第六章 文化としての相撲

資料・データ

序章

大相撲の1年と本場所

本場所は1年間に6回で、それぞれ15日間。
毎日およそ180ほどの取組が組まれる。
ここでは大相撲の年間スケジュールや行事、
本場所の進み方を紹介し、相撲観戦に招待しよう。

相撲界の12ヶ月
相撲歳時記

1月

・稽古《けいこ》始め

・**明治神宮奉納土俵入り《めいじじんぐうほうのう》**（一月場所前恒例、5日〜8日頃）
相撲の1年の始まりともいうべき行事で、「手数入り《でずい》」とよばれる横綱《よこづな》土俵入りが見もの。

・**横綱審議委員会《よこづなしんぎいいんかい》の稽古総見《そうけん》**（非公開）

一月場所（初場所　東京両国・国技館）
まだまだ正月気分も抜けきらないうちに初日《しょにち》を迎えることもあり、華やかな雰囲気に彩られる。

力士《りきし》はもとより、関係者すべてが何かと忙しい1月、「相撲界の正月は初場所後」といわれるゆえんであろう。

2月

・**節分豆まき** 各地の神社仏閣で、力士を招いての豆まきが行われる。

・**日本大相撲トーナメント**（上旬の日曜日）
フジテレビジョンが勧進元《かんじんもと》を務める花相撲。初っ切り《しょっきり》やOB相撲などのお楽しみも。

・**NHK福祉大相撲**（原則として11日）
NHKとNHK厚生文化事業団が主催、日本相撲協会の全面協力のもと、国技館で行われるチャリティー興行（1968年〜）。取組のほか、プロ歌手と歌う力士の姿も大人気。

・**白鵬杯世界少年相撲大会**
横綱白鵬が世話人を務める国際親善交流相撲大会（国技館）で、2019年、9回目を迎えた。現役力士も参加し、無料で観覧できる。

・**力士の健康診断**

3月

三月場所（春場所・大阪場所　大阪府立体育会館〈エディオンアリーナ大阪〉）
初日5日前に前夜祭が行われる。

・卒業シーズンとあって大量の新弟子が入門するため、三月場所は「就職場所」ともよばれる。

三月場所は「お水取り、大阪場所、センバツで関西に春が来る」といわれる関西の風物詩。

4月

・**春巡業** 三月場所が終わったら、桜前線を追うように関西〜中部東海〜関東を中心に地方巡業。

・**伊勢神宮奉納相撲**
春巡業の一環として伊勢神宮《いせじんぐう》で行われる奉納相撲。見ものは、色鮮やかな化粧廻し《けしょうまわし》をしめた力士たちが宇治橋《うじばし》を渡って内宮《ないくう》に入る「宇治川渡り」。

・**靖国《やすくに》神社奉納相撲** 同じく春巡業の一環として行われる。

餅つき（12〜2月）
相撲部屋が地元のイベントなどに参加して行われる

廻《え》向院《こういん》の 相撲はじまる 松の内
と正岡子規《まさおかしき》の俳句に詠われる初場所、「お水取り、大阪場所、センバツで関西に春が来る」といい習わされる大阪場所……。番付発表のニュースを見ては「ああ、もう秋場所か」「九州場所か、今年も残り少なくなってきたなあ」などと季節を感じる。大相撲は、季節の風物詩として日々の暮らしに定着している。

相撲のメイン・イベントは奇数月、年に6回行われる本場所だが、それ以外にも相撲にまつわる行事は少なくない。相撲部屋ごとの行事も多彩である。

節分豆まき大会（2月）
節分には、力士を招いて豆まきをする神社仏閣が少なくない。浅草浅草寺《あさくさせんそうじ》、成田山新勝寺《なりたさんしんしょうじ》など、人気力士が大集合するところも。写真は横綱による成田山新勝寺の豆まき

5月

・**両国にぎわい祭り**（4～5月）
街をあげてのイベントで、両国駅～国技館界隈に力士によるちゃんこ屋台が出、国技館では仕度《したく》部屋などが見られるバックヤードツアーが行われるなど、相撲の街が盛り上がる。

五月場所（夏場所　東京両国・国技館）

・**横綱審議委員会の稽古総見**（4月下旬～5月上旬）
五月場所前の稽古総見のみ、無料で一般に公開される。

6月

・**稽古、合宿、旅行など**
部屋ごとにさまざまなメニューが組まれる。行司は相撲字の、呼出は太鼓や呼び上げの特訓、床山は大銀杏の鍛錬など、裏方さんの稽古月でもある。

> 巡業やイベントの少ない月で、海外公演や後援会員と一緒に海外旅行などをする部屋もある。

7月

七月場所（名古屋場所　愛知県立体育館）
初日3日前に前夜祭が行われる。暑い時期の熱戦は、今も「熱帯場所」の名にふさわしいものがある。日が高いので優勝パレードがよく見えるメリットもある。

8月

・**夏巡業**
七月場所が終わったら8月中旬に至るまで、東北・北海道地方を中心に長期にわたる地方巡業。

・力士の健康診断

> 夏合宿が行われたり、夏休みを利用して部屋の開放をしたりする部屋もある。

9月

・**横綱審議委員会の稽古総見**（非公開）

九月場所（秋場所　東京両国・国技館）

10月

・**全日本力士選士権大会** 明治神宮の祭礼に合わせて行われる花相撲。午前中、明治神宮に日本相撲協会役員が参拝して横綱土俵入りが奉納され、午後、国技館でトーナメント大会が実施される。

・**秋巡業**
九月場所が終わったら、中国・四国地方を中心に地方巡業。島根県の巡業がある場合は、出雲大社《いずもたいしゃ》奉納土俵入りが行われる。

> 断髪式など、イベントや花相撲の多い月。

11月

十一月場所（九州場所　福岡国際センター）
1年の締めくくりの本場所で、年間最多優勝がかかるため、力の入る場所でもある。

12月

・**冬巡業**
十一月場所が終わったら、九州を中心に地方巡業。沖縄県に足を延ばすことがある。

・**年越し**
餅つき、地元のイベントなど。

出雲大社奉納土俵入り（10月）
秋巡業で島根県を訪れるときには横綱による出雲大社奉納土俵入りがある

名古屋場所（7月）
暑いさなかに行われる七月場所の愛知県体育館前には地元の酒造所の酒樽が多数奉納され、本場所を盛り上げる

花相撲

本場所は日本相撲協会によって定期的に行われる大相撲の公式戦で、本場所の成績に基づいて番付の昇降や褒賞金の加算が行われるが、花相撲は、勝敗が番付や給金に反映されない興行で、巡業（写真）、トーナメント相撲、親善相撲、奉納相撲、引退相撲などを指す。

両国にぎわい祭り（4～5月）
駅前、国技館をはじめ、両国の街各所でイベントが行われ、ちゃんこの振る舞いや力士との触れ合いを体験できる

本場所相撲カレンダー

本場所の15日間

場所前

・1ヶ月前

前売りチケット発売開始〈↓14頁〉（日本相撲協会公式販売サイト「チケット大相撲」では約2ヶ月前から先行販売を開始）

・2週間前（地方場所の場合）

場所への移動（幕下以下の力士、行司《ぎょうじ》、呼出《よびだし》、床山《とこやま》が新幹線で移動）

・13日前

番付《ばんづけ》発表（ただし、新・再十両、新大関、新横綱は、化粧廻しの作製などの準備を考慮して番付編成会議後すぐに発表）

・12日前

力士会（十両以上の力士の会合。新十両の紹介、引退力士への記念品贈呈、協会への要望の話し合いなど）

・5日前〜

土俵築《どひょうつき》（呼出全員で土俵をつくる〈↓119頁〉。すべて手づくりで、3日かかる）

・2日前

取組編成会議（初日と2日目の取組を編成。幕内の取組は、3日目以降は前日午前中に、千秋楽の取組は14日目の中入り後から）

・前日

土俵祭と触れ太鼓（一般の建築での地鎮祭《じちんさい》にあたる。協会幹部や審判委員などが出席し、神官姿の行司が祭主となり、15日間の場所中の無事安全を祈願する。土俵祭が終われば、呼出が街に出て場所の開催を触れ歩く）

本場所初日の前日に行われる土俵祭

本場所の取組は15日間だが、準備などを含むと、1回の本場所興行にはほぼ1月半《ひとつきはん》を要することになる。本場所の15日間は、毎日同じような取組メニューが続くように思われるかもしれないが、実際は日によって違ったことが行われている。

本場所は、力士の技量検査という位置づけになっており、力士にとっては、結果次第で翌場所からの待遇が左右される、文字通り真剣勝負の15日間である。そこで力士が目指すことは、一番でも多く勝つことに尽きる。そのため、力士の精神状態は日々、変わっていくという。本場所は、技の競い合いとともに、力士同士、力士個人の心理戦でもある。

まずは早く白星を出すことである。そして、星五分から勝ち越しへもっていけたら一安心、ではなくさらに星を伸ばすために緊張の日々が続く。ある力士は「15日で考えるのではなく5日ずつで考えろ」と教えられたという。2勝3敗、3勝2敗なら五分は間近、3勝2敗が続ければ9勝になるわけである。

本場所

・1日目「初日《しょにち》」

十両取組後、協会ごあいさつ（日本相撲協会理事長が三役以上の力士と一緒に土俵に上がり、お客様へご挨拶）
中入りに賜杯《しはい》返還式、優勝旗返還式

・3日目

前相撲が始まる＝新弟子の多い三月場所は2日目から。

（前相撲は、番付に名前の載らない力士同士が1日一番ずつ取り、2勝で勝ち抜ける）

・8日目「中日《なかび》」

12時50分頃（目安）「新序出世《しんじょしゅっせ》披露《ひろう》」＝翌場所序ノ口《じょのくち》に上がる資格を得た力士の披露〈↓35頁〉。

（三月場所に限って5日目に「一番出世」、9日目に「二番出世」、12日目に「三番出世」の披露が行われる）

・15日目「千秋楽」

十両取組終了後に十両までの各段優勝者の表彰式（必要に応じて各段優勝決定戦）
協会ごあいさつ（日本相撲協会理事長が三役以上の力士と一緒に土俵に上がり、お客様へご挨拶）

これより三役（おおよそ17時15分頃）＝千秋楽の結びの三番の取組。


この三番の取組開始前には「三役揃い踏み」を行う〈↓35頁〉。取組自体は通常と変わらないが、この三番の勝者には、「役相撲に適《かの》う」の口上とともに、行司から順番に矢、弦、弓が与えられる。現在では弓は弓取力士が受け取る。

（なお、当初予定の取組に休場者が出て不戦勝が生じる場合は、取組を変更して各3人を揃えて「これより三役」を行う）

幕内優勝表彰式

三賞表彰式

神送りの儀（初日の前日に土俵に呼んだ神様を送る儀式。千秋楽の表彰式後、審判委員らとともに土俵でお神酒を上げ、新序出世披露を受けた力士が呼出の音頭で手打ちをし、行司や審判委員を胴上げする）

幕内優勝力士は打ち出し後、優勝パレード、記念撮影など

千秋楽パーティ（後援会会員なども交えた場所の打ち上げ）

新序出世披露。前列手前は、横綱大鵬の孫、納谷（なや）

千秋楽のすべての取組が終わると幕内優勝力士の表彰式

本場所後

・3日目

番付編成会議（九月場所後の理事会では、行司・呼出・床山の番付編成が行われる）
地方場所の場合（場所が終わってから1週間ほどで宿舎の撤退などをしてから帰京。本場所後の1週間が、力士にとっては休業日）

千秋楽の行事が終わったあとで土俵の神を送る「神送りの儀」として、新序が審判委員を胴上げする

なお、15日間毎日相撲を取るのは、十《じゅう》両《りょう》と幕内《まくうち》力士、いわゆる「関取《せきとり》」であり、幕下以下序ノ口《じょのくち》までは、15日間で七番の相撲を取る。幕下以下の力士はほぼ1日おきに相撲を取ることになり、4勝で勝ち越しとなる。

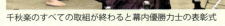

本場所の1日（国技館）

日におよそ180の取組

時刻	取組の進行	相撲茶屋（→16頁）
7時00分		出方の出勤時間。席に座布団を置く。 *各茶屋3人まで宿泊できるようになっており、泊まりの出方もいる。
7時45分	自由席（当日券）販売開始 *数に限りがあるため、必ず買えるとは限らない。	
8時00分	寄せ太鼓、開場	当日のお客さんの人数チェック、お土産セットの用意。
8時25分頃～	前相撲（2日目ないし3日目より） *入門したばかりの新弟子が取る相撲。	
8時35分頃～	序ノ口取組 *初日は8時25分頃～	
10時00分前～	序二段取組	
10時00分	売店などがオープン *売店は16時00分頃から順次閉店する。品切れもありうるので利用は早めに。	
11時00分頃～	三段目取組	
11時00分	レストラン開店	
12時00分頃～	十両力士の仕度《したく》部屋入り	
12時00分	地下ホールでちゃんこ試食会開始（～16時00分）	おかみさんの出勤時間。席割を確認し、お土産の調整（常連さん、子供連れなど、客層に応じて）。
12時50分頃～	新序出世披露《しんじょしゅっせひろう》 *中日《なかび》に行う。	

（→16頁）

本場所を彩る力士幟

翌日の準備（審判部、行司）

午前の取組がある程度進んだ段階から行司が割場で「巻《まき》」に結果を記録していく。

前日の「巻」をもとに翌日の取組編成（千秋楽は14日の中入りのあとに）。

三段目取組

本場所は、午前8時半前後から取組が始まり、夕方6時に打ち出し（終了）となる。この間、序ノ口《じょのくち》から序二段《じょにだん》、三段目《さんだんめ》、幕下《まくした》、十両《じゅうりょう》、幕内《まくうち》と、取組が進んでいく。相撲は、平均しておおよそ8秒くらいで勝負がつくという。幕内に限れば取組は二十番前後あり、仕切り制限時間は4分なので、取組の総時間は80分余りになる。ところが、数秒で勝負がつく取組が多いので、行司《ぎょうじ》の「はっけよーい、のこった、のこった」の声がかかる純粋な勝負の時間は、わずか3分ほどにしかならないのである。

時刻	進行		
13時00分頃～	幕下取組		
13時00分	NHK-BS1テレビ中継開始		
14時00分頃～	幕内力士の仕度部屋入り ＊力士は南門から仕度部屋に入る。 当日、1回限り再入場が可能なので、お目当ての力士を迎えることも可能。ただし、横綱《よこづな》・大関《おおぜき》は車で地下玄関に直接入るので、入り待ちをすることはできない。 ＊取組を終えた力士は、同じく南門から退出する。	この頃から客の出入りが多くなる。注文聞き、案内などで大忙しとなる。	顔触れを書く。
14時15分頃	十両土俵入り ＊初日は14時5分頃		
14時35分頃～	十両取組		
15時08分	NHK総合テレビ中継開始		
15時40分頃	幕内土俵入り ＊初日は15時30分頃 ※奇数日は東方から、偶数日は西方から。		
15時55分頃	横綱土俵入り 中入り　立行司《たてぎょうじ》による「顔触れ言上」 ＊翌日の取組披露、進行状況により行われないことも。		
16時10分頃～	幕内取組		
17時30分頃～		土産物を配る。	
17時50分頃	結びの一番　その後、弓取式		
18時00分	打ち出し	お客さんの見送り。	翌日の取組表を印刷。
18時30分		座布団や湯飲みを片づけ、客席の掃除など明日の用意。	

幕下取組

十両土俵入り

幕内取組

弓取式

本場所の観戦にはまずチケットの入手から
観戦の手引き

座席の種類

席種	類別		料金	備考
溜まり席		（1人）	14,800円	チケット大相撲 電話受付による抽選販売のみ（空席がある場合は一般販売を行うことがある）
マス席	A	（1人用）	11,700円	
		（4人用）	46,800円（1マス）	
	B	（6人用）	63,600円（1マス）	
	C	（4人用）	38,000円（1マス）	
		ペアシート（2人用）	19,000円（1マス）	
イス席 （すべて1人の料金）	A		8,500円	三月場所は6,900円、 七月場所・十一月場所は4,900円
	B		5,100円	三月場所は5,600円、七月場所は3,300円、 十一月場所は3,200円
	C		3,800円	七月場所はなし、十一月場所は2,300円
	［ＳＳ］		9,800円	三月場所のみ
	［Ｓ］		8,800円	三月場所のみ
	［Ｄ］		3,100円	三月場所のみ
自由席 （当日売り）	（大人）		2,200円	三月場所・十一月場所は2,100円、 七月場所は2,900円
	（小人：4歳～15歳）		200円	取組日当日の午前7時45分より 国技館切符売り場にて販売 （４歳未満の子供も席が必要であれば チケットが必要）

購入先	電話予約	H P
チケット大相撲	0570-02-9310	https://sumo.pia.jp
チケットぴあ	0570-02-9999	https://pia.jp/t
ローソンチケット	0570-084-003	https://l-tike.com
e+（イープラスチケット受付）		http://eplus.jp/sumo/
東京本場所（1月・5月・9月） 国技館切符売場（国技館正面入口横）		―
大阪本場所 （3月、日本相撲協会大阪先発事務所）	06-6631-0120	―
名古屋本場所（7月、大相撲名古屋場所事務所（中日新聞社内））	052-221-0738（6月5日まで） 052-962-9300（6月6日以降）	―
九州本場所 （11月、日本相撲協会福岡先発事務所）	092-291-9311	―

平成31（2019）年１月時点での席種、料金をもとに作成（価格はすべて税込）

大相撲の本場所は、東京両国・国技館（1月・5月・9月）、大阪府立体育会館（3月）、愛知県体育館（7月）、福岡国際センター（11月）で開催される。それぞれで座席の種類やチケットの入手先などはやや異なるが、おおむね同様の手段で入手することになる。ここでは、東京本場所を例に、本場所観覧について案内する。

チケットの入手は、まず、観戦したい日の前売り券の販売状況を調べる。大相撲は、かつてないほどの大人気であり、チケットの入手も容易ではない。チケットの入手にあたっては、日程と席種を決めて予約ということになる。座席の種類と料金、および購入先は上記の一覧に示す。

マス席は相撲案内所（いわゆる「相撲茶屋」〈→16頁〉）でも購入できる。

各場所独自の席が用意されていることもある（名古屋場所の「ツインボックス」「トリプルシート」「ファミリー／シニア桝席《ますせき》」など）ので、それぞれ確認を。

各場所の詳細情報は、その場所の開始3～4ヶ月前より、日本相撲協会公式サイトで見ることができる。

国技館の座席

飲食を楽しみながら気楽に観戦できるのが相撲の魅力。

イスB席（中列）
イスA席（前列）
イスC席（後列）
自由席（最後列）
マスC席
溜まり席
マスA席
マスB席

イスA席

席の種類でイスに違いがある。A席には小テーブルなどがつく。

溜まり席

別名「砂かぶり」。土俵にもっとも近い席で、飲食は不可。

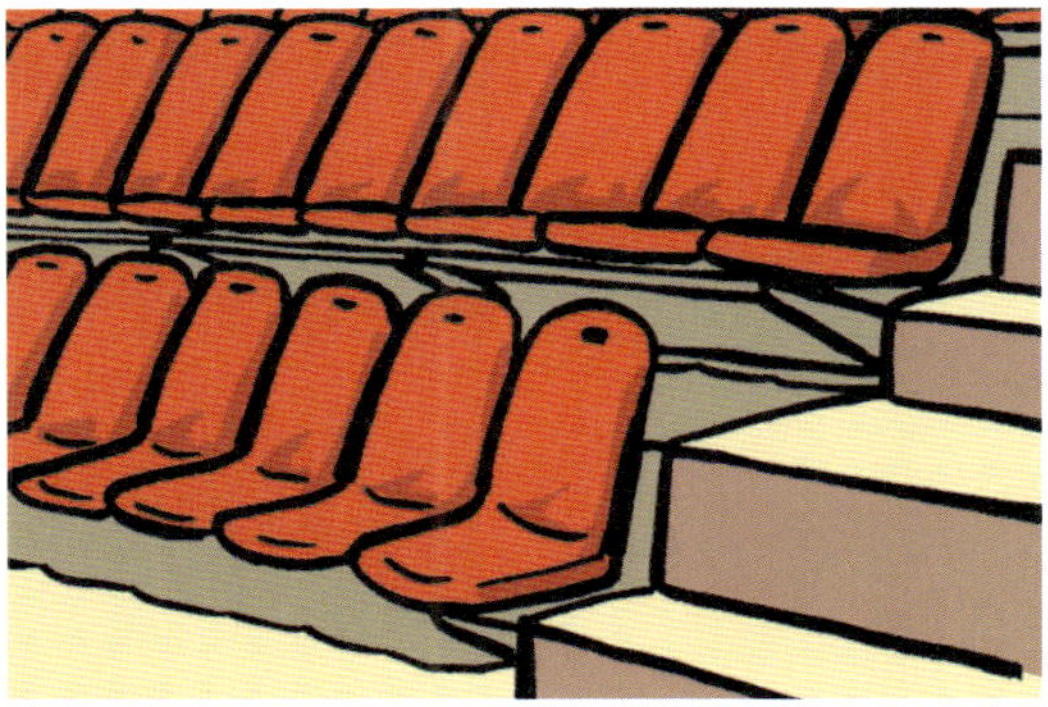

イスB席・C席、自由席

自由席は最上段で土俵までは遠いが、取組は意外によく見える。

マス席

パイプで囲われた4人用席。飲食、写真撮影可。

相撲案内所（相撲茶屋）

マス席の手配とともに、食事とお土産を提供する

相撲案内所の利用手順 （東京場所のチケットを買う場合）

1 チケットを購入する
前売り開始日以降、相撲案内所チケット窓口（03-3622-3300、電話は10時00分～17時00分）またはweb（登録が必要）に申し込む。電話の場合は代金引換後、インターネットの場合は代金引換かカード決済後に、チケットが送られてくる（馴染みなら後日精算もある）。

2 食事、お土産の手配
チケットが届いたら、チケットの裏に押されたスタンプの相撲案内所に電話をかけて、食事やお土産の手配をする。

3 当日は案内所入口から入る
当日は正面木戸から入ってチケットに明記された番号の茶屋へ行き、取組表をもらい、館内の説明を聞き、出方の案内で席に着く。
※出方にはチップをはらう習慣がある（強制ではない）。

4 サービスを受ける
希望に応じてさまざまなサービスを受ける。自分の店の出方に用向きを依頼するが、自分の店の出方が近くにいないときは、「このお店の出方さんを」と誰かに声をかけてもよい。
※ラストオーダーは17時30分頃までに注文の品が届くようにし、当日の精算もそれまでにすませておく。帰りがスムーズになるばかりか、接待などの際は相手に気を遣わせなくてすむ。

相撲茶屋とは、本場所での入場券の販売仲介や会場での接客、案内などのサービスを行う店舗である。正式名称は「相撲案内所」だが、「相撲茶屋」「お茶屋」として親しまれている。

相撲案内所でも4人用のマス席を購入することができる。

歌舞伎などでは「芝居茶屋」とよばれる専属業者が観客の飲食をまかなっていたが、相撲でも寛政年間（1789～1801）頃から、「桟敷方《さじきかた》」とよばれる業者が観客の便宜をはかるようになり、天保年間（1830～44）には14の桟敷方が相撲会所《かいしょ》から委託を受けて席札の販売や接客を行うようになった。1909年に（旧）国技館が設立された際、桟敷方が待合茶屋を設置して業務を行い、「相撲茶屋」とよばれるようになった。

日本相撲協会は1957年の制度改革の際、相撲サービス株式会社を立ち上げて相撲茶屋を法人化し、「相撲案内所」とした。1985年の新国技館の開場以降は、国技館サービス株式会社と名を変えて運営されている。

マス席の魅力

1マスの広さは1.3m四方あり、4人がゆったりとくつろいで相撲観戦ができる。家族連れにも人気だ。相撲案内所を通して席を取ると弁当とお土産つきで、リッチな気分になれることだろう。その日の取組とともに記憶に残る観戦となる。

出方

相撲案内所専属の男性職員で、来場者の席への案内、食事や飲み物の配達、お土産などのサービスを担当する。最近は「若い衆」とよばれる。

出方が予約しておいたマス席まで案内してくれる。マス席は土足禁止なので、靴は席の後ろのスペースに

弁当

相撲案内所が出す昼食用の幕の内弁当は品数が豊富でボリュームがたっぷり。酒のつまみにもなる。

相撲案内所

相撲案内所は東京に20軒、大阪に8軒、名古屋に3軒あり、九州にはない。東京の相撲案内所は国技館サービス株式会社が運営し、大阪と名古屋の茶屋は1軒ごとに独立した業者が運営している。

国技館の相撲案内所 ＊（　）は以前の屋号		大阪場所の相撲案内所	名古屋場所の相撲案内所
一番（高砂家）	十一番（上庄）	いこま屋	かね秀
二番（紀乃國家）	十二番（四ツ万）	勝恵美	寿
三番（大和家）	十三番（武蔵屋）	やぐら	わか竹
四番（吉可和）	十四番（白豊）	天野	
五番（みの久）	十五番（長谷川家）	本家	
六番（中橋家）	十六番（河平）	二葉	
七番（和歌島）	十七番（藤しま屋）	千鳥屋	
八番（上州家）	十八番（伊勢福）	いづみ	
九番（西川家）	十九番（竪川）		
十番（三河屋）	二十番（林家）		

相撲観戦で気をつけること

本場所観戦と相撲部屋の朝稽古見学での注意点

大相撲はほかのスポーツと違って神事に由来する儀礼の側面をもつため、それなりの観戦マナーが求められる。とはいえ、溜まり席以外では飲食も自由だし、あまり堅苦しく考えることはない。立合いの瞬間には館内を埋めた一万人もの観衆が土俵の一点に集中して静まりかえり、独特の緊張感がある。とはいうものの、白熱した取組で声援を送りたくなるのは当然のこと、力士たちも声援を大きな力に替えてがんばるという。ただ、熱中するあまり、マナーを踏み外すことなく、楽しく観戦したいところである。

相撲部屋の多くは、朝稽古を一般に公開している。もちろん、非公開の部屋もあれば、後援会員に限って公開といったところもある。まずは見学したい相撲部屋あるいは贔屓《ひいき》の力士が所属する部屋が稽古を公開しているかどうかを確認する。朝稽古では、基本の稽古から迫力あるぶつかり稽古まで、本場所の土俵を支える力士たちのナマの姿に接することができる。情報をチェックし、出かけてみてはいかがだろう。

本場所観戦のマナー

相撲は、力士や土俵関係者だけがつくるのではなく、来場した観客もよい雰囲気をつくる一員である。

本場所観戦でしてはいけないこと・ひかえたいこと

- 集団で一方の力士の名をコールすること、または誹謗《ひぼう》すること
- 力士の体に触れること
- 出待ち力士にサインや握手などを求めること
- 取組中にみだりに席を離れること
- 座布団など、ものを投げること
- 大きな帽子などほかの観客の観戦の邪魔になるものを身につけること

集団で一方の力士の名をコールしない

力士の体にタッチしてはならない

大一番で波乱が起きたとしてもマス席の座布団を投げてはならない

朝稽古の見学マナー

力士の真剣な稽古の気を散らすようなすべての行為は稽古見学のマナーに反する。

見学中には席を立たず、また、私語をしない

相撲部屋の朝稽古を見学するには

1 見学したい相撲部屋へ問い合わせる
見学が可能かどうかは、日本相撲協会の相撲部屋一覧に住所が出ているので、手紙で問い合わせる。また、部屋によってはホームページをもっており、メールあるいは電話で確認する。

2 見学できる日時を確認する
部屋によっては予約の必要なところもあるし、稽古を休む日もあるので、必ず事前に連絡をして見学可能な日時を確認する。

3 当日は指定された時刻に遅れないように行く
朝稽古は、一般に午前6時頃から10時過ぎまで。下位の力士から始まり、十両以上の関取の稽古は8時過ぎ頃から始まる。

4 案内係の指示に従い、着席して見学する

部屋の玄関で見学に来た旨を告げると、関係者（力士の場合もある）が応対してくれる

朝稽古見学にあたって守るべきこと

稽古は、遊びや余興ではなく、ファンサービスでもない。稽古は力士が全身全霊をかけた真剣な営みであることを忘れず、「見せていただく」気持ちで、マナーを守って見学しよう。次のようなことに留意すること。

◆喫煙や飲食は禁止
◆私語は慎む（小さな喋り声ほど耳に障り迷惑）
◆席の移動をしない（トイレは事前にすませておく）
◆携帯電話の電源は切る（マナーモードではなく電源を切る）
◆写真撮影は控える（撮影を希望する場合は事前に確認すること）
◆もし撮影が許可されても、フラッシュ撮影は控える
◆見学にふさわしい服装で（帽子やサングラスなどは外す）
◆土俵や力士に足を向けない
◆土俵や稽古スペースに入らない（稽古場は土足厳禁）
◆風邪など体調の悪いときの見学は控える（見学に行けない旨、連絡する）

稽古は力士にとっての真剣勝負の場であるので、観るほうも真剣に臨むことがたいせつ

コラム1

相撲興行日数の移り変わり

回向院への横綱不知火の場所入り

江戸時代後期の勧進相撲のメッカは回向院だった。この錦絵は天保年間のもので、11代横綱不知火《しらぬい》が相撲場である「回向院」へ場所入りするところ。本来は3枚続きで、左手に不知火の師匠境川《さかいがわ》が先頭にいるが、欠けている。不知火、付け人、行司が描かれている。

江戸相撲の興行地

相撲興行は吉原などの繁華街で行われていたが、貞享《じょうきょう》元年（1684）に勧進相撲が許されて以後は寺社に限られた。当初は、蔵前大護院《くらまえだいごいん》、浅草寺《せんそうじ》、芝《しば》神明《しんめい》、根津権現《ねづごんげん》などが多かったが、江戸中期になると富岡《とみおか》八幡と蔵前八幡、芝神明が中核となり、天明《てんめい》年間（1781〜89）からは、当時、新興の繁華街として人が集まっていた両国の回向院（東京・墨田区両国2丁目に現存）の境内となる。1906年（明治39）、国技館建設の地が回向院の隣の江東小学校跡地に決定されたのも、このような事情を踏まえてのことであろう。

相撲興行の変遷略年表

1834年（天保５）～	春・冬２回（概ね２月・11月、回向院）晴天10日間
1874年（明治７）	春・夏２回、晴天10日間
1909年（明治42）	春・夏２回、晴雨にかかわらず10日間
1927年（昭和２）	東京の春・夏２回、３月と10月地方本場所（大阪、名古屋、京都など）
1932年（昭和７）	地方本場所を廃止、東京の春・秋２回
1937年（昭和12）	興行日数13日間
1939年（昭和14）	興行日数15日間
1944年（昭和19）	５月・11月晴天10日間（後楽園球場、11月は翌年１月の春場所の繰り上げ）
1945年（昭和20）	６月晴天７日間、11月晴天10日間（国技館）
1946年（昭和21）	11月晴天13日間（メモリアル・ホール）
1947年（昭和22）	６月晴天10日間、11月晴天11日間（明治神宮外苑）
1948年（昭和23）	５月晴天11日間（明治神宮外苑）、10月11日間（大阪仮設国技館）
1949年（昭和24）	１月13日間・５月15日間（浜町仮設国技館）、10月15日間（大阪仮設国技館）
1952年（昭和27）	春・夏・秋の３場所（蔵前国技館）
1953年（昭和28）	３月の大阪場所が加わり、年４場所制
1957年（昭和32）	11月の九州場所が加わり、年５場所制
1958年（昭和33）	７月の名古屋場所が加わり、現行の年６場所制に

江戸時代の相撲興行は、天保《てんぽう》5年（1834）より両国の回向院《えこういん》で春・冬2回（概ね2月と11月）晴天10日間がほぼ定着した。大坂《おおさか》相撲、京都《きょうと》相撲は各年1回、夏期に行われた。大坂相撲は維新後年2回の興行もあり、三都の合同興行もしばしば行われた。

1874年（明治7）より春・夏2回晴天10日間興行となるが、1909年（明治42）、国技館の開館を機に晴雨にかかわらず10日間の興行となった。1927年（昭和2）、東京・大阪相撲の合併を機に、東京で春・夏2回、3月と10月に大阪、名古屋、京都、広島などで地方本場所が開催されるようになった。しかし1932年、再び春・秋2回に戻り、1939年5月場所より日数が15日間となった。

1944年2月、国技館が軍に接収されて以降は興行が一定せず、概ね年2回、10日から13日の興行だった。1949年に浜《はま》町《ちょう》仮設国技館で1月に13日間、5月に15日間、さらに大阪仮設国技館で10月に15日間の興行が行われた。以後、年3回15日間が定着し、1月と5月は東京、10月は大阪で開催されることが通例となった。1952年には東京で春・夏・秋の3場所が行われ、翌53年から3月の大阪場所が加わり、さらに57年には11月の九州場所、翌58年には7月の名古屋場所が加わり、現行の年6場所制になった。

第一章

取組のすべて

相撲界は番付に基づくピラミッド社会。
まずは番付の見方や力士の待遇を知ろう。
さらに土俵上で力士たちが行うさまざまな所作、
儀礼の意味合いなどを理解し、相撲の魅力にせまる。

すべては番付から

番付は相撲界の絶対基準

番付とは力士の順位表で、正式には「番付表」という。相撲の世界では番付が絶対の基準で、力士の地位や待遇などのすべてが番付に従って決められる。「一枚違えば家来同然」「一段違えば虫けら同然」などといわれるゆえんである。

力士が東（右）と西（左）に分けて記されるが、横綱《よこづな》から大関《おおぜき》・関脇《せきわけ》と序列が下になるほど文字が小さくなる。同じ地位では右側ほど格が高く、前頭《まえがしら》なら右から左に筆頭、二枚目、三枚目……と序列が下がっていく。また、東は西より半枚上とされ、同じ地位でも東方が格上となる。

番付は基本的には前場所の成績を踏まえて編成されるが、昇進・降格の基準は一定ではなく、他力士の成績にも左右される。運不運も含め、番付にはさまざまなドラマが潜んでいるのである。

新横綱と新大関は、番付編成会議終了後すぐに昇進伝達式が行われ、即日、横綱・大関として遇される。新十両も直ちに伝達されるが、これは、化粧廻しの新調などの準備に配慮したもので、待遇は番付発表まで幕下のままである。

番付表をつくる

本場所後３日以内に審判部長を議長に番付編成会議が開かれ、新番付が決定する。なお、内容（昇進・降格）は、新横綱・新大関・新十両昇進力士を除き、正式発表まで極秘だ。番付が決まると、字の上手な行司が担当となり番付表を10日～２週間ほどかけて書く。番付表は1/4ほどに縮小して印刷される。印刷部数は55万部ほど。新番付は、本場所初日13日前の月曜日に発表され（一月場所のみ発表が少し早まる）、発表をもって発効する。

行司は全員が書を身につける（→75・76頁）。番付の担当はとくに字のうまい3、4人で、1枚を1人で書く。番付に書く人数はおよそ700人

110×80cmのケント紙

最初に枠線を引き、下枠の左から右へ、下段から上段へと書き進める

相撲文字

現在の番付は番付の版元である三河屋《みかわや》根岸《ねぎし》治《じ》右衛門《えもん》が創り出した「根岸流」という独特の書体で書かれているが、もともとは江戸時代の公用書体「お家流《いえりゅう》」で書かれていた。それが、明治になって「根岸流」になった。余白をつくらず文字を詰めて書くのは、大入り満員の願いをこめるため。

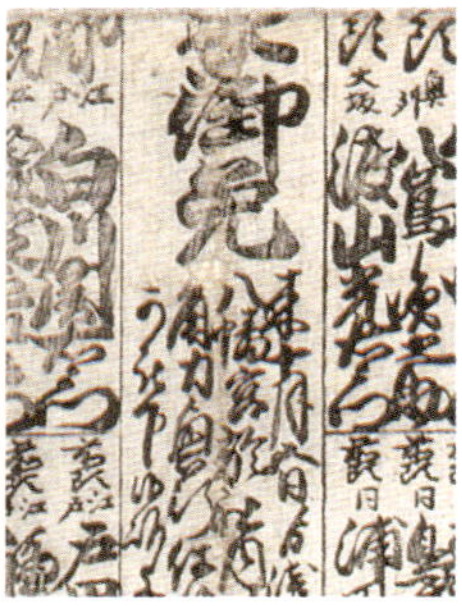

お家流は江戸時代に一般で使われたくずし字の草書体。番付には肉太に書かれた。楷書体の根岸流とは配字など書き方がかなり異なる。写真は、お家流で書かれた宝暦７年10月の番付

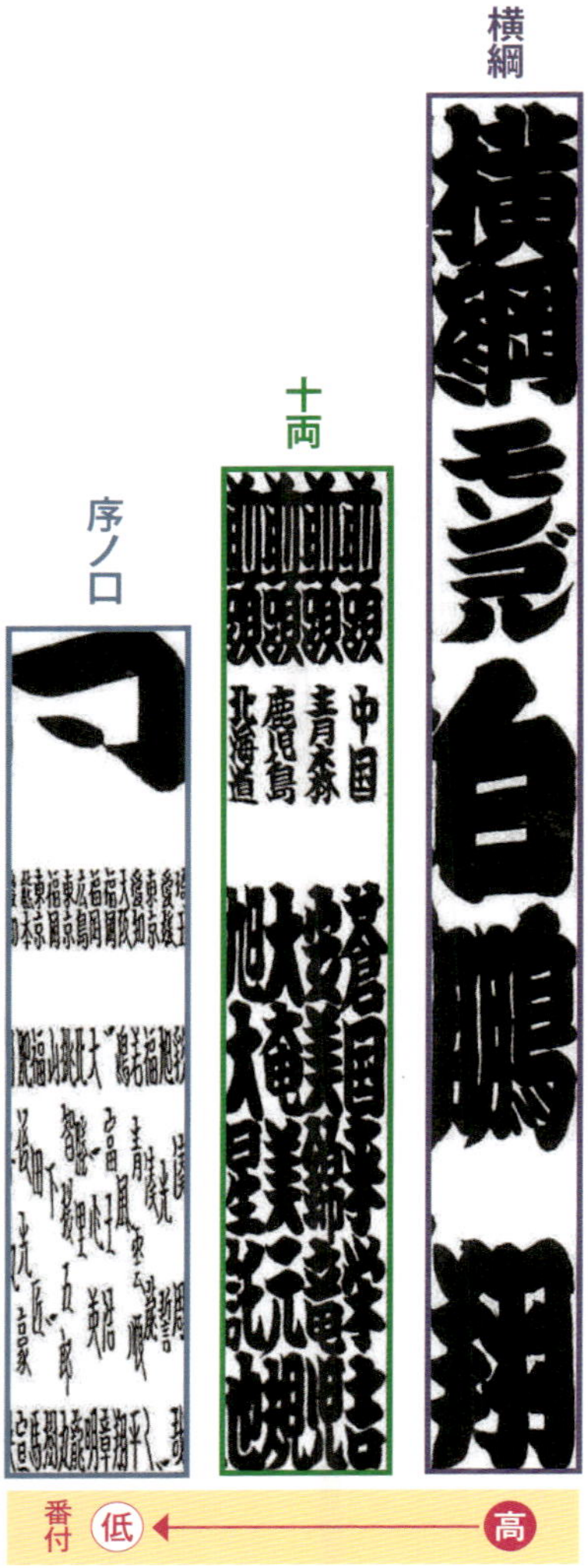

実寸で比べる文字の大きさ

堂々とした横綱にくらべ、肉眼では読めないほど小さな序ノ口。「虫眼鏡」といわれるゆえんだが、文字の大きさはそのまま力士の待遇に直結している。

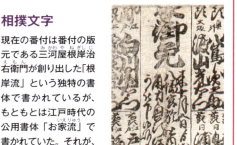

番付に書かれていること

番付には、力士をはじめ、大相撲に関わる人々を本場所ごとの地位の順に並べて記載してある。

蒙御免《ごめんこうむる》 公的な許可を得た興行であることを示す。下に興行の日時と場所、行司・審判、主催者が記載される。「興行札《こうぎょうふだ》」という江戸時代の立て札の名残

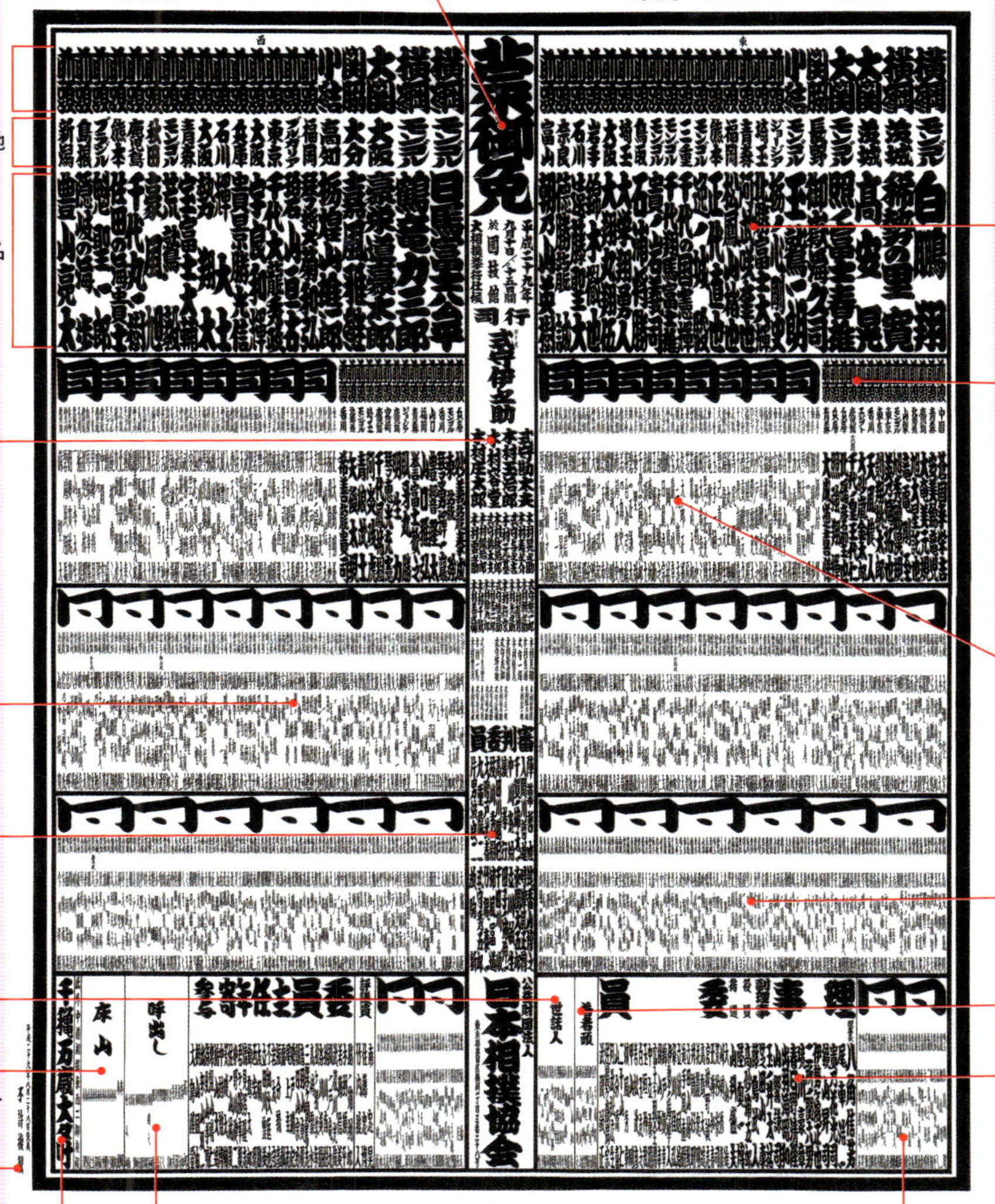
西方　西は東より半枚下
東方　東は西より半枚上
地位
出身地
四股名

幕内　横綱～前頭まで

十両　正式には「十枚目」。番付では十両も「前頭」と記され、幕下以下には「同」とあり、番付上は、序ノ口から前頭までが「前頭」ということになる

行司《ぎょうじ》　一番大きく書かれる立行司から、一番下の序ノ口まで全員書かれる（→74頁）

三段目《さんだんめ》

幕下《まくした》　正式には「幕下二段目」

審判委員　全員（→89頁）

序二段《じょにだん》

世話人《せわにん》（→91頁）

若者頭《わかいものがしら》（→90頁）

床山《とこやま》　特等と一等（→84頁）

日本相撲協会役員　理事、委員、年寄など

欄外　発行日と、複製を禁ずるという断り書き

呼出《よびだし》十両以上（→80頁）

序ノ口

「此外中前相撲東西ニ御座候《このほかちゅうまえずもうとうざいにござそうろう》 千穐万歳大々叶《せんしゅうばんざいだいだいかのう》」
前半は番付に載らない「前相撲」とよばれる力士がいること。後半は末永く大入りが続くようにとの願い

板番付

番付表は、もともとは「板番付」と称された掲示板で、興行日時や出場力士を告知するものであった。しかし、興行が大規模化すると、より広く告知する必要もあり、享保《きょうほう》年間（1716～36）に木版印刷の番付表がつくられるようになった。板番付は「入山形《いりやまがた》」とよばれる五角形。入山形も大入りの願いをこめたもの。今でも本場所では櫓や入口近くに掲げられる。

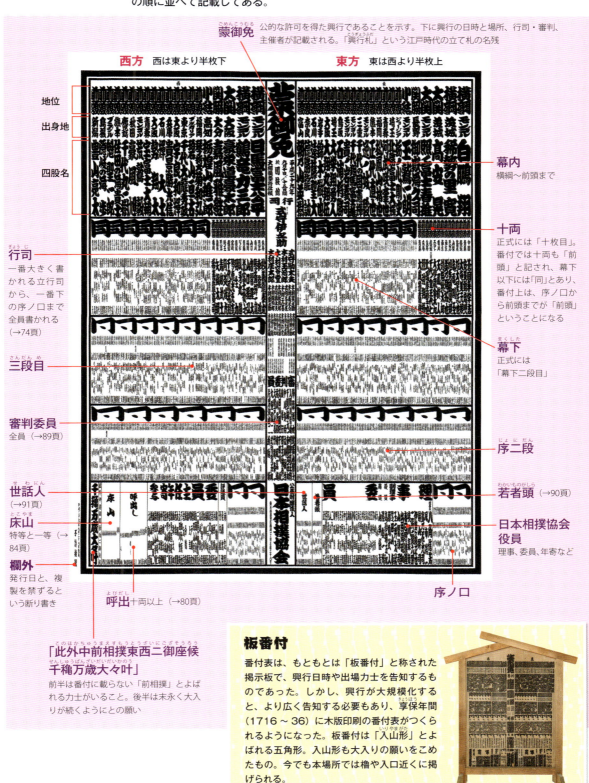

力士の序列

番付の序列は実力の証明

序ノ口から幕下まで

幕下、三段目、序二段、序ノ口の力士たち。番付の2段目途中から5段目右側にかけて四股名が書かれる。

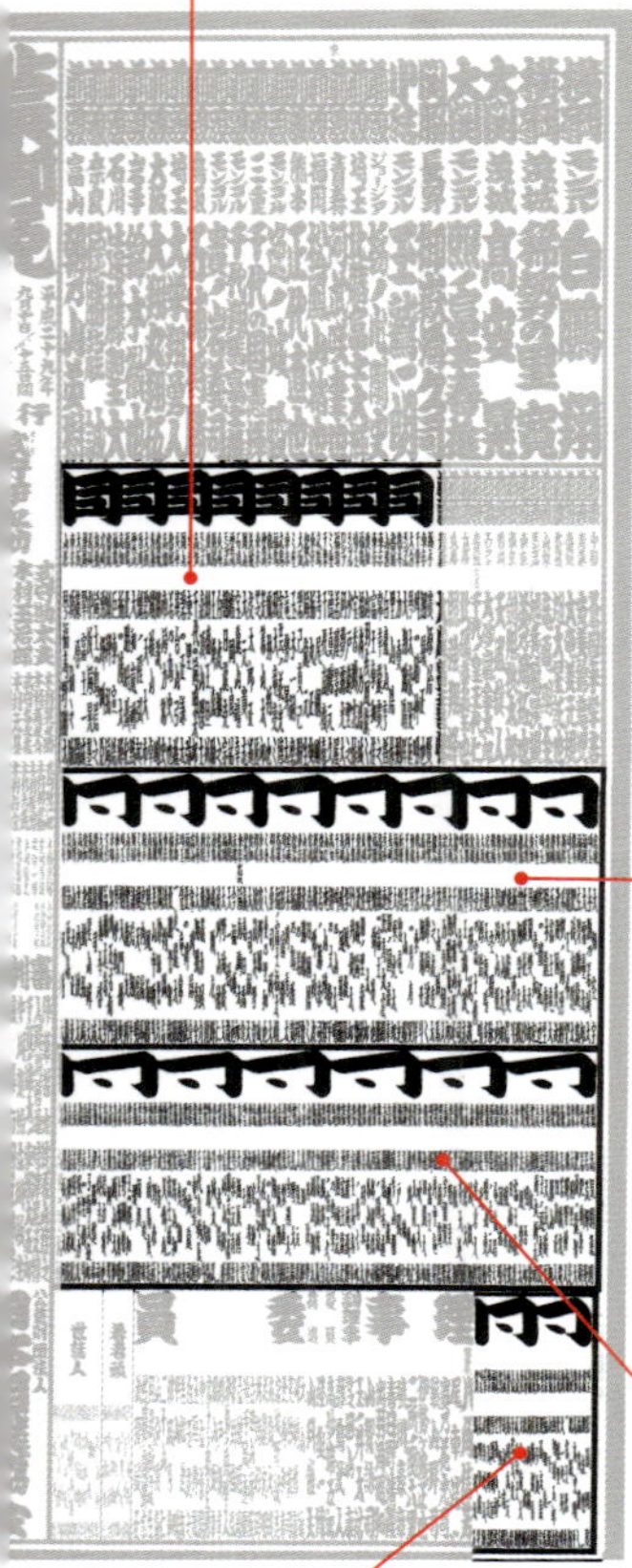

幕下

正式名称は「幕下二段目」で、番付の上から2段目左側に書かれる。定員は東西60名ずつの120名。成績と翌場所の地位との関係は一定しないが、関取を窺《うかが》う地位であり、幕下から十両へ昇進する人数は、場所の成績順位の高い順に、十両から陥落する人数に合わせて決定される。

三段目

日本相撲協会が定める「相撲指導適格者」の要件の一つとなる階級で、定員は東西100名ずつの200名。

序二段

番付の下から2段目に書かれるためこう呼ばれる。定員はなく、東西各160名ほど。三段目には定員があるため、三段目昇進が関取への道の関門といわれる。

序ノ口

定員はなく、東西それぞれ50名ほど。勝ち越せば序二段昇進。1勝すれば翌場所の新序ノ口より下位になることはない。全休した場合に限り番付外に落ちる。

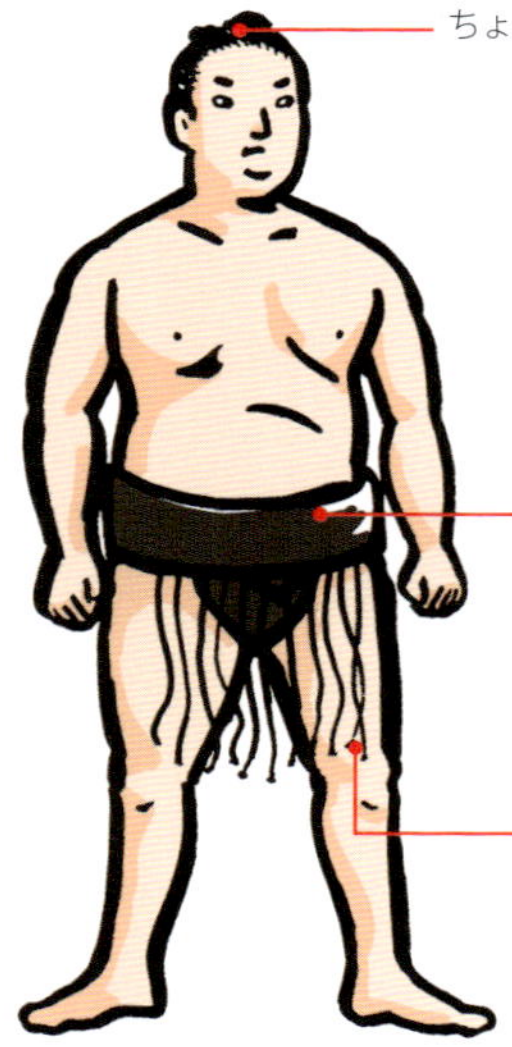

ちょんまげ
廻しは黒の木綿製で、稽古も本場所も同じもの
さがりは廻しと同じ布地

幕下以下の土俵姿

稽古で使う黒木綿の廻しをそのままつける。

幕下以下の稽古姿

幕下までは、稽古も本場所も同じものを使う。廻しが体になじむのにはかなり時間がかかるそうだ。

力士とは相撲を取る人のことだが、いつからこうよばれるようになったかは定かでない。日本相撲協会の規定では、①協会に所属する者で、②協会の力士検査に合格し、③協会に登録された者ということになる。

力士の世界は、横綱《よこづな》を頂点とするピラミッド型の階級社会である。その階級は、番付に基づき、上位から幕内・十両・幕下・三段目・序二段・序ノ口の6段階に分かれ、幕内はさらに横綱・大関・関脇・小結・前頭に分かれる。

力士の身分が決定的に異なるのは十両と幕下の間である。十両以上の力士は「関取《せきとり》」とよばれ、幕下以下は「力士養成員」と位置づけられている。各々の階級によって給金や処遇、服装までが異なってくるので、強くなることと好待遇は車の両輪のようなもの。力士が頂点を目指すゆえんである。

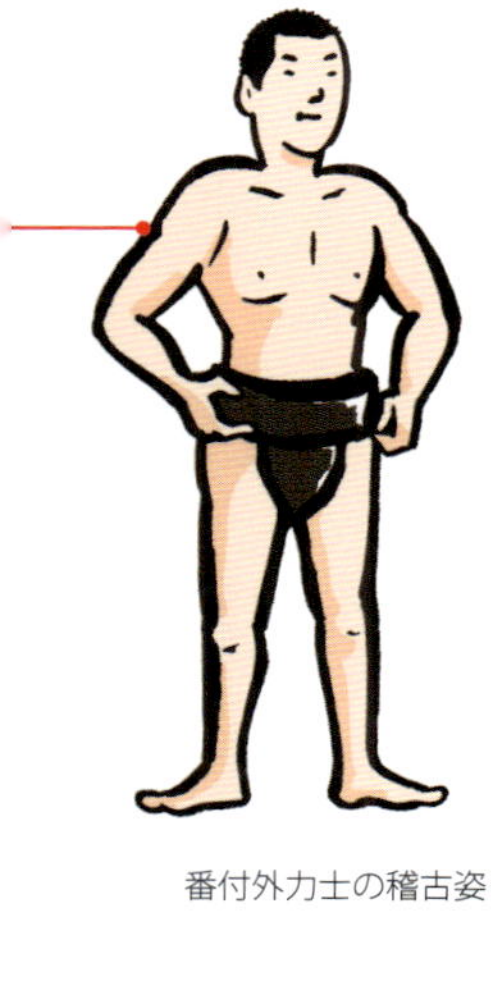

番付外力士の稽古姿

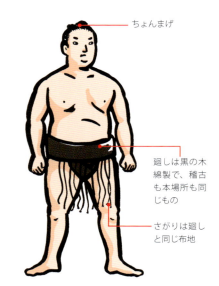

十両から幕内まで（関取）

一般に「関取」とよばれる地位の力士たち。番付の最上段と2段目の右1/3に四股名が書かれる。

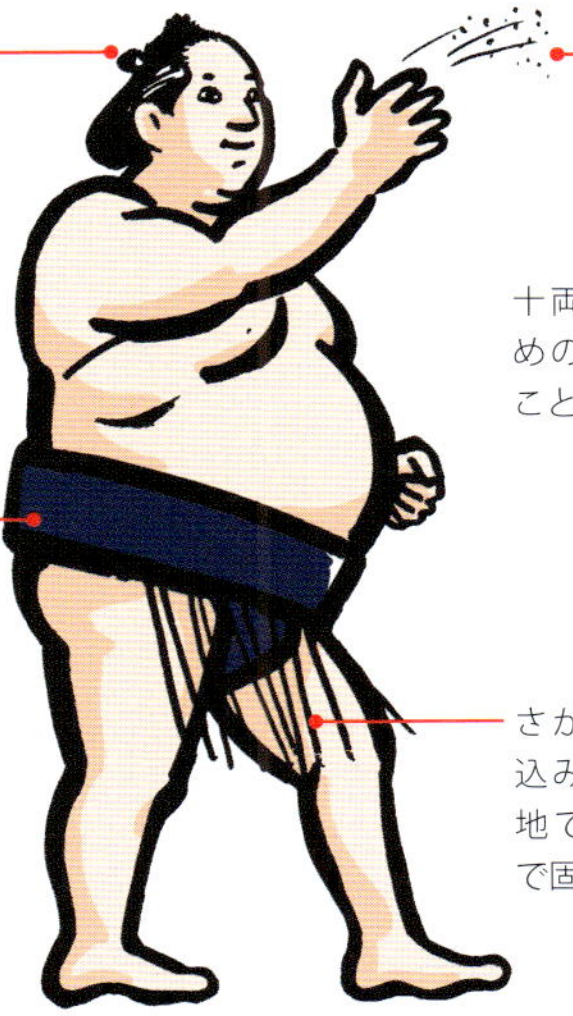
大銀杏《おおいちょう》（日常生活はちょんまげ）
十両からは清めの塩をまくことができる
さがりは締め込みと同じ布地で、ふのりで固める
締め込みは絹製で、規定では紺または紫系統とされるが、横綱輪島や遠藤の金色、炎鵬《えんほう》の赤、明生《めいせい》の銀鼠《ぎんねず》など、それ以外の色も認められている

十両・幕内（三役・横綱含む）の土俵姿

絹製の締め込みをつけ、大銀杏を結う。

関取の稽古姿

関取は、場所では絹などの締め込みをつけるが、稽古では白木綿の稽古廻しをつける。

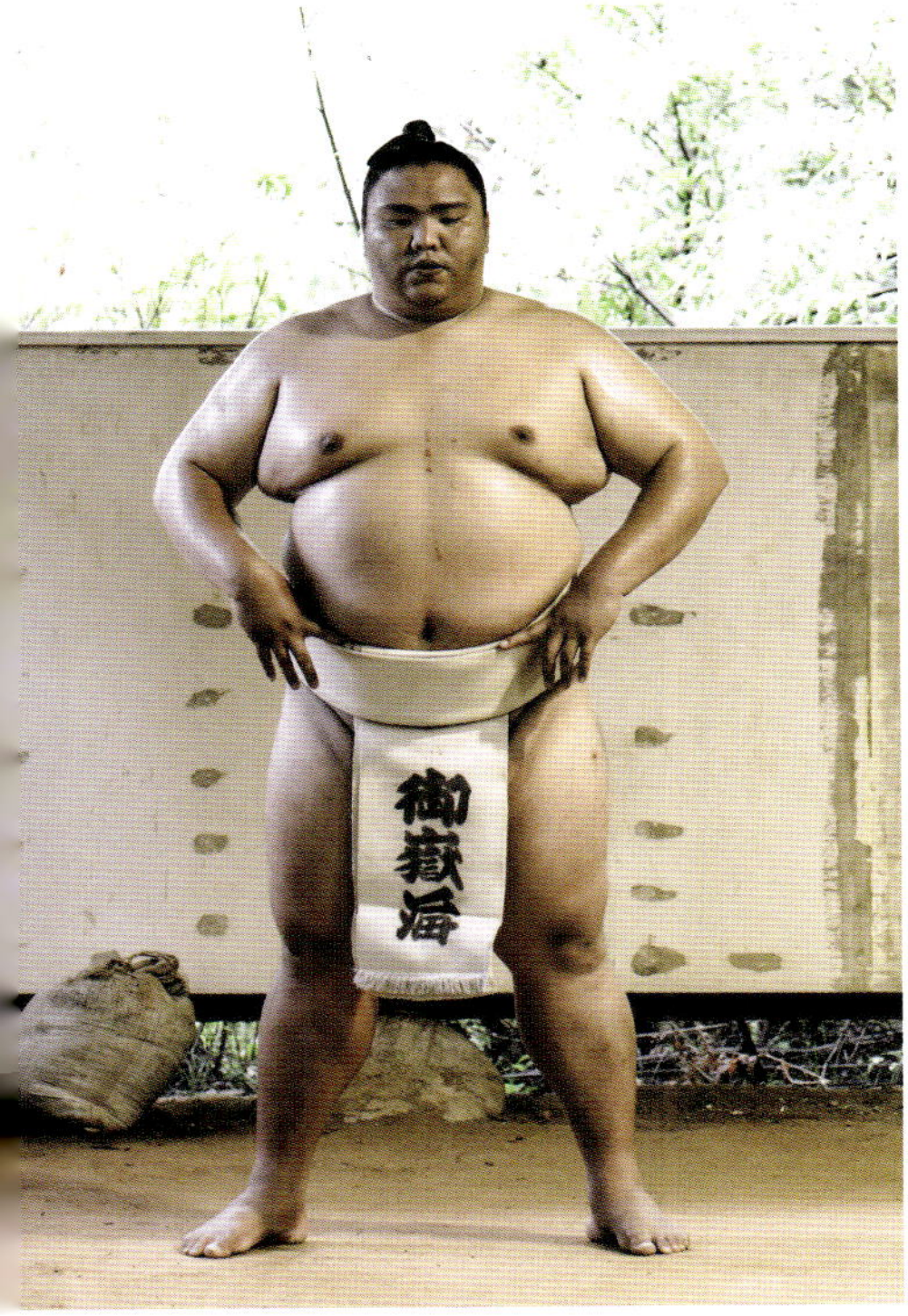
御嶽海

三役

幕内力士のうち、大関・関脇・小結を「三役」とよび、三役と区別して前頭の力士を「平幕《ひらまく》」とよぶ。横綱は別格で、三役には数えられない。横綱を欠くことがあっても、三役（大関・関脇・小結）は必ず東西各1名ずつ置かれる。

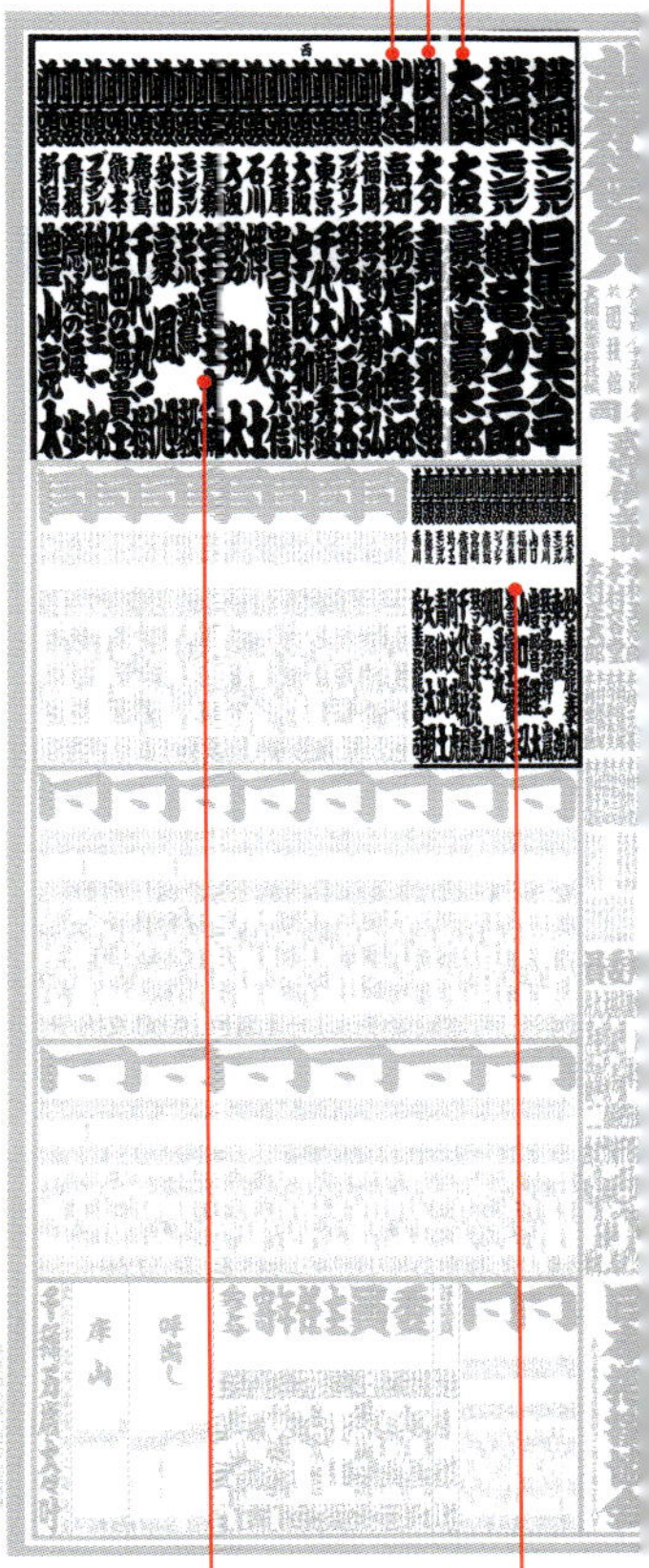

幕内力士の地位

幕内力士のうち、横綱と三役を除いた力士が「前頭」で、筆頭から幕尻まで枚数で地位が示される。小結の呼称の由来は不明だが、結びの三番の始まり（小口の結び）に由来するといわれる。昇進の規定はないが、負け越せば前頭に降格となる。関脇は、平安時代の相撲節会で最強の相撲人を「最手《ほて》」、二番手を「脇《わき》」とよんだことに因《ちな》む名称といわれる。大関は、もともと力士の最高位で、欠員の場合は横綱が「横綱大関」として大関を兼ねる。

幕内

力士の最高階級で、番付最上段に記載される。定員は42名で、横綱・大関・関脇・小結・前頭に階級分けされる。十両から幕内に昇進することを「入幕《にゅうまく》」とよぶ（初入幕は「新入幕」、2度目以降は「返《かえ》り入幕」あるいは「再入幕」）。かつて相撲が野外で行われていた時代、幕の中で出番を待った上位階級が「幕内」とよばれたことに由来するという。

十両

正式には「十枚目」。場内放送では、千秋楽の優勝力士表彰式の際に「十枚目」と正式によばれる。定員は東西14名ずつの28名。勝ち越し、負け越しの点数（勝数と負数・休みの差）と同じ数だけ枚数が上下する。

さがりの違い

「さがり」は、締め込みの前に挟んで垂らす飾りもので、廻しや締め込みと同じ布地でつくる。関取のさがりは棒状にふのりで固める。幕下以下は単なる丸紐だが、色は自由に選べる。

十両以上	幕下以下
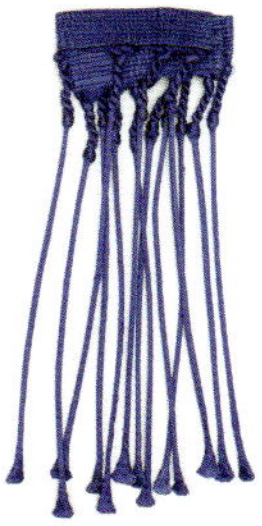	

番付外

序ノ口の下には「番付外」という地位がある。力士として入門すると、まずはこの「番付外」に置かれる。場所前の新弟子検査の合格者と序ノ口から降格した力士たちで、番付には四股名が掲載されない。前相撲を1番でも取れば、全敗でも次場所で序ノ口に昇進する。

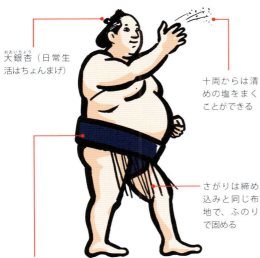

横綱

品格も力量も兼ね備えた序列の最高位

横綱の昇進伝達式

昇進にあたっては、昇進伝達式が執り行われる。日本相撲協会より使者が遣わされ、部屋では親方、おかみさん、当該力士が迎え、当該力士はお礼と「横綱の名を汚さぬよう相撲道に精進する」などの決意の言葉を述べる。

横綱綱打ち式

新横綱は横綱推挙状授与式で土俵入りを行うが、その際、腰にまとう横綱の準備にかかる。麻、晒《さら》し木綿、太い銅線を撚《よ》って、中央が太い綱を部屋の力士総出でつくる。これに御幣《ごへい》を取りつけ、新横綱に締めさせる。

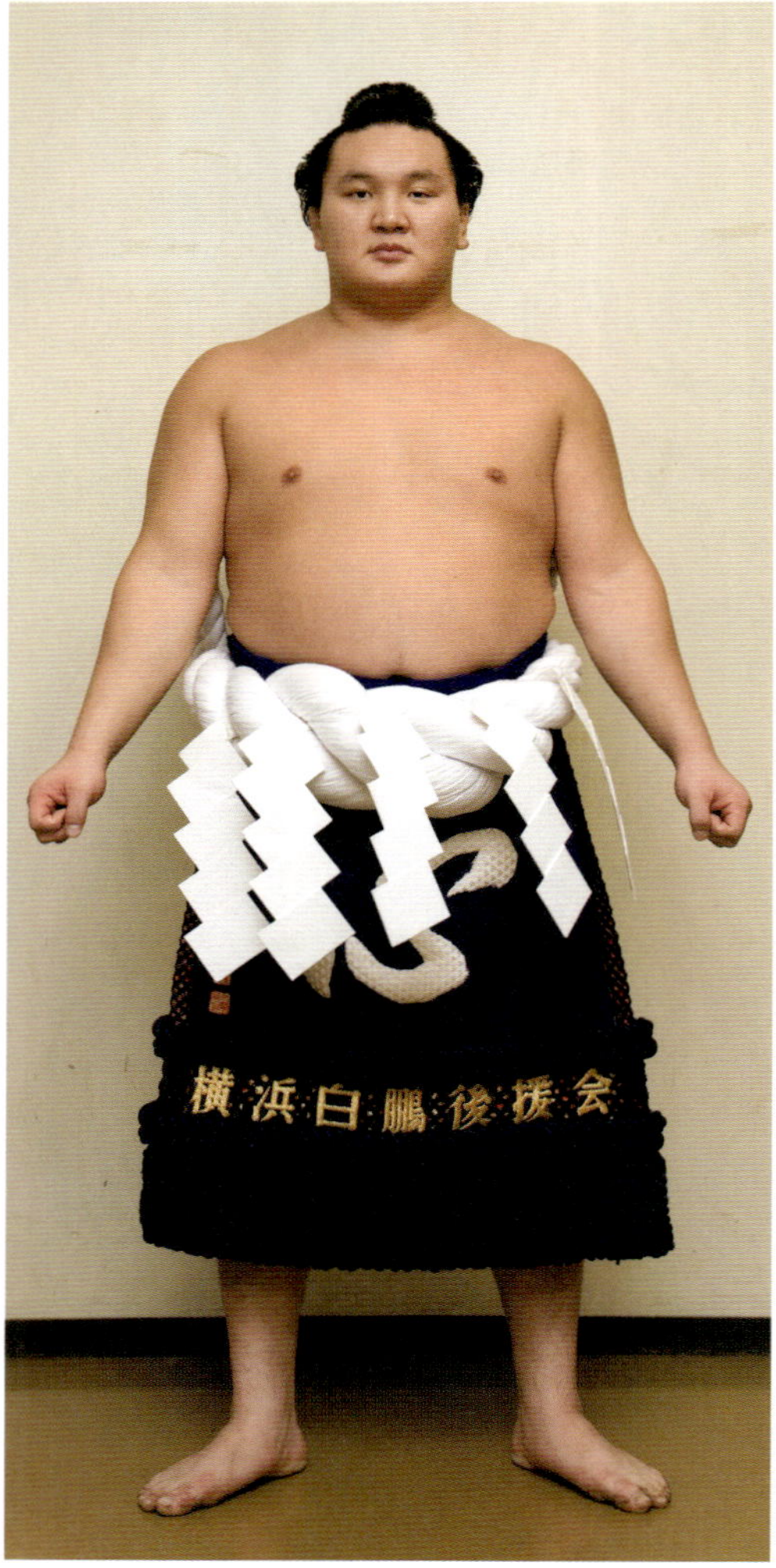

横綱の資格と品位

横綱は、大関として２場所以上連続優勝またはこれに準じる成績を挙げ、「品格・力量が抜群」と認められ、番付編成会議で推挙、横綱審議委員会（→93頁）に諮問して賛成を得、理事会の満場一致で昇進が決定される。写真は横綱を締めた第69代横綱白鵬《はくほう》。

力士の最高位は「横綱」で、2019年1月現在で72代を数える。横綱が番付に初めて記されたのは1890年（明治23）で、当初は地位ではなく、最高位の称号とされるのみであった。最初は強い力士に注連縄《しめなわ》をつけさせて神の使いに見立て、客を呼ぶための演出だったとされる。横綱が「最高力士の地位」として明文化されたのは1909年（明治42）で、それ以前は、大関が力士の最高位であった。

初代横綱は江戸時代の明石志賀之助《あかししがのすけ》（→140頁）とされるが、第3代までは謎が多く、史実としては第4代谷風梶之《たにかぜかじの》助《すけ》より確認される。横綱を締めて土俵入りをするための免許は、江戸時代中期以降、肥後《ひご》熊本の吉田司家《よしだつかさ》が出していたが、1951年（昭和26）、吉田司家が権限を日本相撲協会に返納し、現在は日本相撲協会が昇進を決定している。吉田家は将軍に見せる上覧《じょうらん》相撲を仕切ったことから、相撲界をつかさどる家として吉田司家を名乗り、横綱や行司の免許を発行するなどの権威を有していた。

力士のいでたちと懐

服装も給料も番付次第

力士の立場や待遇、給与などは、すべて番付によって決まる。その地位は、十両以上の「関取」と幕下以下の「力士養成員」で決定的に違う。関取にならなければ月給はもらえず、結婚も認められない。サインをすることもできず、冬でもコートを着ることさえできないほどである。

力士の階級は、その姿を見れば一目瞭然。それを端的に物語るのがまげで、関取は大銀杏《おおいちょう》（↓86頁）を結うが、幕下以下はちょんまげである。紋付羽織袴《もんつきはおりはかま》が許されるのも関取になってからで、身の回りの世話をする「付け人」（↓101頁）がつくのも関取になってからである。

関取（幕内・十両力士）の姿

紋付羽織袴姿。冬はコートの着用が許される。

大銀杏
紬《つむぎ》などの
紋付羽織袴
高級絹製の
博多帯《はかたおび》
足袋
畳や竹皮敷きの雪駄《せった》

＊移動に際しては、横綱・大関はグリーン車・ファーストクラス、関脇以下はグリーン車・ビジネスクラス。

序二段・序ノ口力士の姿

１年を通して綿の浴衣姿。

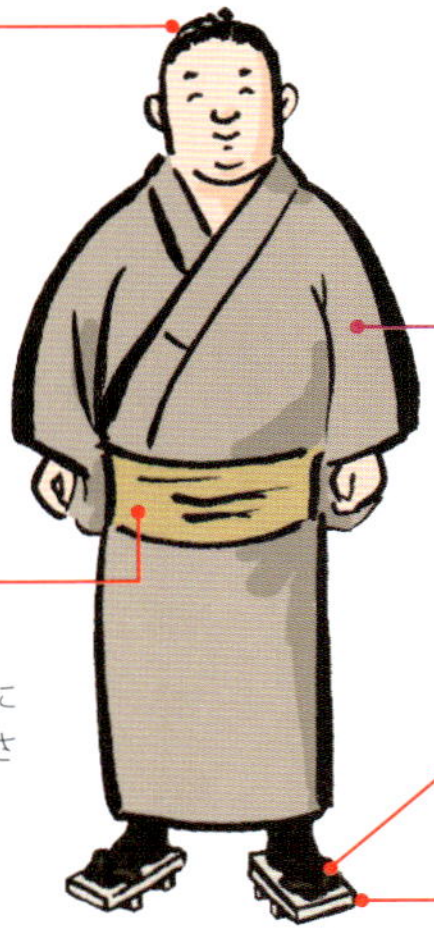
ちょんまげ
綿の浴衣
（仕着せ）
縮緬《ちりめん》（人絹）の帯
黒足袋
桐の下駄

＊幕下になると冬にウールの外套が許される。

力士の服装規定と給料

番付	服装	給料	
横　綱	紋付羽織袴・白足袋・雪駄 四股名入りの染抜きの着物が許される 締め込みは正絹、博多帯など 稽古廻しは白の木綿	月給（基本給＋手当）300万円 本場所手当 20万円	関取
大　関		月給（基本給＋手当）250万円 本場所手当 15万円	
関　脇		月給（基本給＋手当）180万円 本場所手当　5万円	
小　結		月給（基本給＋手当）180万円 本場所手当　5万円	
前　頭		月給（基本給＋手当）140万円	
十　両		月給（基本給＋手当）110万円	
幕　下	浴衣・羽織・黒足袋・雪駄（エナメル） 博多帯と番傘、冬に外套、黒木綿の廻し （稽古も場所も同じもの）	月給　なし 養成員場所手当 16万5000円 （場所ごとに支給）	力士養成員
三段目	浴衣・羽織・黒足袋・雪駄（エナメル）・縮緬の帯、黒木綿の廻し （稽古も場所も）	月給　なし 養成員場所手当 11万円 （場所ごとに支給）	
序二段	浴衣（仕着せ）・黒足袋・下駄・縮緬の帯 黒木綿の廻し （稽古も場所も）	月給　なし 養成員場所手当 8万8000円 （場所ごとに支給）	
序ノ口		月給　なし 養成員場所手当 7万7000円 （場所ごとに支給）	

＊2019年1月現在。以上とは別に、力士報奨金、優勝賞金、三賞賞金、出張日当などがある。また、懸賞《けんしょう》がかかれば懸賞金、ご祝儀、CMなどの副収入がある。

関取の証・大銀杏

関取になると大銀杏を結うことができる。まげの先端がイチョウの葉に似た形をしていることからこの名がある。関取でも大銀杏は正式な場にのみ結うものとされており、稽古時など普段の髪形はちょんまげである。幕下以下の力士でも、十両との取組、弓取式《ゆみとりしき》、巡業時の初《しょ》っ切《き》り、断髪式の際などには大銀杏を結うことができる。

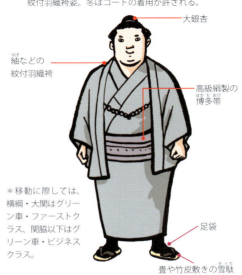

取組編成

力士の運命と観衆の期待が交錯する

取組を決める

対戦力士の組み合わせを「取組」、または「割」といい、原則、前日に編成される。

1 巻《まき》を作る

行司は取組の結果を「巻」とよばれる巻物に相撲文字で書いていく。

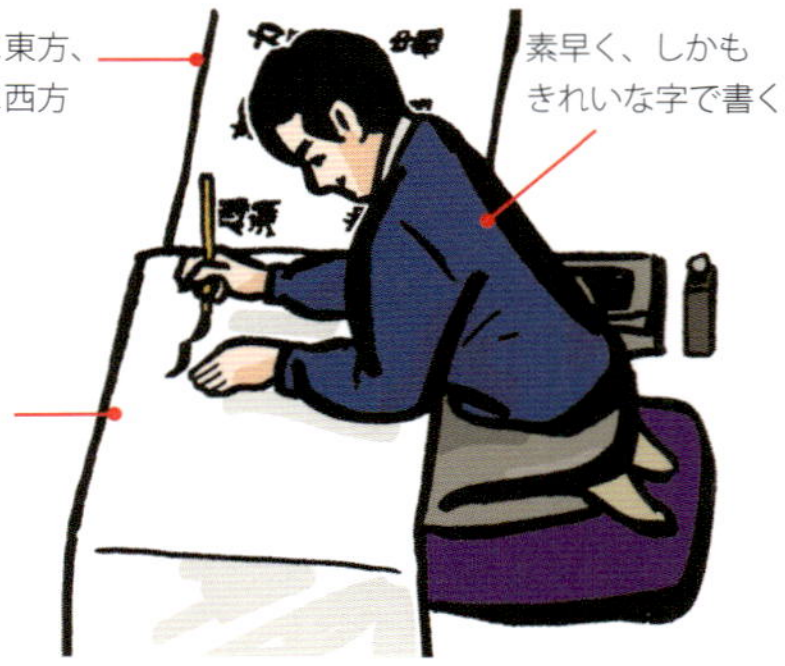
上に東方、
下に西方
素早く、しかも
きれいな字で書く
巻

2 取組の決定

審判委員が取組を決める
「巻」をはさんで
会議が行われる
行司は、決まった取組を記録する
審判部長
審判部副部長

取組編成会議が開かれ、全勝力士を多く出さないために、スイス式トーナメント方式（すべての参加者が一定数の試合を行う方式）を取り入れて取組を決める。

3 顔触れの揮毫

取組が決まると、行司が、対戦する力士名を縦48cm横33cmの厚手の丈夫な和紙に書く。これを「触《ふ》れ」という。

48cm
33cm
力士名

取組は、本場所の進行と並行して取組編成会議で決められる。取組編成会議には、審判部長1名、審判部副部長2名、審判委員20名、副理事3名に加え、行司数名が書記として出席する。

幕内の取組は、前日の午前中に（ただし、初日と2日目分は初日の2日前に、千秋《せんしゅう》楽《らく》は14日目の夕方に）決定する。午前の取組がある程度進んだ段階で、行司が割《わり》場《ば》（審判部屋）で「巻《まき》」に結果を記録していく。巻をはさんで審判委員が翌日の取組を検討する。

序盤戦は番付が近い者同士の対戦が組まれるが、横綱・大関は序盤戦に関脇以下と対戦し、千秋楽に近づくほど地位の近い力士と対戦する。ただし、終盤に下位力士が好成績を挙げてきたときは、その力士を横綱や三役《さんやく》と組ませ、横綱、大関同士の取組の一部を飛ばすこともある（「割を壊す」また「割を崩す」という）。取組が決まったら、割場担当の十枚目〜三段目行司が相撲文字（→22頁）で紙に揮毫《きごう》する。取組相手は「顔触《かおぶ》れ言上《ごんじょう》」で披露され、翌日朝、櫓《やぐら》の下に掲げられる。

顔触れ言上を行う三役行司11代式守勘太夫（現・41代式守伊之助）

4 顔触《かおぶ》れ言上《ごんじょう》

中入りの土俵上で立行司（または三役行司）が、翌日の幕内取組を発表する。ただし、進行具合によっては省略される。

行司は「はばかりながら明日の取組をご披露つかまつります」の口上に続き、顔触れを右手の白扇の上に載せて「千代丸《ちよまる》に鶴竜《かくりゅう》」などと読み上げる。顔触れを東方、正面、西方に見せ、呼出に渡す。呼出は左手で受け取り、西方、向正面に見せ、右手に持ち替えて正面、東方、向正面に見せる。

すべての顔触れを読み上げたら「右、相つとめまするあいだ、明日もにぎにぎしく、ご来場をお待ちたてまつります」の口上で終了する。

6 取組表の印刷

取組決定後ただちに印刷に入り、翌日の来場者に配布される。裏面は星取表になっており、関取全員と幕下十五枚目以上の力士の前日までの成績が印刷されている。

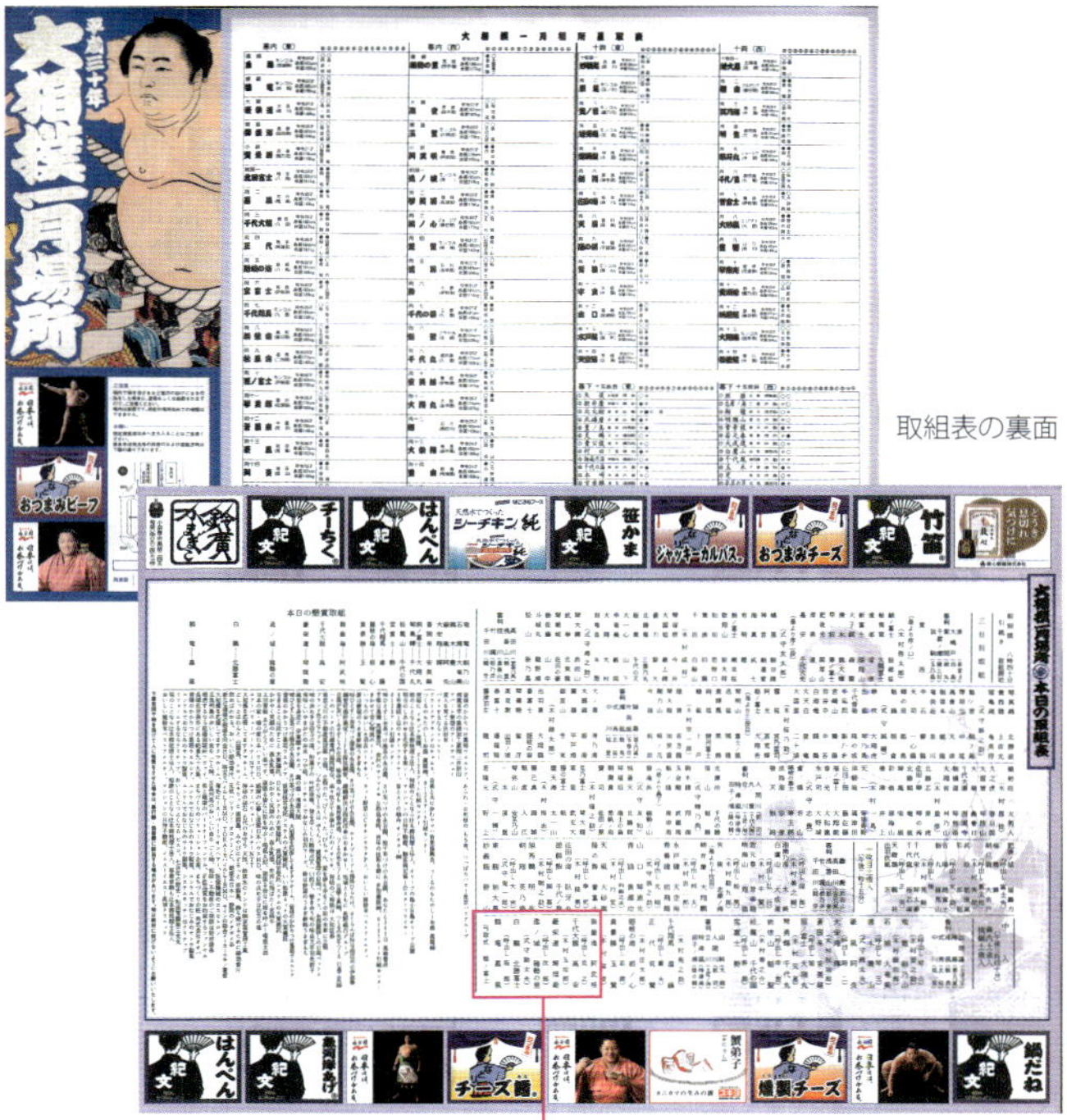

取組表の裏面

取組表の表面。

右はその部分拡大

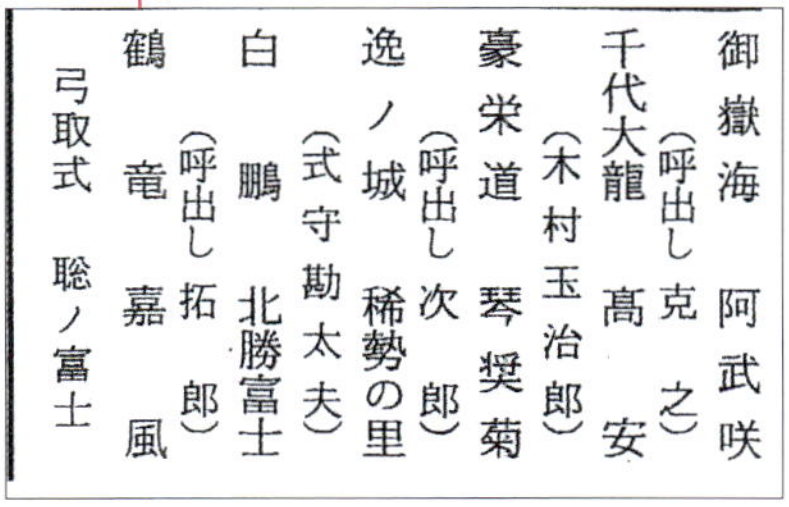

御嶽海（呼出し克之）阿武咲
千代大龍（木村玉治郎）髙安
豪栄道（呼出し次郎）琴奨菊
逸ノ城（式守勘太夫）稀勢の里
白鵬（呼出し拓郎）北勝富士
鶴竜 嘉風
弓取式 聡ノ富士

5 触れの掲出

顔触れ言上で使った触れは、翌日朝、櫓の下に張り出される。

櫓に取りつけられた幕内取組の触れ

「巻」とは

東西の力士が番付順に記載され、前日までの勝敗が書きこまれた横長の巻物。取組編成は、巻を見ながら決められる。翌日の取組が決まった力士の名前の上には白い碁石が置かれ、漏れや重複を避ける。「鏡」の一字が記されるが、これは鏡が人の心の中を映すとする考えにのっとり、邪心がなく、天地神明に誓って誤りがないことの誓書。

土俵での所作

仕度《したく》部屋から仕切りまで

立合い前の所作

力士は取組の前にさまざまな所作を行う。所作の一つひとつに意味がある。

1 控え

仕度部屋を出、花道を通って土俵の直前で礼、２番前に控え席に坐る。審判、力士の前を通るときはさがりを束ね、片手をさし出して横切る。

2 呼び上げ

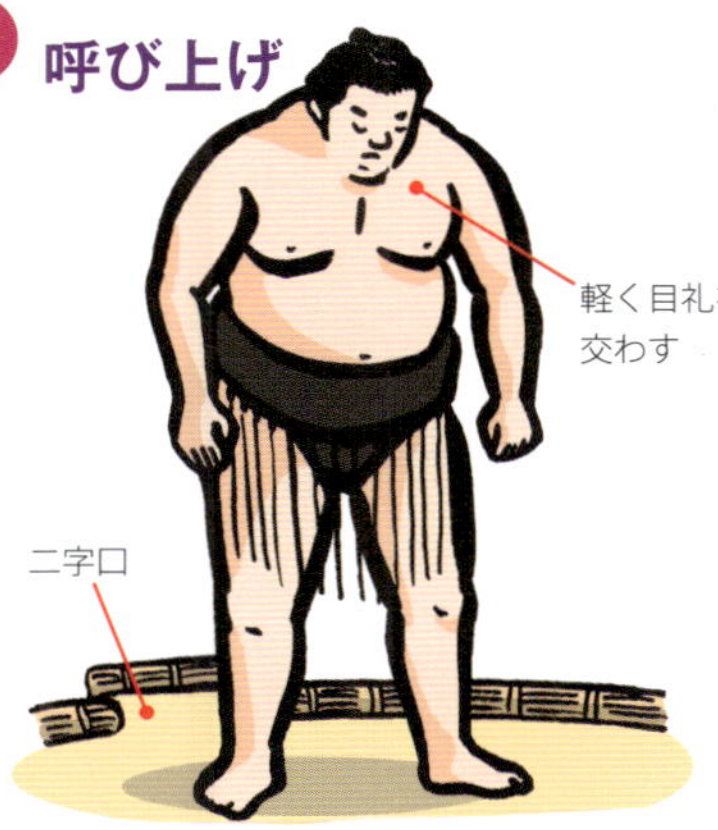

「ひがぁし～、□□」などという呼出の呼び上げを聞いて立ち上がる。土俵に上り、二字口《にじぐち》で相手に礼。

3 房下《ふさした》で四股

吊《つ》り屋根（→116頁）からは４色の房が下がり、色は方角を表す。東方力士は赤房の下、西方力士は白房の下で、花道に向かって右足、左足の順に四股を踏む。四股は、足下の悪鬼を踏み鎮める儀礼と、足腰をほぐすストレッチの意味合いがある。

4 水つけ

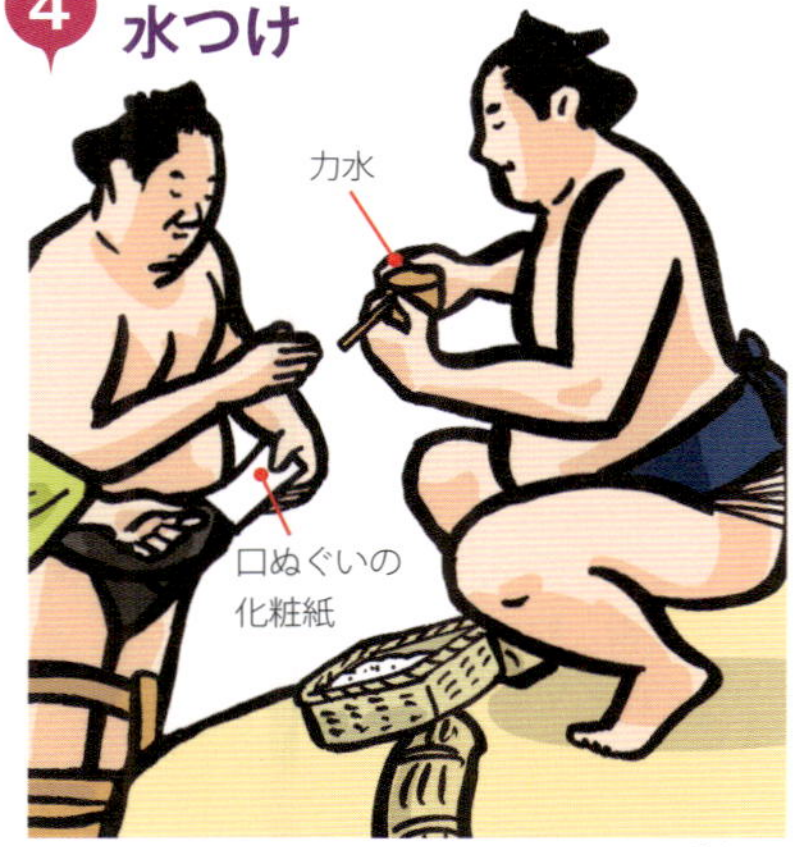

房の下で前の取組の勝者から（敗者側は控《ひか》え力士から）力水をつけてもらう。水は自身を清める意味をもつ。

呼《よび》出《だし》の呼び上げにこたえて土俵に上がってから実際の取組を始めるまでに、力士はさまざまな所作《しょさ》を行っている。力士が土俵上で行う所作は、大きくは「礼《れい》」と「祀《し》」に尽きよう。

「礼」は、相手に対する礼であるとともに、土俵という聖なる場所に対する礼でもある。もちろん、行司《ぎょうじ》や審判委員、呼出、そして観戦する人々など、相撲に関わるすべての人に対する礼でもある。

「祀」とは、もともと相撲が神事を踏まえた宮廷の儀礼に由来するものであることを今に伝える所作である。四股《しこ》を踏む所作には足下の悪鬼を踏み鎮める意味があり、力水《ちからみず》をつけたり塩をまいたりする所作には土俵や自身を清め取組の安全を願う意味がこめられている。

なお、テレビ中継では、前の取組や過去の対戦などが放映され、そうした所作はほとんど放映されない。しかしその間には、儀礼としての相撲の営みが繰り返し行われているのである。単なるスポーツにとどまらない相撲の奥深さがここにある。

5 塩まき

塩籠から塩を取り、土俵にまく。塩には土俵の清めと安全を祈念する意味がある。力水と塩は十両以上の取組、幕下と十両の取組で用いられるが、時間の余裕があれば幕下でも適宜行われる。

塩籠

6 蹲踞《そんきょ》

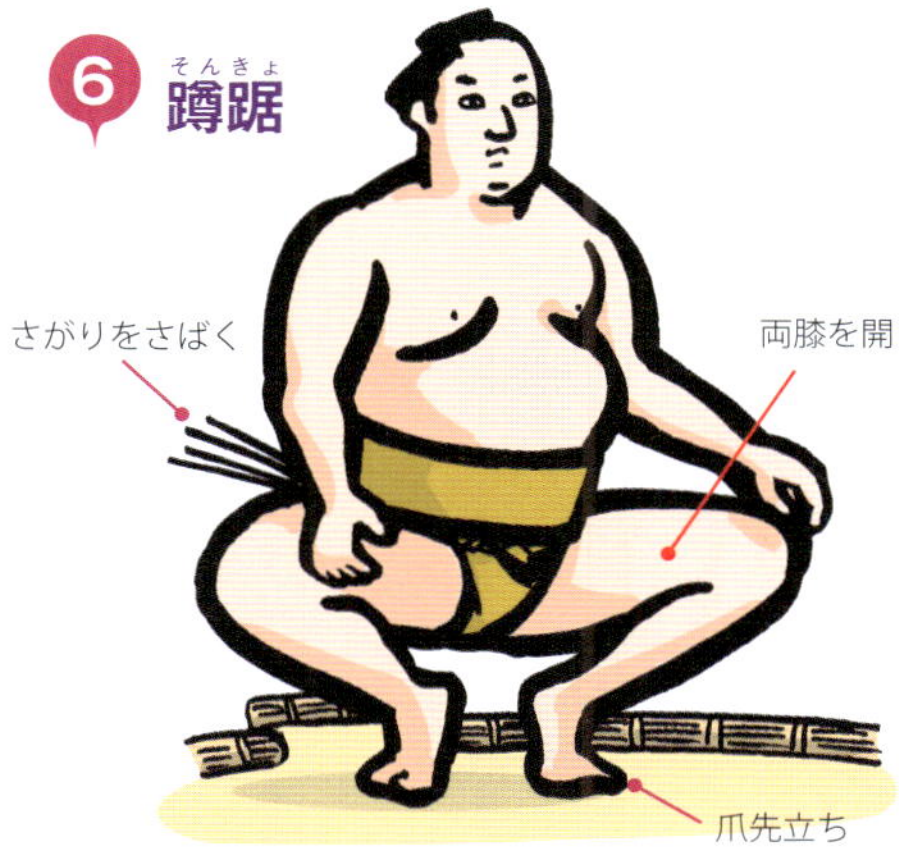
さがりをさばく
両膝を開く
爪先立ち

二字口で相手と向き合って蹲踞の姿勢をとる。蹲踞は敬意を表する所作で、膝を曲げ、両膝を開いて爪先立ちし、背筋を伸ばした姿勢。

7 塵手水《ちりちょうず》

手に武器など持たないことを示す

塵手水を切る。蹲踞の姿勢を保ち、両手を斜め下に向けたあと、正面で掌をもむようにし、拍手《かしわで》を打ち、掌を上にして両腕を左右に大きく開き、肩の高さで掌を下に向ける。塵手水は取組にあたって公明正大であることを示す所作で、はるか昔、野原で相撲を取ったときに草の露で手を清めた名残とされる。

8 土俵中央で四股

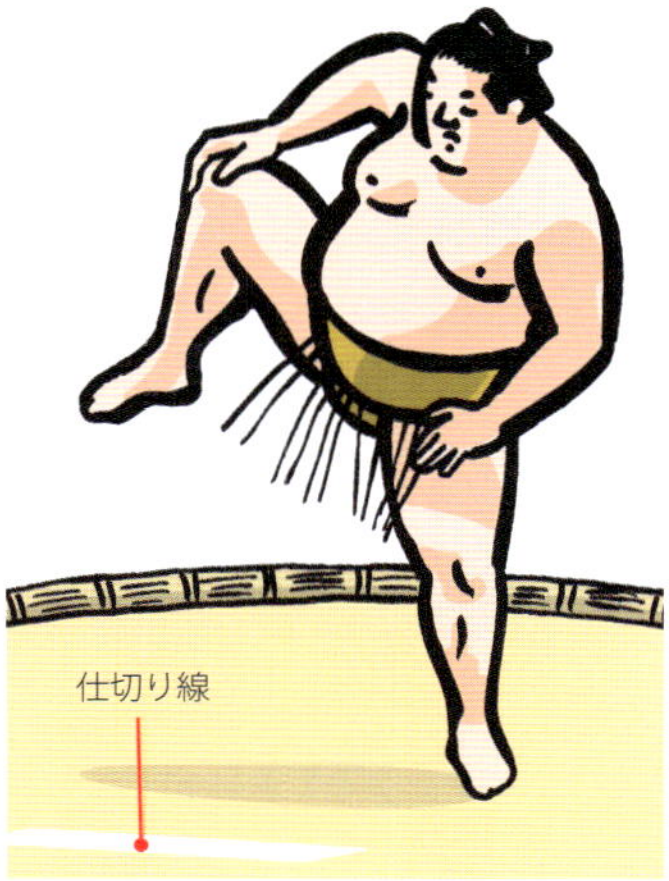
仕切り線

塩をまき、仕切り線の手前まで進み、相手と向き合って四股を踏む。

9 仕切《しき》り線前で蹲踞

仕切り線

四股を踏んだあと、仕切り線の前で蹲踞し相手を見つめる。

10 仕切り

行司は軍配を立てる

蹲踞したあと、土俵に手をついて相手とにらみ合う仕切りに入り、お互いの息を合わせる。息が合わない場合は、制限時間内に塩まきと仕切りの所作を繰り返す。

ソルトシェイカー

塩まき力士の代表格が水戸泉《みといずみ》（写真、現・錦戸《にしきど》親方）である。1回の塩の量が600g。イギリス巡業の際、「ソルトシェイカー」と紹介された。その水戸泉に刺激されたのが北桜《きたざくら》（現・式秀《しきひで》親方）。2000年七月場所十両戦14日目、対戦相手の水戸泉をまねて大量の塩をまいて勝利。以後、大量の塩をまき、その年の九月場所で引退した水戸泉から「ソルトシェイカー」の名を受け継いだ。

立合いから退出まで

礼に始まり礼に終わる土俵の所作

立合い

力士同士が公平に立合いを行えるように、行司と審判委員が見守る。

両力士の間に入り、立合いの
不成立を告げる行司

「待った」

相手との呼吸が合わないとき、力士は「待った」をかけることがある。また、審判や行司が両者の呼吸が合わないと見たときも「待った」をかけることがある。待ったのあと、仕切り直す。

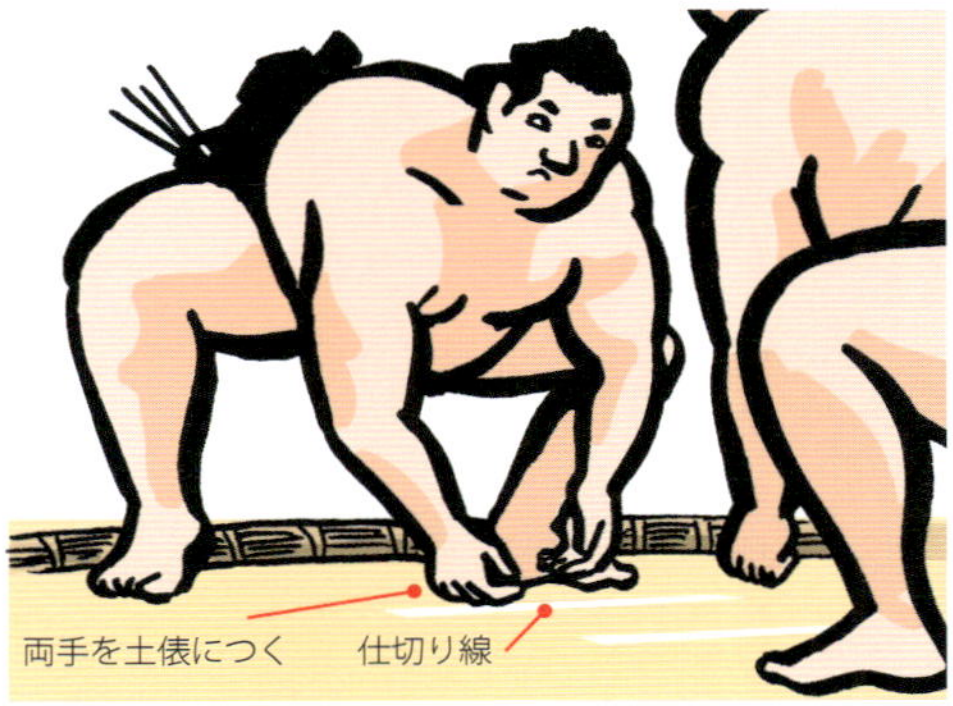

両手を土俵につく
仕切り線

立合い

立合いに際して手を土俵につかなかったり、仕切り線より前に出ていたりしてはいけない。

大相撲／水入り

取組が長時間になり両力士に疲れが見えて動きがなくなると、勝負はいったん止められ、力士は互いの房下に戻って力水で口をそそぎ汗を拭いてひと息入れる。勝負を再開してなおも決着がつかない場合は２番後に取り直しをするが、それでも決着がつかない場合は引き分けとなる。写真は2015年（平成27）三月場所で水入りとなった照ノ富士《てるのふじ》・逸ノ城《いちのじょう》戦。行司が勝負の再開を告げる準備をしているところ。

仕切り制限時間が来たら、時計係の審判委員が手を挙げて行司と呼出に「時間いっぱい」を告げる。以後の仕切り直し、待ったは原則認められない。

取組の開始は力士同士が決める。お互いの呼吸が合ったときが立合い、すなわち競技の始まりである。今は「時間いっぱい」で立合いになるのが通例だが、呼吸が合えば仕切り制限時間内に取組を始めてもかまわない。逆に、制限時間がきても、お互いの呼吸が合っていなければ、取り組めない。また、両手を土俵《どひょう》につくことが立合い成立の条件であるため、不十分だと行司や審判委員の判断で「待った」がかかることもある。

概ね1分を超える取組を「大相撲」と言い習わしている。テレビ中継などではアナウンサーが「大相撲になりました」などと言う。取組が3、4分を超え、疲労などのために進捗が見られない状態になった際、勝負審判の判断によって行司が取組を一時中断することを「水入《みずい》り」という。短時間の休憩後、中断時の姿勢に戻したうえで取組を再開する。

勝負のあと

土俵から下りるときにも決められた所作がある。

行司は勝者の四股名を呼び上げて勝ち名乗りをする
蹲踞の姿勢

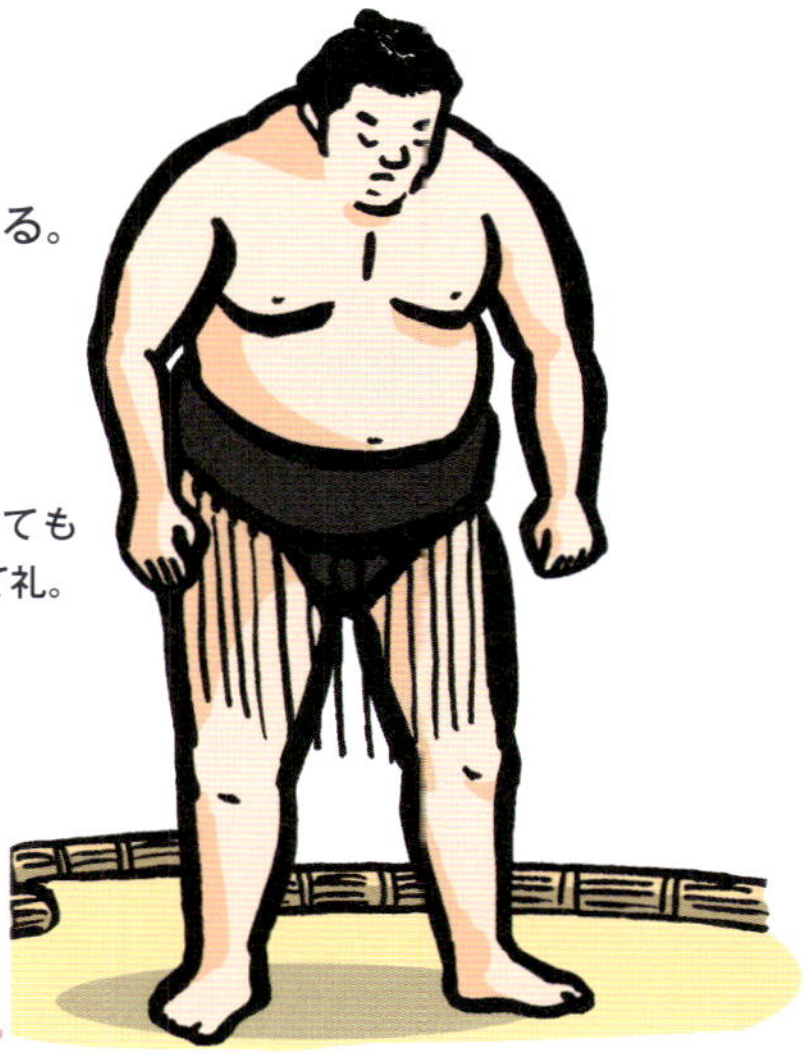

礼に終わる

勝負がついたら、勝っても負けても二字口《にじぐち》に戻って礼。

勝ち力士

二字口で一礼のあと、蹲踞して勝ち名乗りを受ける。その際は、右腕を右下に向けて垂らす。

負け力士

そのまま退場、土俵に一礼後、花道を通って仕度部屋へ引き上げる。

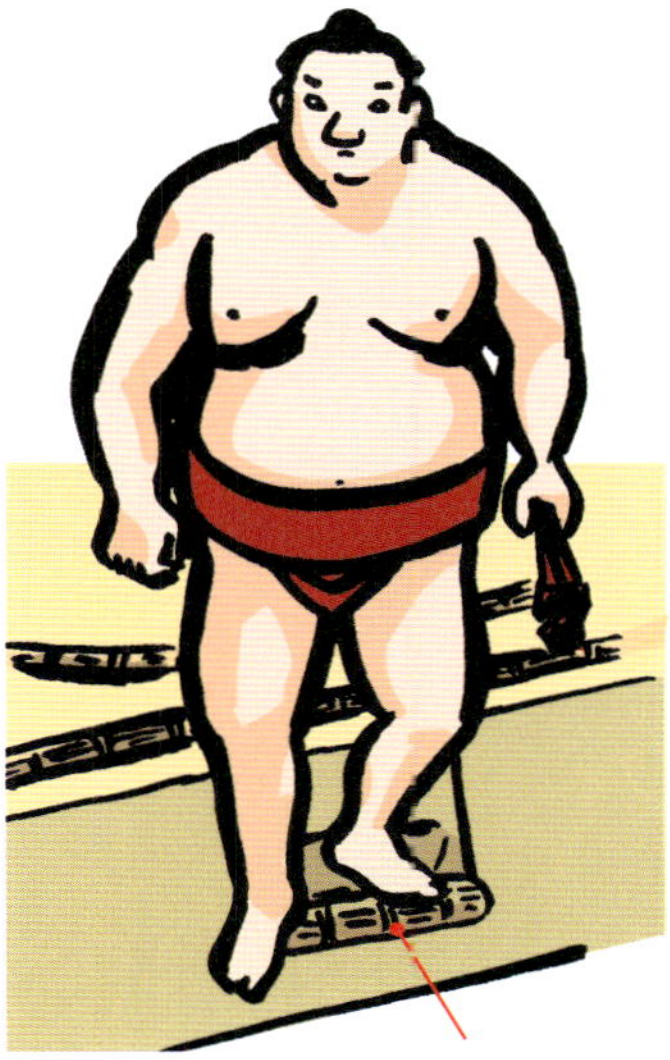
房下の二がり段から退場

懸賞金《けんしょうきん》の受け取り

懸賞金（→94頁）があれば、行司の勝ち名乗りのあと、手刀《てがたな》を切って受け取る。

指をつけて開いた右手で、①左・②右・③中央の順番に刀を振り下ろすような所作をする。この作法は、1966年（昭和41）から規則として実施されるようになった。

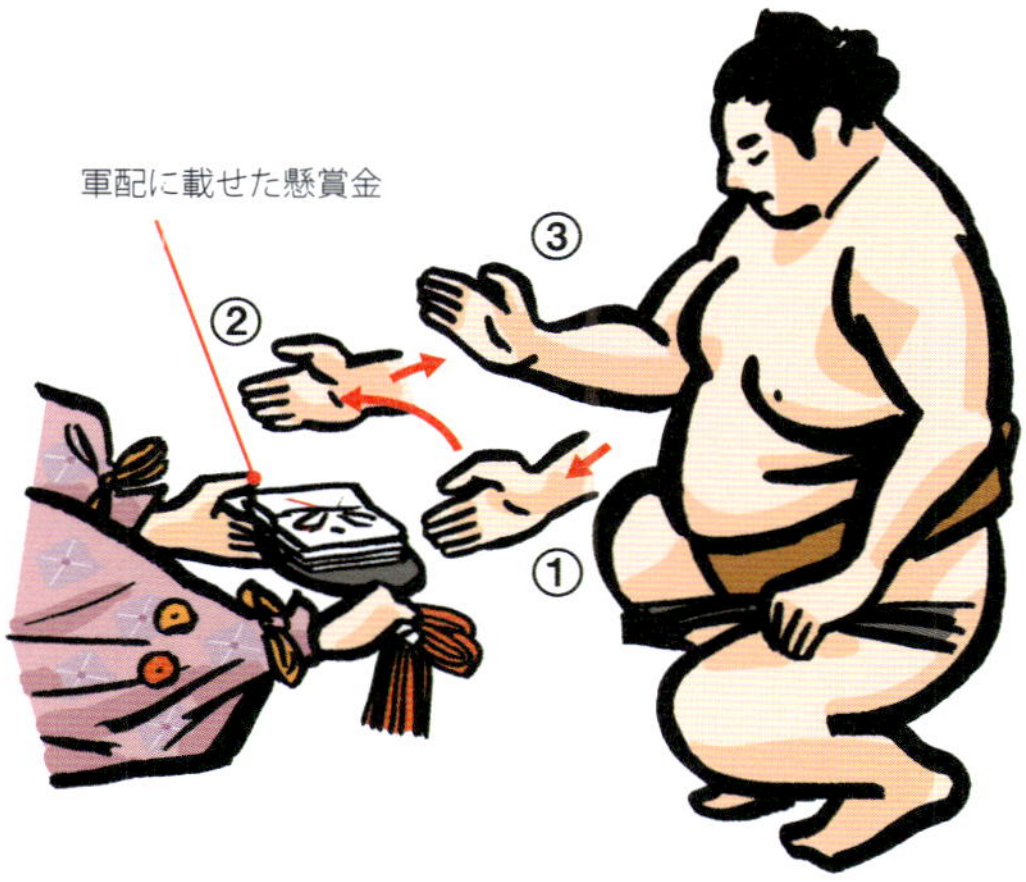
軍配に載せた懸賞金
①
②
③

勝ち残り

勝者は次の取組の力士に力水《ちからみず》をつけるため、房下に待機する。懸賞金は呼出に渡す。呼出は懸賞金の熨斗《のし》袋にさがりを刺し、持ち帰りやすくする。力水をつけ、口をぬぐう化粧紙を手渡したあと、土俵に向かって一礼をし、仕度部屋に引き上げる。

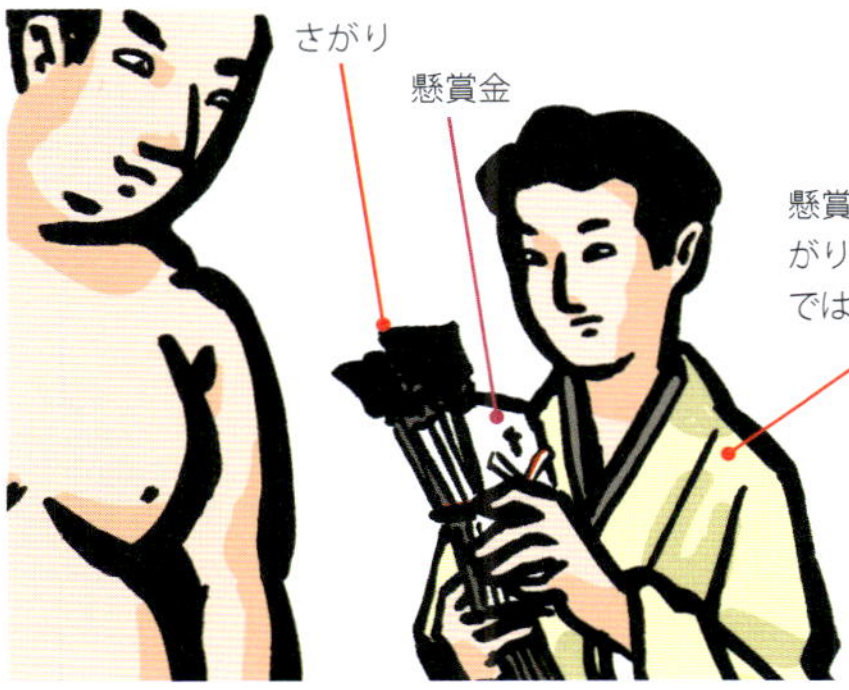
さがり
懸賞金
懸賞金の熨斗袋をさがりに刺すのは所作ではなく呼出の配慮

勝負が決まったあともさらに攻め続ける「だめ押し」は禁止。土俵上で勝利の喜びを顕《あら》わにすることも、品格を欠く行為として指弾される。勝った力士は、負け力士に手を差し伸べるなどの優しさも要求される。これは、相撲はもともと神事に由来し、宮廷の儀礼でもあったためで、スポーツといえどもそこに「品格」が求められるから。礼に始まり礼に終わる相撲だが、何よりも勝ったあとが大切なのである。

大相撲の華

土俵入り

十両・幕内土俵入り

化粧廻しをつけた力士たちが観客を前に土俵上に勢ぞろいして顔見世をする。

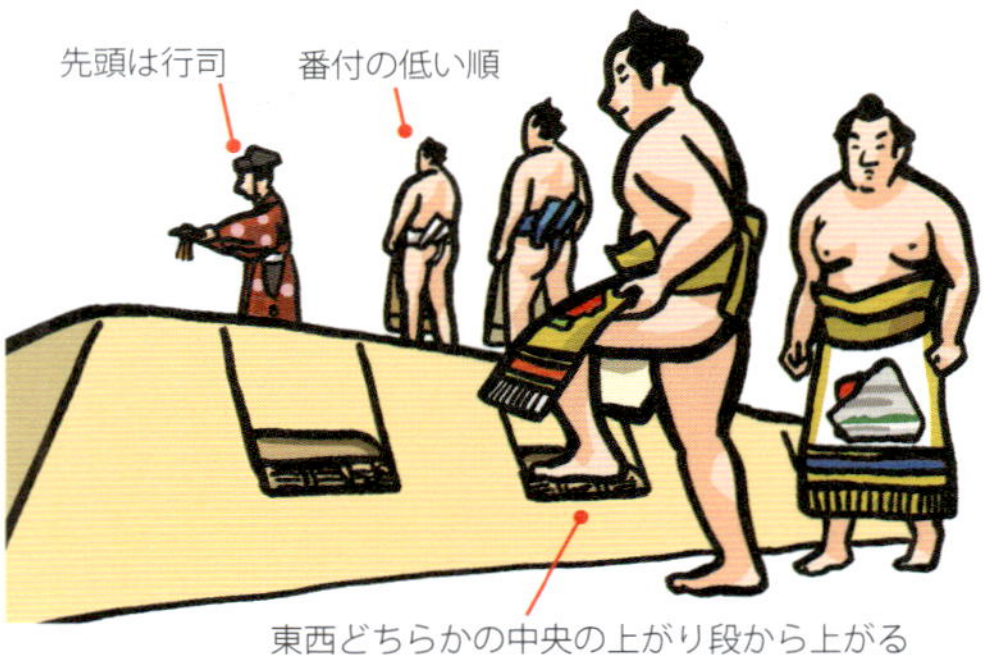

先頭は行司
番付の低い順
東西どちらかの中央の上がり段から上がる

1 登壇

場内アナウンスが四股名・出身地・所属部屋を呼び上げると土俵に上がり、土俵の外側に沿って左回りに歩き、所定の位置について観客席のほうに向く。

2 土俵上の所作

行司は土俵の中央で蹲踞している。力士は中央に向き直ると拍手《かしわで》を打ち、右手を挙げ、両手で化粧廻しの端を軽くつまみ上げ、両手を挙げるという一連の所作を行う。右手を挙げ、両手で化粧廻しの端を軽くつまみ上げるのは四股の省略形、両手を挙げるのは潔白の証明とされ、取組前の腕を開いて掌を返す塵手水の所作と同じ意味をもつ。

行司は正面を向き蹲踞の姿勢
勝負俵の外側を回る

3 退場

土俵入りを終えた力士は、土俵に上がった順に房下の上がり段から土俵を下りる。その間、行司は蹲踞したまま待ち、最後の力士のあとについて退場する。

土俵入りとは、観客の前に力士が勢揃いして顔見世《かおみせ》をする儀式であり、十両と幕内、そして横綱の土俵入りが場所中毎日行われる。横綱は、「横綱土俵入り」（↓36頁）として、別途、特別な型に則って行われる。十両土俵入りは、支度の都合上、幕下の取組を5番残したところで行われ、幕内土俵入りは十両の取組が終了したあとに行われる。

十両土俵入りも幕内土俵入りも、所作は同じである。化粧廻《けしょうまわ》しを締めた力士が、奇数日は東方から、偶数日は西方から、呼出の打つ「柝《き》」を合図に行司に先導され、下位から順番に登壇する。全員が揃うと土俵中央に向き直り、所定の所作をして登場順に退場する。

ただし、天覧相撲《てんらんずもう》（天皇が観戦する）、台覧相撲《たいらんずもう》（皇族が観戦する）の場合は、「御前掛《ごぜんがかり》」とよばれる土俵入りが行われる。通常の土俵入りとは異なり、力士は全員花道に居並び、正面2階の貴賓《きひん》席に一礼して土俵に上がり、正面を向いて4列5段に並ぶ。拍手《かしわで》を打ったあとに、右2回左1回の四股を踏んで蹲踞《そんきょ》する。放

特別な土俵入り

千秋楽だけの「三役揃い踏み」、新弟子が新序になったことを披露する「新序出世披露《しんじょしゅっせひろう》」、天覧相撲・台覧相撲に行われる「御前掛」がある。

新序出世披露

新序は、親方または部屋（あるいは同じ一門）の先輩力士の化粧廻しを借りて締め、土俵に上がって蹲踞し、所属部屋・四股名・出身地が呼び上げられると立ち上がって一礼し、行司（幕下以下の行司が務める）の口上を受けて四方に礼をして退場する。
化粧廻しが許されるのは関取だけ。だが、関取になれるのはほんの一握り。大半の力士はこのときにしか化粧廻しを締めることができない。力士にとって一世一代の晴れ舞台なのである。

三役揃い踏み

千秋楽結びの３番の前に行われる儀式。最初の取組の呼び上げと柝を合図に、東方力士３名が土俵に上がり、前に２人、後ろに１人の扇形に並んで揃って四股を踏む。次に、西方力士３名（写真）が土俵に上がり、前に１人、後ろに２人の逆扇の形に並び、揃って四股を踏む。三役揃い踏みのあとはそのまま取組に入るので、化粧廻しはつけない。

御前掛《ごぜんがかり》

天覧相撲における土俵入りが御前掛。ただし、天皇の来臨が土俵入り前にあったときに限られる。写真の御前掛は、2007年（平成19）一月場所13日目に行われた。

化粧廻し

前垂《まえだ》れの部分と体に締める部分は別々ではなく、長い1本の帯状になっている。前垂れにはさまざまな意匠が凝らされる。ただし、馬簾《ばれん》（下端の房）の色は、横綱と大関にのみ、紫が許される。

第52代横綱北の富士の関脇時代の化粧回し

送で力士一人ひとりが紹介されると順に立ち、一礼をして土俵を下りる。

新序出世披露《しんじょしゅっせひろう》は、翌場所から序ノ口《じょのくち》に上がる資格を得た「新序」のお披露目である。中日《なかび》8日目の三段目《さんだんめ》取組途中に行われるが、三月場所に限って5日目に「一番出世」、9日目に「二番出世」、12日目に「三番出世」の披露が行われる。また、千秋楽には「三役揃い踏み」もある。

横綱土俵入り

横綱は神の使いの象徴

第71代横綱鶴竜《かくりゅう》の「雲龍型」土俵入り。露払い錦木、太刀持ち正代

太刀持ち

横綱につき従う近侍で、警護役でもある。横綱と同じ部屋あるいは同じ一門の関脇《せきわけ》以下の幕内《まくうち》力士が務める。太刀を捧げる腕は肘を真横に張る。

横綱

御幣《ごへい》をつけた綱を巻くのは、横綱が神の使いであることを象徴している。綱と化粧廻しの総重量は25～30kg前後にもなるという。横綱・太刀持ち・露払いは、揃いの化粧廻しを締める（三つ揃い）。横綱は、土俵にあがるとまず蹲踞して拍手を打ち塵手水（→31頁）を切る。

露払い

横綱を土俵に誘導する役。資格は太刀持ちよりも格下の力士が務める。

横綱の引退相撲では現役横綱が太刀持ち・露払いを務めることがあるが、この場合は太刀持ち・露払いともに横綱を締める。

雲龍型と不知火型

雲龍型の結び目

背の綱の結び目の輪が１つ。せり上がりに際し、左手の指先を脇腹に（守り）、右手を開き斜め下に差し伸べ（攻め）て、守りと攻めを象徴するとされる。

不知火型の結び目

背の綱の結び目の輪が２つ。両腕を開いて斜め下に差し伸べるのは、攻める姿勢を象徴しているといわれる。

横綱土俵入りは、横綱のみが行う土俵入りで、化粧廻しに純白の綱を締めた横綱が、露払《つゆはら》いと太刀持《たちも》ちを従え、土俵上で一定の所作を見せる。所作には、「雲龍型《うんりゅうがた》」と「不知火型《しらぬいがた》」の2つの型があり、前者は攻めと守りの姿勢を、後者は攻めを象徴するという。両者の所作は基本的に同じだが、土俵の中央で拍手《かしわで》を打って腕を左右に開いて塵手水《ちりちょうず》を切って四股《しこ》を踏んだあとのせりあがる姿勢に違いが見られる。

塵手水は清浄潔白の証であり、拍手を打つのは神に対する敬意の表明である。四股を踏むのは地下の悪鬼を踏み鎮めるためであり、せり上がりは下段《げだん》・中段《ちゅうだん》・上段《じょうだん》の構えを連続的に演じる、いわば演武《えんぶ》である。こうした横綱の所作は、故実に基づく神事そのものなのである。

横綱土俵入りの２つの型

せり上がり方の違いにより、「雲龍型」「不知火型」の2つがある。

不知火型

第 11 代横綱不知火の型を踏襲するとされるが、現在のものは第 22 代横綱太刀山《たちやま》のものにならっている。

1 中央に進み、正面に向かって拍手を打つ。

2 次に右の構えに入り、右で四股を踏む。

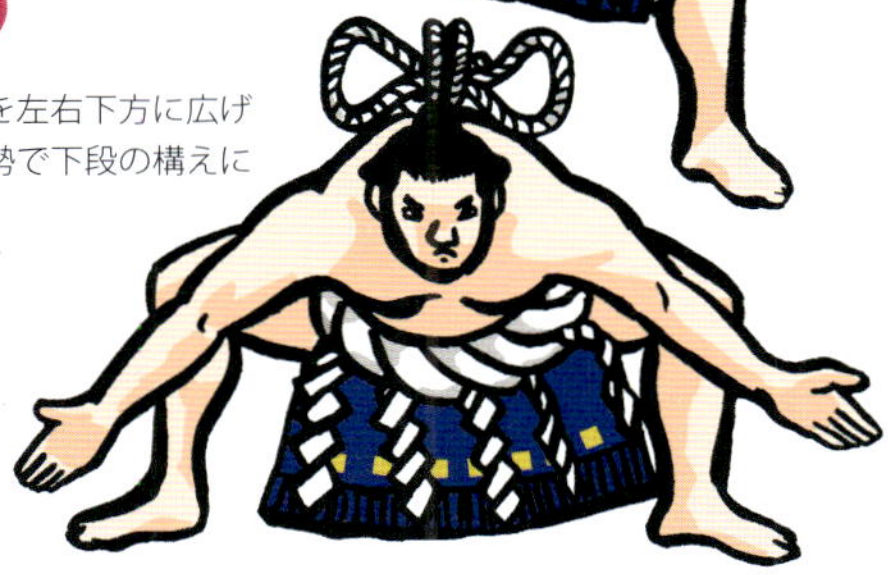

3 両腕を左右下方に広げた姿勢で下段の構えに入る。

4 腕を広げたまま下段から中段、そして上段の構えを見せてせり上がる。

第 69 代横綱白鵬《はくほう》

雲龍型

第 10 代横綱雲龍の型を踏襲するとされるが、実際は第 20 代横綱梅ケ谷《うめがたに》の型がもとになっている。

1 中央に進み、正面に向かって拍手を打つ。そして右手を脇腹につけ左手を広げた右の構えに入る。

2 右で四股を踏む。

3 右腕を下に伸ばし、左腕を脇腹につけて下段の構えに入る。

4 下段の構えのまま中段、上段の構えを見せながらせり上がる。

第 72 代横綱稀勢《きせ》の里《さと》

弓取式

1日の掉尾《ちょうび》を飾る儀礼

弓取式の所作

行司は、弓取力士の名乗りをしながら弓を左手で持ち、右を軍配で支えて差し出す。弓取力士は作法に則り弓取を行う。

1 頭の上に弓を水平にかかげる。

2 右、左の順に体の左右で弓を旋回させる。

3 弓で地面を掘り起こすしぐさをする。

4 弓で地面をならすようにすべらせる。

5 正面を向き、弓で３回空中を突くようにする。

6 弓を肩に担いで四股を踏み、せり上がる。「弓取」最高の見せ場だ。

弓取式とは、本場所結びの一番の勝者に代わって、作法を心得た力士が土俵上で弓を執って勝者の舞を演ずる儀礼である。弓を執るのは横綱《よこづな》の所属部屋（横綱不在の場合は大関《おおぜき》の所属部屋）の幕下以下の力士だが、弓取式に限って大銀杏《おおいちょう》を結い、日本相撲協会所有の化粧廻し（三月場所は東西会《とうざいかい》所有のもの）を締める。結びの一番の勝負がつくまで向正面《むこうじょうめん》に控え、勝者側から土俵に上がり、決められた所作に従って弓を振る。現在の所作は、江戸時代、将軍が観戦する上覧《じょうらん》相撲の際に第４代横綱谷風《たにかぜ》※が行った形に由来するという。

もとは千秋楽《せんしゅうらく》結びの一番の勝者が行っていたが、毎日行うようになったのは1952年からである。千秋楽で幕内の優勝決定戦があるときは、その前に行われる。ショー的性格から、美男力士が登用されることが多いとか。

途中で弓を落とした場合は、土俵に手をつかないように足ではね上げて手で受ける。弓が土俵の外に出た場合は、呼出《よびだし》が拾って手渡すことになっている。

※谷風梶之助《かじのすけ》は実在する最初の横綱。江戸後期の寛政の頃に活躍。

優勝制度

全力士の目標は優勝にあり

幕内優勝

幕内力士のうち最も成績のよい力士を表彰する制度。

賜杯

高さ107cm、口径33.3cm、重さ29kg（容量36 ℓ）。木製の台座に優勝力士の四股名《しこな》、成績が刻印された銀の名札が貼られる。1927年（昭和２）、昭和天皇即位を受けて五月場所から「天皇賜盃」として贈呈された。

優勝旗

88×130cmで、三方に17cmの馬簾《ばれん》（房）がつく。持ち回りで、優勝者の名前を記した短冊が２年間ほどつけられる。現在の優勝旗は４代目で1991年（平成３）初場所から使用。 写真は2018年（平成30）七月場所で優勝旗を手にする関脇御嶽海《みたけうみ》。

三　賞

横綱・大関以外の幕内力士から選ばれる、場所を盛り上げた力士の表彰制度。

三賞は、日本相撲協会理事長から委嘱された審判部長・副部長、相撲記者クラブ員、維持員で構成される三賞選考委員会で出席委員の過半数の賛成で決定される。受賞の明確な基準はないが、勝ち越しが絶対条件で、取組内容が審査されて決まる。各賞それぞれ200万円の賞金が出る。

殊勲賞 横綱･大関を倒すか、幕内優勝に関係ある勝ち星をあげた成績優秀な者。
敢闘賞 敢闘精神旺盛で成績優秀な者。
技能賞 技能が特に優秀な者。

2018年（平成30）五月場所の三賞獲得力士。左から旭大星《きょくたいせい》（敢闘賞）、松鳳山《しょうほうざん》（殊勲賞）、栃《とち》ノ《の》心《しん》（技能賞と敢闘賞）、千《ち》代《よ》の国《くに》（敢闘賞）

優勝は各段に１人、その場所で最も成績のよい者が選ばれる。中でも、幕内優勝こそすべての力士が目指す最高の褒章である。幕内の優勝賞金は1000万円。

大相撲の優勝制度は、国技館の落成を記念して、1909年（明治42）６月の夏場所に確立された。当初は東西対抗戦で、合計勝ち星の多かった側に相撲協会から優勝旗と賞金が授与された。同時に、幕内の最多勝利者を表彰して優勝額を授与することが始まった。今日のような形での個人優勝制度になったのは、1926年（大正15）からである。

表彰式は千秋楽のすべての取組終了後に行われる。幕内優勝力士には、表彰式で賜杯《しはい》、優勝旗、各関係からのトロフィーなどが授与される。

三賞とは、本場所を盛り上げた関《せき》脇《わけ》以下の幕内力士を顕彰するもので、1947年（昭和22）秋場所から制定された殊勲賞《しゅくんしょう》・敢闘賞《かんとうしょう》・技能賞《ぎのうしょう》の３つの賞である。複数の受賞もあれば、該当力士がいないときは選出されないこともある。

優勝額

優勝額は優勝力士に毎日新聞社より贈呈される。年3回の東京場所の初日に、前々場所の東京場所優勝分と前場所の地方場所優勝分の表彰並びに掲額式を行っている。写真は、2018年九月場所初日前日にお披露目された鶴竜《かくりゅう》と御嶽海《みたけうみ》の優勝額。

優勝パレード

オープンカーの優勝パレードには、旗手として同じ部屋の関取、あるいは一門の関取が同乗する。写真は鶴竜の優勝パレード。

幕内優勝の顕彰
優勝パレードと優勝額

国技館２階の梁に掲出された優勝額。
大きさは縦3.17m、横2.28m。

記念撮影

部屋に戻ってからは、記念撮影がある。記念撮影に欠かせないのは鯛。10kgほどの大鯛で、終盤で優勝の可能性がある力士の部屋は、親方と後援会があの手この手で調達する。写真は、2018年一月場所で優勝した栃ノ心の春日野部屋での記念撮影。

幕内で優勝した力士は本場所の会場から部屋（地方場所では宿舎）への道を白いオープンカーに乗って凱旋する。オープンカーを使った優勝パレードを最初に行ったのは、１９５２年（昭和27）夏場所の東富士《あずまふじ》。それまでは優勝力士と優勝旗を先頭に、紋付袴《もんつきはかま》姿の一門の関取衆が部屋まで歩いたという。２０１８年一月場所で優勝した平幕の栃ノ心《とちのしん》は、国技館から春日野《かすがの》部屋までの約５００ｍを歩いて「優勝パレード」を行った。

優勝額は縦３・17ｍ、横２・28ｍ（畳5畳分ほど）、重量80kg。前場所と前々場所の優勝額除幕式が東京場所の初日に行われ、国技館に掲げられ、本人にはミニチュア額が贈呈される。国技館には32面掲げられ、古い額は本人に返却されるが、返却された額は後援会や母校などに贈られることが多い。優勝額は２０１３年（平成25）までモノクロ写真に油彩で彩色していたが、２０１４年一月場所よりカラー・デジタル写真になった。彩色を担当していた佐藤寿々江《さとうすずえ》さんが引退したことがきっかけであった。

第二章

相撲の勝負

2人の力士が互いに繰り出すさまざまな技、
そして勝負がつくときの決まり手は多彩である。
相撲独自の言い回しが使われる技の基本と決まり手のポイントを覚えると、
観戦がより深く楽しめる。

相撲の勝ち負け

単純明快な相撲のルール

相撲の勝負は、①相手よりも先に足の裏以外の体の部分が土俵につけば負け、②相手よりも先に土俵外に出れば負け、という単純なものである。土俵の外に爪先やかかとが出ても、土俵外の砂につかなければ負けではない。

ただし、日本相撲協会の定める「勝負規定」には、例外が2つある。まず、技をかけた状態で相手が死《し》に体《たい》であったり反撃不能な状態にあった場合には、自分の足が先に出たり土俵に手をついたりしても負けにならない（かばい手）。また、相手を吊り上げて土俵外に出すとき、自分の足が先に土俵外に出ても負けにならない（送り足）。立合いでは、腰を割って両手を土俵につけることが原則である。

相撲の勝負

足の裏以外が先に土俵につけば負け、土俵外に先に出たほうが負け。

勝負の基本

相手より足の裏以外の体の部分が土俵につくか、あるいは相手よりも先に土俵の外に出れば負けとなる。

先に土俵外に出ると負け

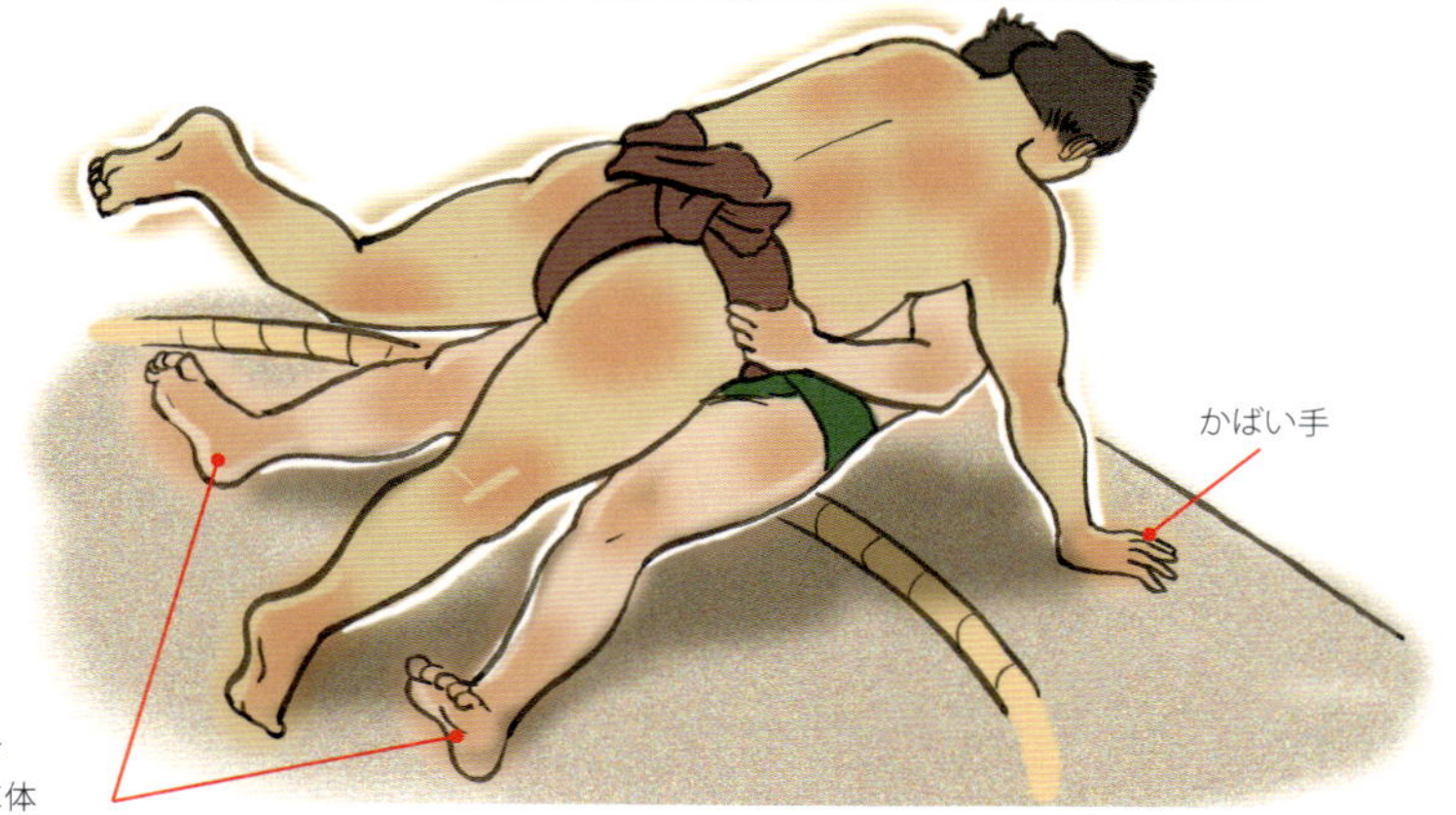

かばい手
足が裏返って体勢を立て直せないと死に体

例外

「死に体」と「かばい手」

体の重心を失ったり復元力がなくなったりして体勢を立て直すことができず、逆転不可能あるいは取組を継続できない状態が「死に体」。

重なり合って倒れこむような場合、死に体の状態にある相手の危険をかばって自分が手を先についても「かばい手」として負けにはならない。相手が死に体でなければ、「つき手」となって負け。

技を身につける基本

相撲に適した体をつくるための基本となる稽古。

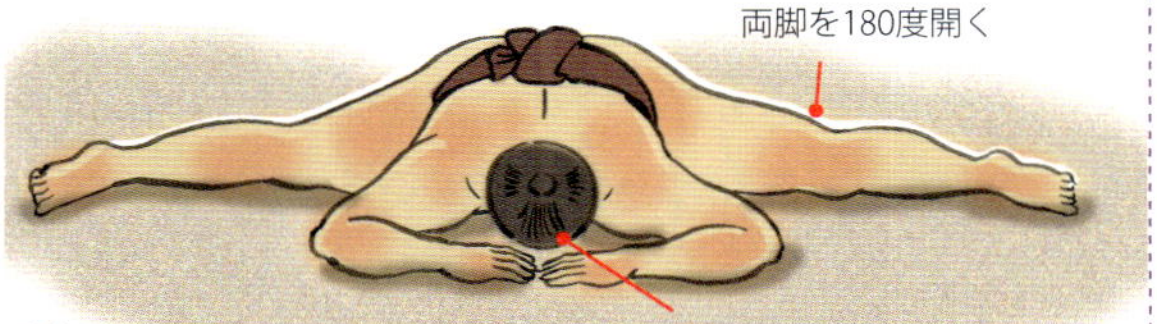

股《また》割《わ》り

左右の脚を180度開き、上体を前に倒して胸を地面につける。この柔軟性がなければ、技を受けることができず、ケガのもととなる。

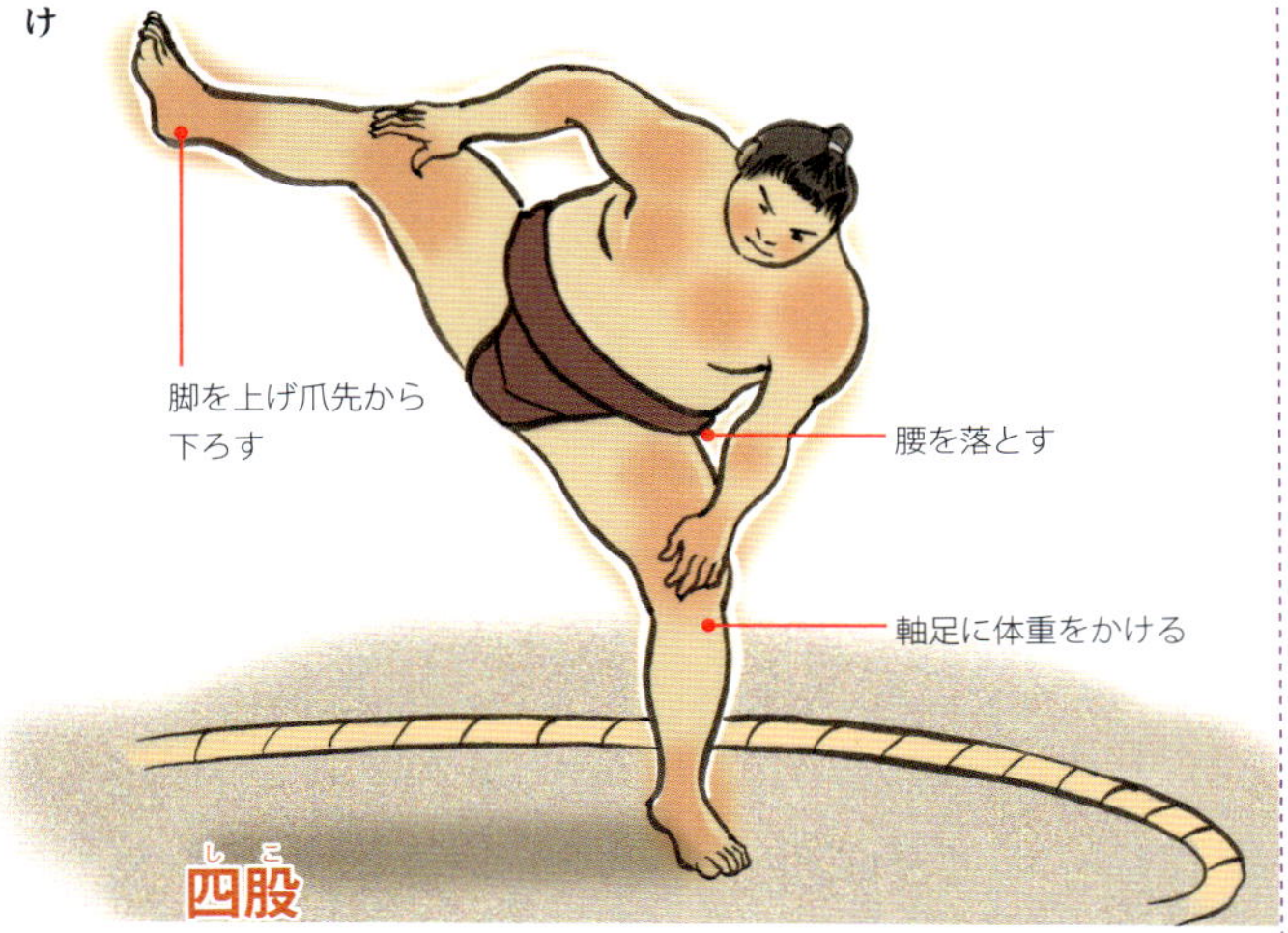

四股《しこ》

下半身、背筋の強化に役立ち、バランス感覚、柔軟性を身につける。投《な》げや捻《ひね》りの技をこらえ、逆転する際の基本となる。

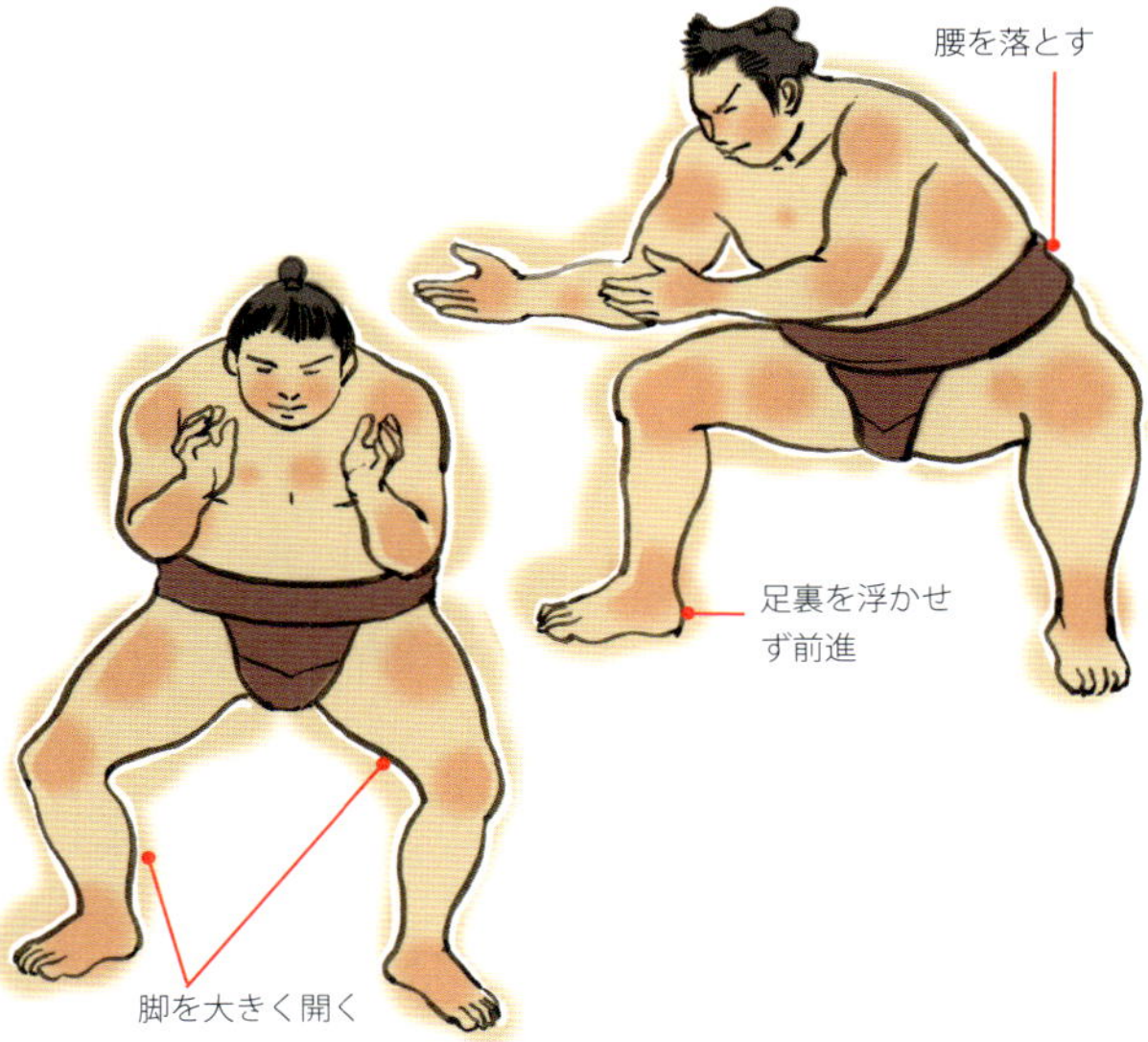

すり足《あし》

土俵の表面から足裏を離さずに歩を進めること。常に安定した体勢を保つことは、攻め・防御両面の鍵となる。

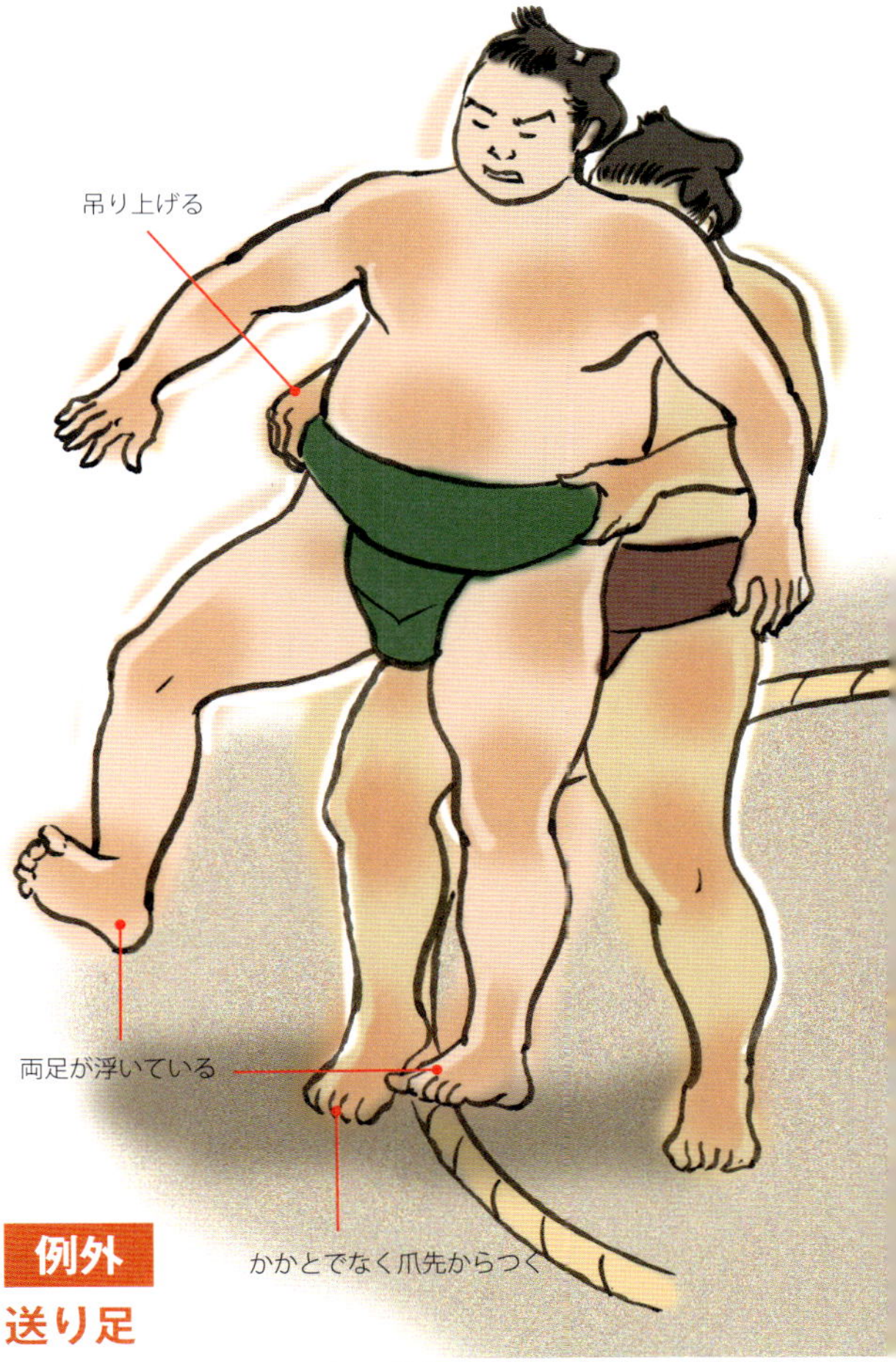

例外

送り足

吊り上げて両足が空中に浮いた状態となった相手を土俵外に出す時、相手の体が土俵外の土につく前に自分の足を土俵の外に踏み出しても、「送り足」として負けにはならない。ただし、相手の足がごくわずかでも土俵内についていたり、自分がかかとから外に踏み出したりした場合は「勇み足」（→65頁）で負けになる。

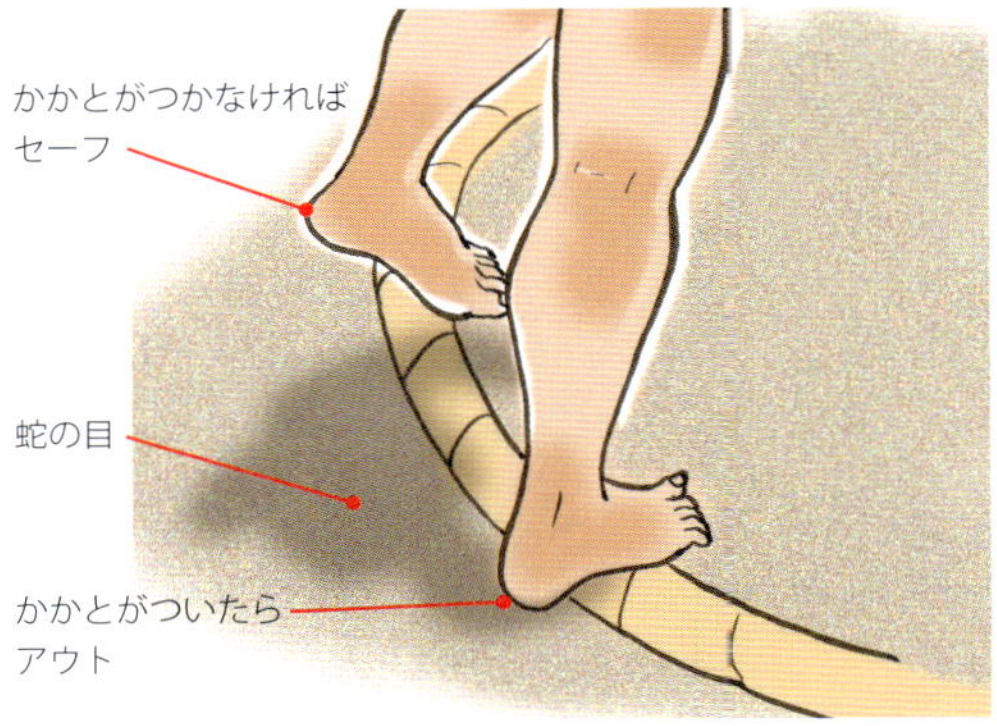

土俵外に足が出るとは

土俵の外にかかとや爪先が出ていても、足裏が蛇《じゃ》の目《め》の砂につかない限り、負けではない。

一瞬でも蛇の目に触れれば、負け。

＊徳俵《とくだわら》（土俵に４ヶ所ある、1俵分外に出た小俵。→118頁）においても事情は同じ。

基本の技①（突き・押し）

前に出て相手を土俵外に押して出すのが相撲の基本

突き・押しの技

組まず、相手を押したり突いたりする基本の技。

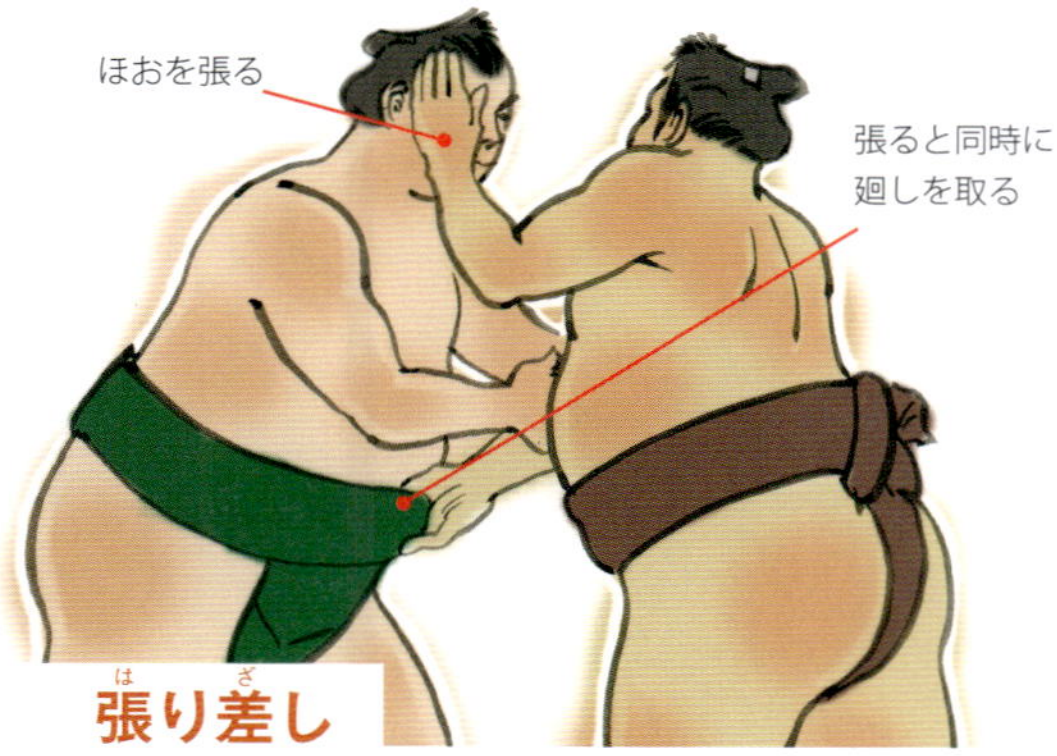

張《は》り差《ざ》し

立合いで張り手を繰り出し、相手がひるんだすきに自分の形にもっていくこと。大きく張ると相手との距離があいて次の技を繰り出すまでの間に隙《すき》が生じる危険もある。

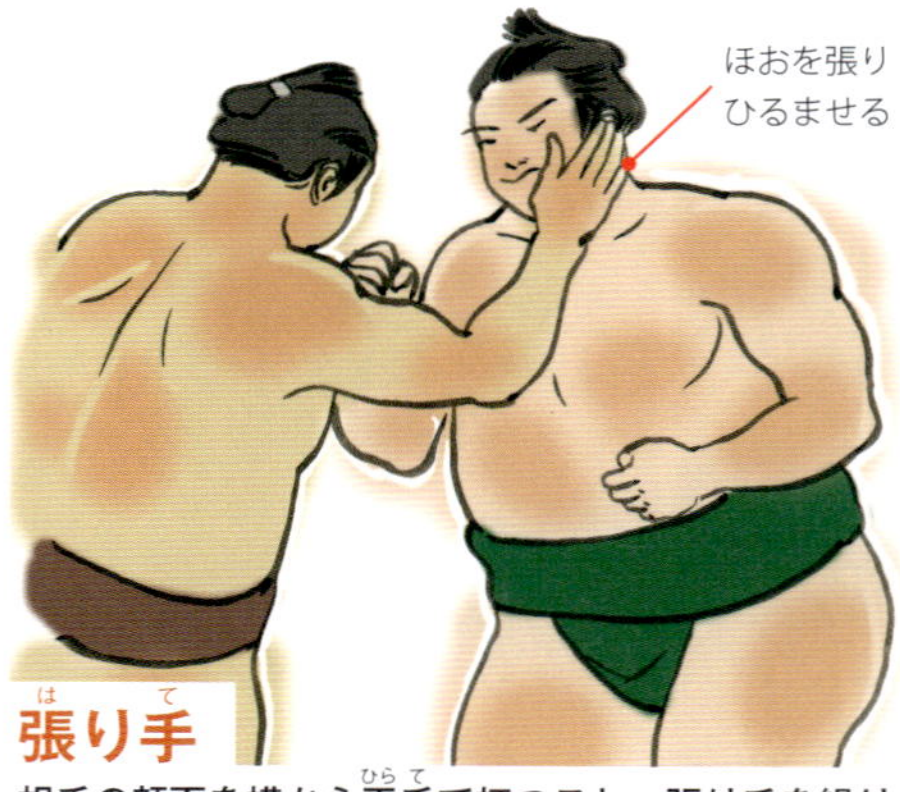

張《は》り手《て》

相手の顔面を横から平手《ひらて》で打つこと。張り手を繰り出すことを「張る」という。ただし、両耳を同時に張ることは「禁《きん》じ手《て》」である。

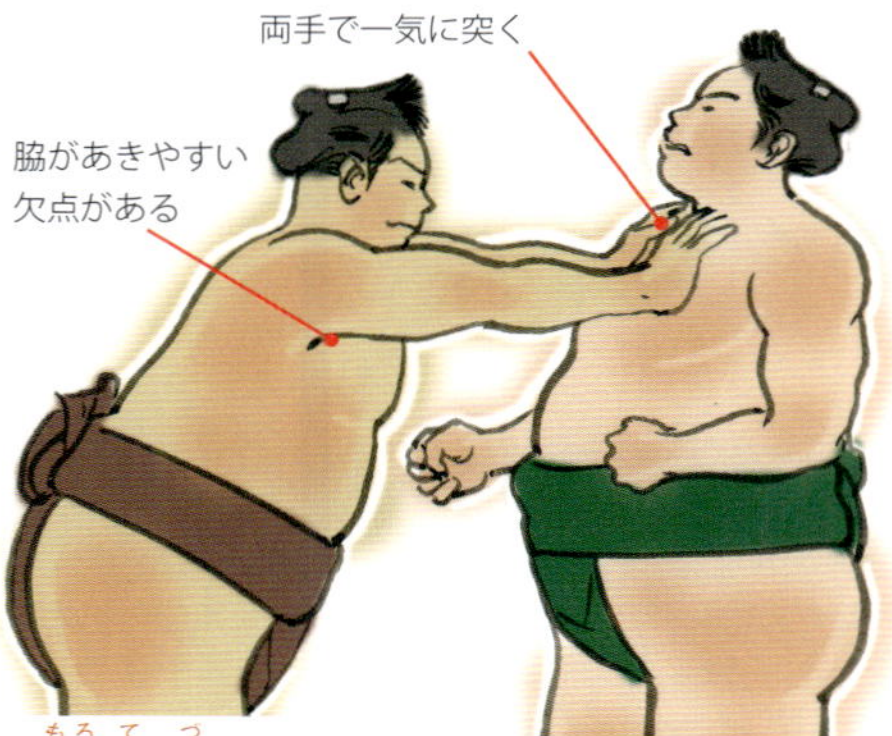

両手《もろて》突《つ》き

両手《りょうて》で相手の肩や胸を突いて上体を起こす技。圧力が強くかかり、一発の威力は強いが、突っ張りのような瞬発性がなく、相手の変化に即応できない弱点がある。

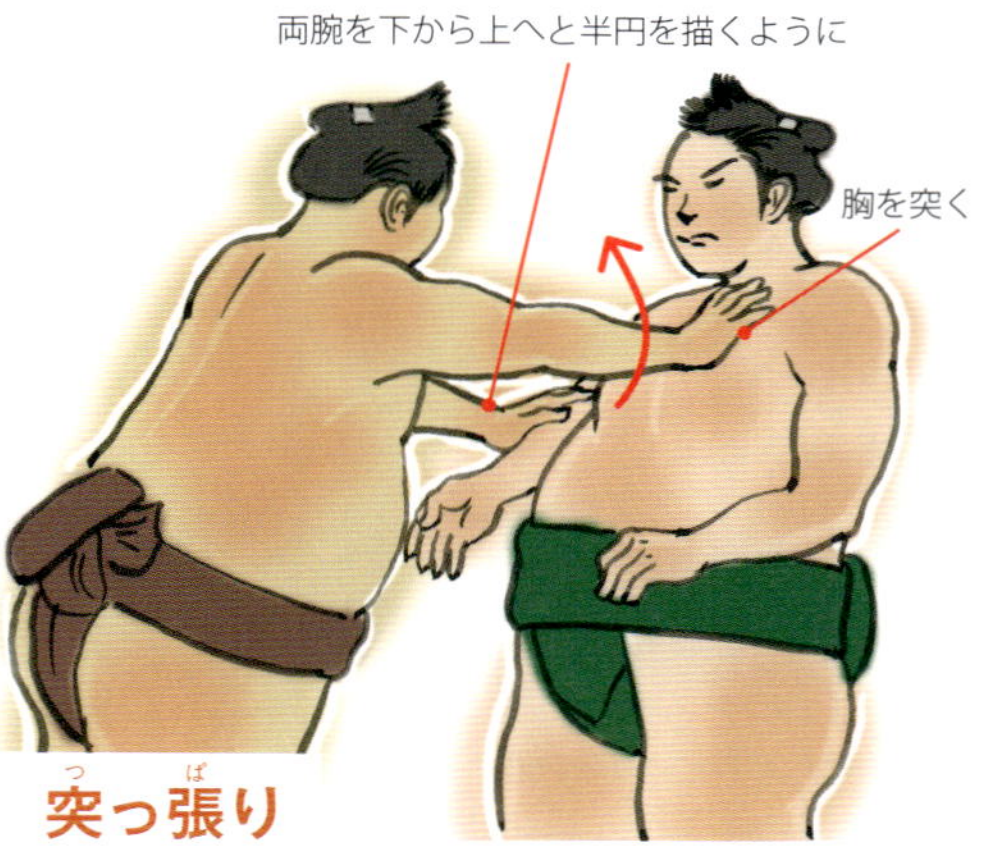

突《つ》っ張《ぱ》り

左右の腕を下から上へと交互に回転させるようにして、手のひらで相手の胸を繰り返し突いて体勢をくずす技。「足で突っ張れ」「腰で突っ張れ」というが、腕《うで》だけで突っ張る「上突《うわづ》っ張《ぱ》り」は弱い。

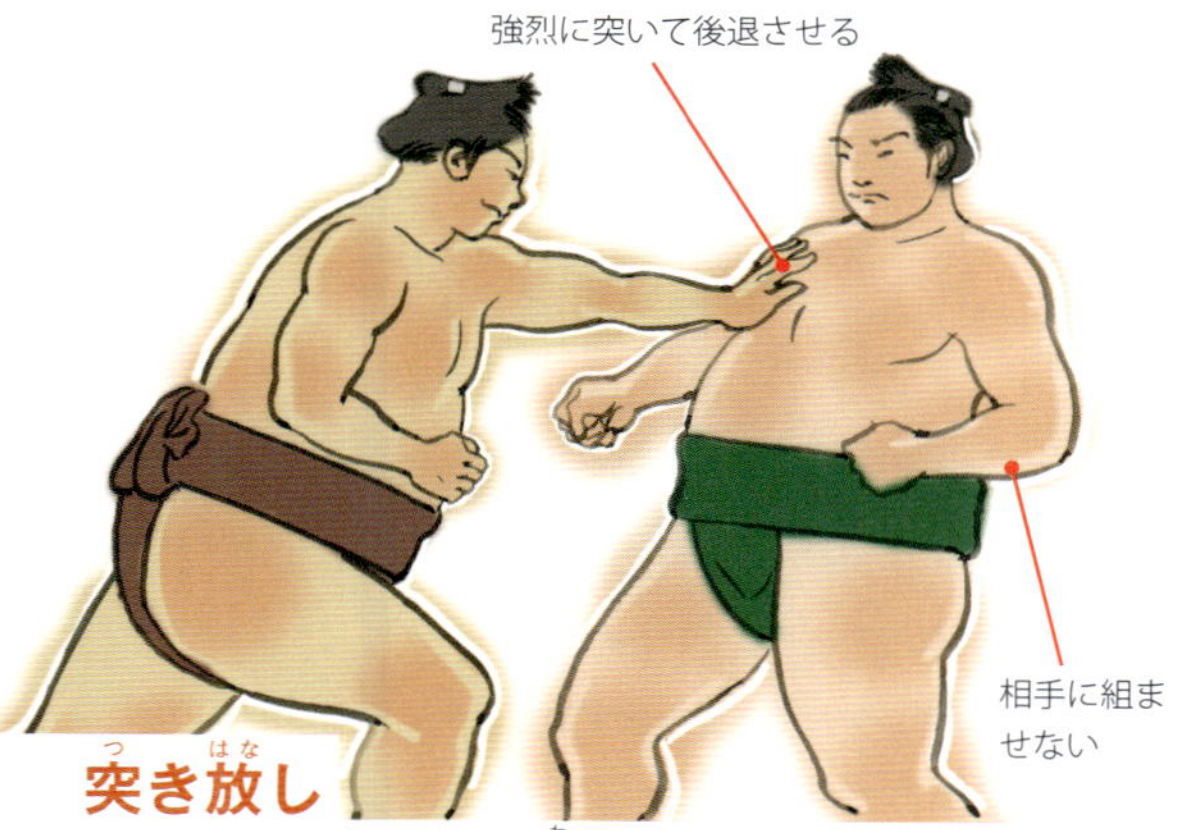

突《つ》き放《はな》し

突っ張り、両手突き、のど輪《わ》などによって相手を一気に突き飛ばす技。組もうとする相手を突き放して距離を取り、技をかけさせないようにして土俵際に追い込む。

力士には、「押《お》し相撲」を得意とするタイプと、「四《よ》つ相撲」を得意とするタイプの2つがある。押し相撲とは、文字どおり強力な押し・突《つ》きで相手を圧倒する力を見せる相撲である。「押さば押せ、引かば押せ」といわれるとおり、本来相撲に「引き」という選択肢はなく、前に出ることが基本である。その意味で、押し・突きこそが相撲の基本となる。観る側からすれば、巨体同士のぶつかり合い、組まずに立合いからそのまま土俵際まで攻めていく迫力は、相撲の醍醐味でもある。

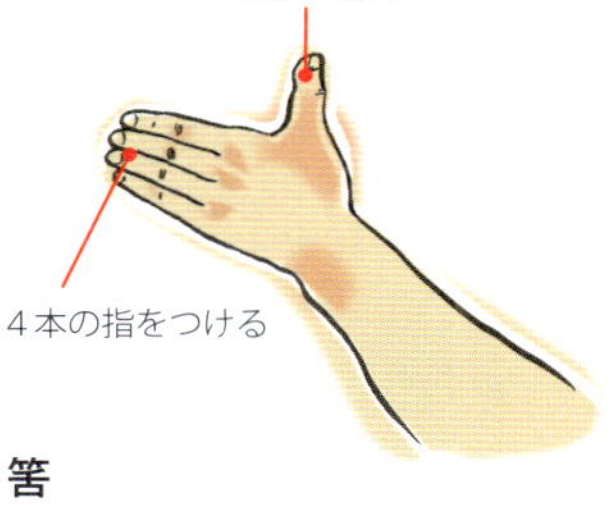
親指を開く
4本の指をつける

筈

人差指・中指・薬指・小指をつけ、親指だけを離して手のひらを開いた形。親指と他の4本の指がY字型になるが、この形が、矢筈《やはず》（矢が弓の弦《つる》から外れないようにするための切れこみ）に似ているのでこの名がある。

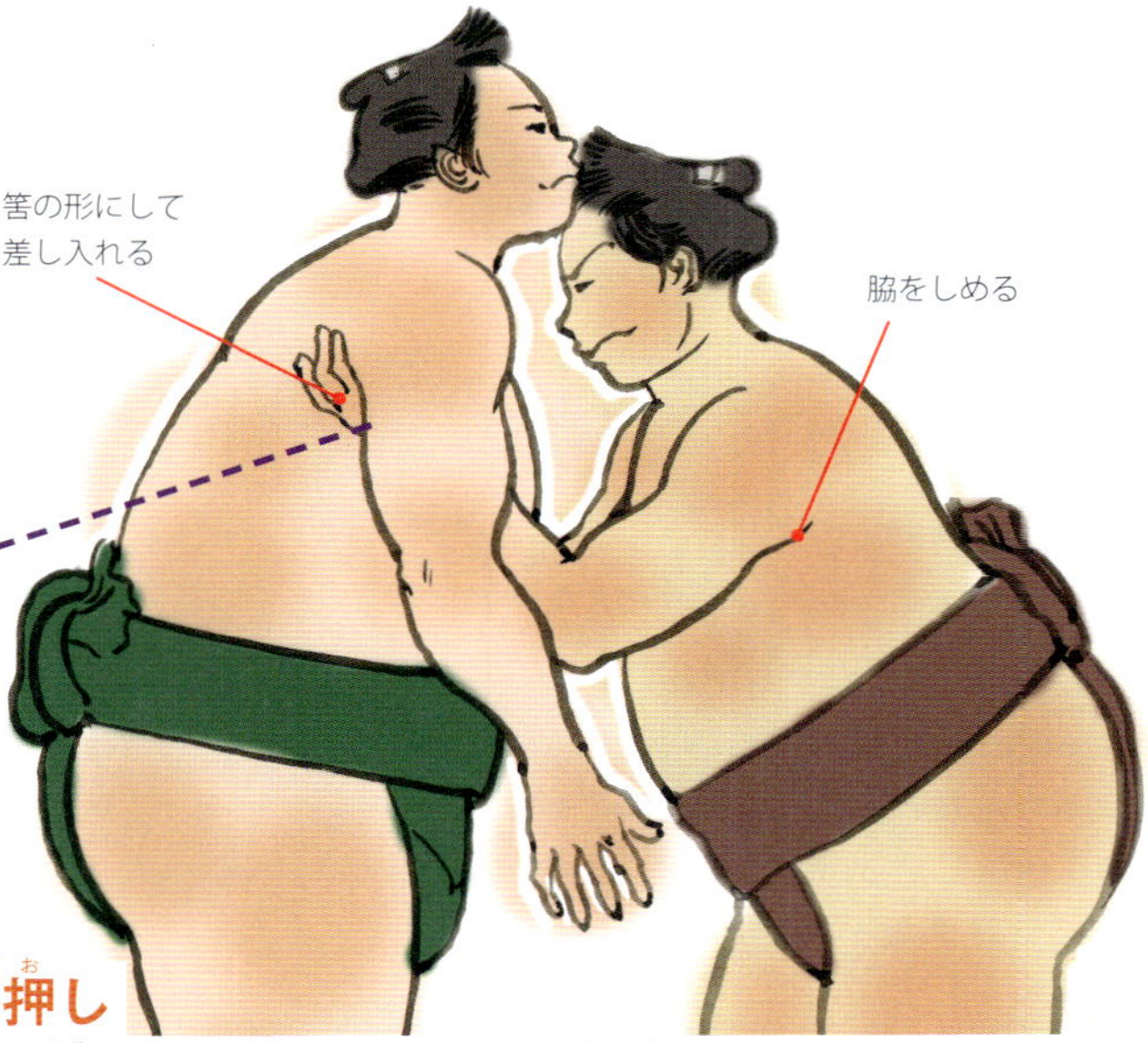
手を筈の形にして
脇に差し入れる
脇をしめる

筈押《はずお》し

手を「筈《はず》」の形（左図）に構え、相手の脇《わき》の下《した》や脇腹あたりを押していく技で、押しの基本形。片手を筈にして押すことを「片筈《かたはず》」、両手を筈にして押すことを「両《もろ》筈《はず》」という。筈の手で突くことを「筈に当てる」という。

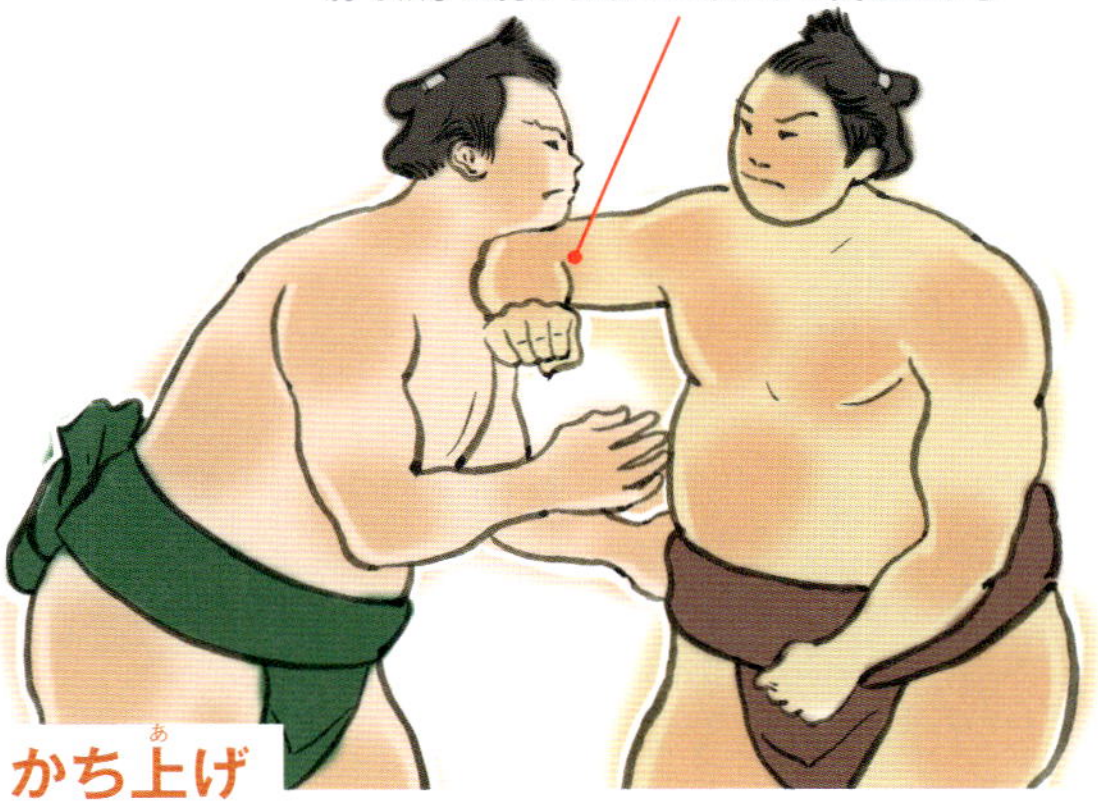
肘で相手の胸からあごのあたりを突き上げる

かち上《あ》げ

立合いで腕を内側に抱えこむようにして低い体勢で肘《ひじ》からぶつかり、そのまま相手の上体を起こしてのけぞらせる技。相手の攻めをこの体勢で受けることもある。

あごに筈の形の手を当てて攻める

のど輪《わ》

相手ののどを筈の手で押し、上体を起こす技。通常、片筈で攻め、もう一方の腕は、脇を固める形になる。

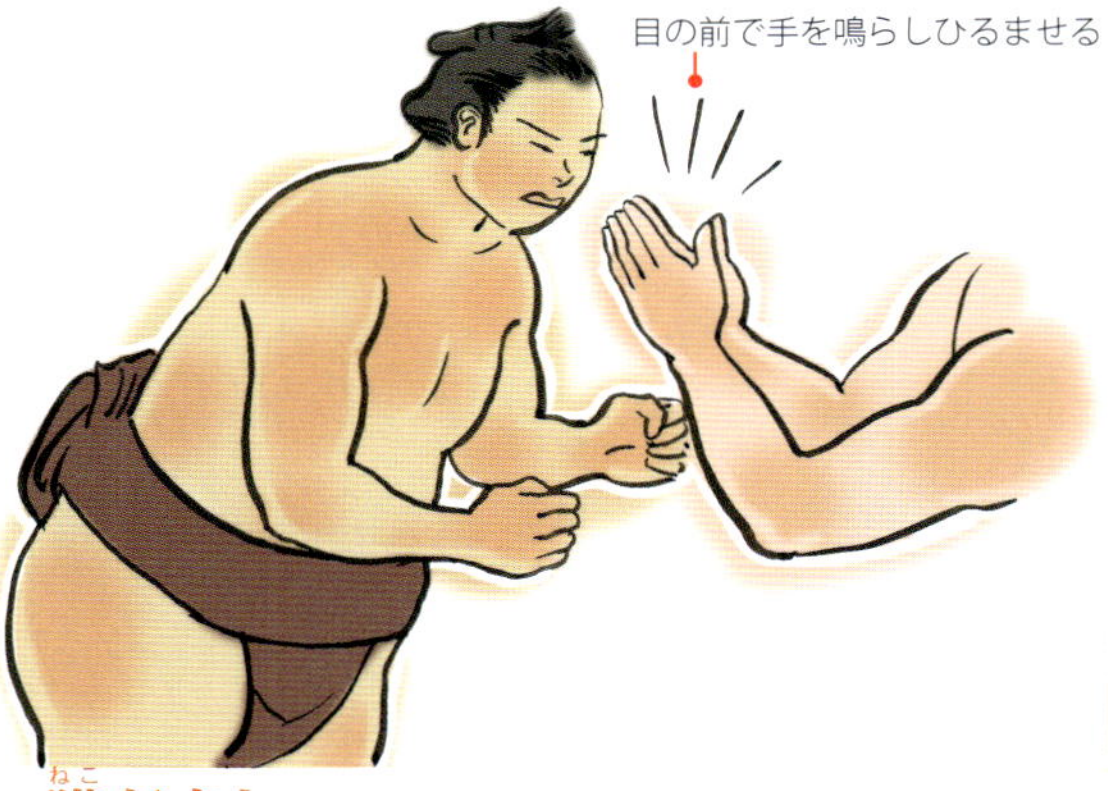
目の前で手を鳴らしひるませる

猫《ねこ》だまし

立合いと同時に相手の目の前で両手をポンと打って相手を驚かせ、その間に有利な状況にもっていく奇襲作戦。

低くかまえて胸に額をぶつける

ぶちかまし

立合いで体勢を低くして相手の胸に頭から当たっていくこと。その極意は「まっすぐ額《ひたい》で当たること」で、頭頂で当たると首に負担がかかり、相手の動きを見づらくなる。

基本の技②（組み手）

廻しを取って互いに技を繰り出す

組み手（四つ）

互いに胸を合わせ、廻しを引き合う相撲。

四《よ》つ

両力士が互いに両手を差し合った状態で、「四つに組む」ともいう。「右四つ」は自分の右手を相手の左腕の下に差し入れた状態。「左四つ」は自分の左手を相手の右腕の下に差し入れた状態。

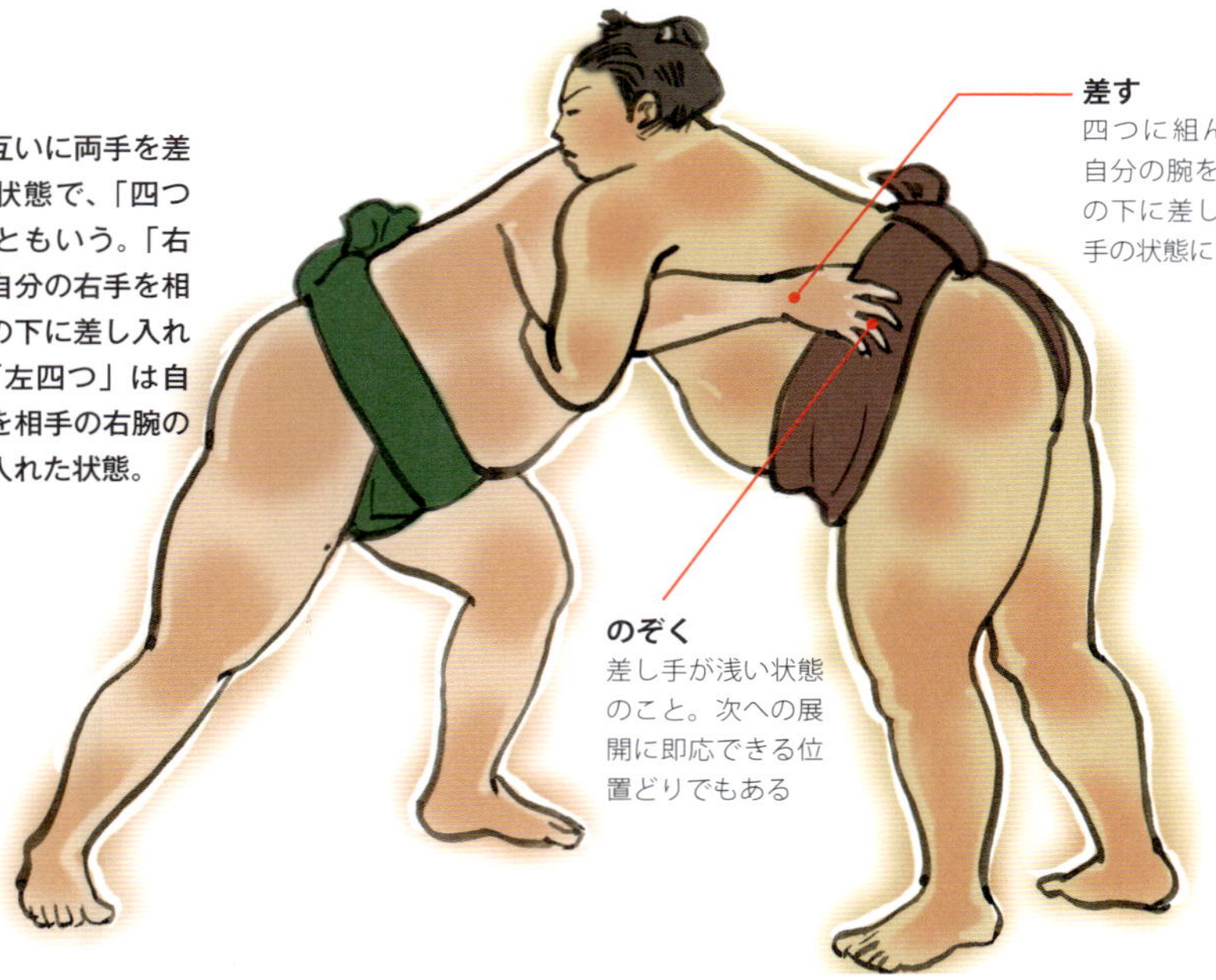

差す
四つに組んだとき、自分の腕を相手の脇の下に差し入れ、下手の状態にすること
のぞく
差し手が浅い状態のこと。次への展開に即応できる位置どりでもある

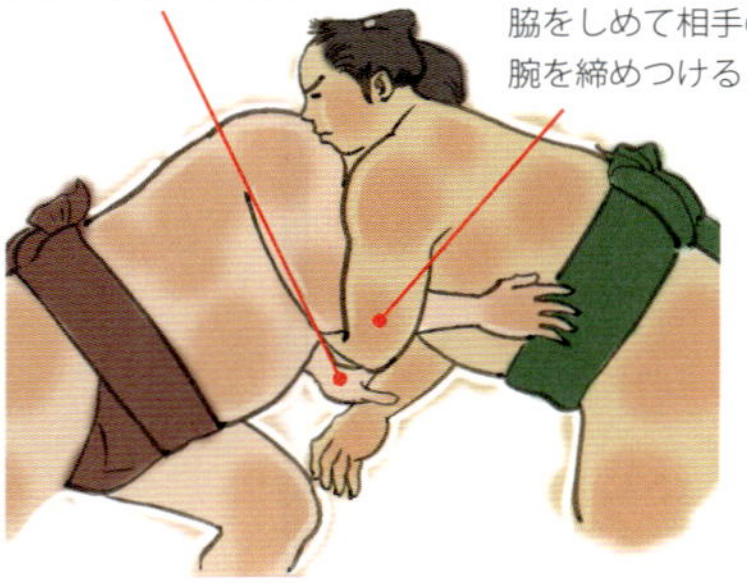

差し手争い
差したあと、攻防の中で巻き替えるなどして差し手を競り合うこと
脇をしめて相手の腕を締めつける

けんか四《よ》つ

右四つが得意の力士が左四つの力士と対戦するなど、お互いの得意とする組み方が違っていること。

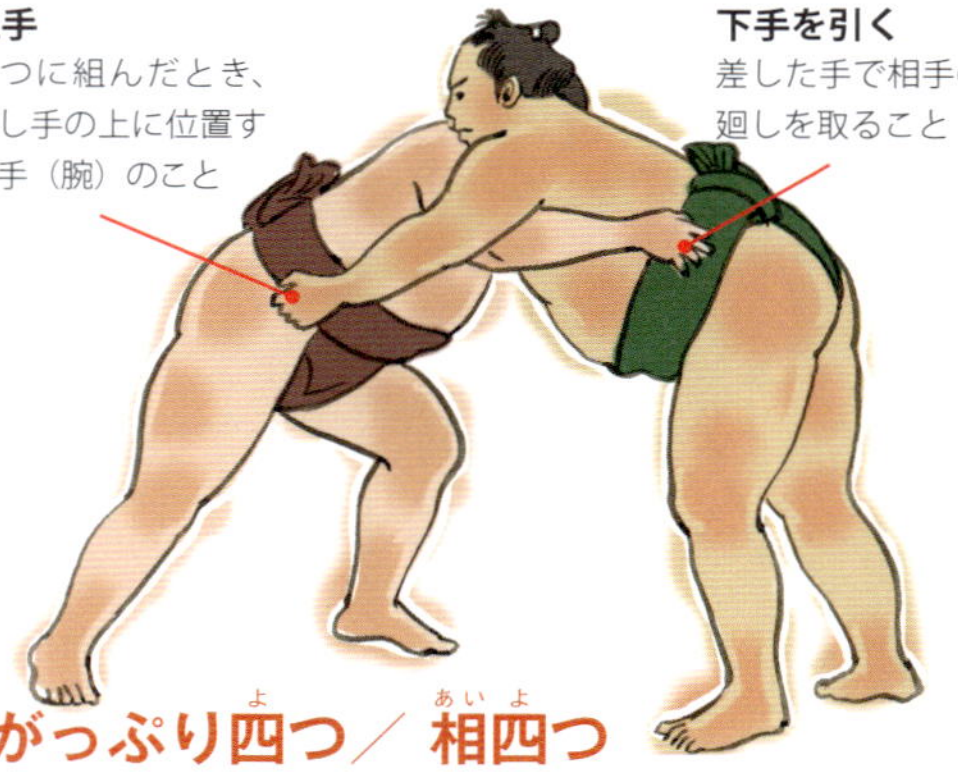

上手
四つに組んだとき、差し手の上に位置する手（腕）のこと
下手を引く
差した手で相手の廻しを取ること

がっぷり四《よ》つ／相四《あいよ》つ

四つに組んだ状態で、互いに上手・下手ともに廻しを引き合い、胸が密着している状態。右四つ同士、左四つ同士といったように、お互いの得意とする組み方が同じであること。

組み手または四《よ》つ相撲とは、廻しを取ったり相手の体を抱えこむなどし、投げを打ったり捻《ひね》りを加えたりする、技の競り合いの相撲である。四つに組んだとき、相手の脇《わき》の下に差し入れた手（腕）のことを、「差《さ》し手《で》」といい、下手《したて》ともいう。相手に対して下手を差すときの身のこなしを「差《さ》し身《み》」といい、自分に有利な差し手に組むのが早いことを「差し身がいい」という。

四つ相撲には駆け引きがある。そこから、「引かれたらごっつあん」（変化を読み取れ）とか、「投げに来たら廻しを離せ」（ピンチになったら差し手を返せ）、「投げは2度打て」などの教訓が生まれてきた。四つ相撲の醍醐味《だいごみ》は、こうした教えに象徴されるような技の攻防にある。大相撲になって手に汗にぎるのも、四つ相撲ならではのものであろう。

「上手《うわて》は浅く、下手は深く」

上手は廻しを浅く（比較的前のほうを）取って相手を引きつけ、相手の差し手を上手で極《き》めれば有利になる。下手は深く（相手の背中のほうで）取ると、相手の上体を起こすことができて有利になる。

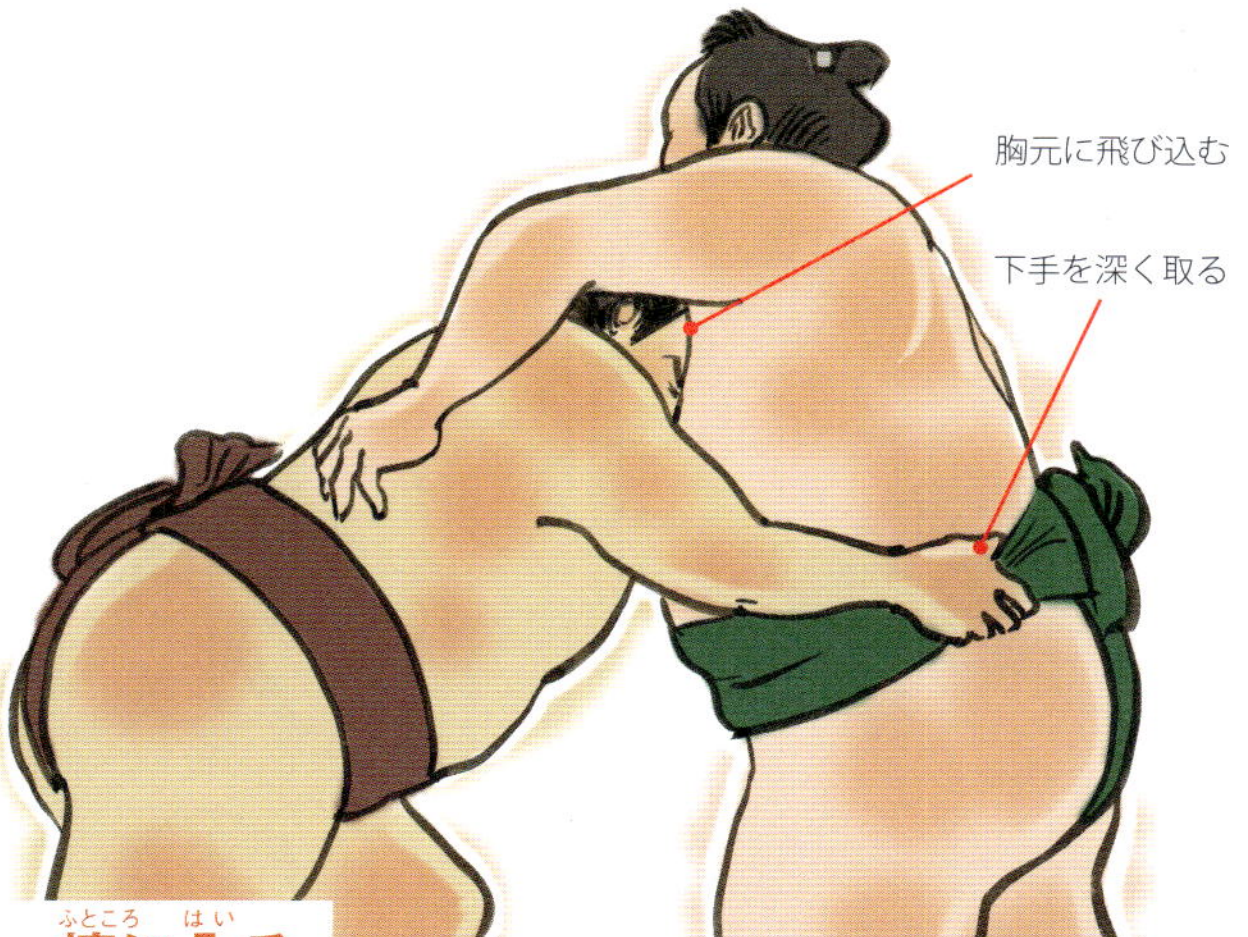
胸元に飛び込む
下手を深く取る

懐《ふところ》に入《はい》る

低い体勢で相手の胸元に入って下手を差す攻め方。懐に入って両差しになれば、腕を極められる危険性が少なくなる。

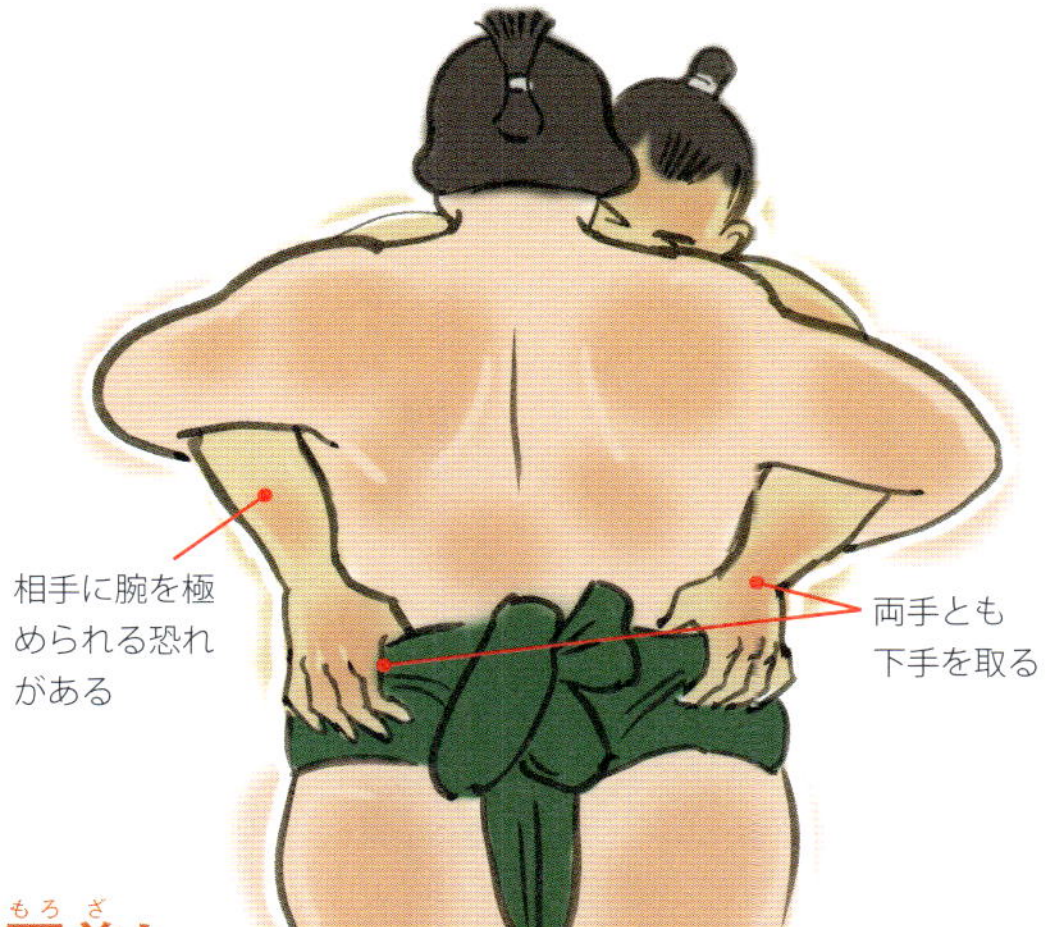
相手に腕を極められる恐れがある
両手とも下手を取る

両差《もろざ》し

両手がともに下手の状態になること（廻しを取らなくてもよい）。相手を棒立ちにさせて技を繰り出すことができるが、上手を取られたり腕《かいな》を極《き》められたりする危険（→48頁）がある。

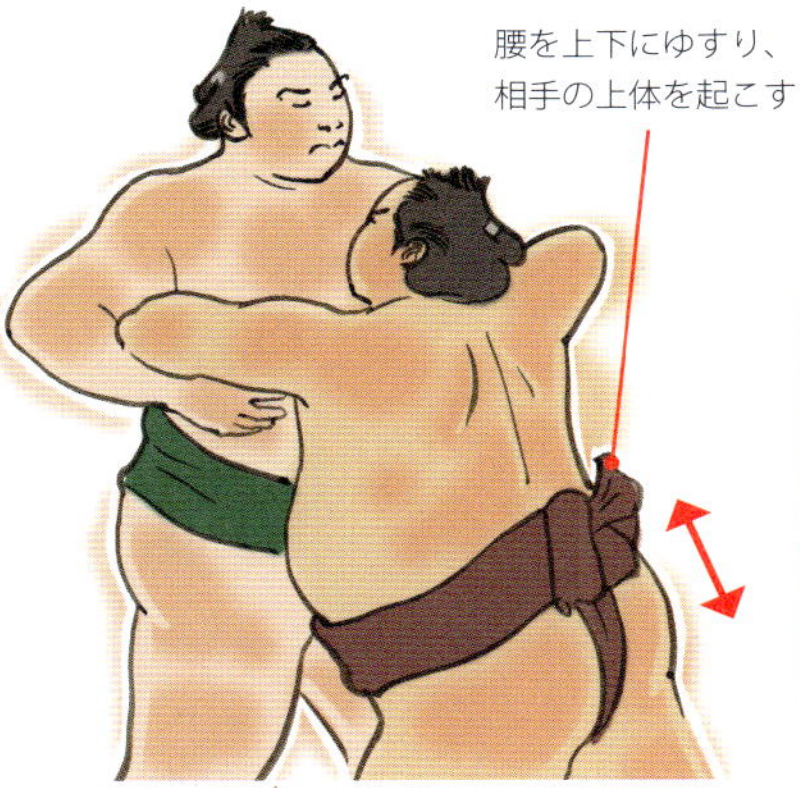
腰を上下にゆすり、相手の上体を起こす

がぶり寄《よ》り

組んだ状態で腰を上下に揺らしながら腹部を相手の腹や腰にぶつけて前に出ていくこと。自分は低い体勢を維持でき、相手の上体を起こすことができる。

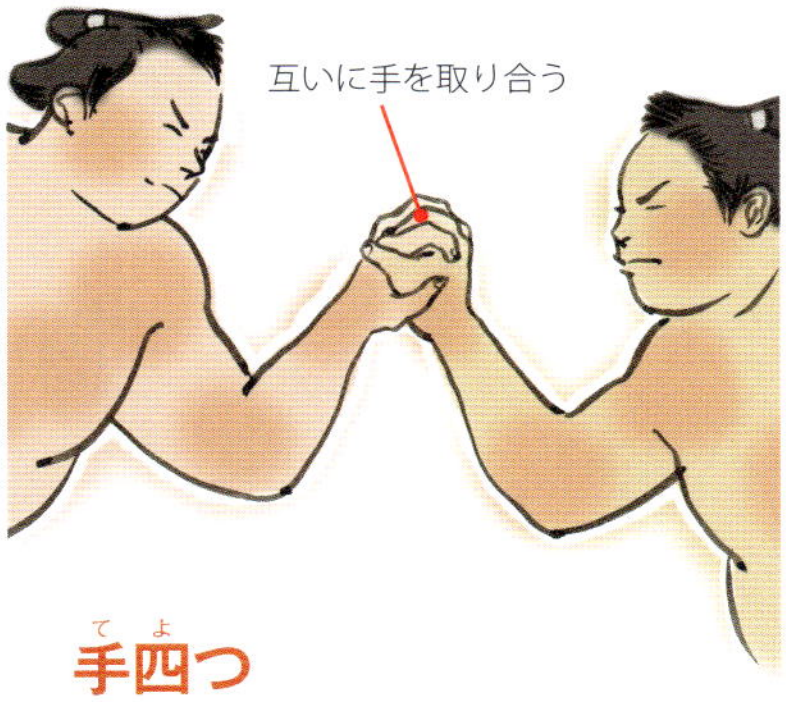
互いに手を取り合う

手《て》四《よ》つ

体を離し、互いに両手のひらを合わせてつかみ合い、攻撃の機を狙っている状態。片手だけでつかみ合っている状態を「片手四つ」「片手ぐるま」という。

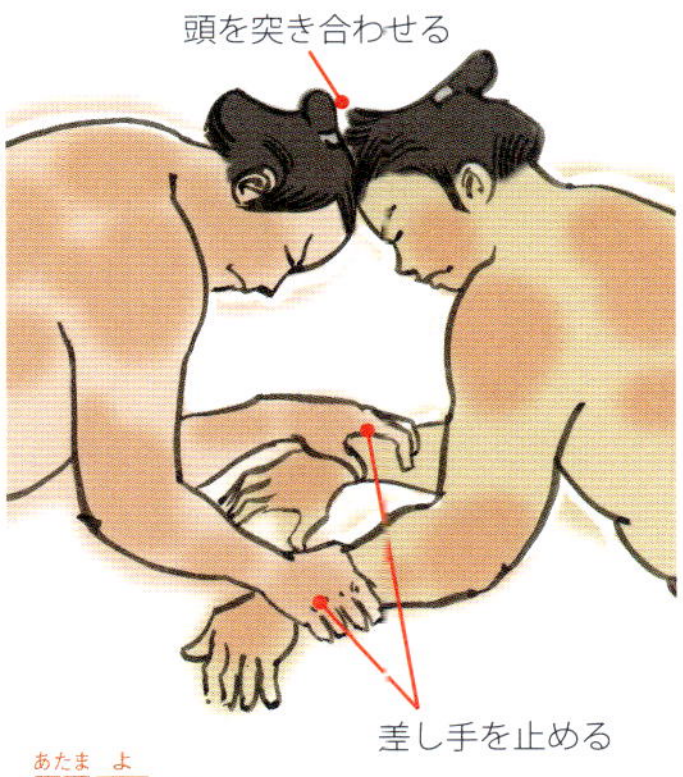
頭を突き合わせる
差し手を止める

頭《あたま》四《よ》つ

両力士ともに廻しが取れず、手を相手の腕に当てがって頭をつけ合って双方が出方をうかがっている状態。

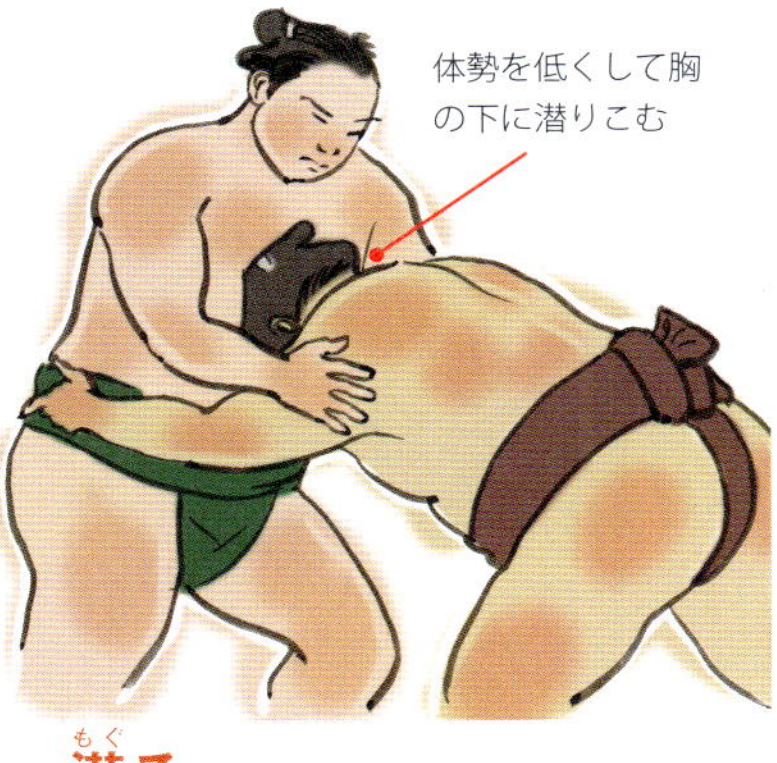
体勢を低くして胸の下に潜りこむ

潜《もぐ》る

相手の懐に飛びこんで廻しを引き、腰を落として頭をつけて低く構えること。構えが低い分、相手は攻めにくくなる。

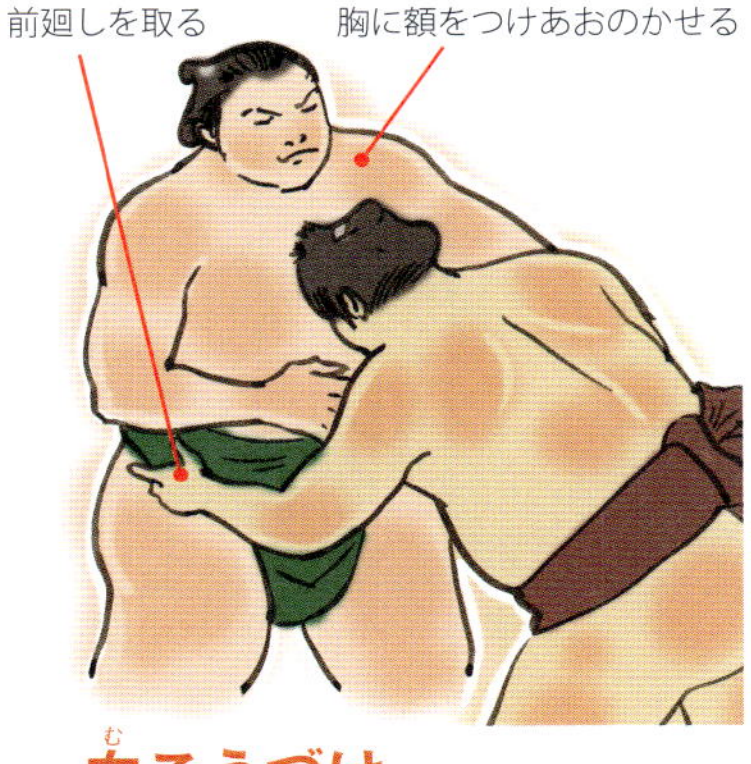
前廻しを取る
胸に額をつけあおのかせる

向《む》こうづけ

額を相手の胸に正面からつけて攻めること。片手あるいは両手で前廻しを引くのが普通。自分の体勢も高くなるため、脚の強さがなければ不利になる。

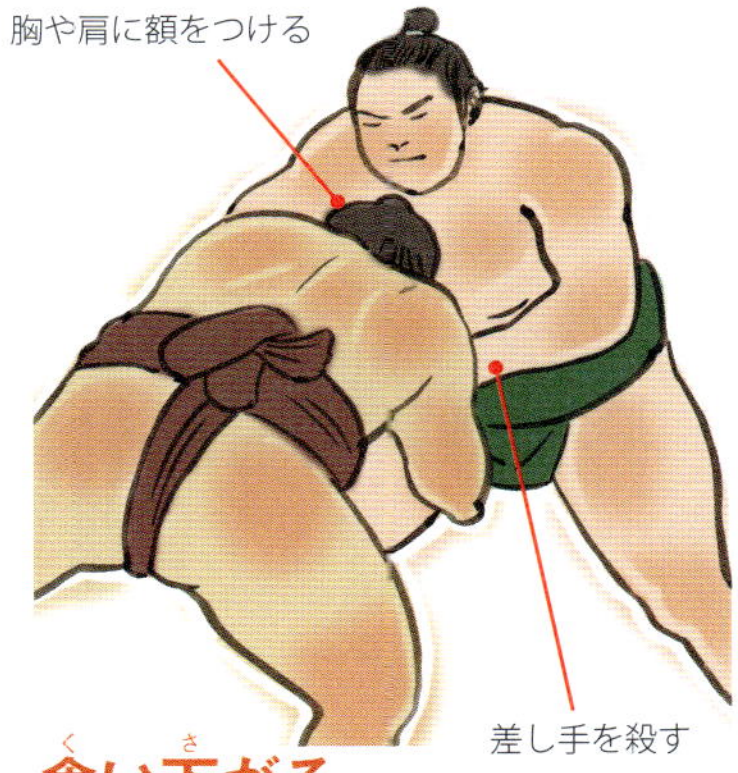
胸や肩に額をつける
差し手を殺す

食《く》い下《さ》がる

頭を相手の胸より下につけて前廻しを引き、片脚を踏み出して半身《はんみ》で攻める。脚が前後に開いている分、安定感のある攻めが可能。

基本の技③（次の一手）

組み手の不利な状況を挽回する技

膠《こう》着《ちゃく》状態から有利な体勢にもちこむには技をかけることが大事だ。また、技を仕掛けられたときは相手の技を無効にするテクニックも必要になる。相撲はバランスのくずし合いだから、相手の動きを封じこめたり重心を高くしたりするなどし、相手を不利な体勢にもっていくことが勝ちにつながる。そのためには、相手の力をうまく利用し、その反動を生かすことも大切になる。相手の一瞬のスキを突いて瞬時に技を繰り出し、逆転するのが「次の一手」である。

次の一手

相手の体勢をくずすのに有効な技。

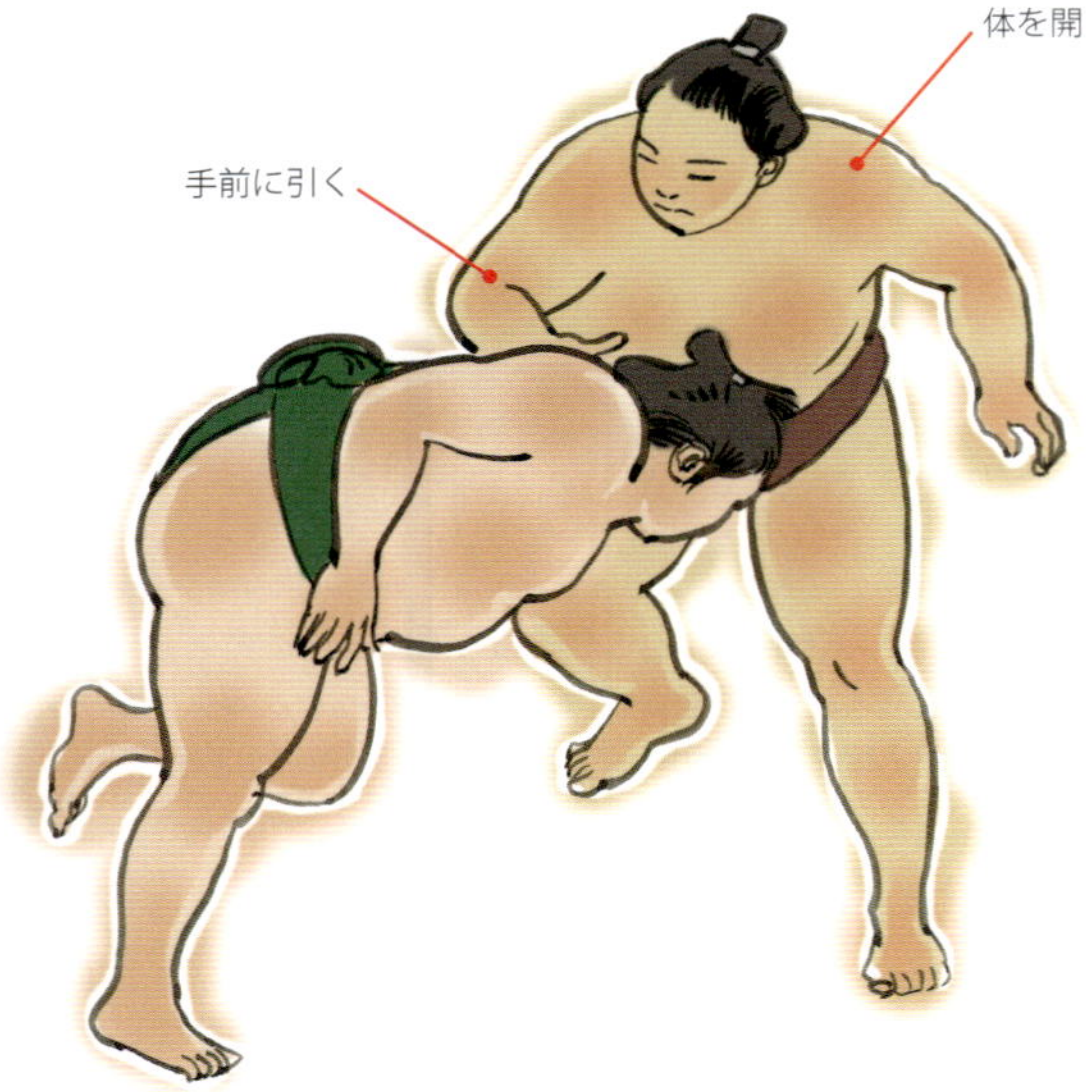

体を開く
手前に引く

変化

立合いで身をかわし、真正面から相手に当たらないこと。「横に飛ぶ」などともいう。重量や体力で圧倒的に不利な小兵《こひょう》力士の奇襲作戦だが、横綱など上位力士の「変化」は非難されることもある。

かっ撥《ば》じく

相手が出てきた瞬間に体を開き、相手の肩などを内側にはじくように打つ技。こうして相手のバランスをくずして攻めに入る。

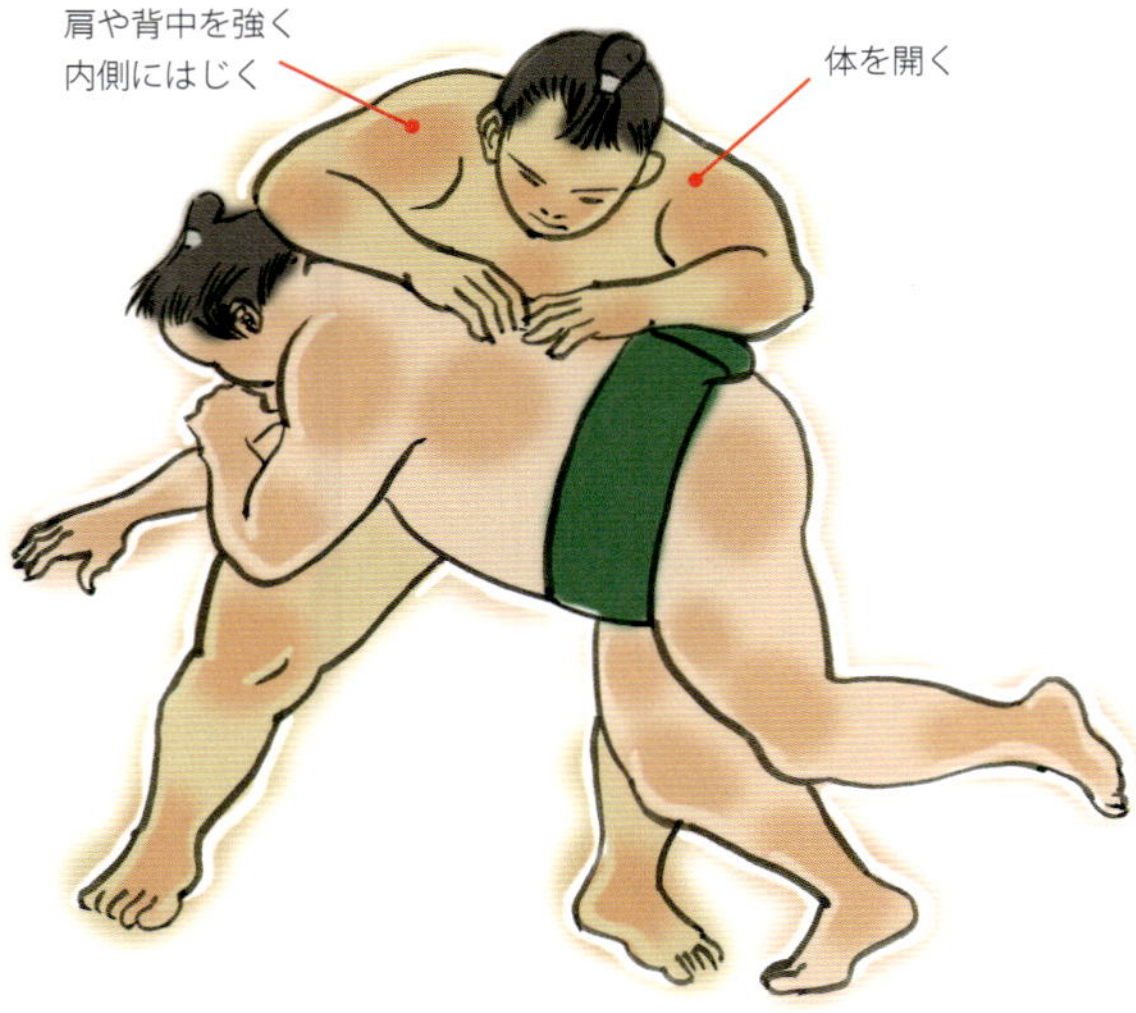

肩や背中を強く
内側にはじく
体を開く

いなす

突き合いや押し合いの際、とっさに体《たい》を開いて相手の突進を避け、相手を横から押すこと。

横から押す

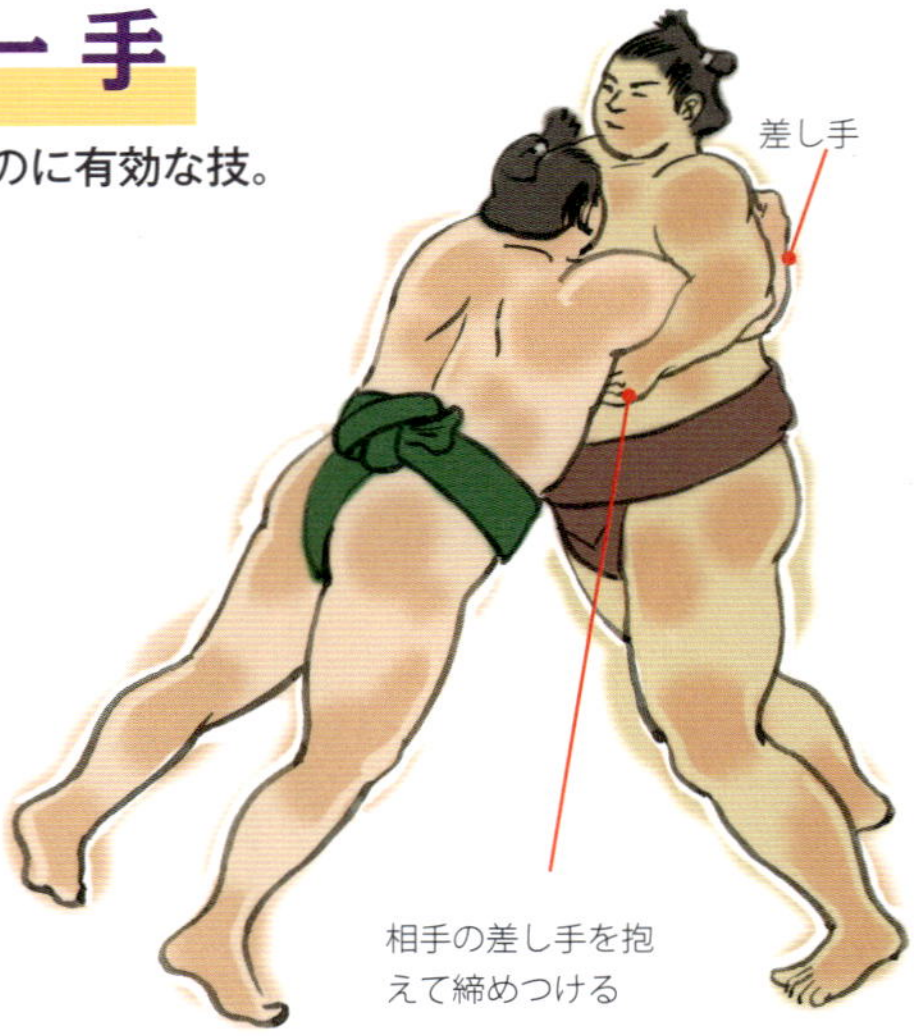

差し手
相手の差し手を抱
えて締めつける

腕《かいな》を極《き》める

相手の腕（差し手）を外側から抱え、肘《ひじ》の関節を押さえこんで動けないようにすること。「閂《かんぬき》を極める」ともいう。相手の次の一手を封じこめる技。

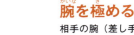

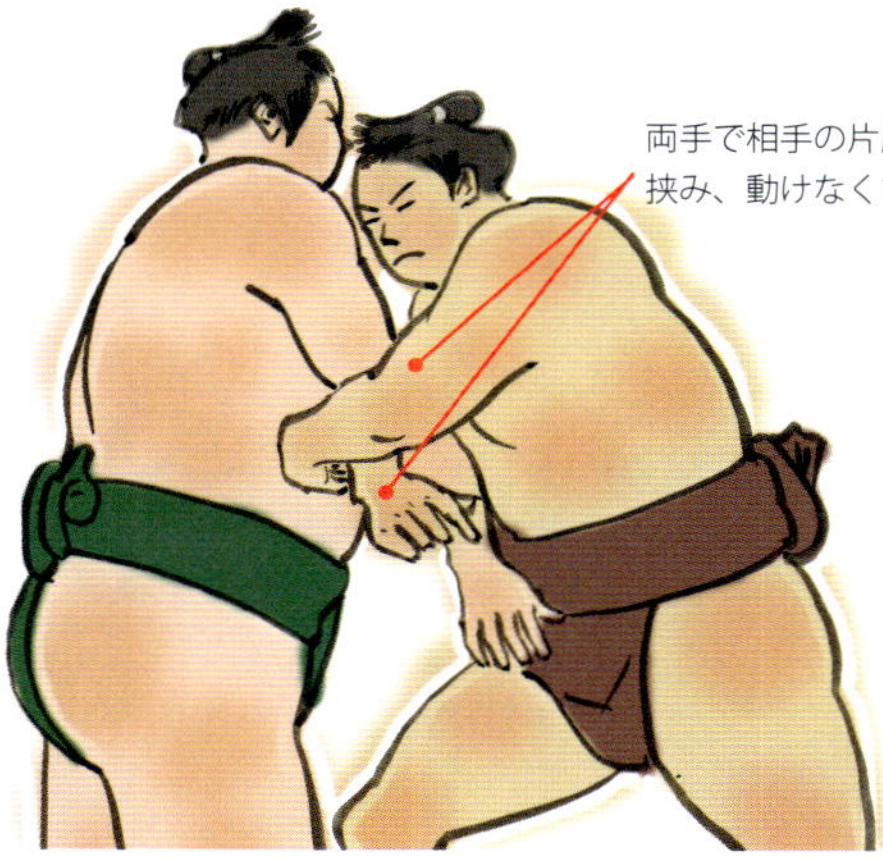
両手で相手の片腕を挟み、動けなくする

挟《はさ》みつける

廻しを取らず、おっつける、あるいは絞《しぼ》ることにより相手の上体を起こす技。相手の動きを封じるとともにバランスをくずすことができる。また、相手の片腕を両腕で挟みつけ、極めることを「撓《た》める」ともよぶ。

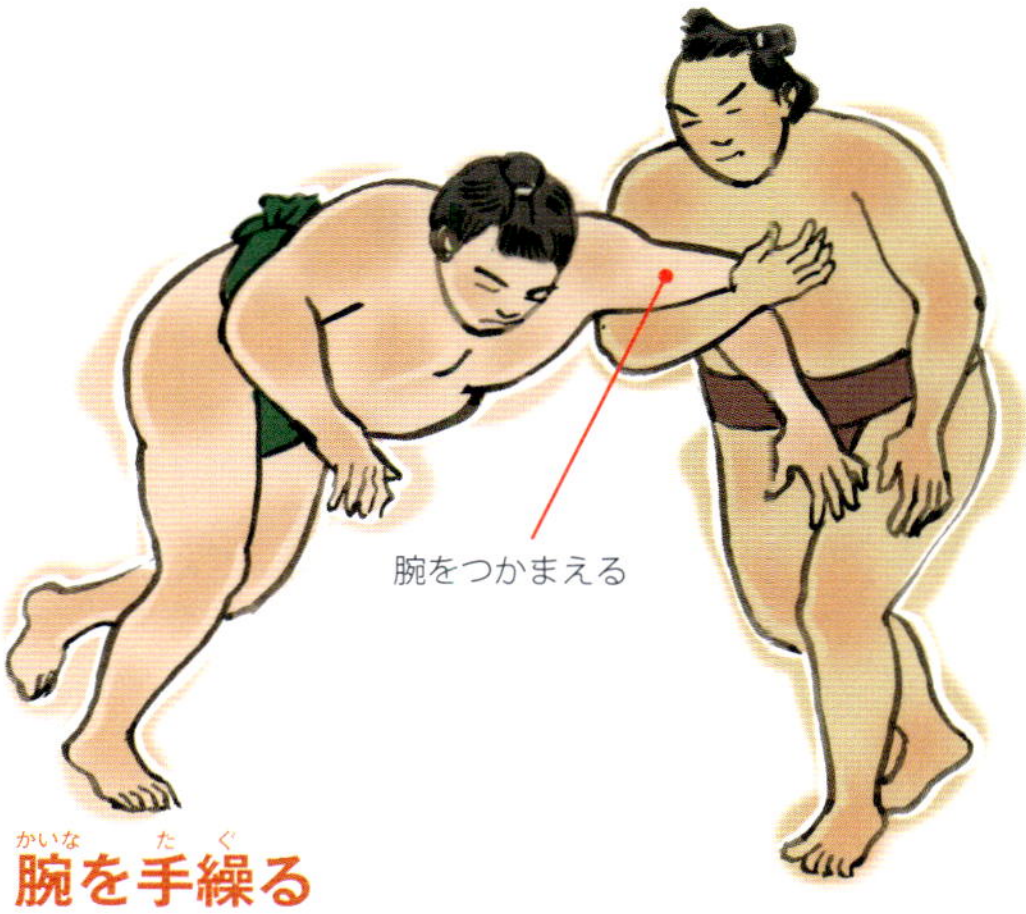
腕をつかまえる

腕《かいな》を手繰《たぐ》る

突《つ》き押《お》しで攻めてくる相手の腕をつかまえ、左右いずれかに引っ張って体勢をくずすこと。

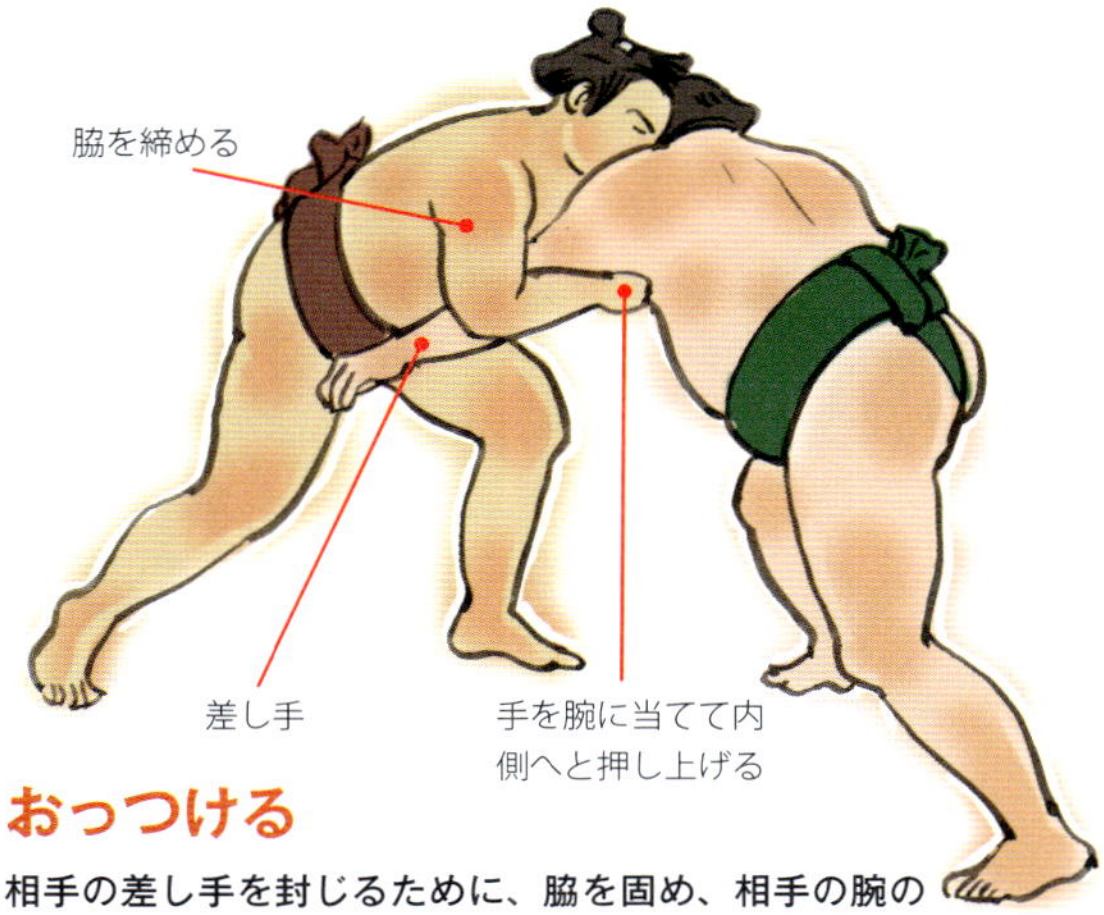
脇を締める
差し手
手を腕に当てて内側へと押し上げる

おっつける

相手の差し手を封じるために、脇を固め、相手の腕の外側に自分の腕を押し当てて下から上へと絞り上げること。守りから攻めに転ずるための最も重要な技の一つ。

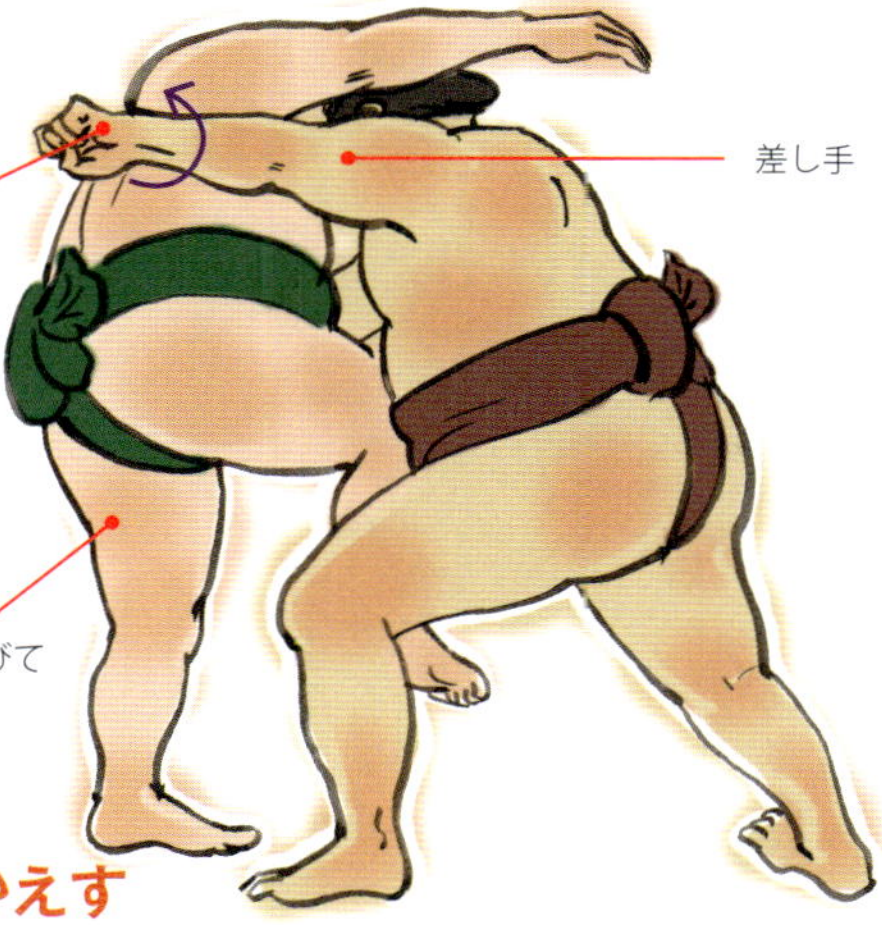
手首を捻じり上げるようにして小指を上にもっていく
差し手
脚が伸びてしまう

腕《かいな》をかえす

差し手の小指側を上げるようにして肘を張り、相手の腕を持ち上げる。こうして相手の上手《うわて》を切ったり重心を高くしたりして、自分に有利な体勢にもちこむ。

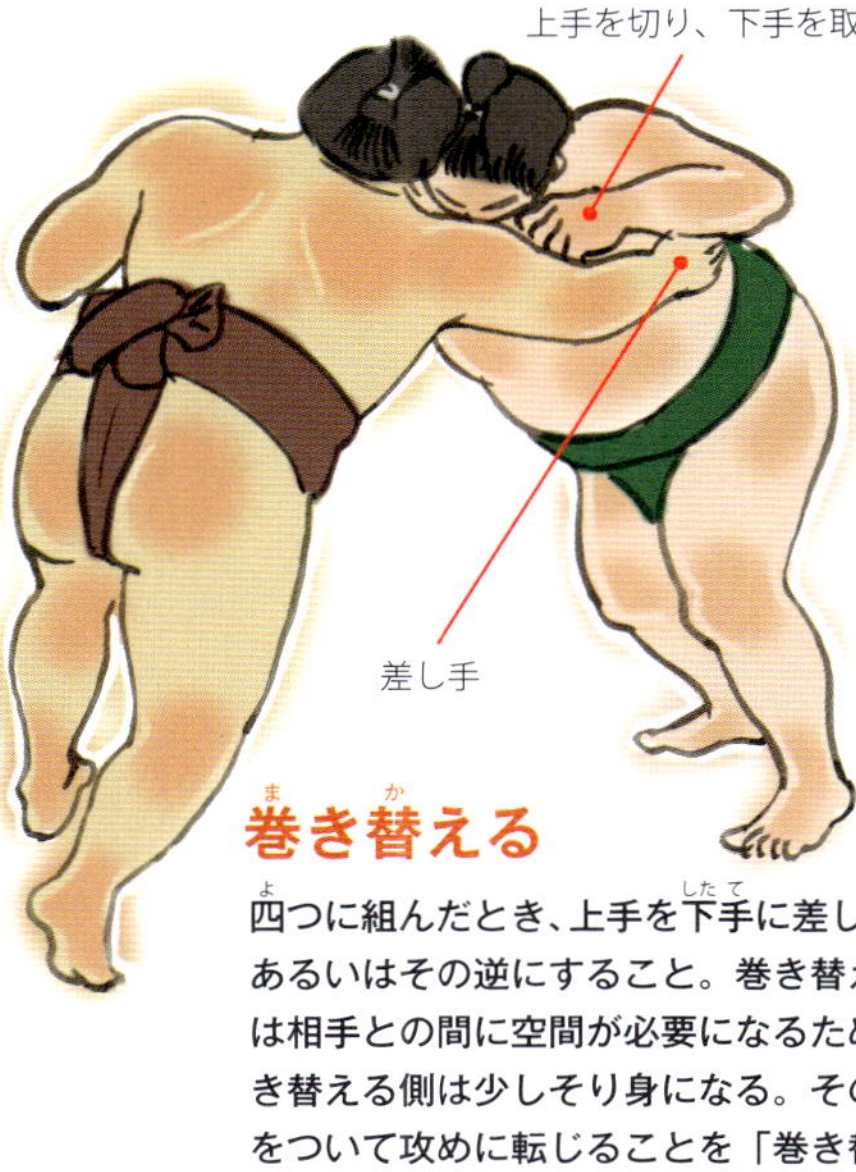
上手を切り、下手を取りにいく
差し手

巻《ま》き替《か》える

四つに組んだとき、上手を下手《したて》に差し替え、あるいはその逆にすること。巻き替えるには相手との間に空間が必要になるため、巻き替える側は少しそり身になる。その一瞬をついて攻めに転じることを「巻き替えに来たら一気に出ろ」と教える。

引《ひ》きつける

相手の廻しを取り、相手の上体を自分のほうへ強く引き寄せること。引きつけられると相手は腰が浮き、体勢が不安定になる。

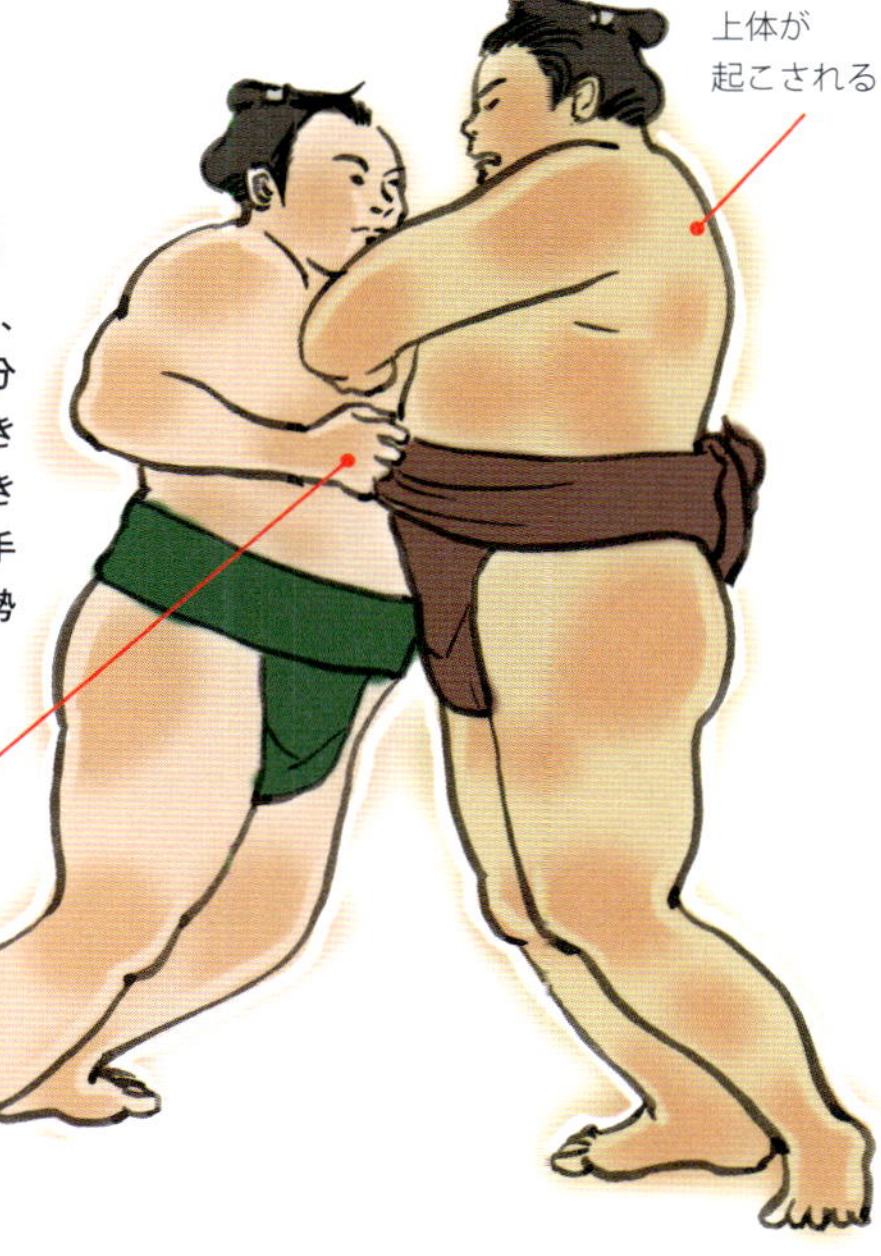
上体が起こされる
廻しを強く引く

決まり手①（基本技）

勝負を印象づける多彩な技の成果

取組では、突《つ》き・押《お》し、投《な》げなどさまざまな技の攻防のうちに勝負が決まるが、勝負が決まる際に繰り出した技を「決まり手」という。2001年に八十二手と定められ、それぞれに名称がある。

決まり手とは別に、取組の成り行きで決まる勝負判定（「非《ひ》技《ぎ》」という）が5種類あり、別に「反則」が8種類ある。

決まり手を判定するのは、場内放送をする行司《ぎょうじ》（→75頁）だが、4、5人の年寄《としより》（→88頁）が決まり手係として場内とビデオ室（→89頁）で確認を行っている。

基本技《きほんわざ》（七手）

突き、押し、寄りという相撲の3つの基本となる技による決まり手。

突き出し《つだ》

相手の胸や顔を手のひらで強く突《つ》っ張《ぱ》り、相手を土俵際に追いこみ、土俵の外に出す。

決まり手メモ

明治から大正にかけての横綱太刀山《たちやま》峰《みね》右衛門《えもん》の突きは強烈で、ひと突き半で相手を突き出すということから「四十五日」（＝ひとつき半）の異名をとった。

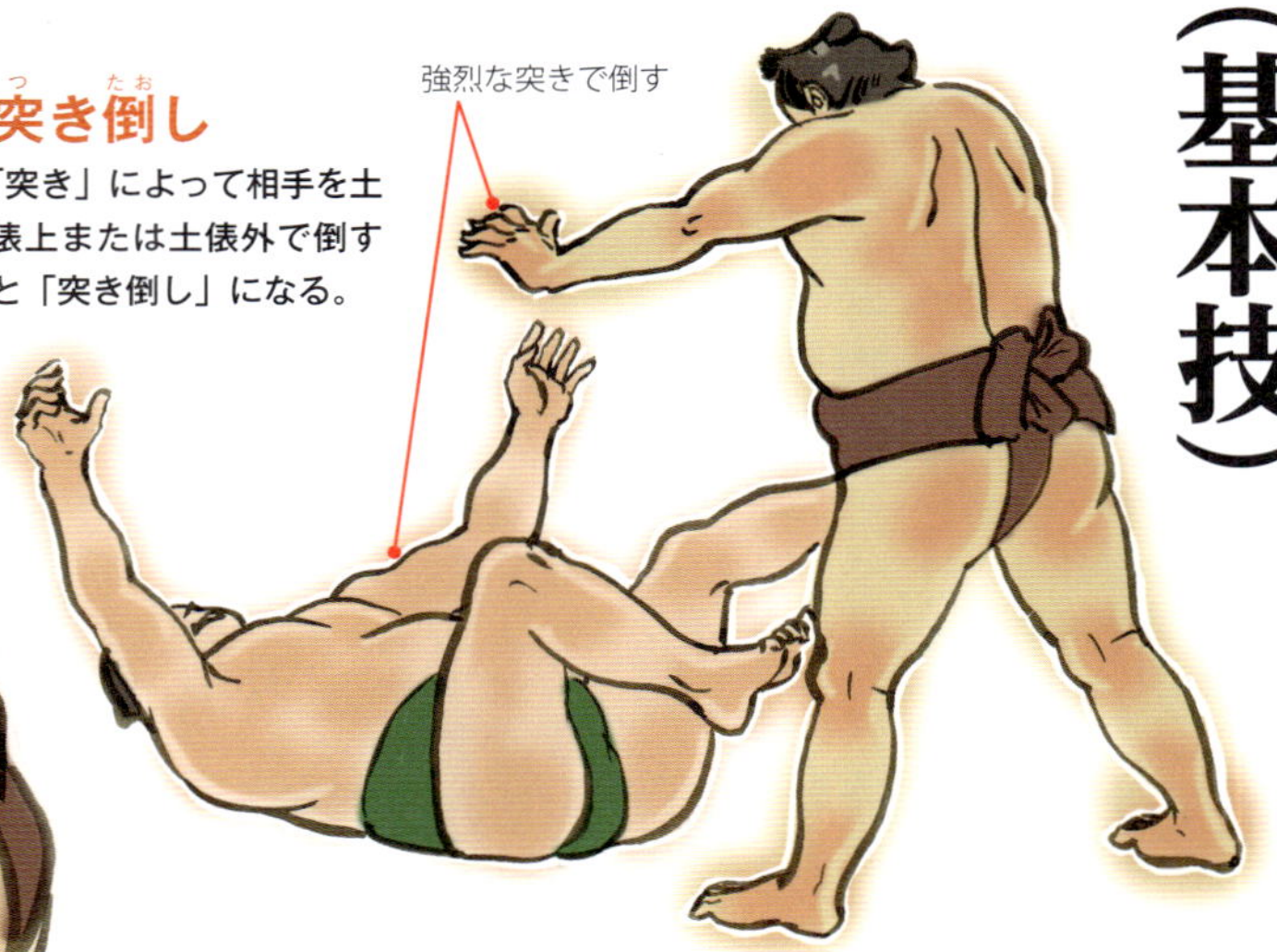

突き倒し《つたお》

「突き」によって相手を土俵上または土俵外で倒すと「突き倒し」になる。

寄り倒し《よたお》

「寄り」の状態から土俵上または土俵外に相手を倒すと「寄り倒し」になる。

脇を締めて押し上げる

押《お》し出《だ》し

両手または片手を筈にして相手の胸や喉、脇を押し上げ、土俵の外に出す。

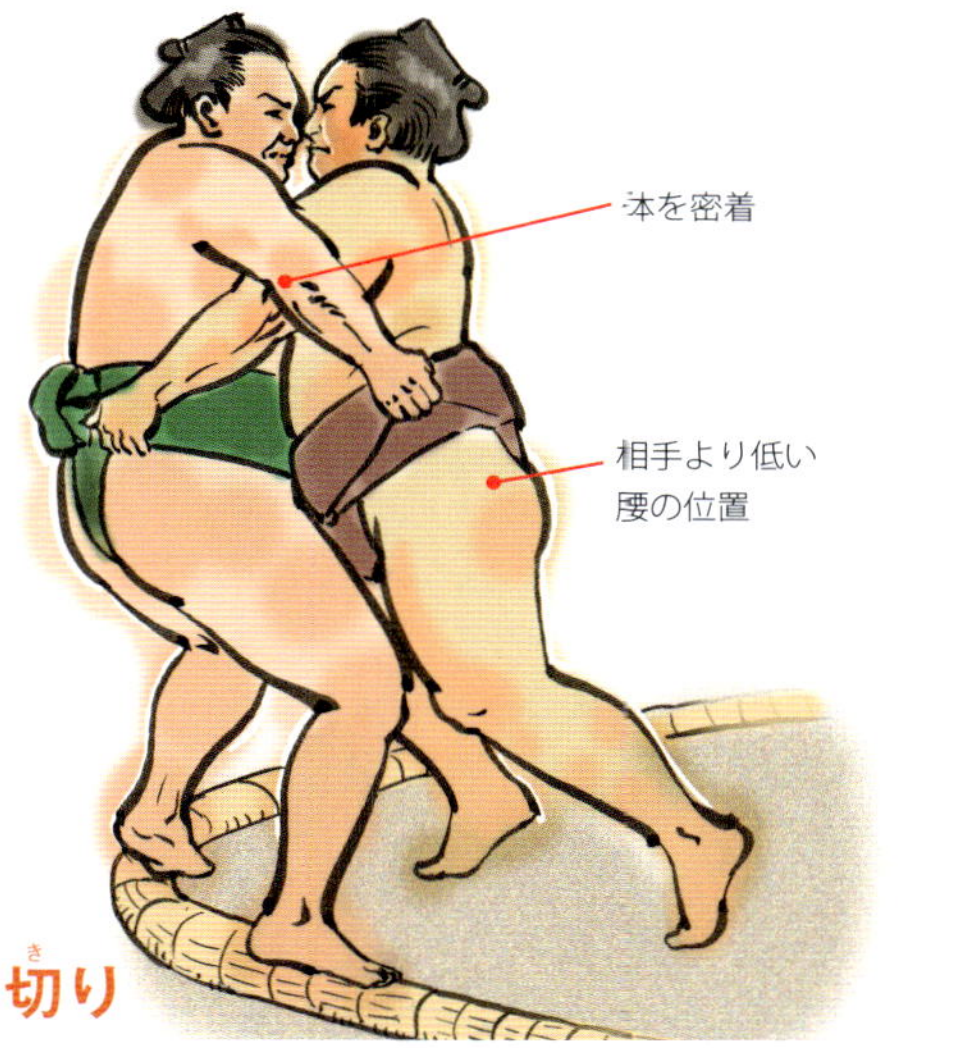
体を密着
相手より低い
腰の位置

寄《よ》り切《き》り

四《よ》つに組んで体を相手に密着させ、廻しを引いて相手の体勢をくずして土俵外に出す。

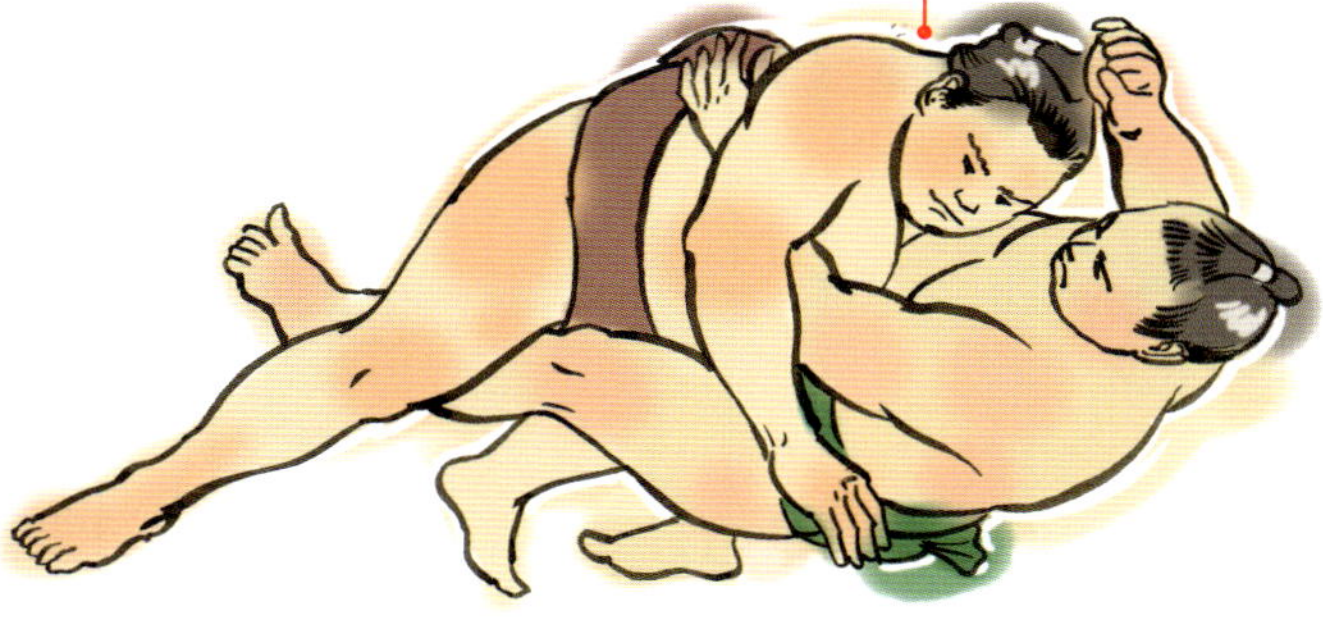
押しつぶすように倒す

浴《あ》びせ倒《たお》し

相手に自分の体重をかけるようにのしかかって、相手を土俵上に倒す技。

決まり手メモ

1936年、関脇双葉山《ふたばやま》が横綱玉錦《たましき》を「浴びせ倒し」で破ったが、これが対玉錦戦6連敗を脱する勝利となった。

体勢がくずれて
倒れる

押《お》し倒《たお》し

「押し」によって相手を土俵上または土俵外で仰向けに倒すと「押し倒し」になる。

決まり手メモ

2004年五月場所6日目、横綱朝青龍《あさしょうりゅう》を前頭北勝力《ほくとうりき》が「押し倒し」で破り、横綱の連勝を35で止めた。

決まり手一覧

特殊技（十九手）

- 引き落とし
- 叩き込み
- 吊り出し
- 吊り落とし
- 送り出し
- 送り投げ
- 割り出し
- 極め出し
- 後ろもたれ
- 送り引き落とし
- 送り吊り出し
- 送り吊り落とし
- 送り倒し
- 送り掛け
- 引っ掛け
- 素首落とし
- うっちゃり
- 極め倒し
- 呼び戻し

捻り手（十九手）

- 突き落とし
- とったり
- 肩透かし
- 内無双
- 上手捻り
- 網打ち
- 波離間投げ
- 腕捻り
- 徳利投げ
- 小手捻り
- 巻き落とし
- 逆とったり
- 外無双
- 頭捻り
- 下手捻り
- 鯖折り
- 大逆手
- 合掌捻り
- 首捻り

反り手（六手）

- 居反り
- 撞木反り
- 掛け反り
- たすき反り
- 外たすき反り
- 伝え反り

掛け手（十八手）

- 内掛け
- ちょん掛け
- 河津掛け
- 蹴手繰り
- 渡し込み
- 小股掬い
- 大股
- 小褄取り
- 裾取り
- 外掛け
- 切り返し
- 蹴返し
- 三所攻め
- 二枚蹴り
- 外小股
- 褄取り
- 足取り
- 裾払い

投げ手（十三手）

- 上手投げ
- 下手投げ
- 小手投げ
- 掬い投げ
- 上手出し投げ
- 下手出し投げ
- 腰投げ
- 首投げ
- 一本背負い
- 二丁投げ
- 櫓投げ
- 掛け投げ
- つかみ投げ

基本技（七手）

- 突き出し
- 突き倒し
- 押し出し
- 押し倒し
- 寄り切り
- 寄り倒し
- 浴びせ倒し

決まり手②（投げ手）

腰の回転を生かして相手をその場に倒すこと

投《な》げ手《て》（十三手）

相手が倒れずに土俵の外に出ても、投げを打てばその動作が決まり手になる。

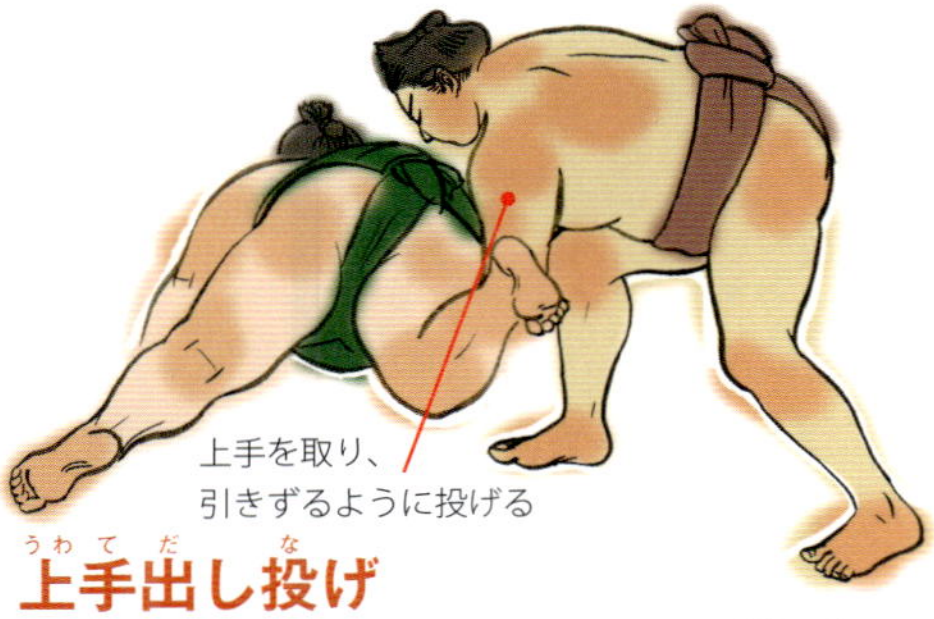
上手を取り、
引きずるように投げる

上手《うわて》出《だ》し投《な》げ

上手で相手の廻しを取り、相手の差し手を肘《ひじ》で極《き》めて体を開き、引きずるように前に投げる。

決まり手メモ

1981年一月場所千秋楽の優勝決定戦、関脇千代の富士が横綱北《きた》の湖《うみ》をこの技で破って初優勝を決めた一番は、大相撲中継最高視聴率（65.3%）となった。

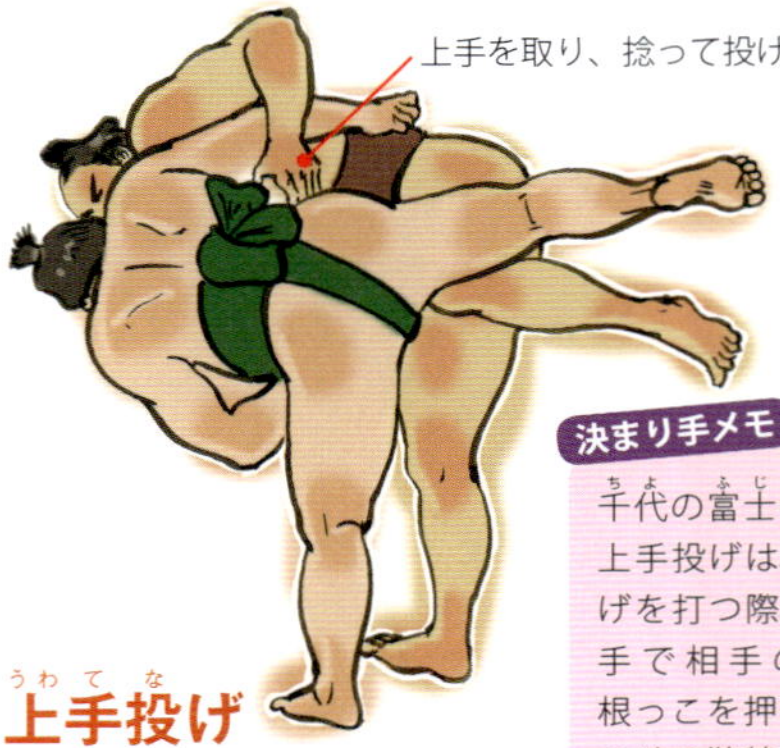
上手を取り、捻って投げる

上手《うわて》投《な》げ

上手で相手の廻《まわ》しを取り、上手側と反対向きに上体を捻《ひね》りながら投げる。

決まり手メモ

千代《ちよ》の富士《ふじ》の左上手投げは、投げを打つ際、右手で相手の首根っこを押さえつける独特のもので、「ウルフスペシャル」の名で恐れられた。

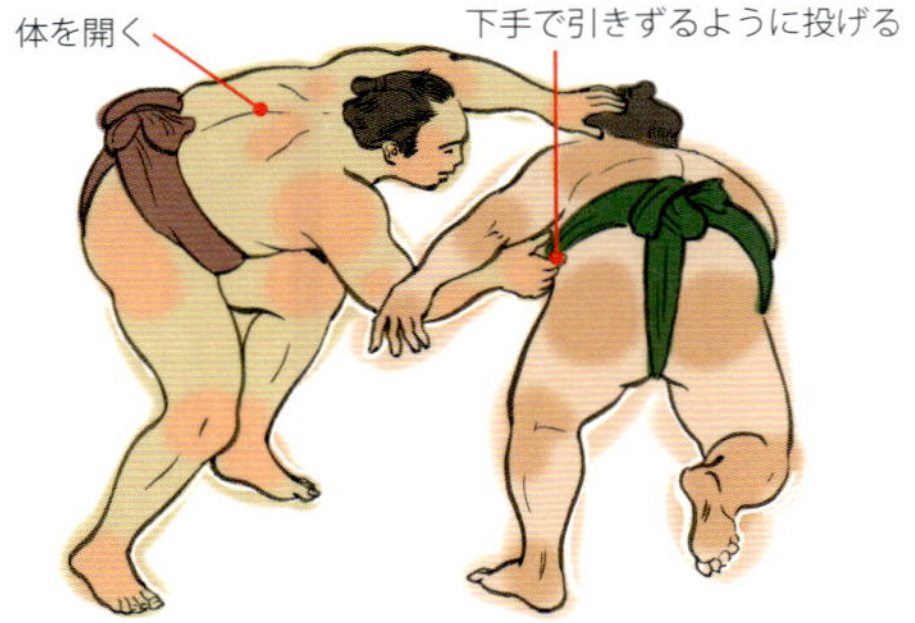
体を開く
下手で引きずるように投げる

下手《したて》出《だ》し投《な》げ

下手で相手の廻しを引き、脇《わき》をしめて体を開き、相手を引きずるように前に投げる。

決まり手メモ

1960年一月場所12日目、新入幕の大鵬《たいほう》を小結柏戸《かしわど》がこの技で破り、大鵬の初日からの連勝を止めた。柏鵬時代の幕開けである。

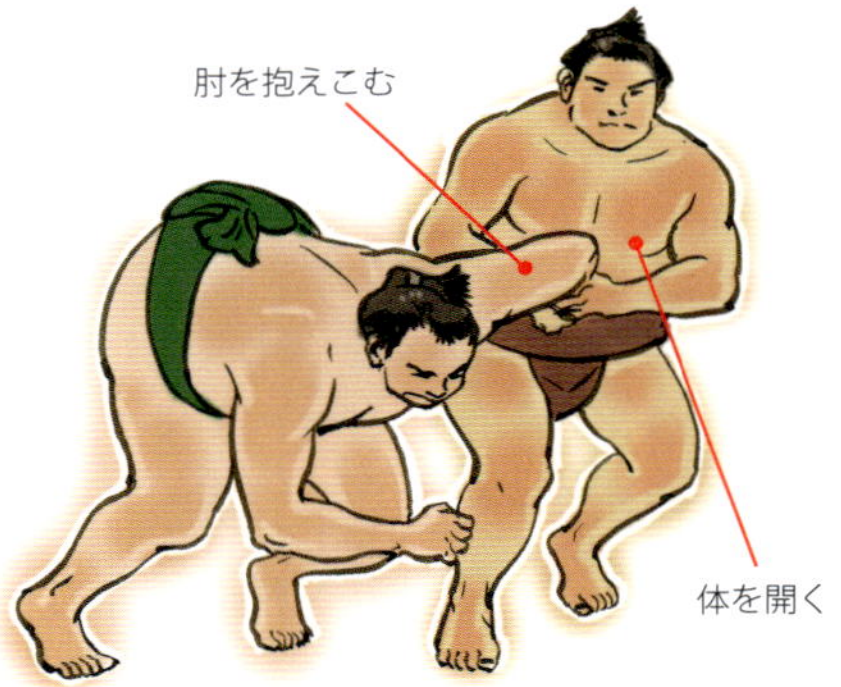
肘を抱えこむ
体を開く

小手《こて》投《な》げ

相手の差し手を上手《うわて》から抱えこみ、廻しを取らずに体《たい》を開き、下へねじ伏せるように投げる。相手の肘《ひじ》や肩を極《き》めて投げるため、肘や肩にダメージを与えることもある。

掬《すく》い投《な》げ

下手で差し、廻しを取らずに腕を返し、相手の脇の下からすくい上げるように投げる。相手の腰を浮かせ、差し手を封じる効果もあるため、手堅い守りの相撲で重宝される。

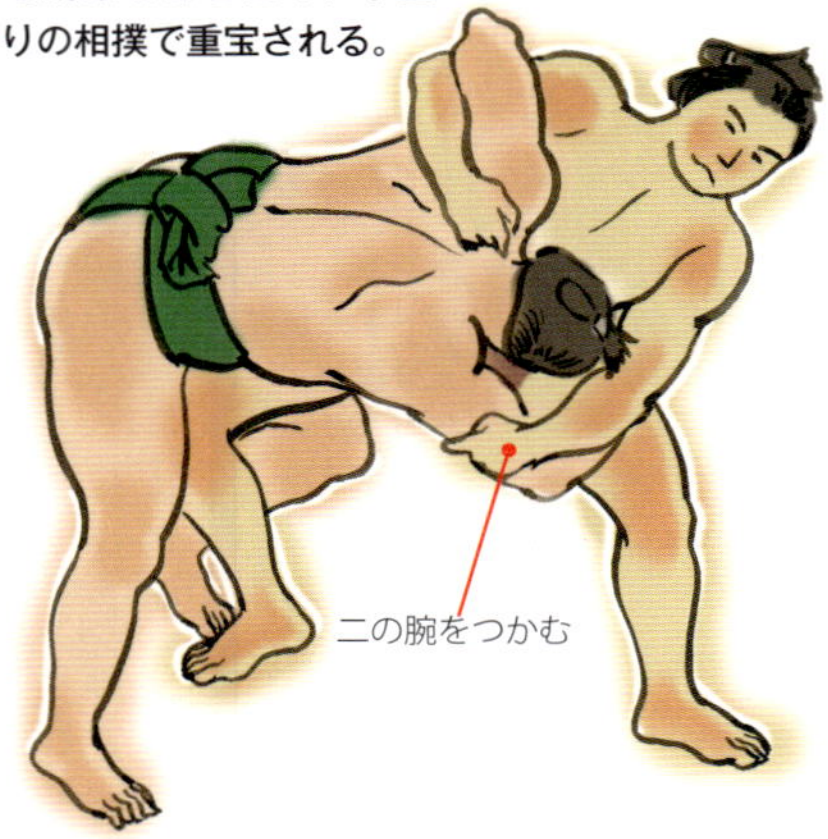
二の腕をつかむ

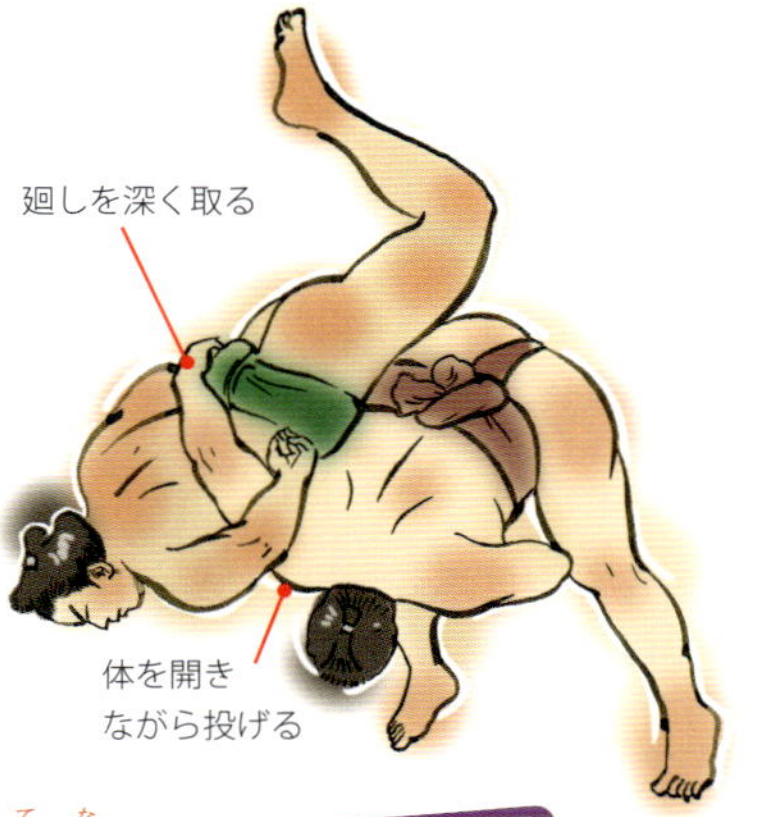
廻しを深く取る
体を開き
ながら投げる

下手《したて》投《な》げ

上手投げとは逆に、差し手で相手の廻しをつかんで引きつけ、下手から投げる。

決まり手メモ

「下手投げはヘタ投げ」といわれていたが、「黄金の左腕」の輪島《わじま》は、左からの下手投げを武器に角界の頂点にのぼりつめた。

基本

本技七手が相手を土俵の外に「出す」ことを前提とするのに対し、投げ手は、相手を「倒す」ことを主目的とする決まり手である。

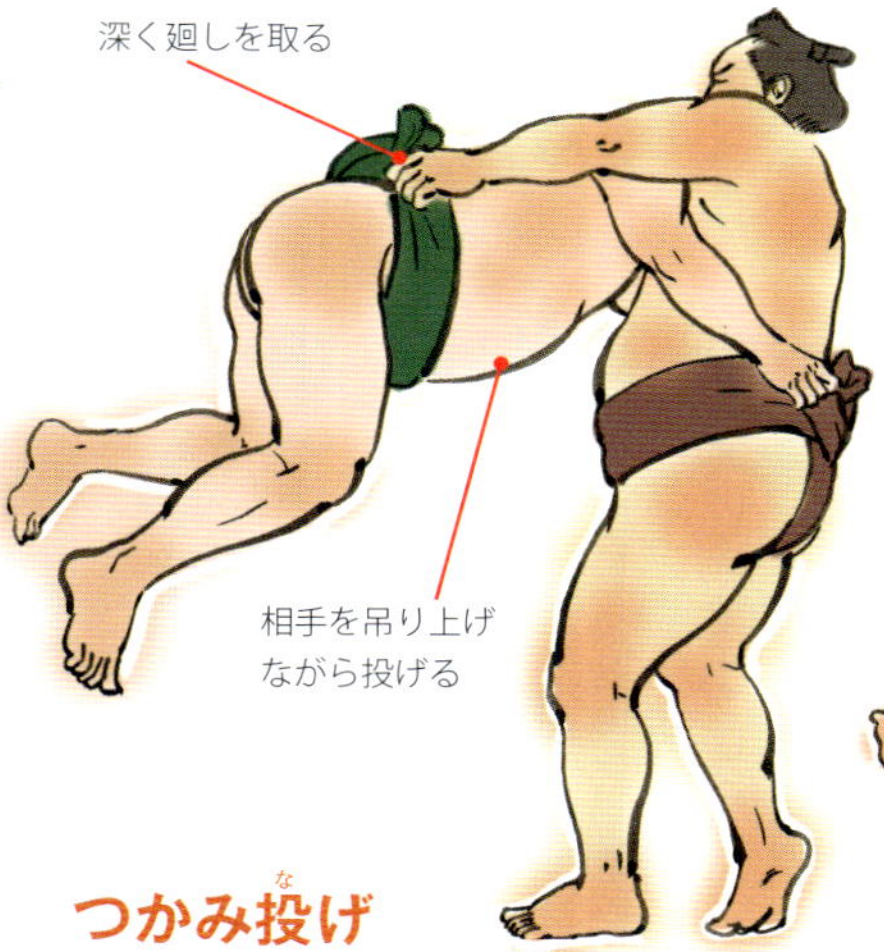

つかみ投《な》げ

大きく腕《かいな》を回して上手《うわて》から相手の後ろ廻しを取り、相手の体を宙に浮かして自分の後方に投げる。かける側によほどの腕力がなければ決めるのが難しい。

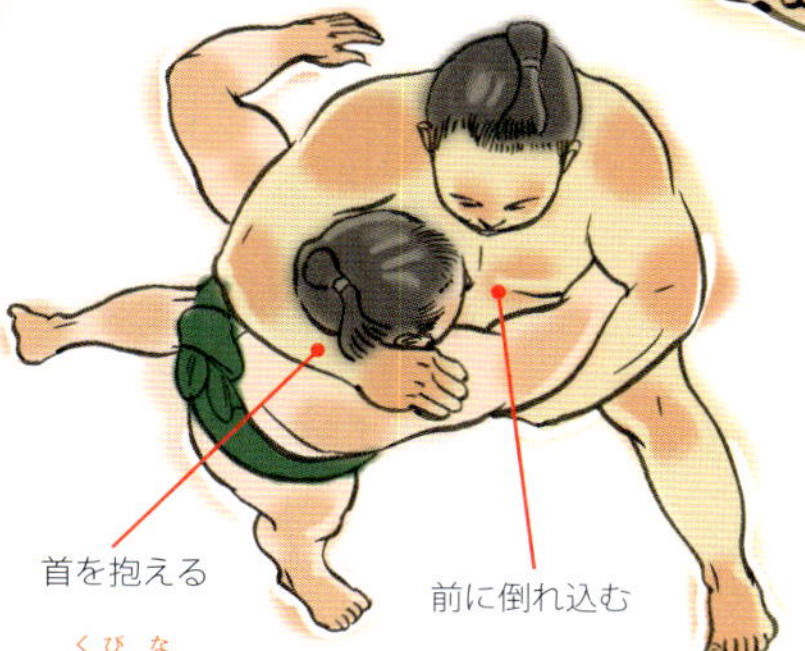

首《くび》投《な》げ

片手を相手の首を巻きつけて、腰を捻って相手を巻きこむようにして投げる。両《もろ》差《ざ》しを許してしまった際の窮地の技という性格も強いが、豪快な決まり手である。

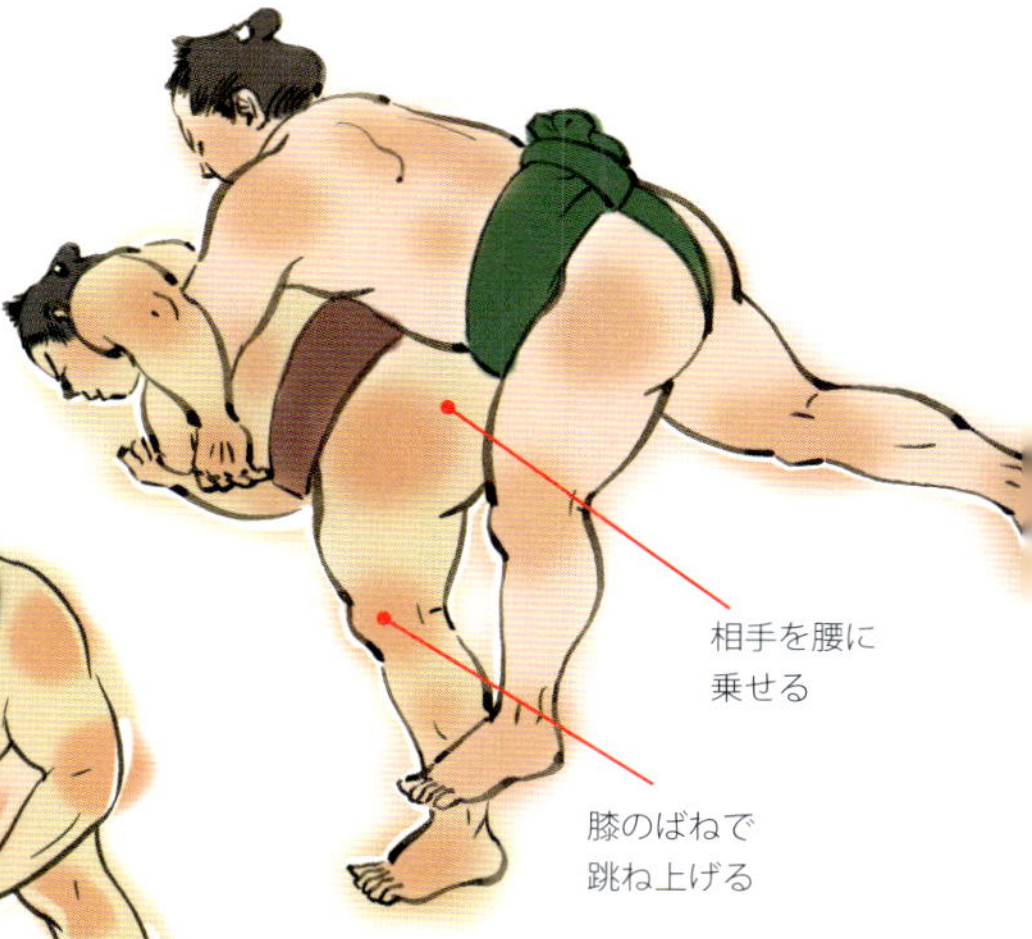

腰《こし》投《な》げ

相手の体を自分の腰に乗せ、膝《ひざ》のバネを生かして相手を跳《は》ね上《あ》げて投げ落とす。上手・下手を問わず、廻しを取っていなくてもよい。

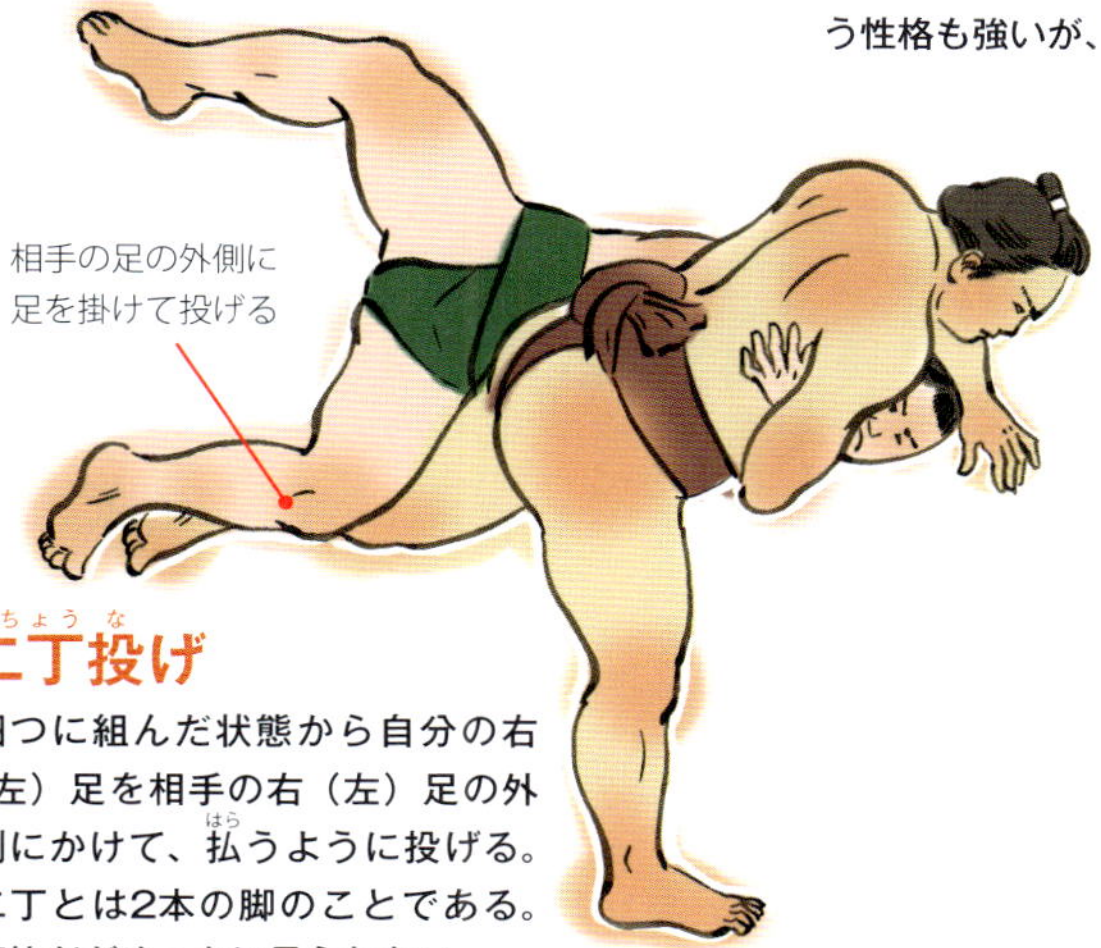

二丁《にちょう》投《な》げ

四つに組んだ状態から自分の右（左）足を相手の右（左）足の外側にかけて、払《はら》うように投げる。二丁とは2本の脚のことである。豪快だがめったに見られない。

一本背負《いっぽんぜお》い

相手の懐《ふところ》に入って相手の片腕を両手で抱《かか》え、肩にかついで前方に投げ倒す大技。相手に背を見せるため「送り出し」で負けることや、途中で膝をついてしまう危険性もある。

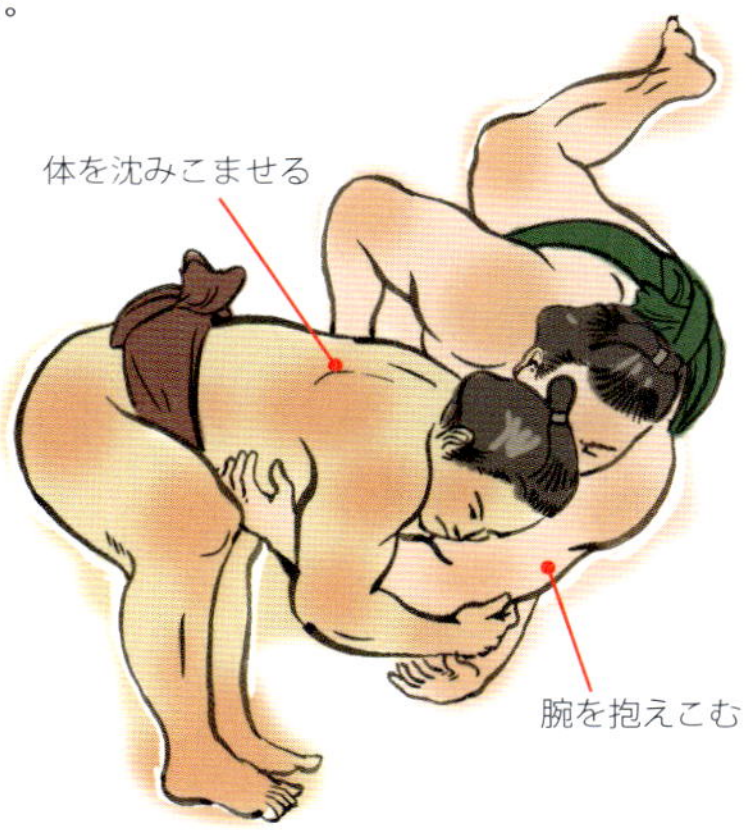

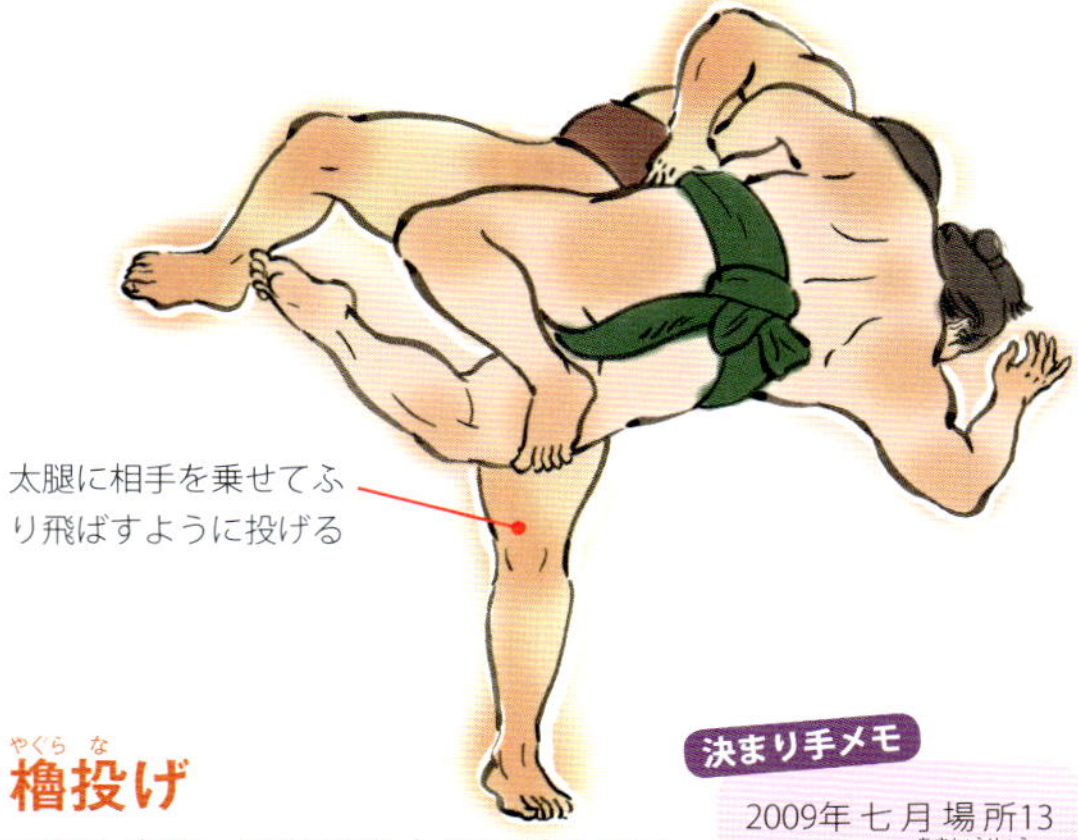

櫓《やぐら》投《な》げ

両廻しを取って相手を十分に引きつけ、膝を相手の内股《うちまた》に入れて太腿に相手の体を乗せて吊《つ》り上《あ》げるようにして投げる。投げられる相手が宙に高く舞う豪快な技だが、力や体重差がないと決まりにくい。

決まり手メモ

2009年七月場所13日目、横綱朝青龍《あさしょうりゅう》が大関日馬富士《はるまふじ》に勝った一番が、幕内では34年ぶりの「櫓投げ」であった。

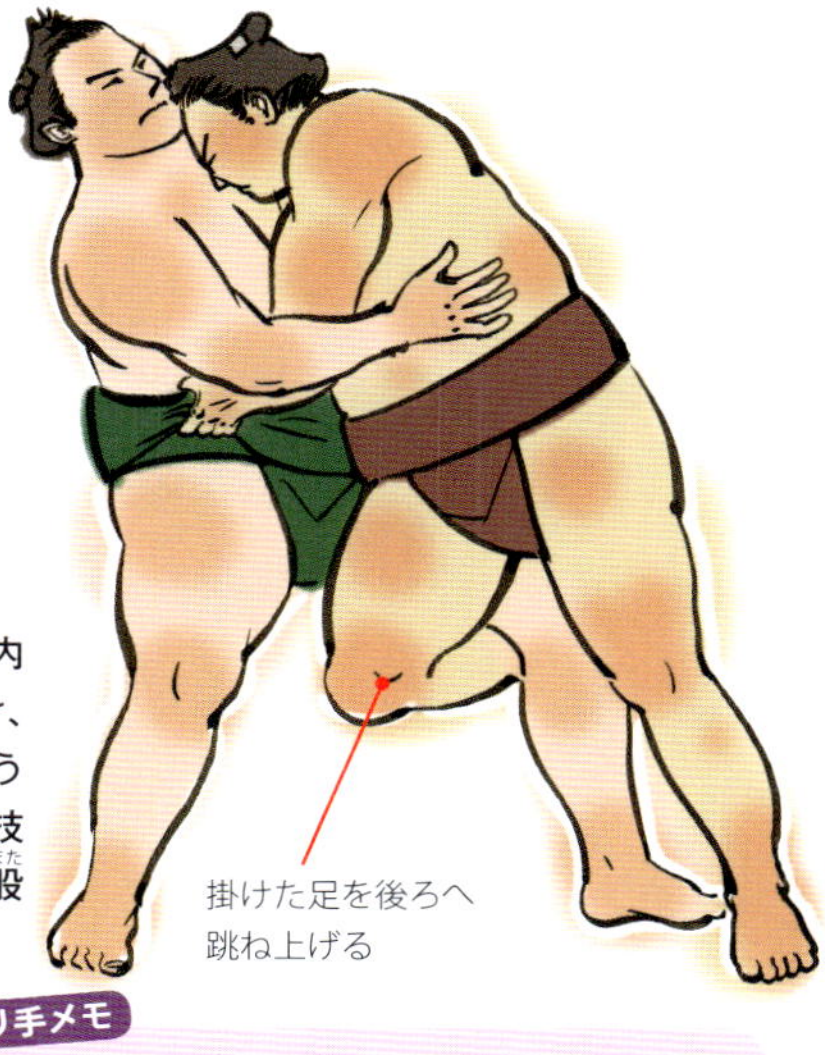

掛《か》け投《な》げ

片足を相手の内股に入れて掛け、跳ね上げるようにして投げる技で、柔道の内股《うちまた》と似ている。

決まり手メモ

相手が片足立ちでこらえると2度3度と跳ねることから、「ケンケン」ともよばれる。大正期の横綱鳳谷五郎《おおとりたにごろう》が連発し、「鳳のケンケン」として一世《いっせい》を風靡《ふうび》した。

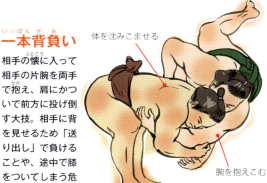

決まり手③（掛け手）

脚を使い相手の体勢をくずして決める技

掛け手は、いわゆる足技で、足を掛けたり、蹴ったり、相手の足を手で取ることによる決まり手である。

掛《か》け手《て》（十八手）

掛け手も、投げ手同様、相手を倒すことを狙う技である。

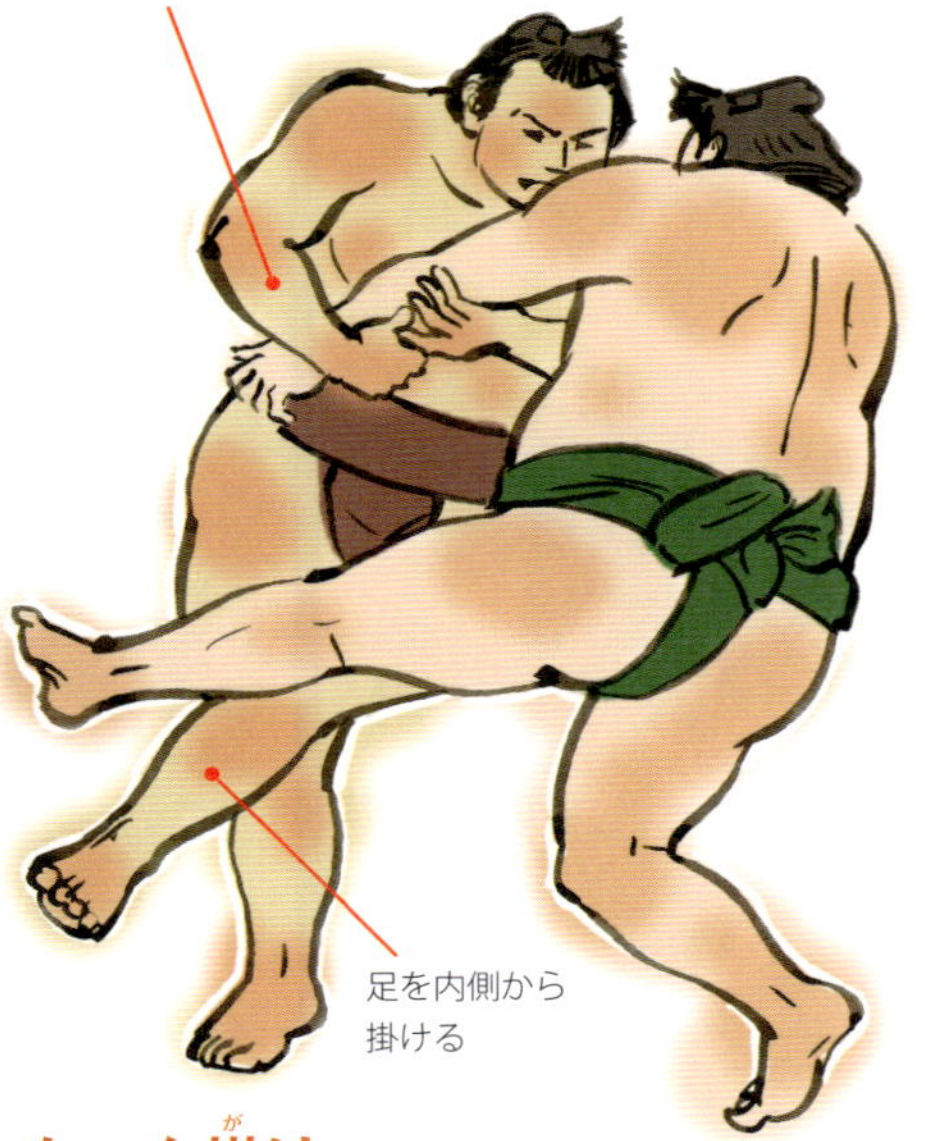
差し手を抱えて引く
足を内側から掛ける

ちょん掛《が》け

相手の差し手を抱《かか》え（またはつかみ）、右（左）足を相手の右（左）足の内側に掛け、手前に引いて相手を後方に倒す。手斧《ちょうな》をかける仕草に似ていることからこうよばれ、「手斧掛け」とも表記される。非常に珍しい決まり手である。

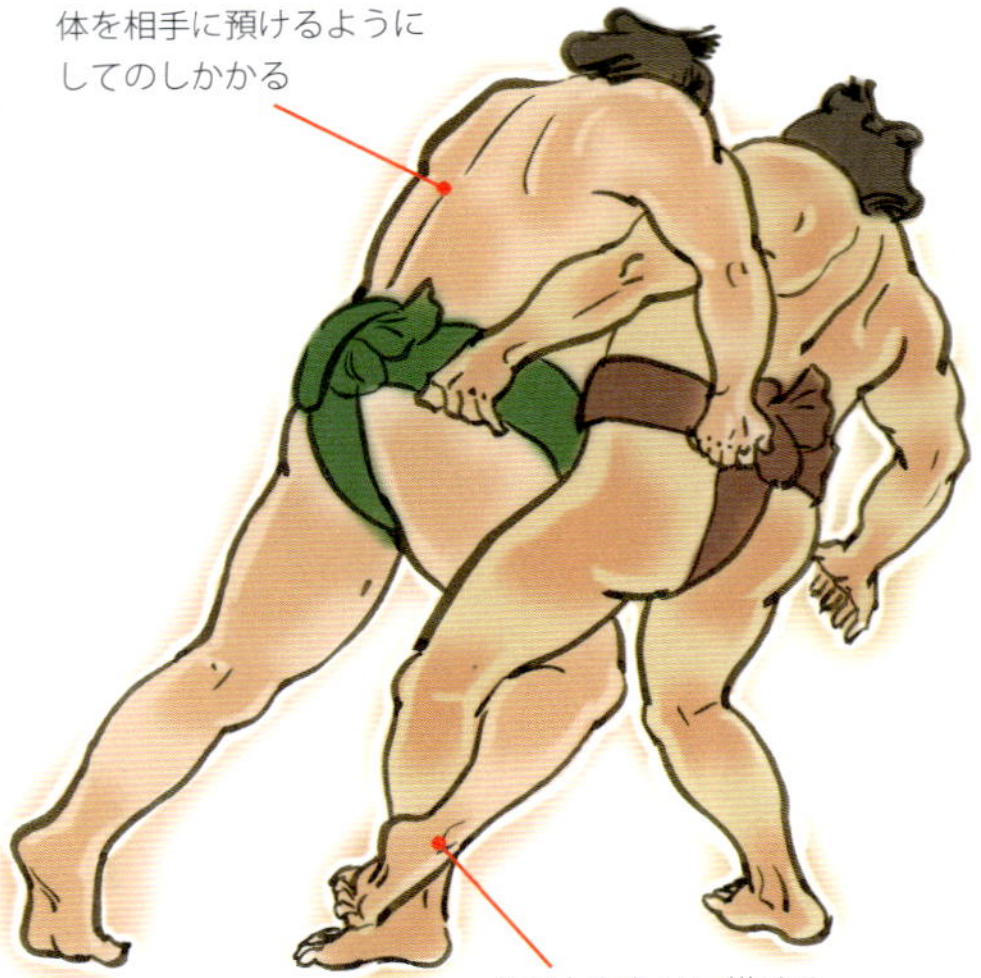
体を相手に預けるようにしてのしかかる
かかとあたりに掛ける

内掛《うちが》け

右(左)足を相手の左(右)足の内股《うちまた》に掛け、その足を引いて相手のバランスをくずして倒す。

決まり手メモ
1950年代後半に活躍した「南海の黒ヒョウ」こと大関琴《こと》ケ《が》濱《はま》が得意とし、幕内441勝中101勝をこの技で決めている。

ふくらはぎの下

外掛《そとが》け

右（左）足を相手の左（右）足の外側から掛け、その足を引いて相手の重心をくずして倒す。

だき抱える
脚をからめ、跳ね上げる

河津掛《かわづが》け

相手をだき抱え、右（左）足を相手の左（右）足の内側に絡ませるように掛け、その足を跳《は》ね上げながら体を後ろに反《そ》らせて相手を倒す。同時に倒れても必ず相手の体が下になる必殺技である。

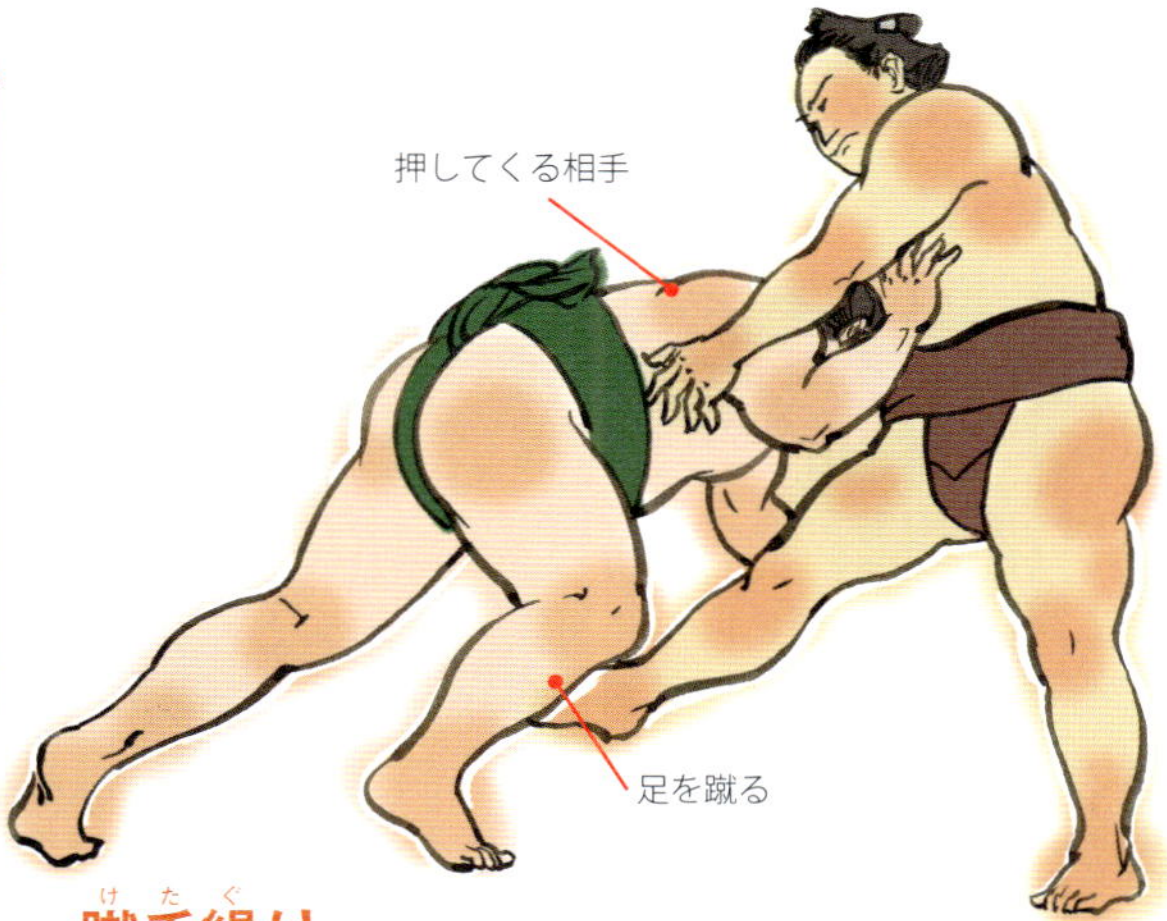
押してくる相手
足を蹴る

蹴手繰り《けたぐ》

立合いの際、相手に当たる瞬間に体を開いて相手の足を蹴り、肩などを叩いたり腕《かいな》を手繰《たぐ》ったりして倒す。

決まり手メモ

1965年3月場所で海乃山《かいのやま》が横綱大鵬《たいほう》をこの技で破ったが、それはこの場所での大鵬のたった1つの黒星であった。

相手の膝を折る
ようにする

切り返し《きかえ》

相手の膝《ひざ》の外側に自分の膝を当てて、相手を後ろに捻《ひね》り倒す。柔道の小外《こそと》刈《がり》に相当する技。

決まり手メモ

1960年代前半に活躍した横綱栃ノ海《とちのうみ》は「切り返しの名人」といわれ、近年では舞の海《まいのうみ》が、現役力士では豪栄道《ごうえいどう》が得意としている。

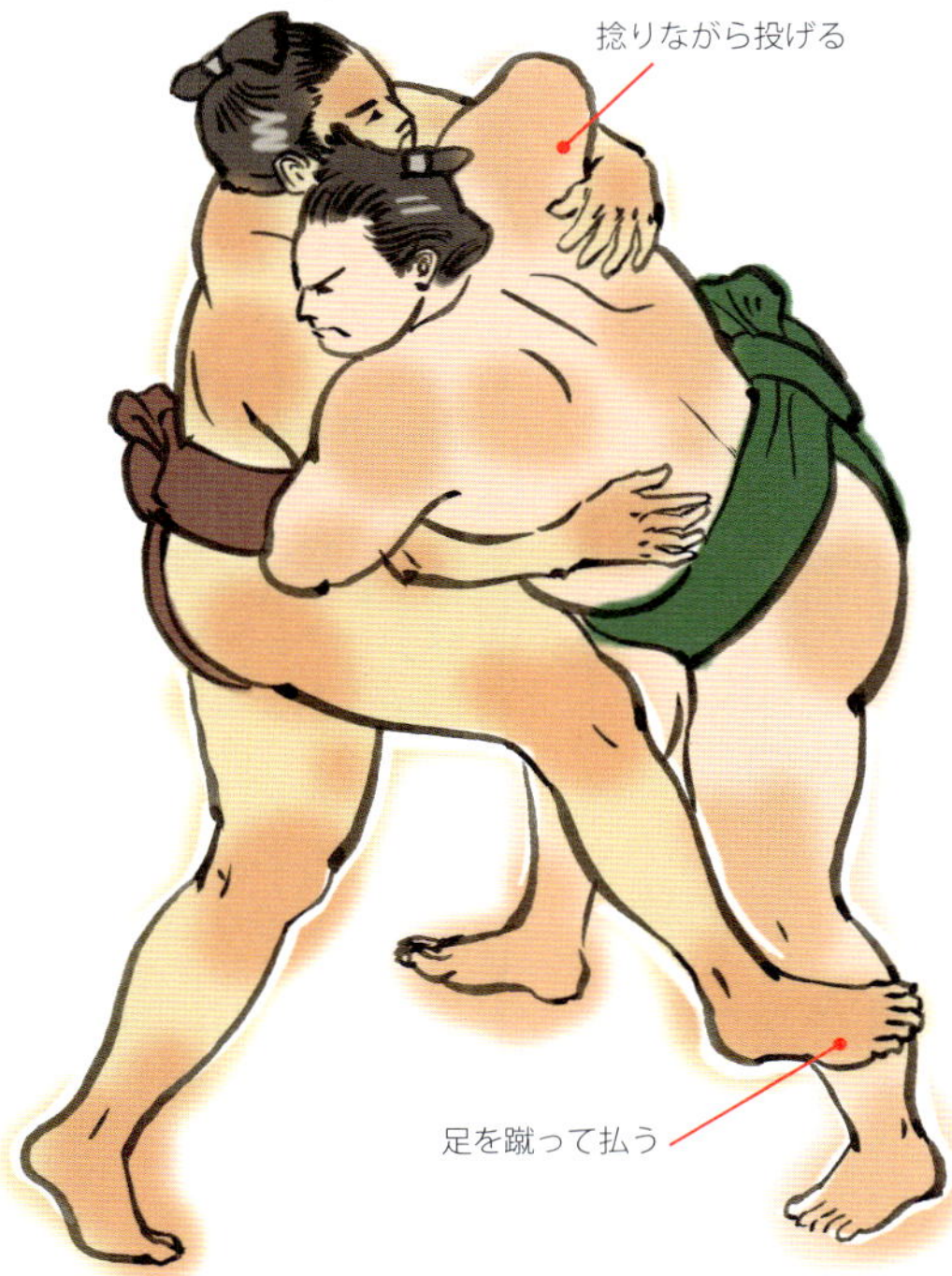
捻りながら投げる
足を蹴って払う

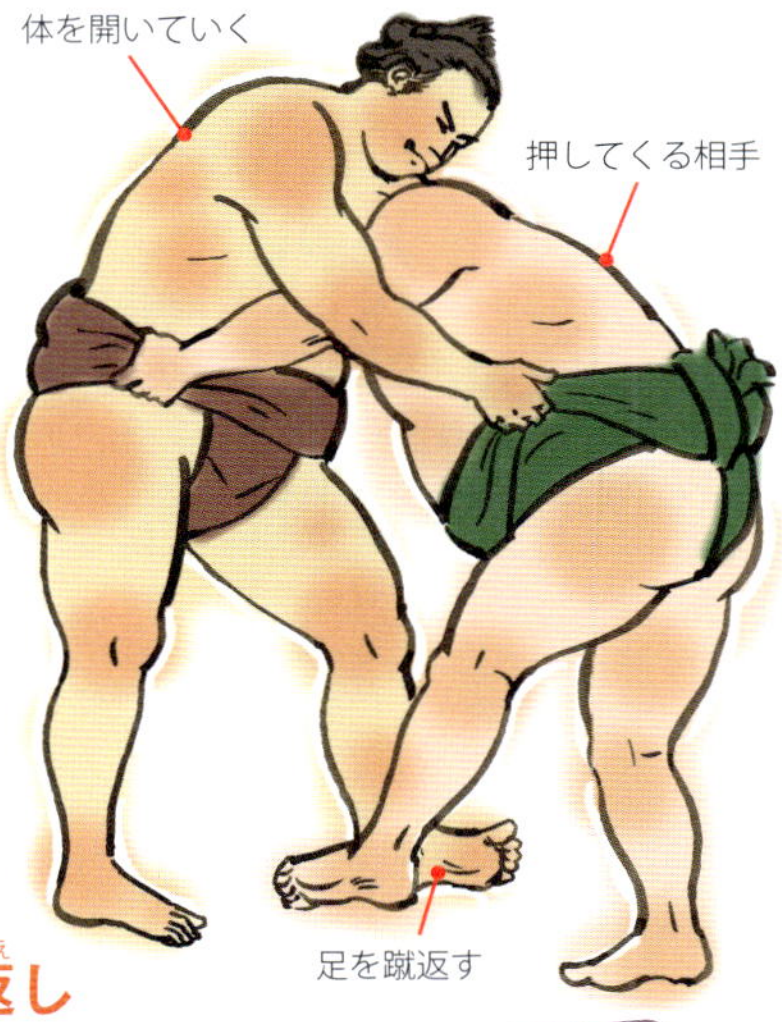
体を開いていく
押してくる相手
足を蹴返す

蹴返し《けかえ》

右（左）足の裏で相手の右（左）足首を内側から蹴り、相手の肩や背中を叩《はた》いて前に落とす。攻防の際、蹴っただけで相手が落ちても「蹴返し」となる。

決まり手メモ

1985年十一月場所、翌年の一月場所で、栃剣《とちつるぎ》が巨漢小錦《こにしき》をこの技で続けざまに破っている。

二枚蹴り《にまいげ》

相手の体を吊《つ》るようにしながら、足の裏で相手の足の外側を蹴り、蹴った足のほうに倒す。「二枚」とは、膝《ひざ》から足首にかけての脚の外側のことである。大技だが、珍しい決まり手。

決まり手メモ

1998年三月場所14日目、琴龍《ことりゅう》が敷島《しきしま》にこの技で勝ち、26年ぶりに「二枚蹴り」を見せた。

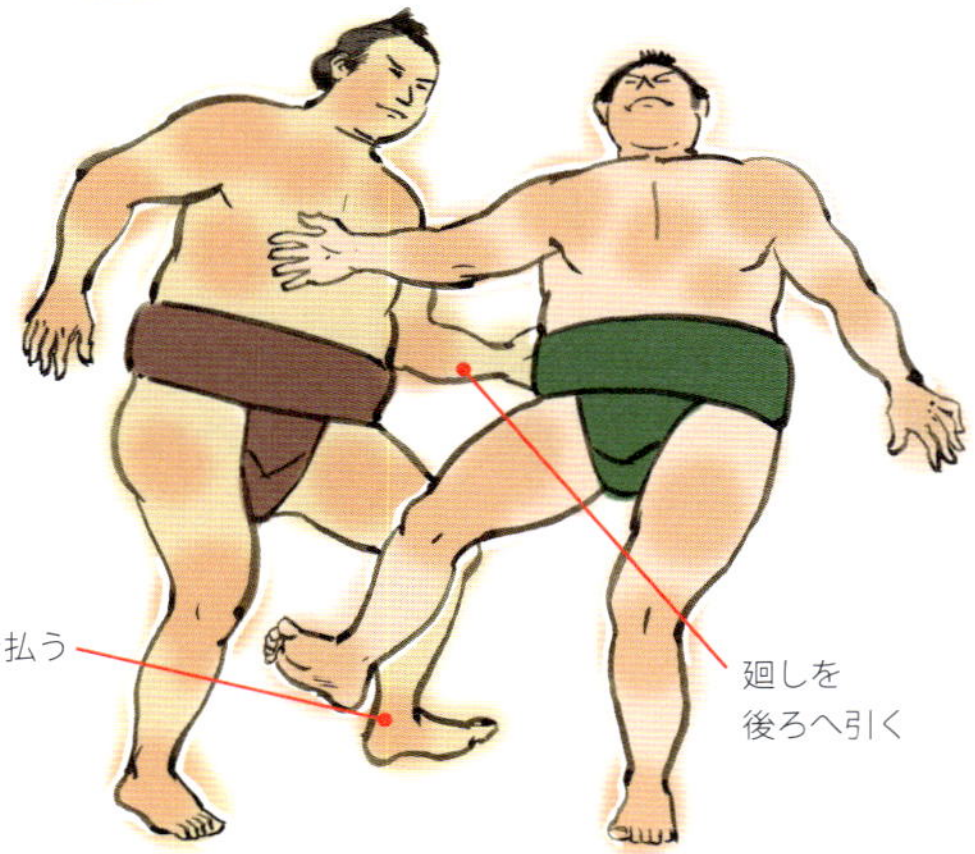
足を払う
廻しを
後ろへ引く

裾払い《すそはら》

横向きになった相手の自分に近いほうの足を後ろから前へ払って倒す。

大股《おおまた》

出し投げを打たれた相手がこらえて片足を踏み出した際、遠いほうの足の太腿を内側から片手ですくい上げて引き、相手を仰向《あおむ》けに倒す。非常に珍しい決まり手。

決まり手メモ

1958年七月場所13日目に福乃里《ふくのさと》が十両の松錦《まつにしき》に決めて以降、幕内の取組では出ていない。

三所攻め《みところぜめ》

相手の片足を外掛《そとが》けまたは内掛けで攻め、もう片方の足の太腿を片手で内側からすくい、腹や胸を頭で押して倒す。相手の身体の3箇所を同時に攻めることからその名がついた。非常に珍しい決まり手。

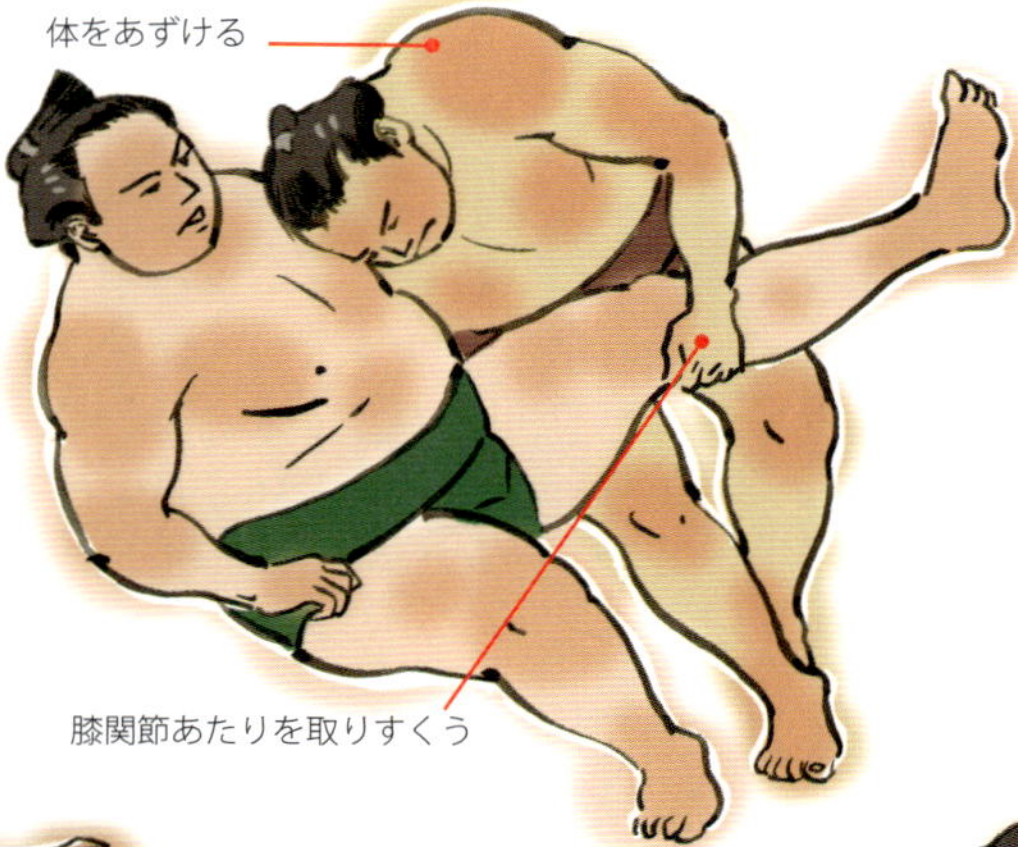

小股掬い《こまたすくい》

出し投げを打たれた相手がこらえようとして前に出した足の太腿を内側から片手ですくい、仰向けに倒す。

決まり手メモ

昭和初期、「相撲の神様」と呼ばれた関脇幡瀬川《はたせがわ》がこの技を武器に大物力士を次々に倒した。

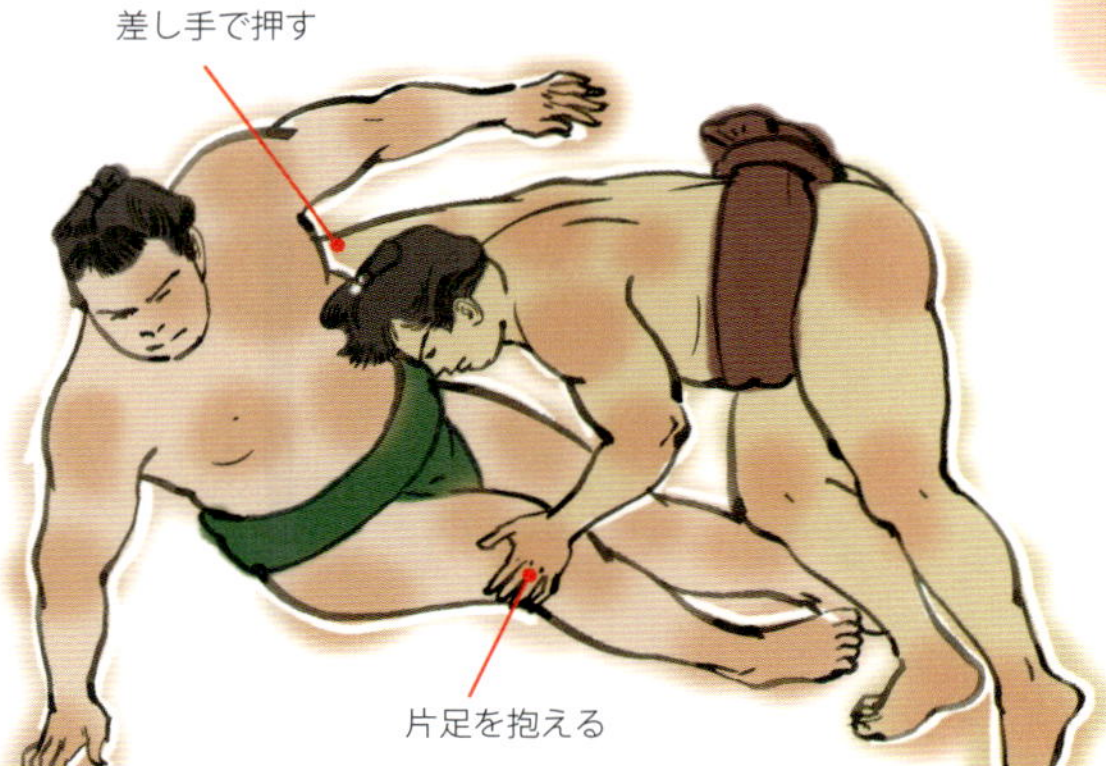

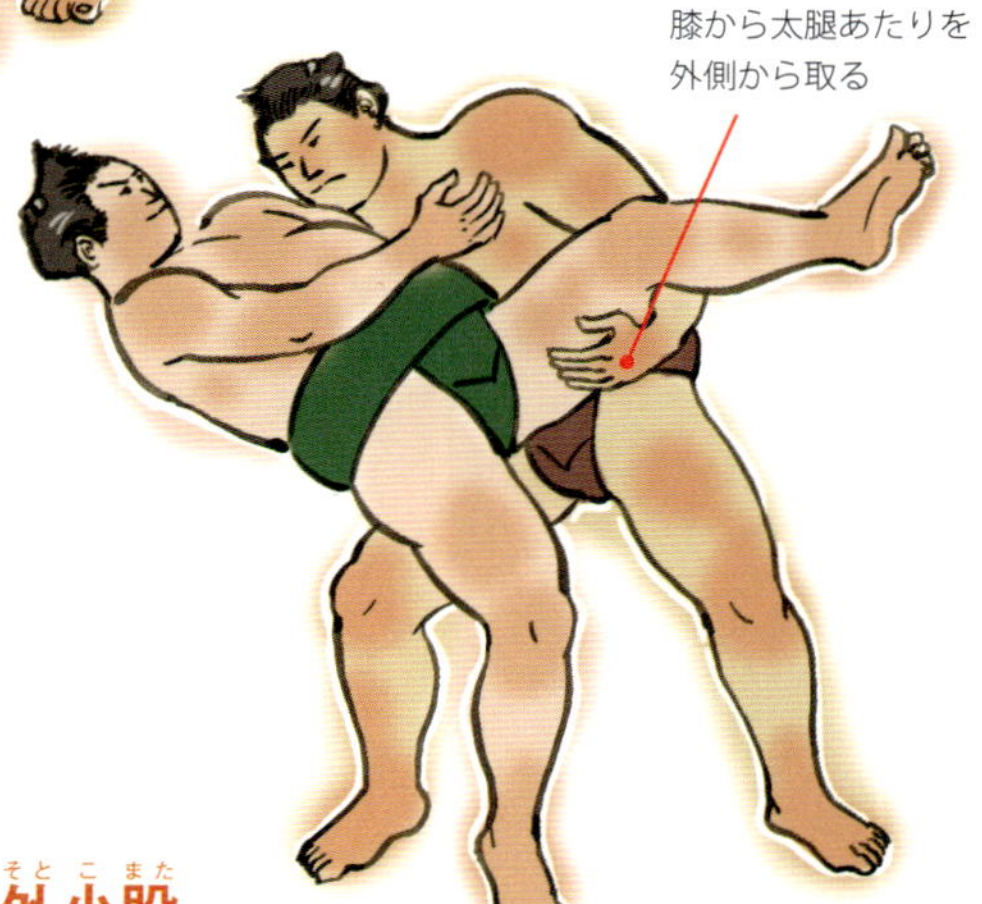

渡し込み《わたしこみ》

相手の片足を上手《うわて》で外側から抱《かか》えて引き上げ、もう片方の手で相手の体を押さえて倒す。

決まり手メモ

琴奨菊《ことしょうぎく》が得意とし、新大関となった2011年十一月場所千秋楽で関脇稀勢《きせ》の里《さと》に、2014年五月場所6日目に遠藤《えんどう》に、翌年九月場所4日目に小結隠岐《おき》の海《うみ》に、この決まり手で勝った。

外小股《そとこまた》

「小股掬い」とは逆に、相手が前に出した足の太腿を外側から片手ですくい、仰向けに倒す。外側から足を取るには相手と体《たい》が離れていなければ難しいため、頻繁には見られない。

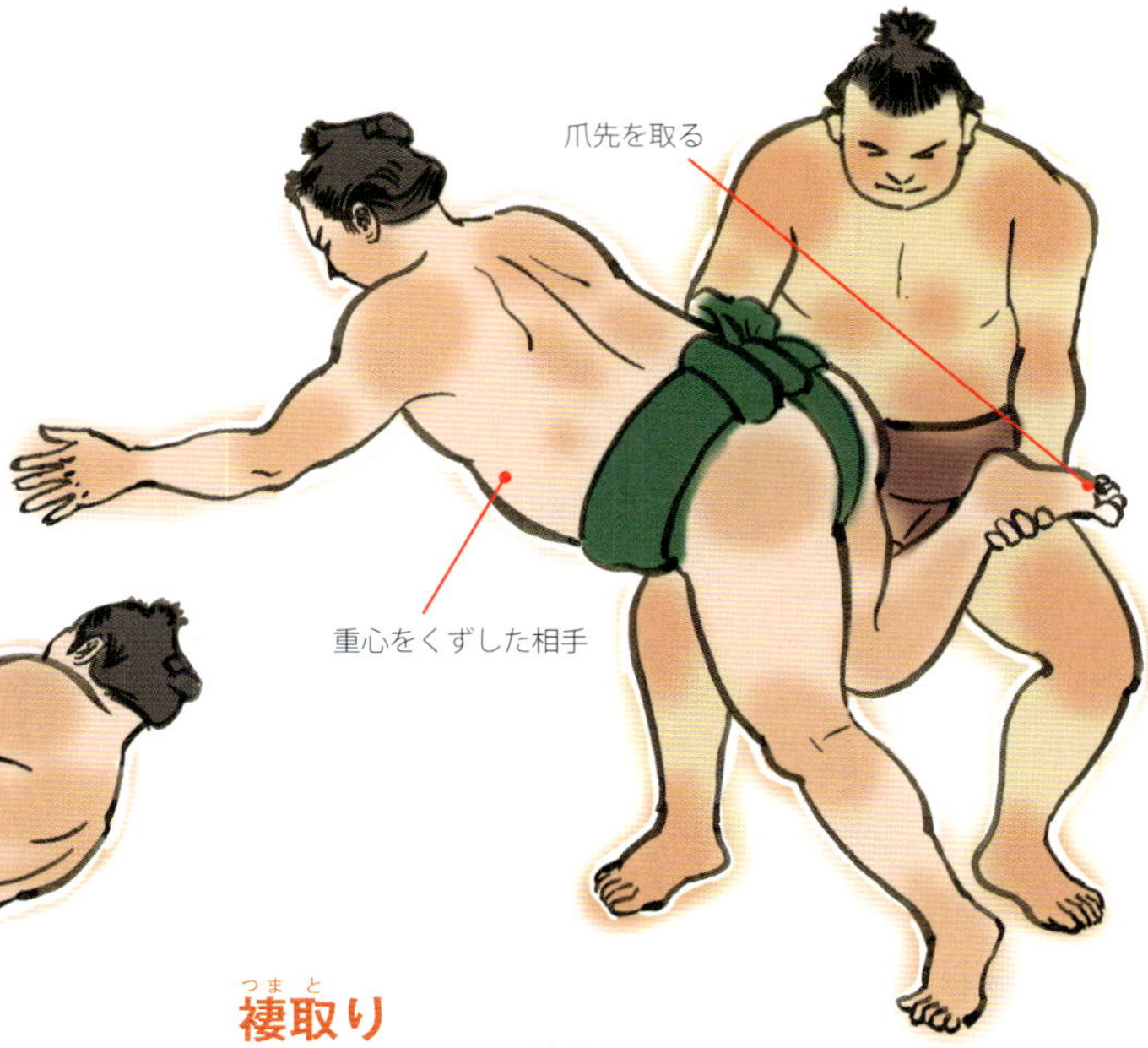

褄《つま》取《と》り

四つに組んだとき、下手《したて》側に大きく回りこんで相手の横に入り、相手の足の爪先（足首から下）をすくい上げて前に這わせる。1960年に決まり手とされた。

小《こ》褄《づま》取《と》り

「褄取り」と同じようにして相手の足をすくうが、「小褄取り」は正面から相手の足首を外側から取って、引き上げて相手を後ろに倒す。

足《あし》取《と》り

相手の懐《ふところ》に潜《もぐ》りこみ、相手の片足の太腿近くを両腕で抱え上げて仰向けに倒す。相撲の心得の一つに「足を取ったら寝ろ」とあるが、相手の腹に頭をつけて自分から倒れこむようにするのがこの技の極意。

決まり手メモ

水戸泉《みといずみ》は関取在位中、「足取り」で8敗を喫したが、そのうち4敗の相手は舞《まい》の海《うみ》であった。

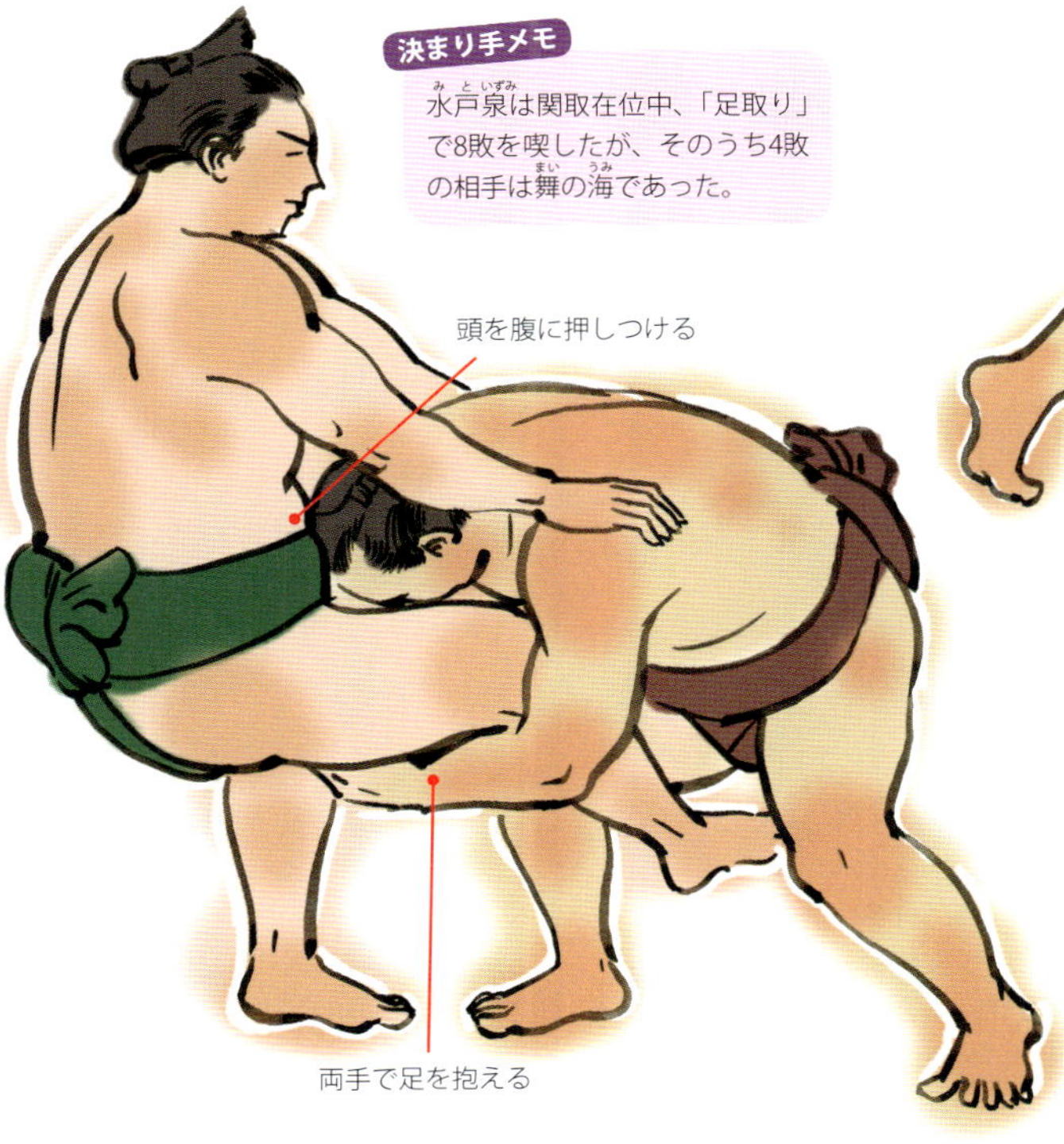

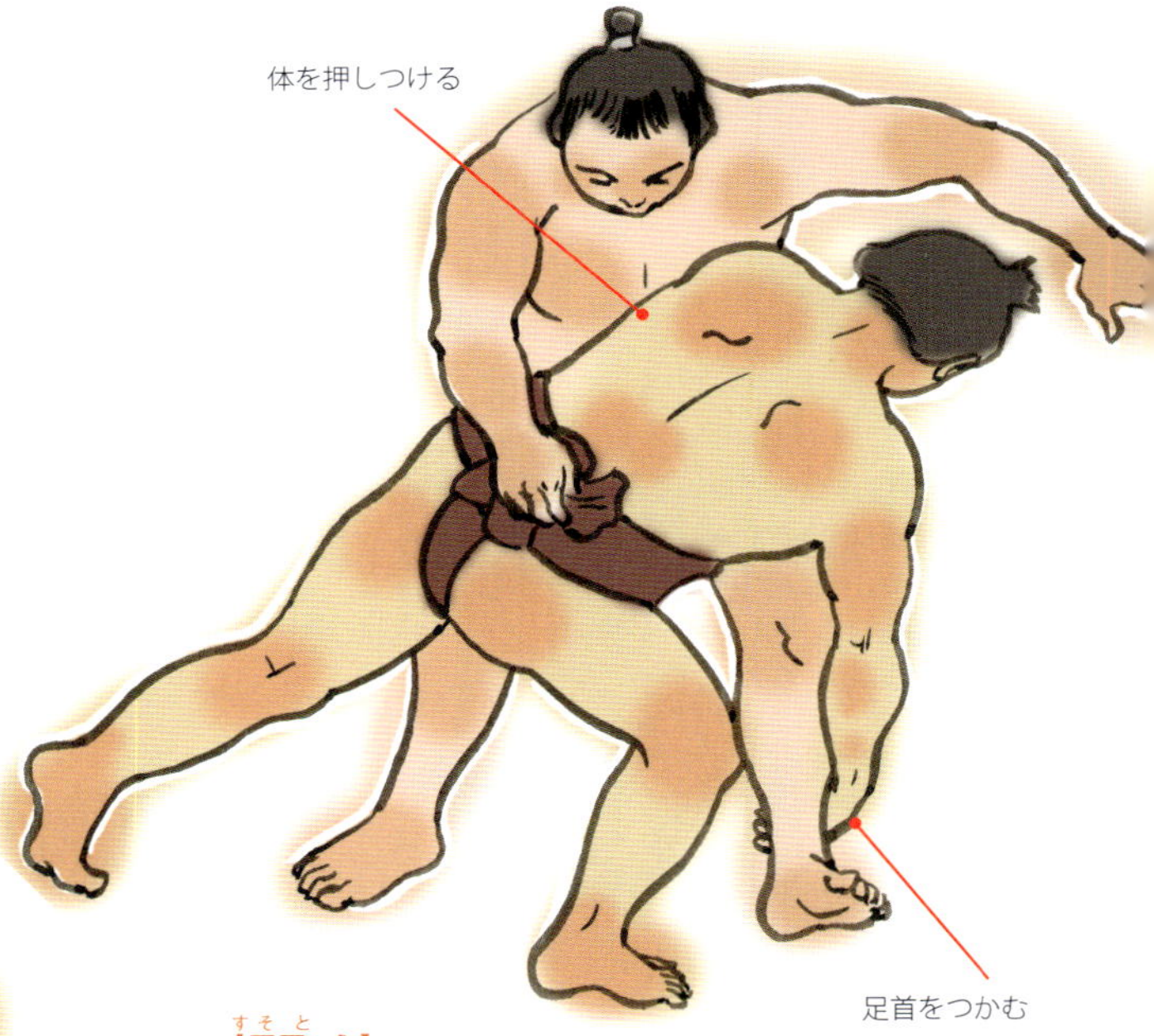

裾《すそ》取《と》り

投げを打たれた際、こらえながら片手で相手の足首を外側から取り、引き上げながら体重をかけて相手を倒す。

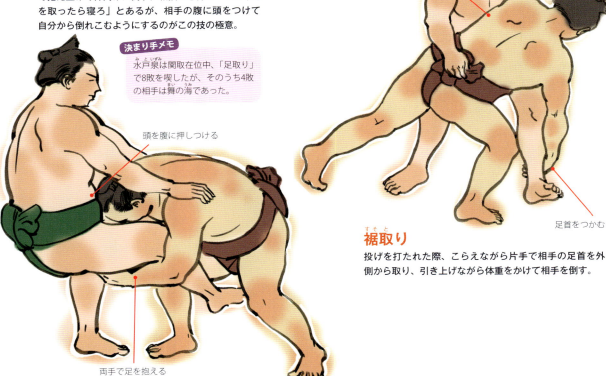

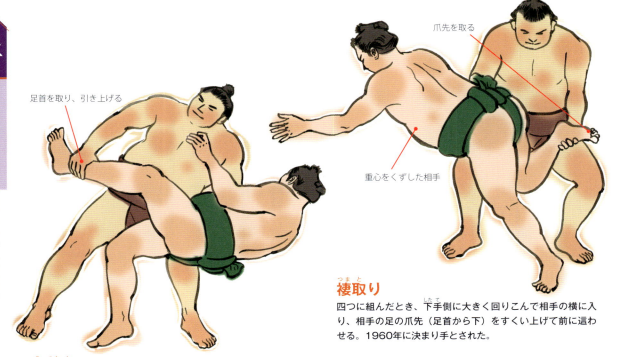

決まり手④（捻り手）

体を捻って相手の体を前や横へ引き落とす決まり手

捻《ひね》り手《て》（十九手）

自分の体を横へ捻るようにして相手を引っ張り倒す決まり手。

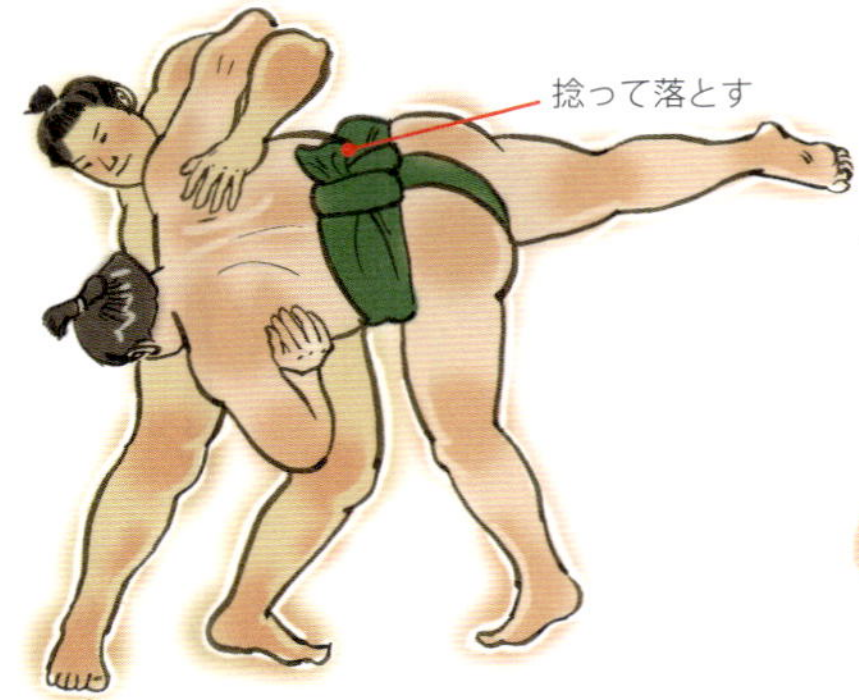

巻《ま》き落《お》とし

差し手で廻《まわ》しを取らずに相手の体を抱《かか》え、差し手側に巻きこむようにして横転させる。相手が出てきたとき、その反動を生かして仕掛けると決まりやすい。

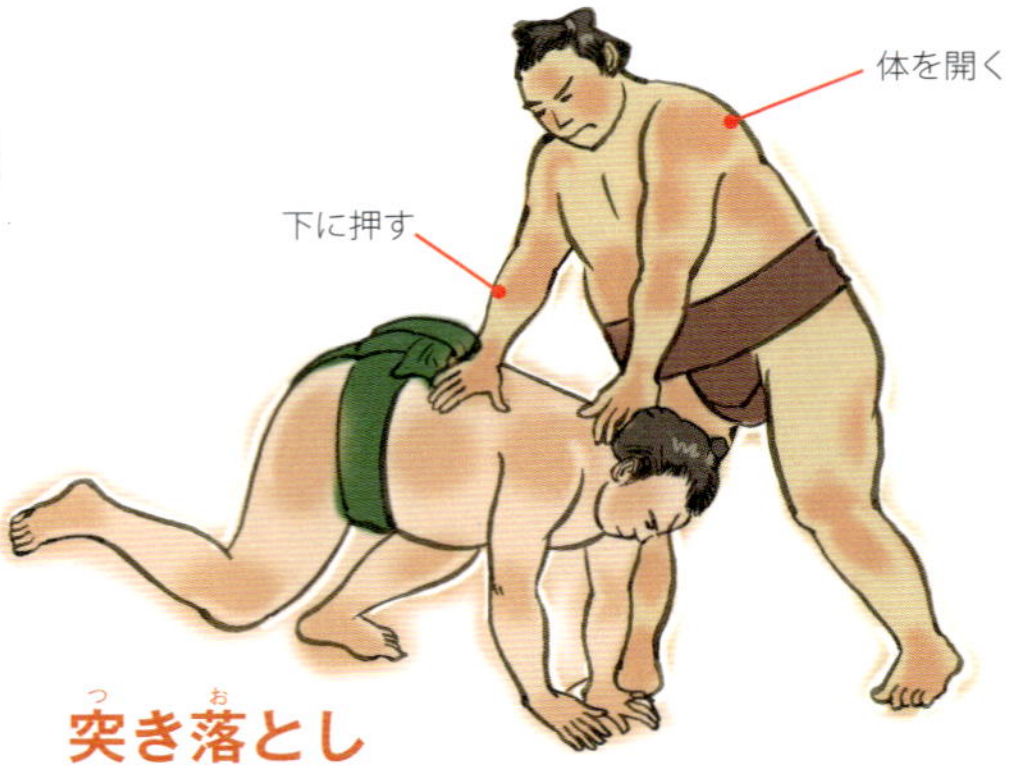

突《つ》き落《お》とし

相手が差してきたとき、その差し手側の腋《わき》の下《した》やわき腹あたりを突き、体《たい》を大きく開いて相手を斜め前に突き倒す。

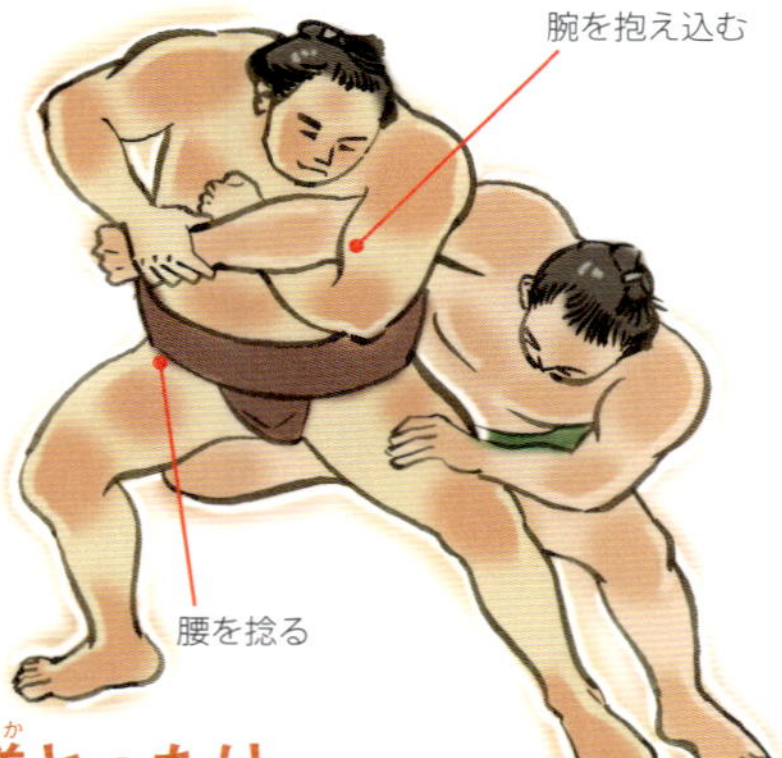

逆《さか》とったり

「とったり」を仕掛けられた際、取られた腕《かいな》を抜くようにして腰を捻って相手を倒す。取られた腕を曲げて相手の肘を抱えこみ、もう一方の手で相手の手首を取って捻り倒すこともある。

とったり

相手の片腕を両手で抱え、体を開いて手前側に捻るか投げるかして倒す。肘《ひじ》や肩の関節を極《き》めるため、靭帯損傷《じんたいそんしょう》などのけがを負わせることもある。

決まり手メモ
1991年五月場所3日目、横綱千代《ちよ》の富士《ふじ》は小結貴《たか》闘力《とうりき》に「とったり」で敗れ、引退を決意した。

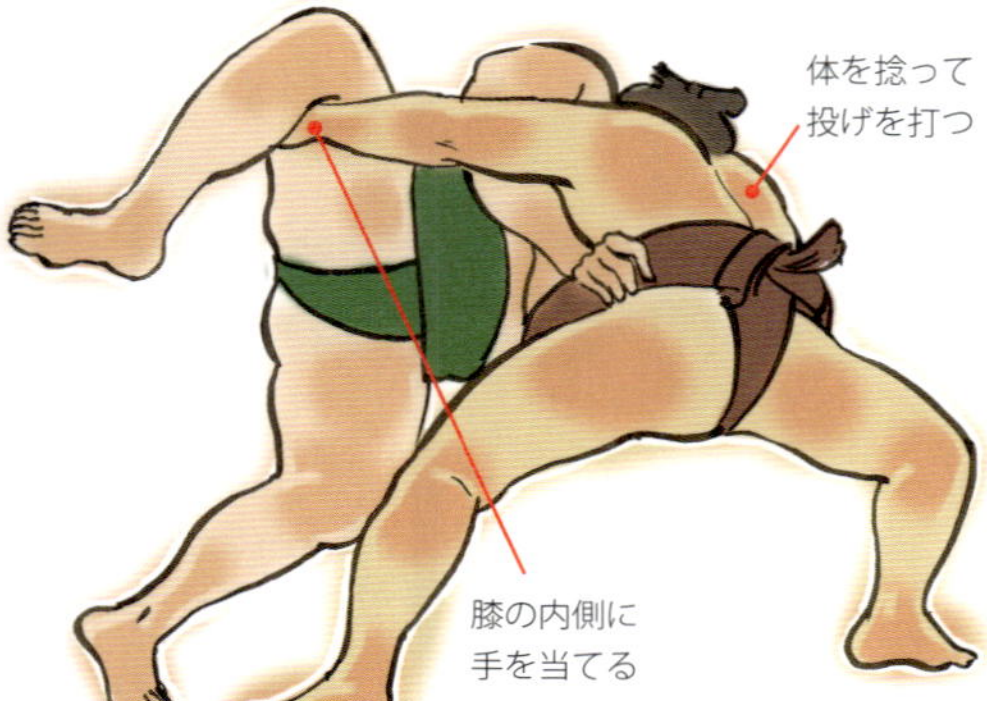

内無双《うちむそう》

踏みこんでいる相手の足の太腿を内側から手ですくい上げ､体を捻って倒す。牽制技として内無双を使い、体勢をくずしてから他の技につなげることもある。

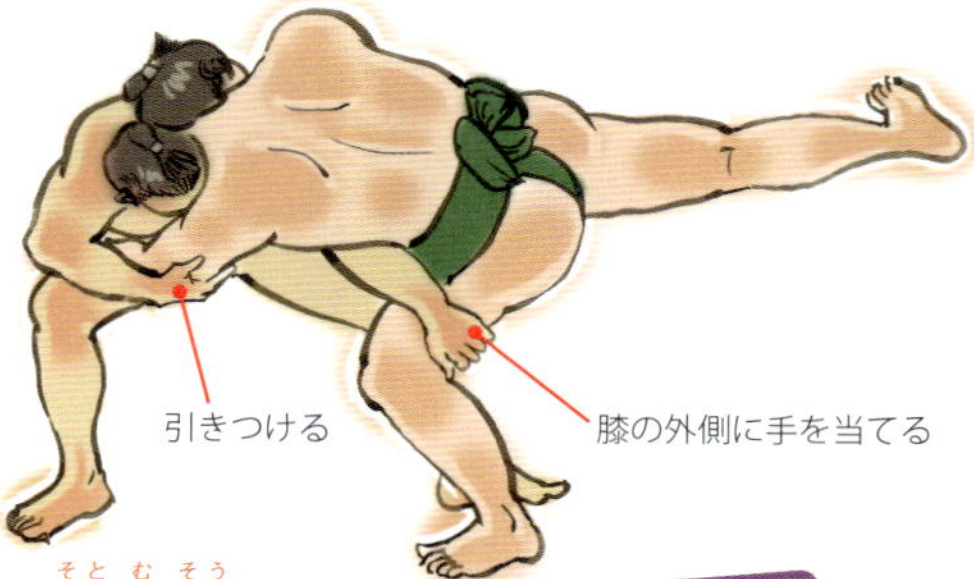

外無双《そとむそう》

相手の差し手の肘をつかんで腋を固め、下手《したて》を相手の膝《ひざ》の外側に当て、体を大きく捻って転がす。瞬発力を要する技で、めったに見られない。

決まり手メモ
1997年一月場所13日目、1981年七月場所以来の「外無双」により、旭鷲山《きょくしゅうざん》が北勝鬨《きたかちどき》に勝った。

相手の体を横方向に回転させたりよじったりするような力を加えることを「捻り」といい、捻りを伴う動作による決まり手を「捻り手」という。

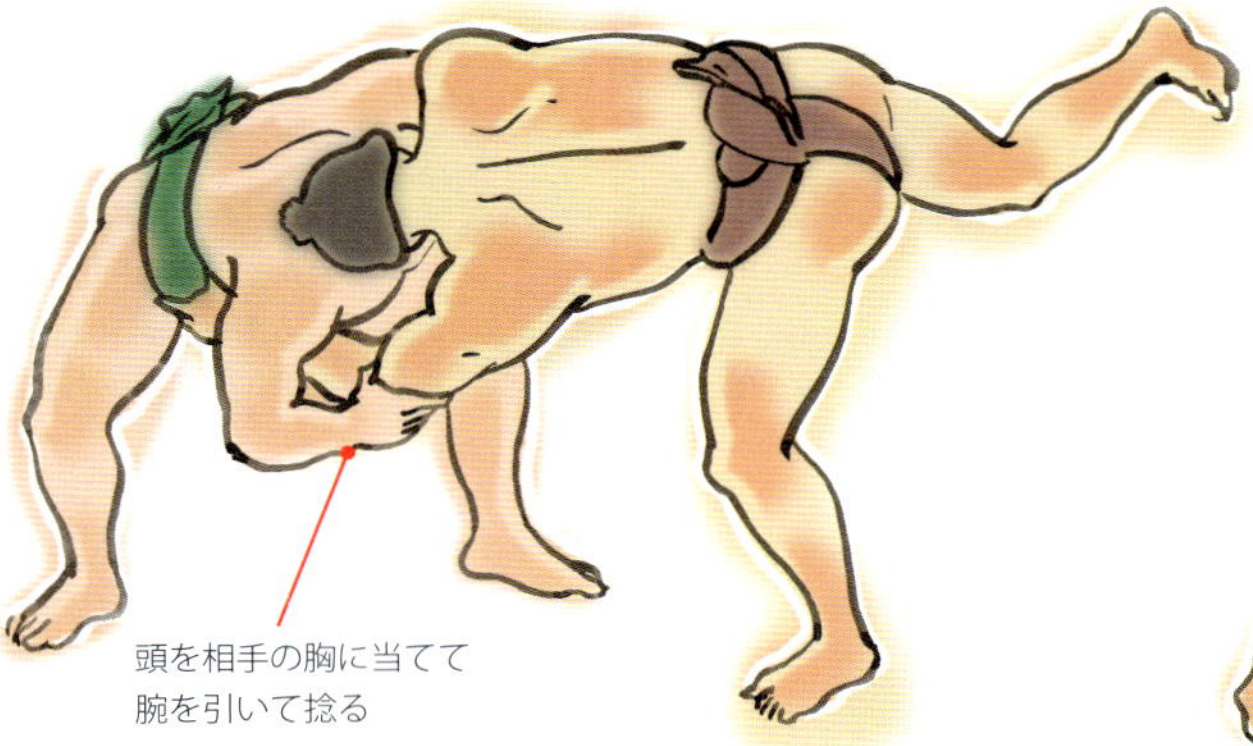
頭を相手の胸に当てて
腕を引いて捻る

頭捻《ずぶね》り

頭を相手の肩や胸に押しつけ、相手の差し手を抱えるか押さえるかし、頭を軸にして相手を捻り倒す。非常に珍しい決まり手。

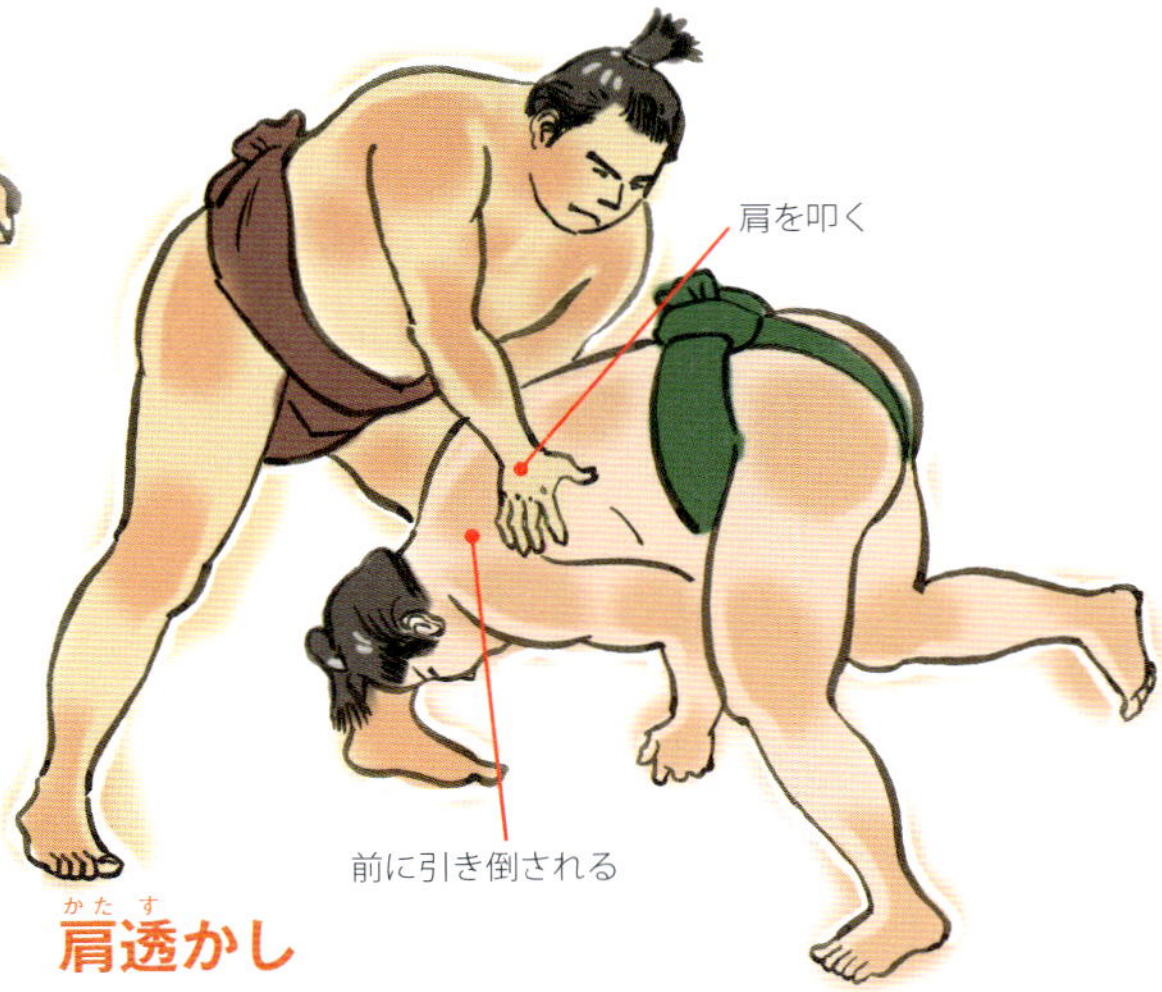
肩を叩く
前に引き倒される

肩透《かたす》かし

差し手で相手の腋のあたりを抱えるか、腋を引っ掛けて前に引き、体を開いてもう片方の手で相手の肩を叩《はた》いて引き倒す。差すと思わせて引くという意外性がある。

決まり手メモ

1986年一月場所初日、進退をかけて出場した横綱隆《たか》の里《さと》が関脇保志《ほし》にこの決まり手で敗け、引退した。

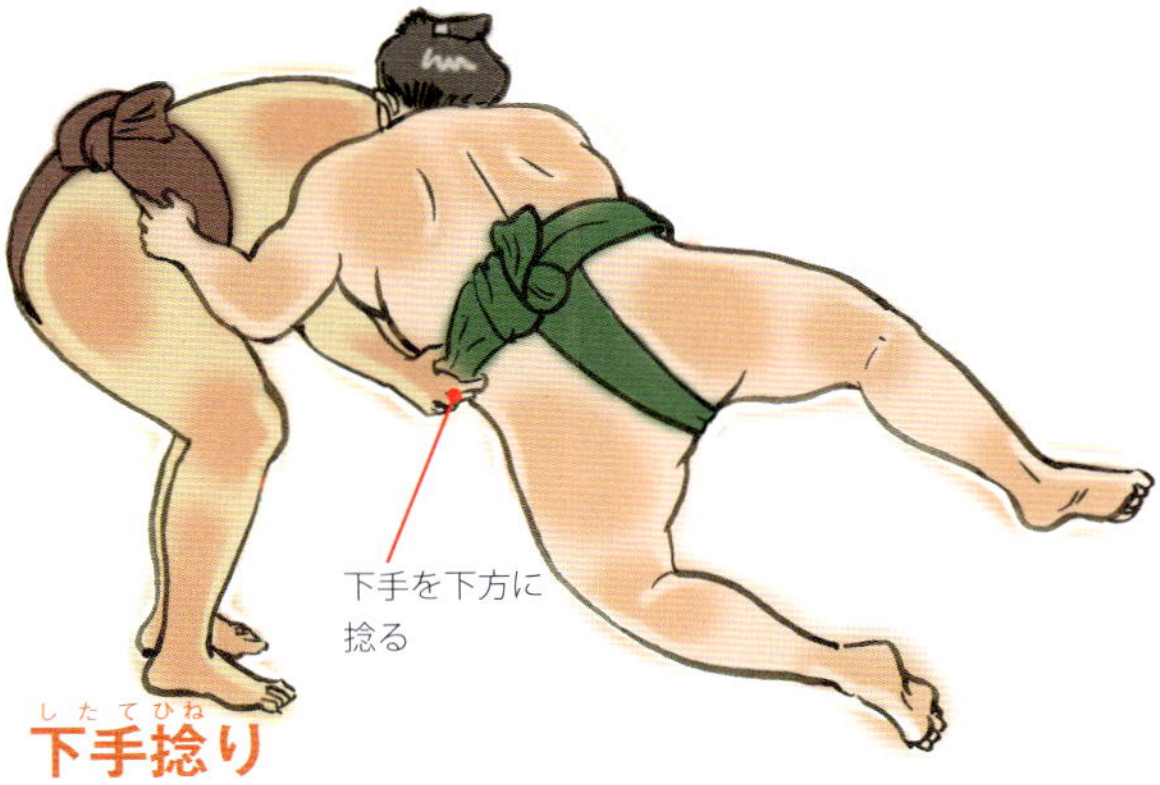
下手を下方に
捻る

下手捻《したてひね》り

差し手で相手の廻しを取り、廻しを取った下手のほうから捻って倒す。「上手捻り」も「下手捻り」も、廻しを取っていることがポイントになる。

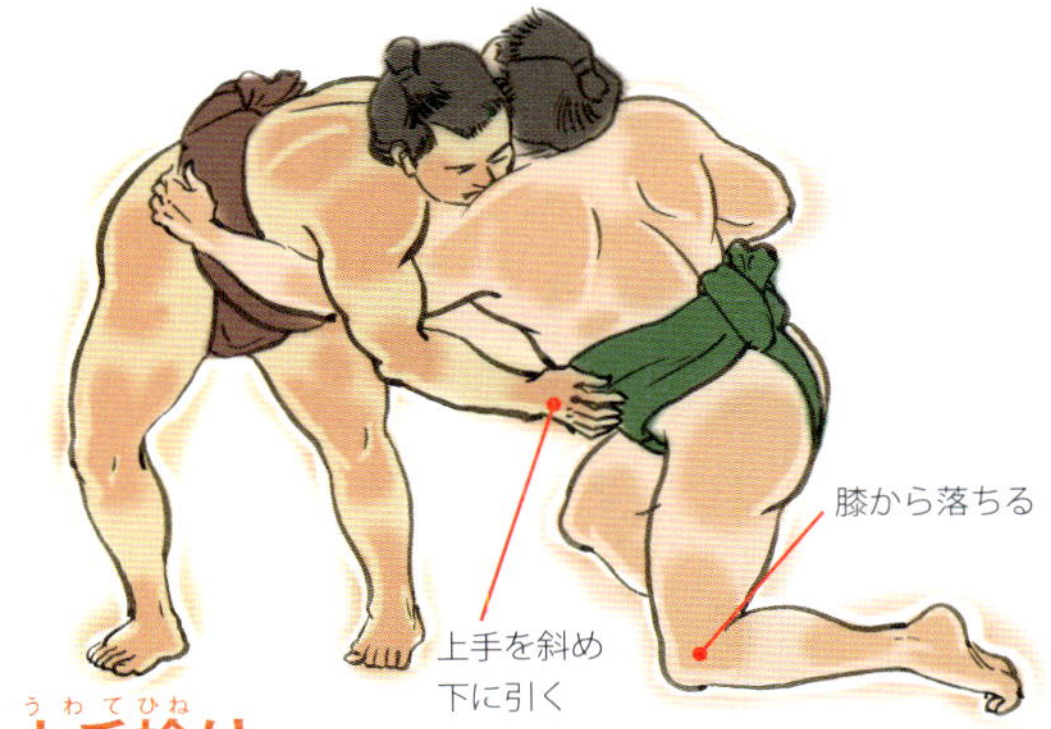
膝から落ちる
上手を斜め
下に引く

上手捻《うわてひね》り

上手から廻しを引き、体を開いてその上手の方向に（右上手なら右に、左上手なら左に）相手を捻って倒す。上手投げとは逆の動きになり、相手は膝からくずれ落ちるように倒れる。

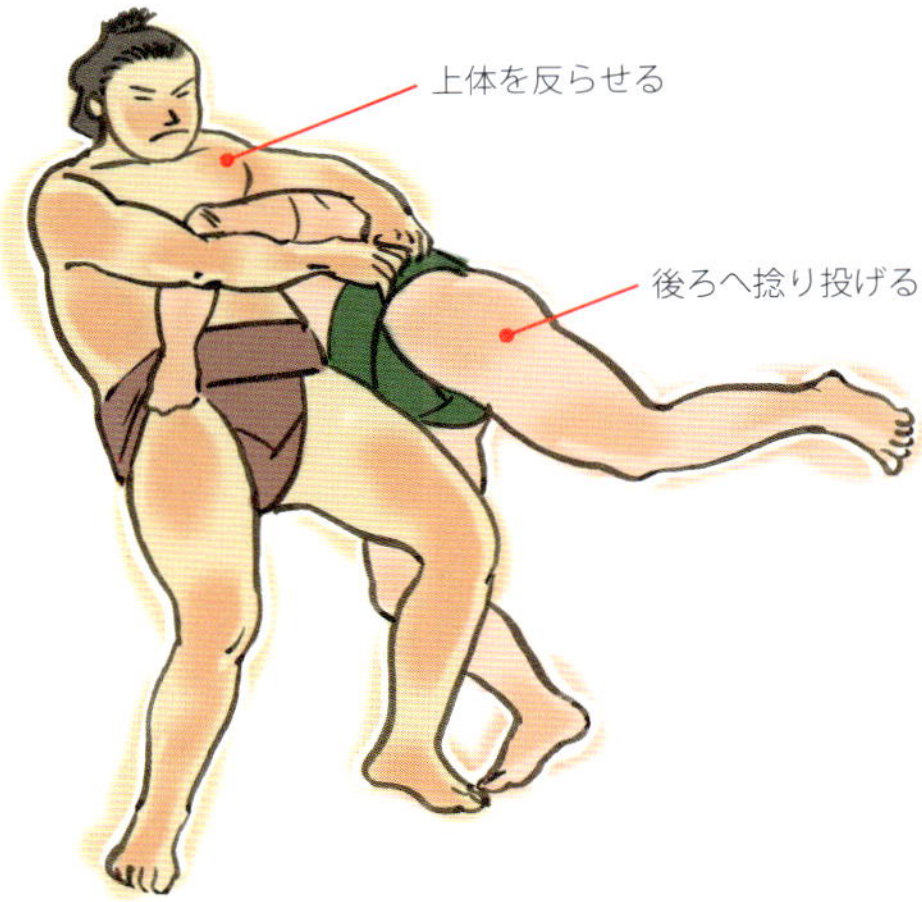
上体を反らせる
後ろへ捻り投げる

波離間《はりま》投げ（播磨《はりま》投げ）

両差《もろざ》しで低く攻めてきた相手の肩越しに廻しを取り、上体を反らして相手を自分の後ろに振り捨てるように投げる。両手で廻しを取る場合は、両手を並べて左右いずれかの横褌《よこみつ》を取るような形になる。

決まり手メモ

1977年九月場所初日、鷲羽山《わしゅうやま》に攻めこまれた大関若三杉《わかみすぎ》が土俵際でこの技を決め、逆転勝利をおさめた。

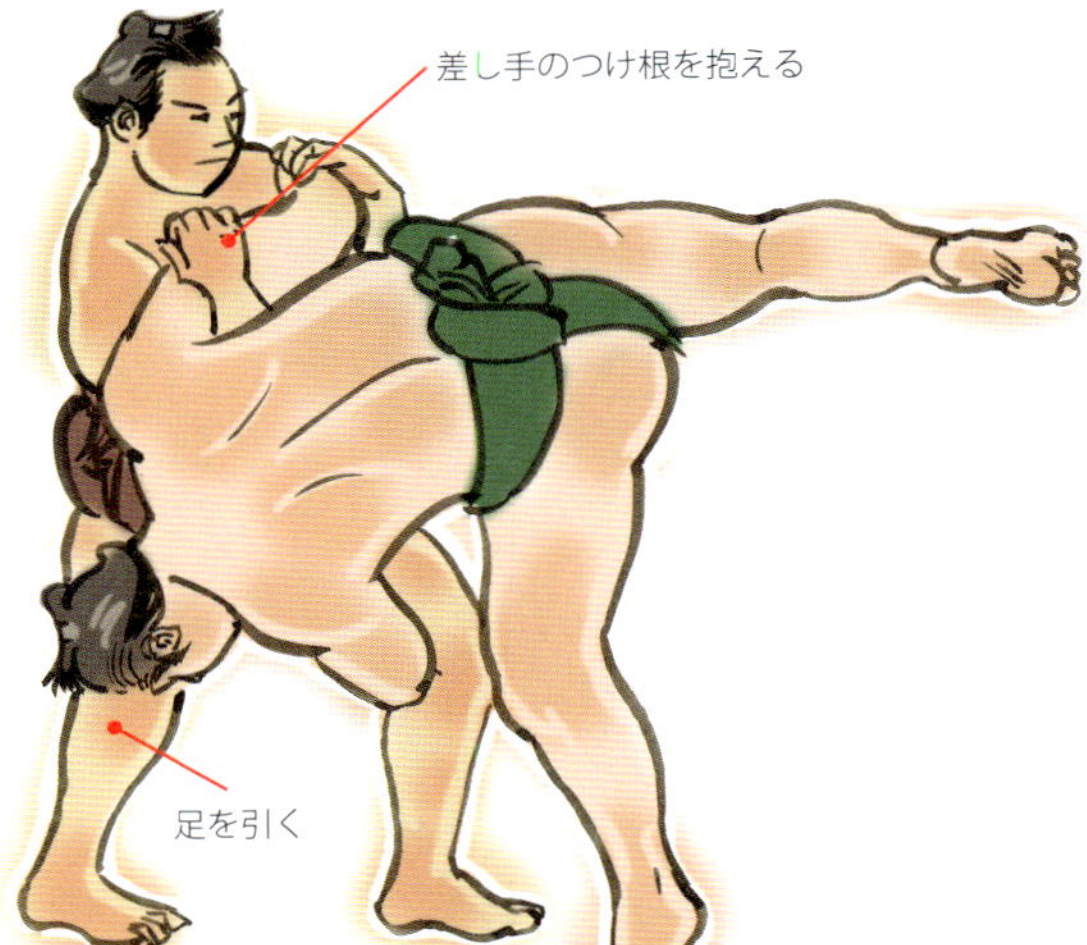
差し手のつけ根を抱える
足を引く

網打《あみう》ち

相手の差し手を両手で抱え、体を開いて自分の後ろに振り捨てるように捻り倒す。土俵際での捨て身の技ともいえ、漁師が投網《とあみ》を打つ姿に似ていることから名づけられた。

捻《ひね》り手《て》（十九手）

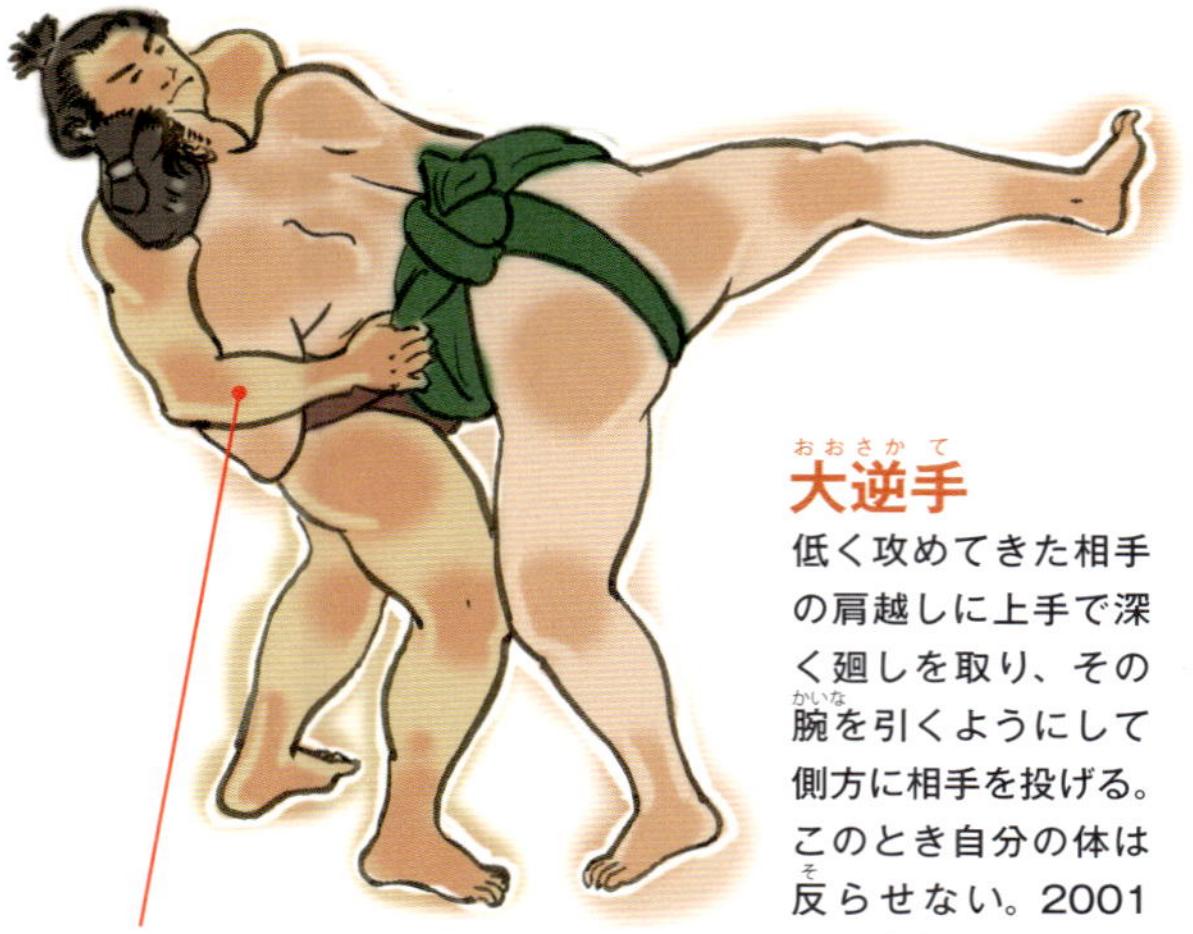
深く取った上手側を横に捻る

大逆手《おおさかて》

低く攻めてきた相手の肩越しに上手で深く廻しを取り、その腕《かいな》を引くようにして側方に相手を投げる。このとき自分の体は反《そ》らせない。2001年に追加された新しい決まり手。

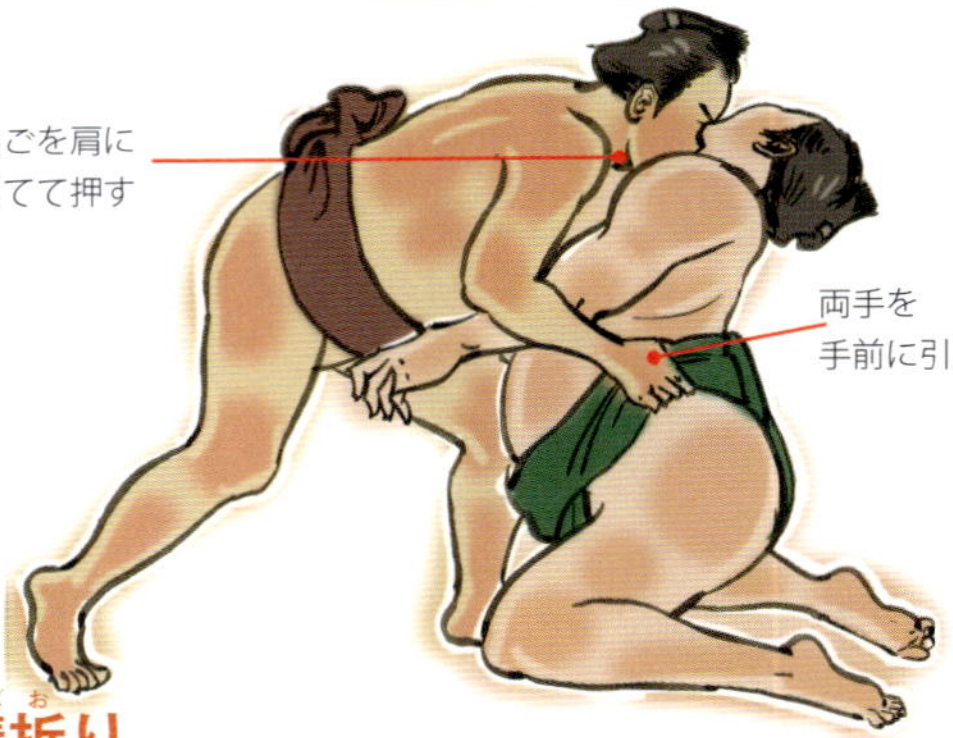
あごを肩に
当てて押す
両手を
手前に引く

鯖折《さばお》り

両廻《りょうまわ》しを取って強く引きつけ、上からのしかかるようにして相手の膝《ひざ》を土俵につける。相手に大きなダメージを負わせる恐れのある危険技である。

決まり手メモ

1986年五月場所8日目、大関北尾《きたお》が関脇小錦《こにしき》にこの技で勝ったが、その結果、小錦は右膝関節を捻挫し、靭帯を損傷する大けがを負った。

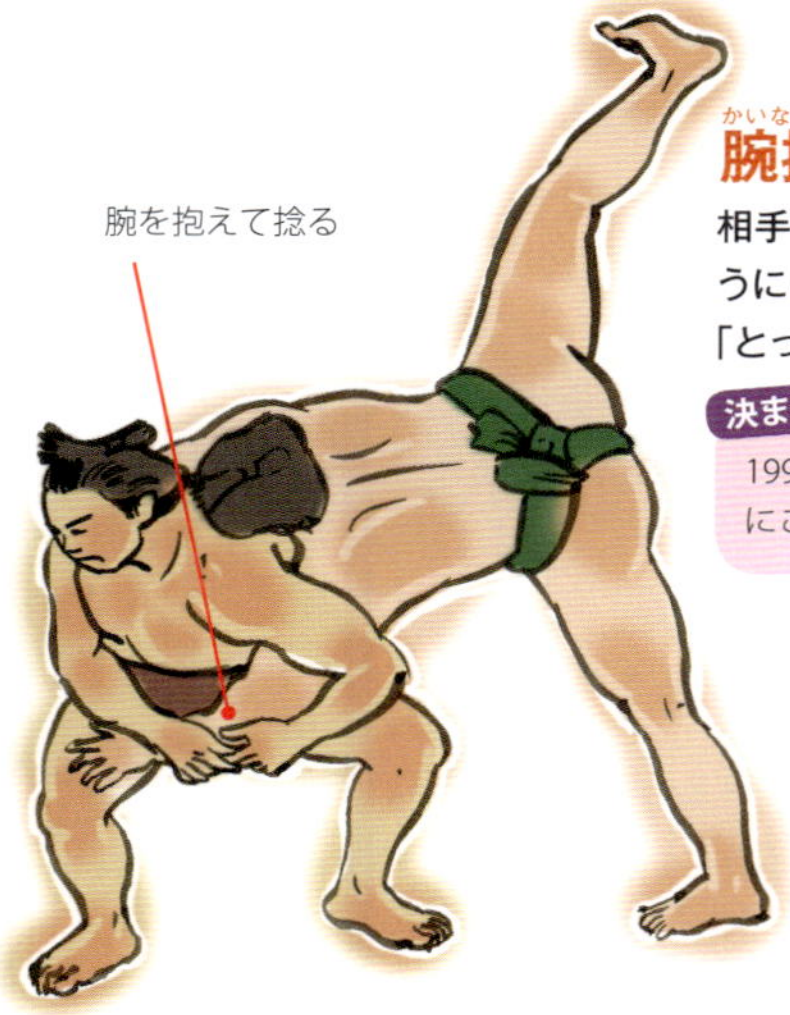
腕を抱えて捻る

腕捻《かいなひね》り

相手の片腕を両腕で抱《かか》え、外に向けて振るようにして捻り倒す。「とったり」に似ているが、「とったり」とは体《たい》を開く方向が逆になる。

決まり手メモ

1998年一月場所10日目、横綱貴乃花《たかのはな》が湊富士《みなとふじ》にこの技で敗れ、湊富士に初金星を与えた。

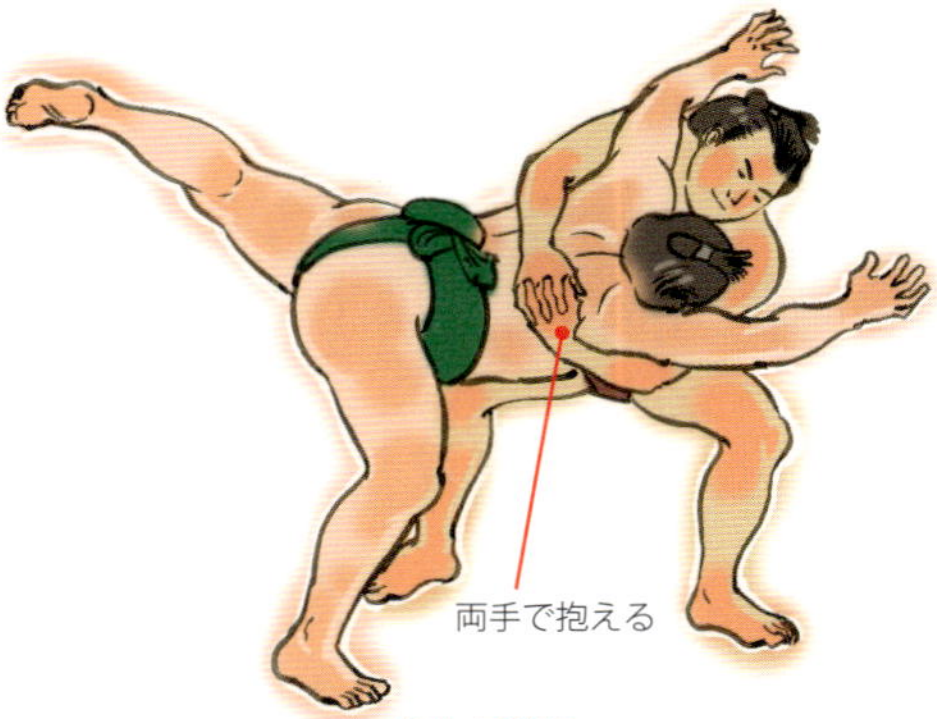
両手で抱える

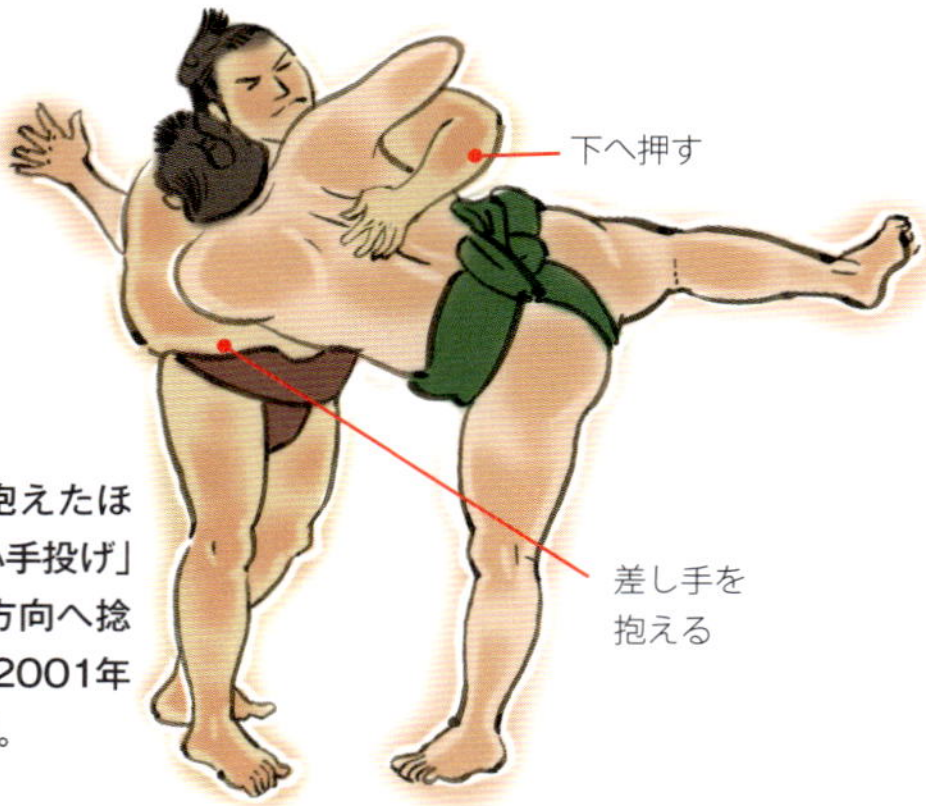
下へ押す
差し手を
抱える

小手捻《こてひね》り

相手の差し手を抱えこみ、抱えたほうへ捻って相手を倒す技。「小手投げ」と似ているが、それとは逆方向へ捻るのが「小手捻り」である。2001年に追加された新しい決まり手。

合掌捻《がっしょうひね》り

相手の首や頭などに両腕を回して後ろで手を組み、左右どちらかに捻り倒す。名前の由来は、掛けた両手を組む様子が合掌しているように見えることによる。

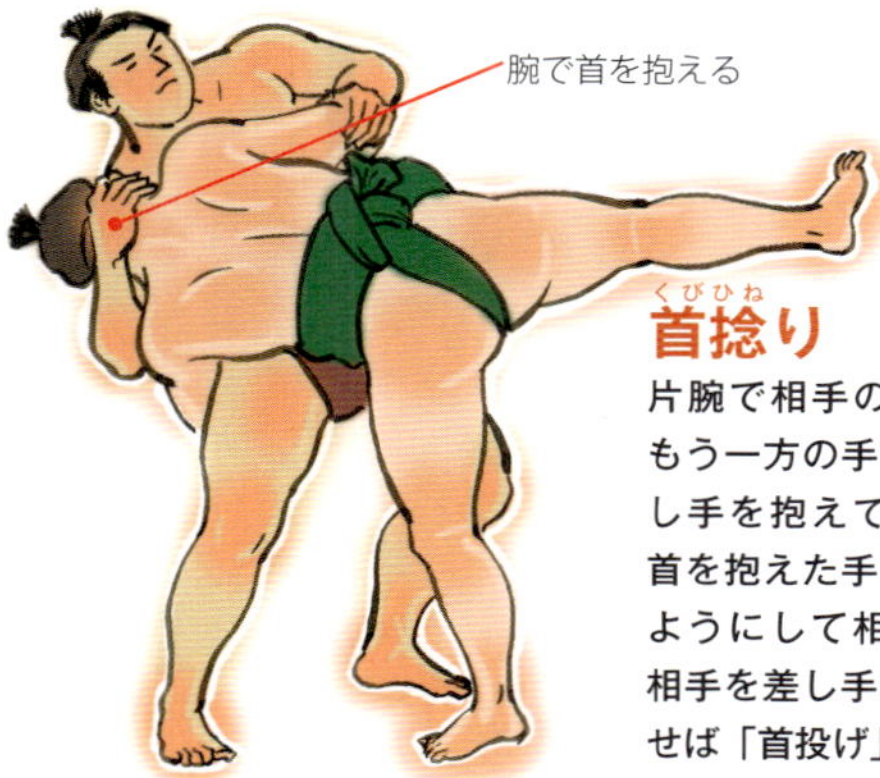
腕で首を抱える

首捻《くびひね》り

片腕で相手の首を抱え、もう一方の手で相手の差し手を抱えて引きこみ、首を抱えた手を下に捻るようにして相手を倒す。相手を差し手のほうに倒せば「首投げ」となる。

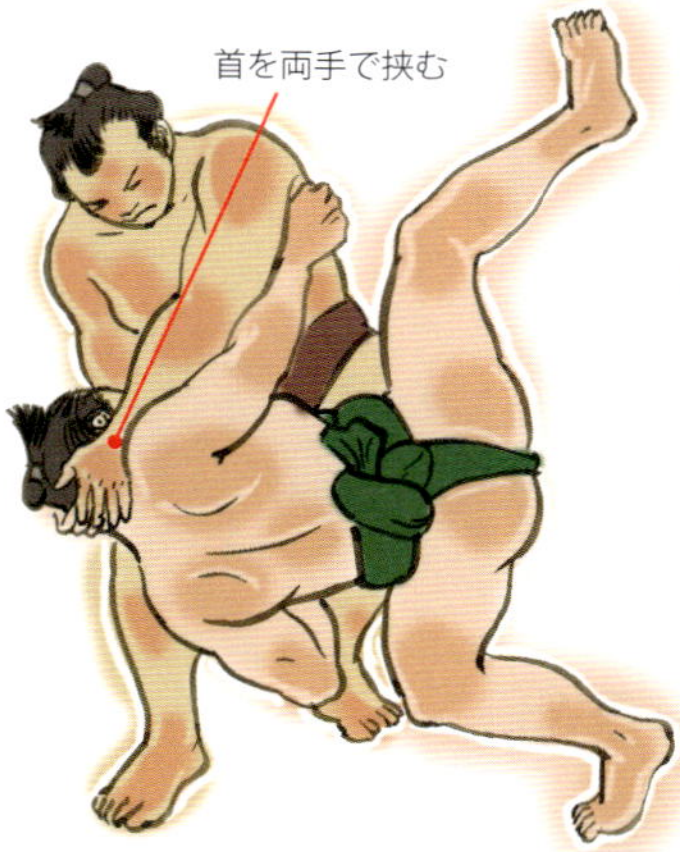
首を両手で挟む

徳利投《とっくりな》げ

相手の首や頭を両手で挟《はさ》んで右か左に捻り倒す。手が後ろに回り、組み合わさっていれば「合掌捻り」になる。2001年に決まり手に追加された。

決まり手⑤（反り手）

決めるのが難しいが、決まると豪快な大技

自分の体を後方に反らせて相手を後方へ投げて倒す技で、体勢をくずしやすく、難しい技といえる。

反《そ》り手《て》（六手）

姿勢を低くして相手の下に潜りこむため、不安定な体勢となりがちでもある。

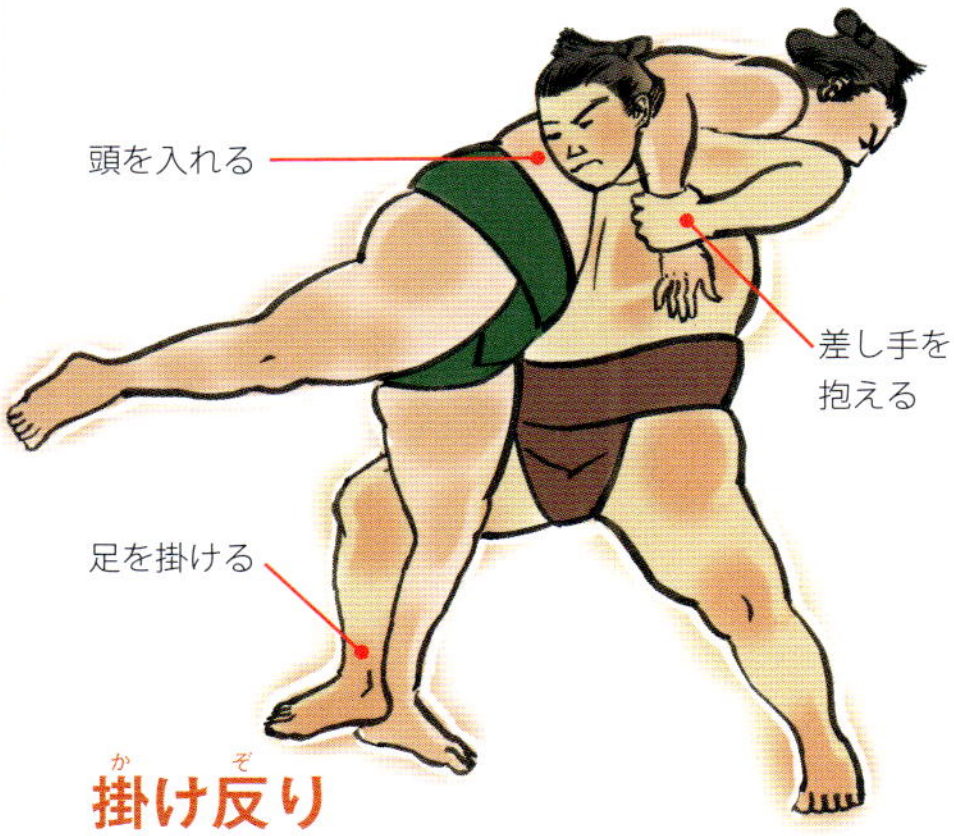
頭を入れる
差し手を抱える
足を掛ける

掛《か》け反《ぞ》り

相手の差し手の脇《わき》の下《した》に頭を入れ、足を外《そと》掛《が》けにし、あるいは足を踏み込んで切り返すようにして反り倒す。頭を相手の脇の下に入れなくても、足を掛けて体を反らせて倒せば「掛け反り」になる。

両手とも膝を抱える

居《い》反《ぞ》り

相手がのしかかるような姿勢になったとき、腰を落として両手で相手の膝《ひざ》のあたりを抱え、後ろに反って倒す。全身のバネの強さを要する非常に珍しい大技。

決まり手メモ
1964年五月場所2日目に岩《いわ》風《かぜ》が若天龍《わかてんりゅう》に決めて以降、幕内では見られない。

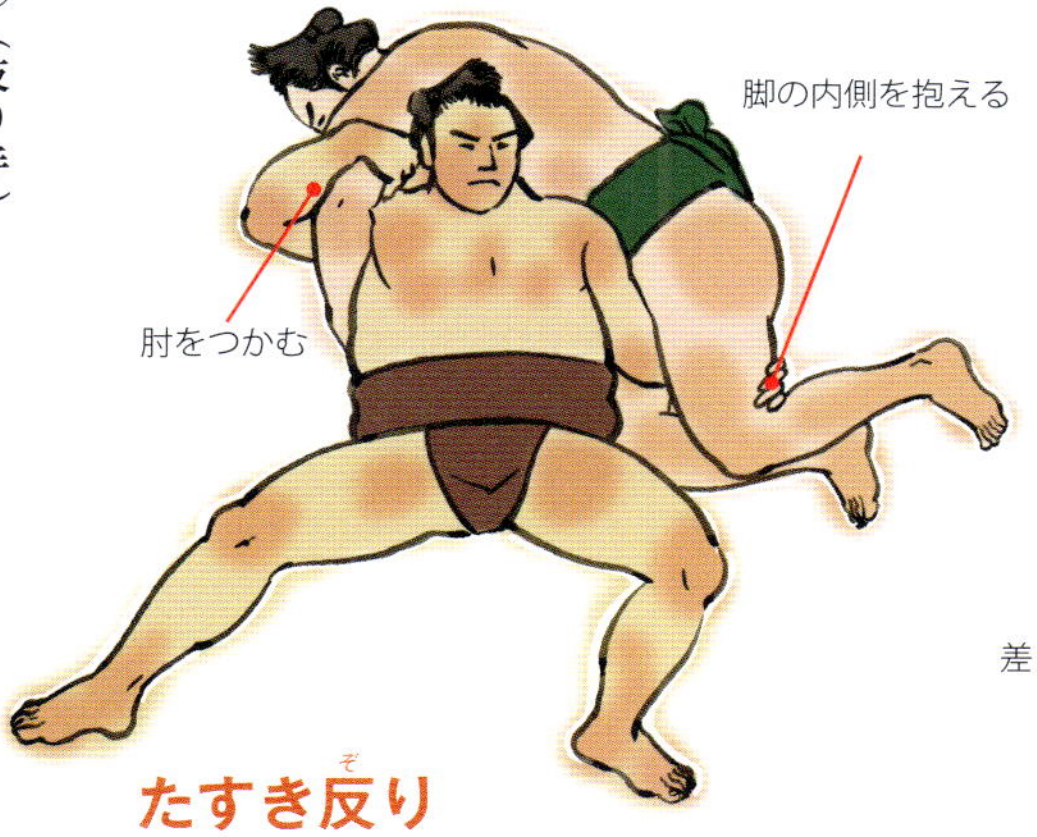
肘をつかむ
脚の内側を抱える

たすき反《ぞ》り

片手で相手の差し手の肘《ひじ》をつかみ、もう片方の手で相手の脚を内側から取り、肩に担《かつ》ぎながら後ろに反り倒す。体勢は「撞木反り」に似るが、この技では相手をかつぎ上げない。

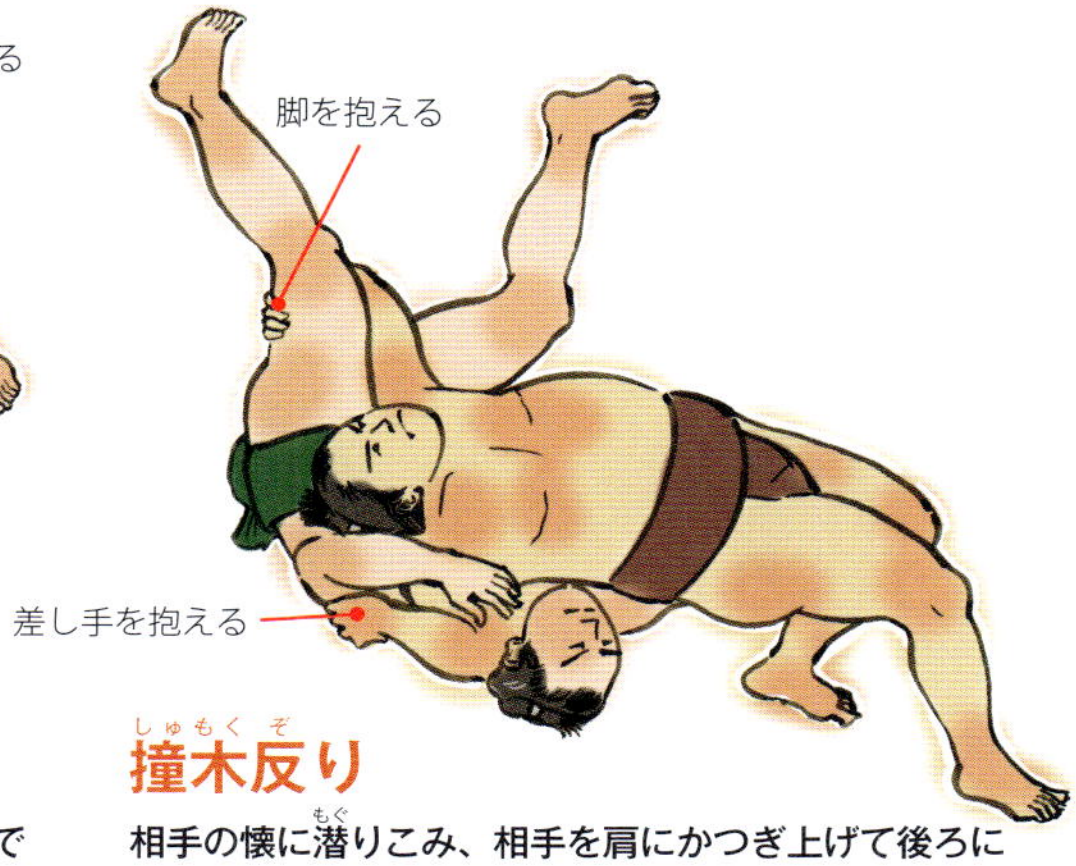
脚を抱える
差し手を抱える

撞木《しゅもく》反《ぞ》り

相手の懐に潜《もぐ》りこみ、相手を肩にかつぎ上げて後ろに反って倒す。肩の上で相手がほとんど水平になることが特徴。1960年に決まり手が制定されて以来、一度も出たことはない。

伝《つた》え反《ぞ》り

差してきた相手の手首あたりをつかみ、腕《かいな》を引いて相手の後方に回り、そのまま後ろに倒れこむようにして相手を倒す。2001年に追加された決まり手の一つ。

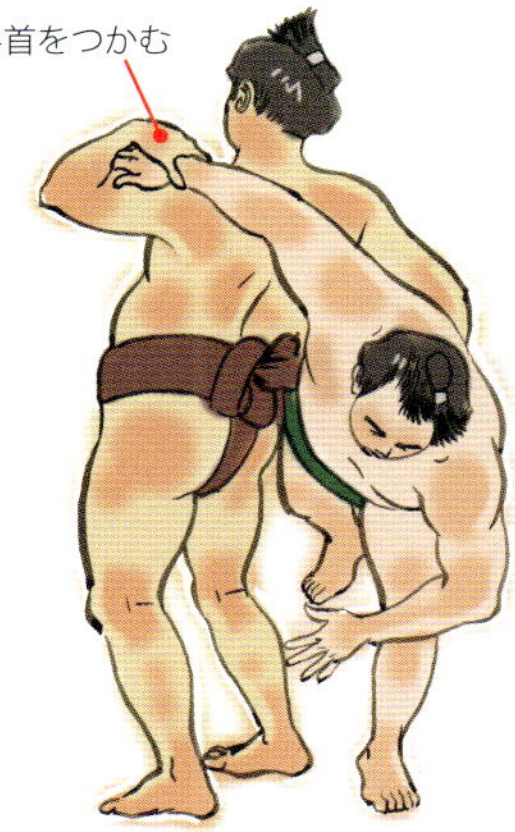
手首をつかむ

外《そと》たすき反《ぞ》り

片手で相手の差し手の肘をつかみ、もう一方の手で相手の足を内側からすくい上げて後ろに反り倒す。

決まり手メモ
1944年一月場所で幕下時代の栃錦《とちにしき》が決めているが、1960年に決まり手とされて以来出たことはない。

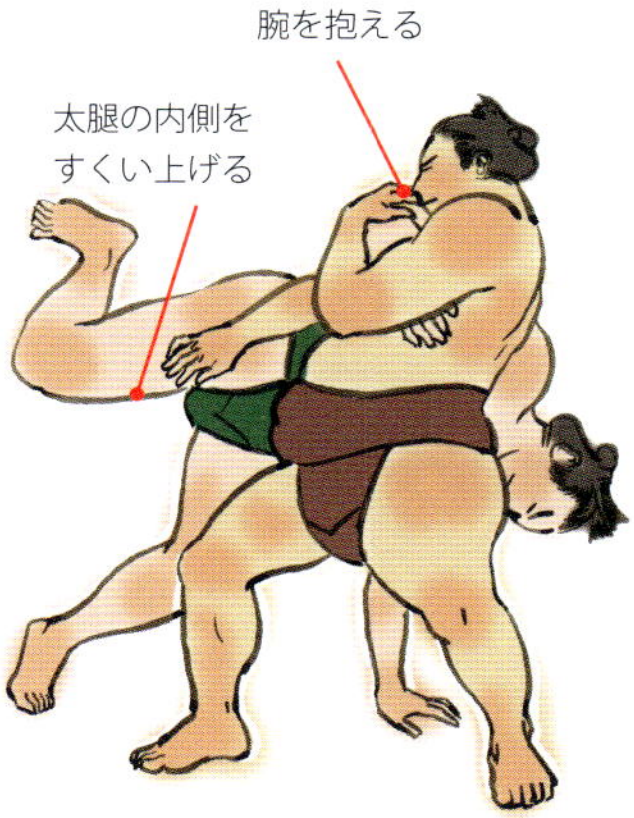
腕を抱える
太腿の内側をすくい上げる

決まり手⑥（特殊技）

叩き込み、吊り出し、送り出しなど、よく出る決まり手もある

基本技、掛け手、投げ手、反り手、捻り手に分類できない技で、引く、叩く、吊る、後ろに回る、動きを封じる、に分類できる。

特殊技《とくしゅわざ》（十九手）

相撲の技の多彩さを示す十九手ともいえる。

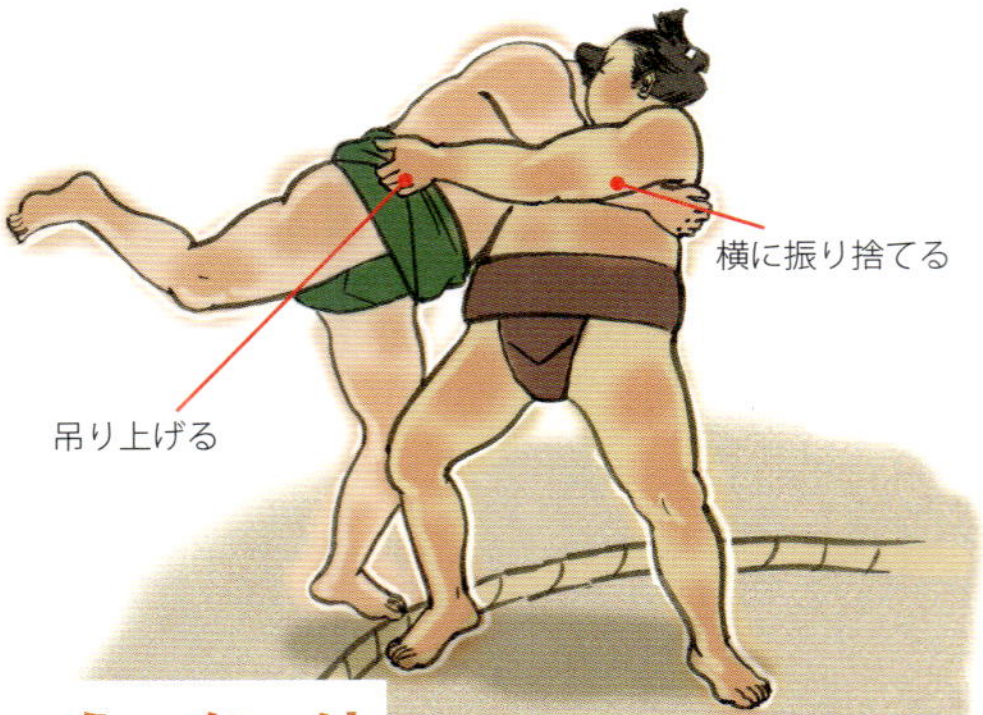

横に振り捨てる
吊り上げる

うっちゃり

土俵際まで寄せられた際、腰を落として相手を自分の腹の上に乗せて吊り上げ、左右いずれかに捻《ひね》って相手を土俵の外へ投げる。語源は「打《う》ち遣《や》る（＝捨てること）」。土壇場《どたんば》での捨て身の技で、相当の瞬発力と勝負強さ、強靭な足腰が必要な技である。

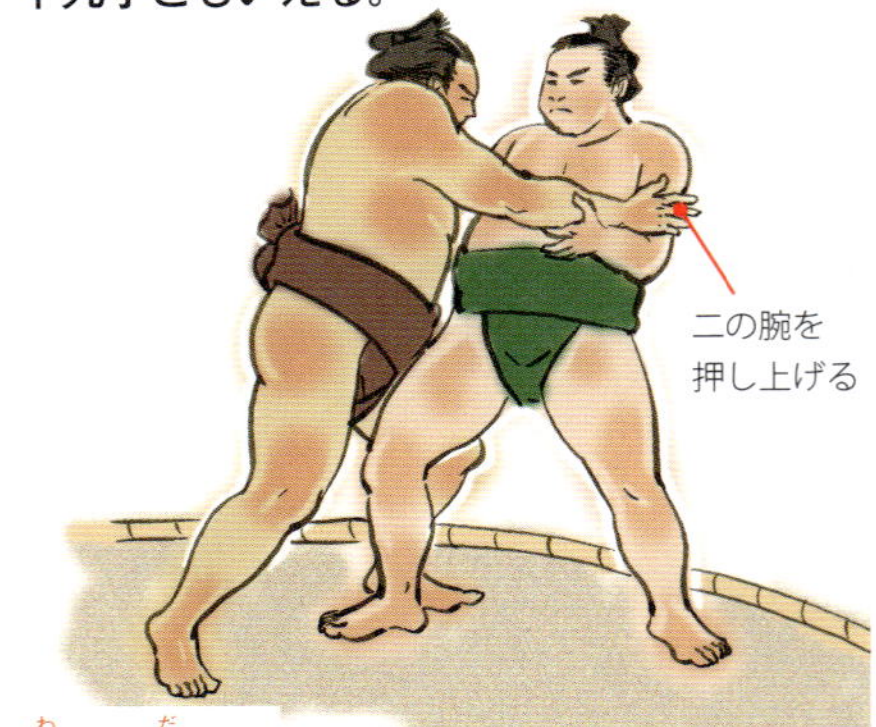

二の腕を
押し上げる

割《わ》り出《だ》し

片手で相手の廻しを強く引き、もう一方の手を相手の胸か二の腕にあてがって下から上へ強く押し上げ、相手を土俵の外に出す。両力士の体《たい》が割れるように離れるのでこの名があるが、力の差がなければ決まりにくい技である。

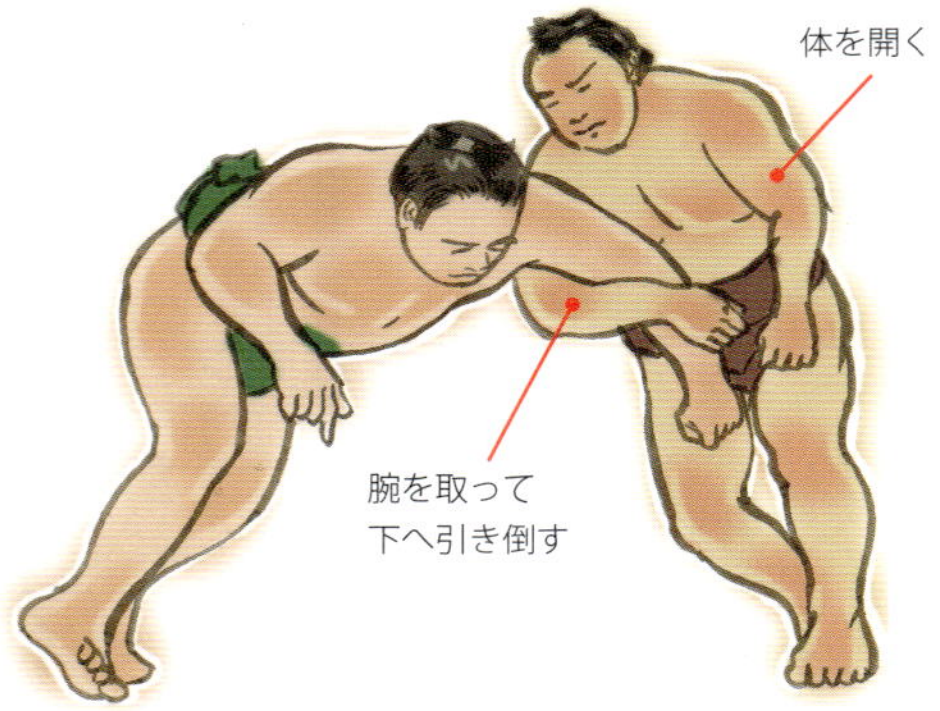

体を開く
腕を取って
下へ引き倒す

引《ひ》っ掛《か》け

突き押しの攻防の中で、相手の腕を内側と外側から抱えこむようにして引っ掛け、前に落とすか土俵の外に出す。

肘を極めたまま
前に押し倒す

極《き》め倒《たお》し

相手の差し手を抱えこんで肘の関節を極め、相手に体を預けて倒すと「極め倒し」になる。

決まり手メモ

2014年七月場所、2015年の一月場所と七月場所で照ノ富士《てるのふじ》が計3回、同年九月場所と十一月場所で臥《が》牙丸《がまる》が、「極め倒し」で勝っている。

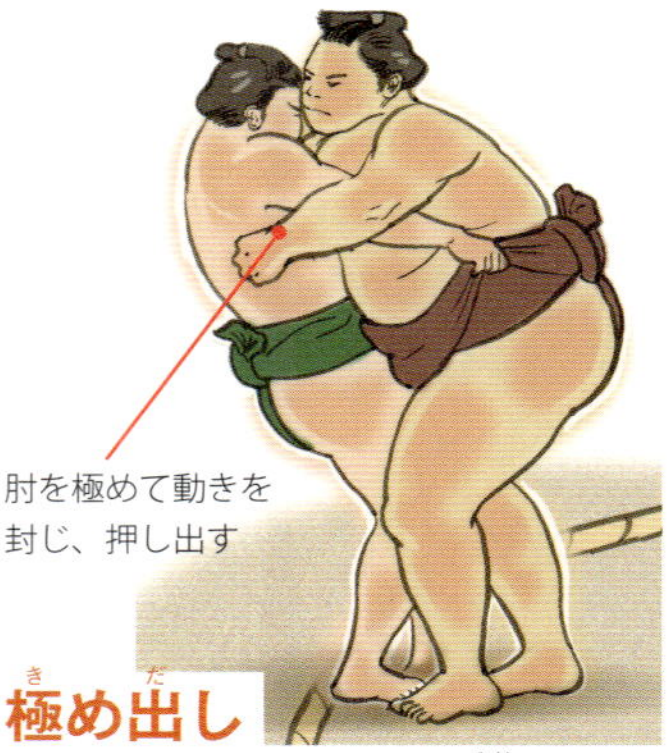

肘を極めて動きを
封じ、押し出す

極《き》め出《だ》し

相手の差し手を抱えこんで肘《ひじ》の関節を極め、動きが取れないようにしてそのまま土俵の外へ出す技。肘の関節を故障させる可能性もある荒技である。

呼《よ》び戻《もど》し

強引に相手の差し手を引っ張って呼びこみ、反動をつけるように差し手を大きく返し、一気に相手を捻り倒す。相手の力を利用し、差し手だけで相手を倒す豪快な決まり手。「仏《ぶつ》壇返《だんがえ》し」「揺《ゆ》り戻《もど》し」「寄《よ》り戻《もど》し」などともよばれたが、1960年に「呼び戻し」に統一された。

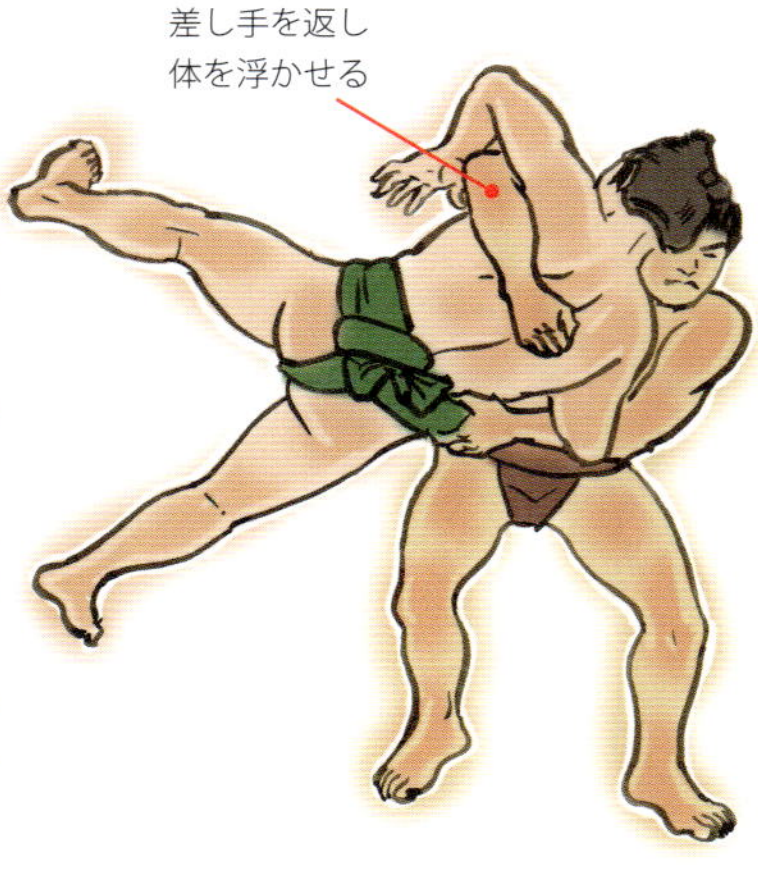

差し手を返し
体を浮かせる

後頭部や首を下へ叩き落とす

素首落《そくびお》とし

低い体勢で出てくる相手の首や後頭部を叩《はた》いて前方へ倒す。2001年に追加された新しい決まり手で、「叩き込み」との違いは叩く場所の違いである。

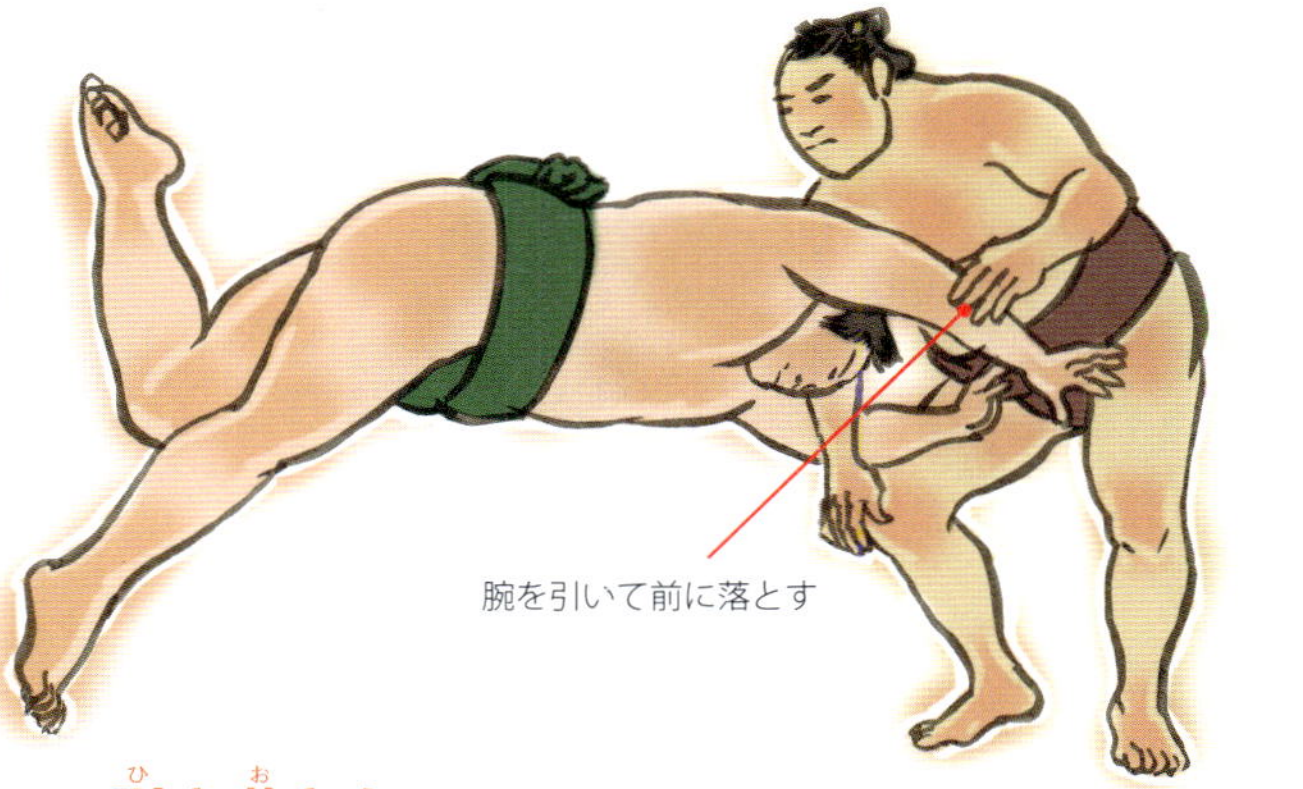
腕を引いて前に落とす

引《ひ》き落《お》とし

相手の腕《かいな》を引っ掛けるかつかんで引く、相手の突き手を下に向けてはじく、肩をつかんで手前に引くなどして相手を前に倒す。前褌《まえみつ》を浅く取って手前に引いて倒すこともある。

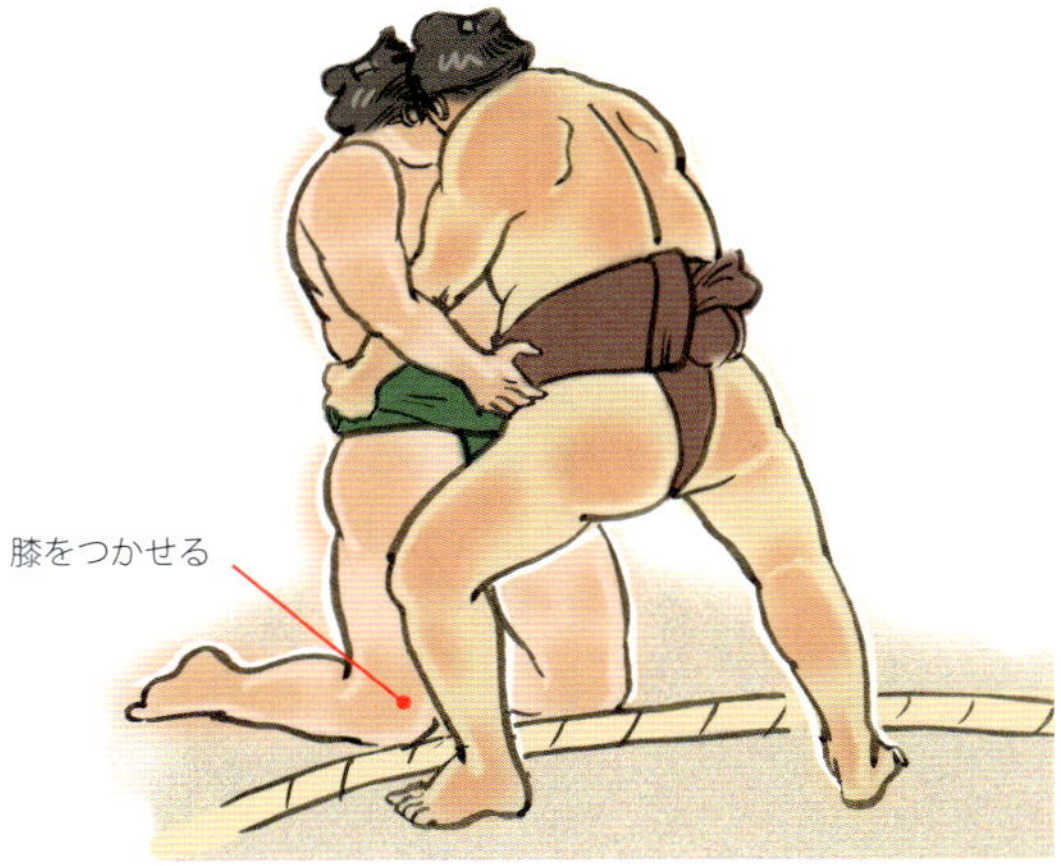
膝をつかせる

吊《つ》り落《お》とし

相手を吊り上げ、その場に落として膝《ひざ》をつかせるのが「吊り落とし」。

決まり手メモ

1960～70年代に活躍した関脇陸奥嵐《むつあらし》が強引ともいえる吊り技を展開し、「東北の暴れん坊」の異名を取った。

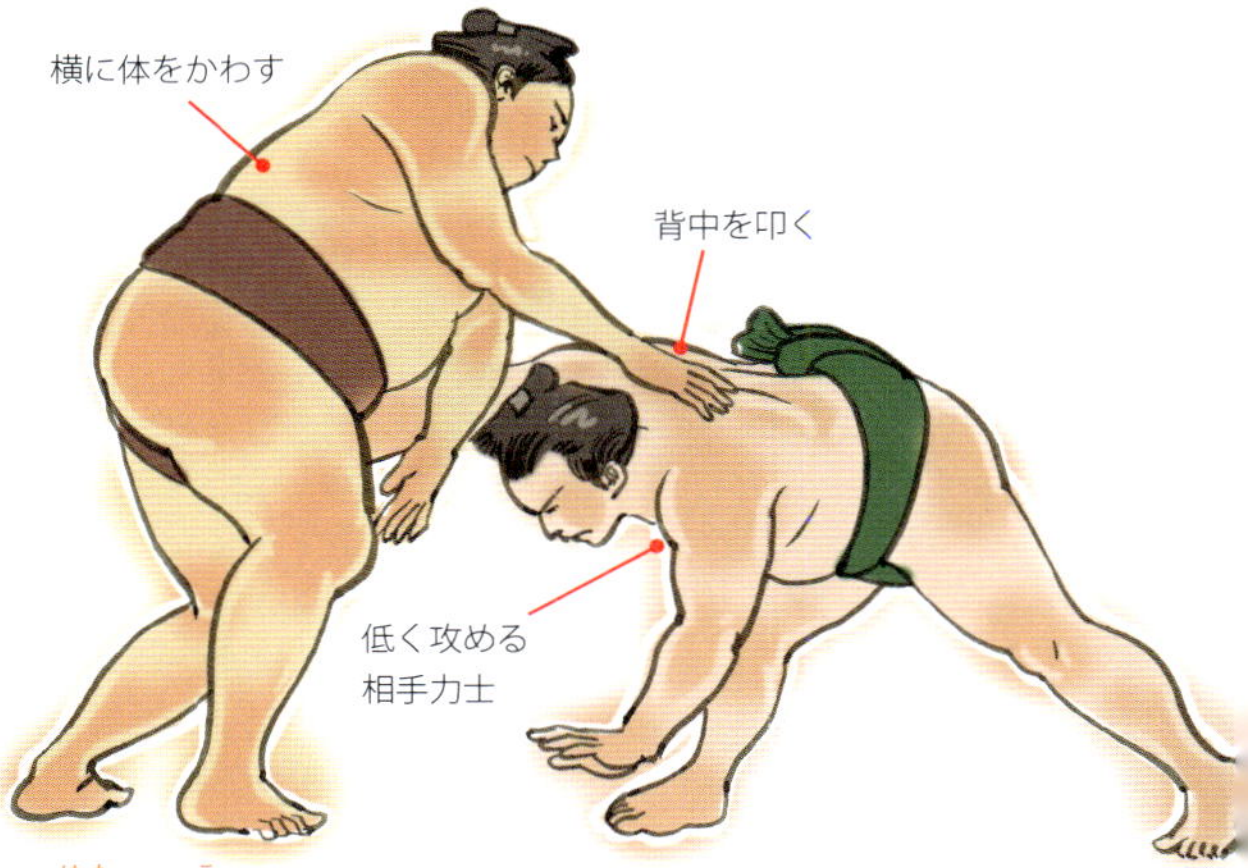
横に体をかわす
背中を叩く
低く攻める
相手力士

叩《はた》き込《こ》み

低く突進してくる、あるいは突き押しの攻防の中で前のめりになった相手の肩や背中を叩いて前に倒す。

決まり手メモ

前に出る相手の力を読み、絶妙なタイミングで叩いていた晩年の横綱大鵬《たいほう》の「叩き込み」は、円熟の技と称賛された。

後ろから押して倒す

送《おく》り倒《たお》し

送り出しの体勢で土俵内で相手が倒れれば「送り倒し」になる。

決まり手メモ

2000年三月場所千秋楽《せんしゅうらく》、前《まえ》頭《がしら》14枚目貴闘力《たかとうりき》が関脇雅山《みやびやま》に「送り倒し」で勝ち、史上初の幕尻平幕優勝を果たした。

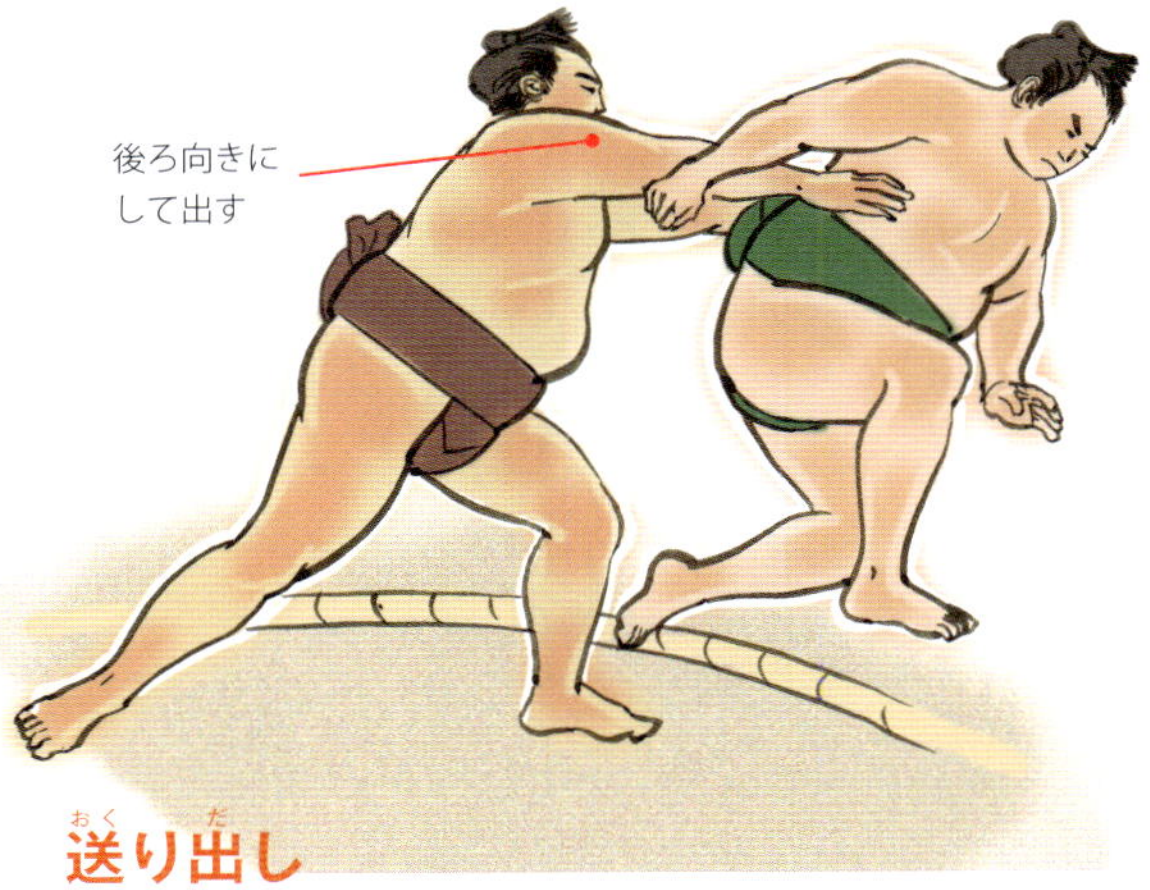
後ろ向きに
して出す

送《おく》り出《だ》し

相手の突進をかわして相手の横か後ろに回りこみ、突《つ》いたり押したりして相手を土俵の外に出す。相手の後ろに回っててかさず決めなければ反撃をくらうことがある。

特殊技《とくしゅわざ》（十九手）

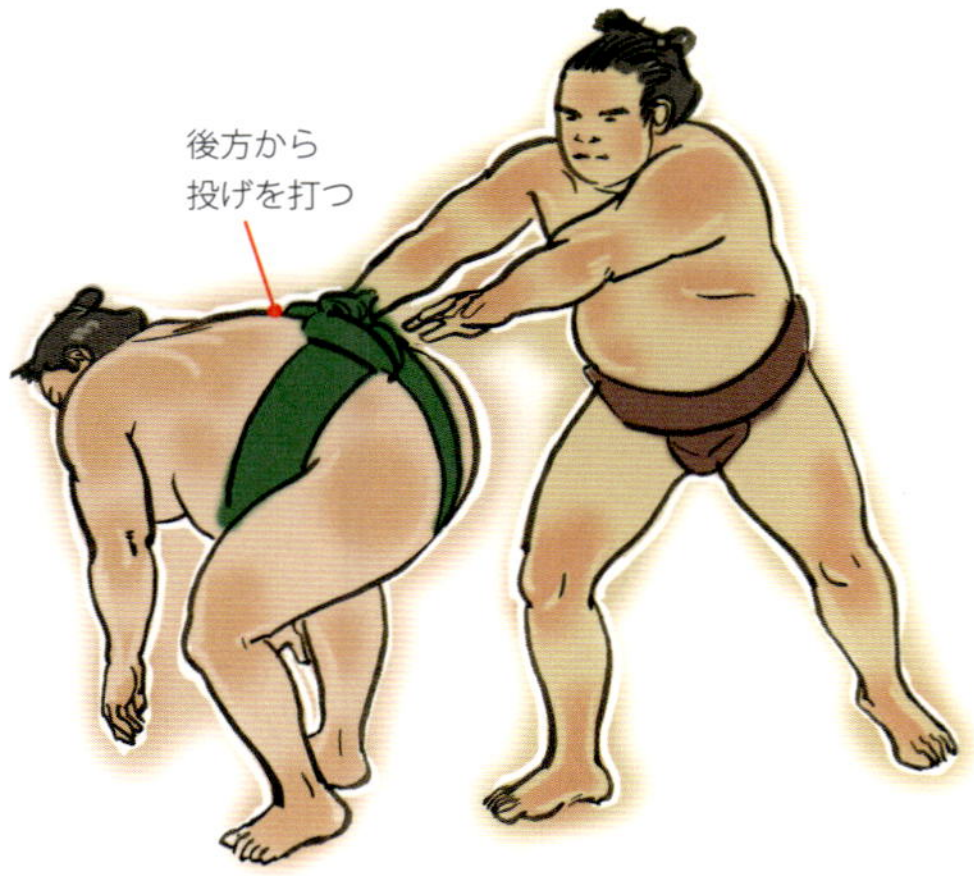
後方から
投げを打つ

送《おく》り投《な》げ

相手の後方に回りこんで投げ倒す。2001年に追加された新しい決まり手。

決まり手メモ

2010年一月場所3日目、大関魁皇《かいおう》が関脇千代大海《ちよたいかい》にこの技で勝ち、魁皇は幕内通算白星808の記録を打ち立てたが、千代大海にとっては現役最後の一番となった。

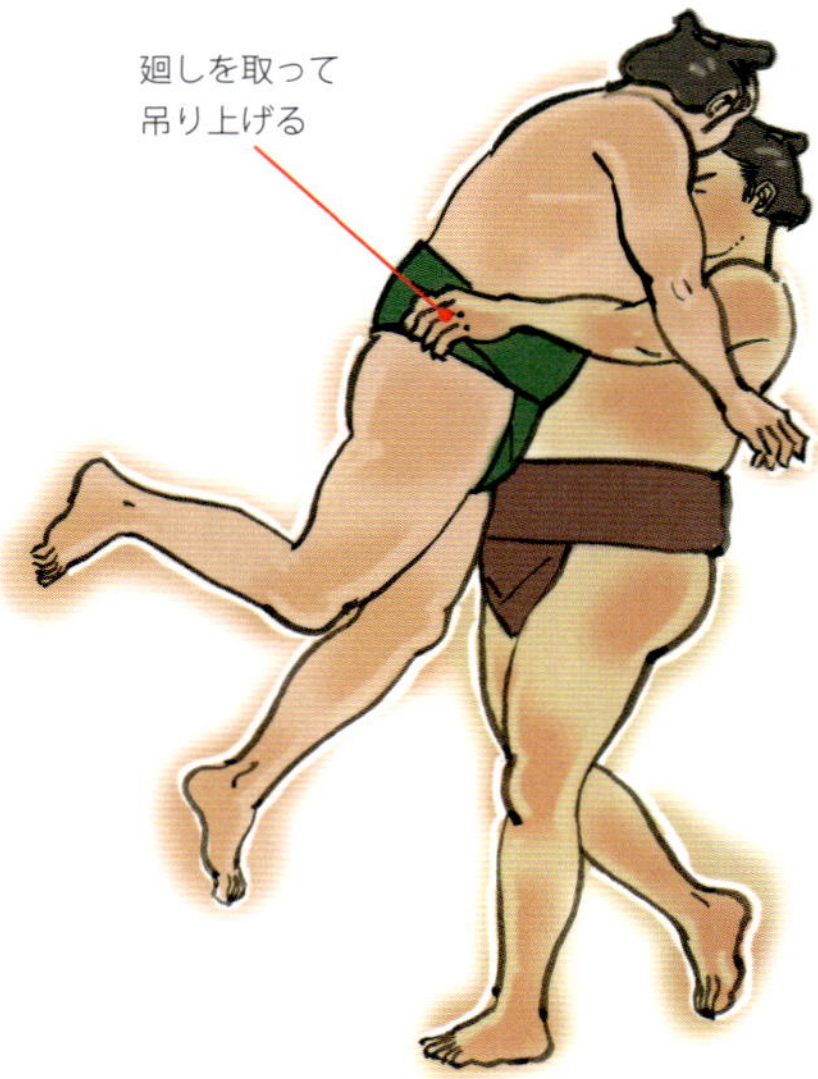
廻しを取って
吊り上げる

吊《つ》り出《だ》し

両廻しを引きつけ、腰を入れて体を反《そ》らせて相手を吊り上げ、宙吊りの状態で土俵の外へ出す技。吊り出したときに自分の足が土俵を先に割っても相手の両足が宙に浮いていれば「送り足」として負けにはならないが、後ろに踏み出せば負けとなる。

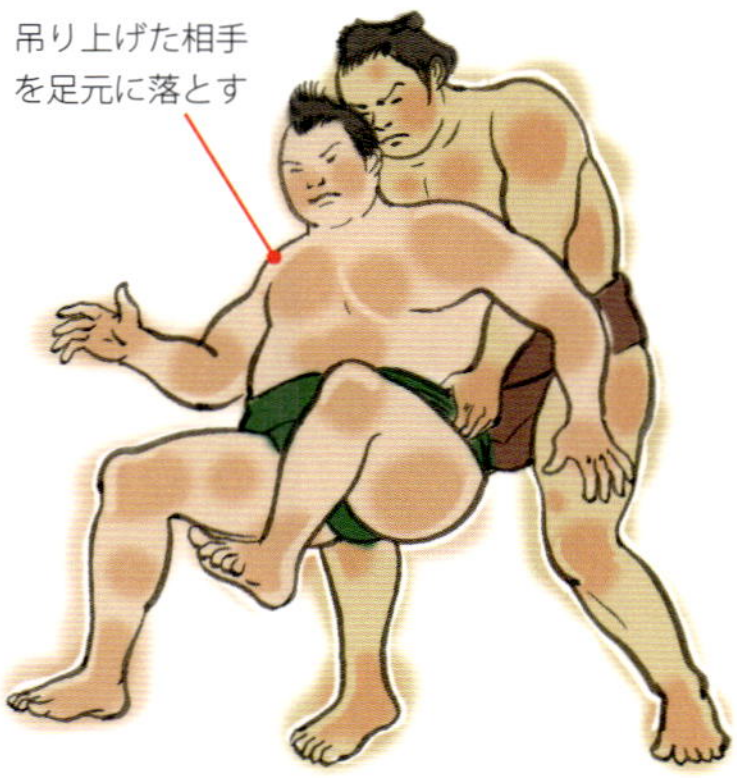
吊り上げた相手
を足元に落とす

送《おく》り吊《つ》り落《お》とし

相手の後ろに回り、吊り上げて落とし、尻《しり》もちをつかせるなどして倒せば「送り吊り落とし」になる。「送り」はいずれも相手の後ろに回る技で、2001年に追加された新しい決まり手である。

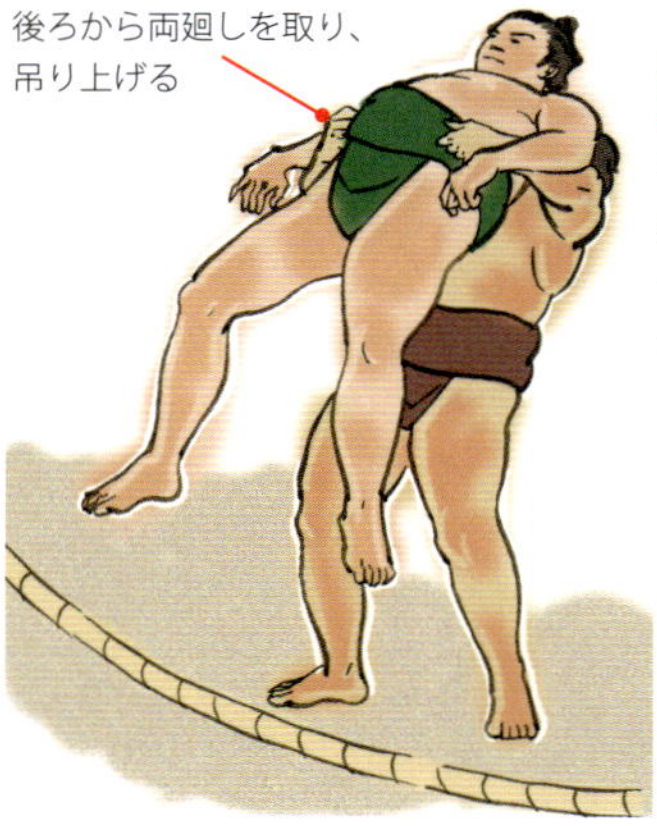
後ろから両廻しを取り、
吊り上げる

送《おく》り吊《つ》り出《だ》し

相手の後ろに回り、両手で廻しを取って引きつけ、吊《つ》り上げて土俵の外に出す。

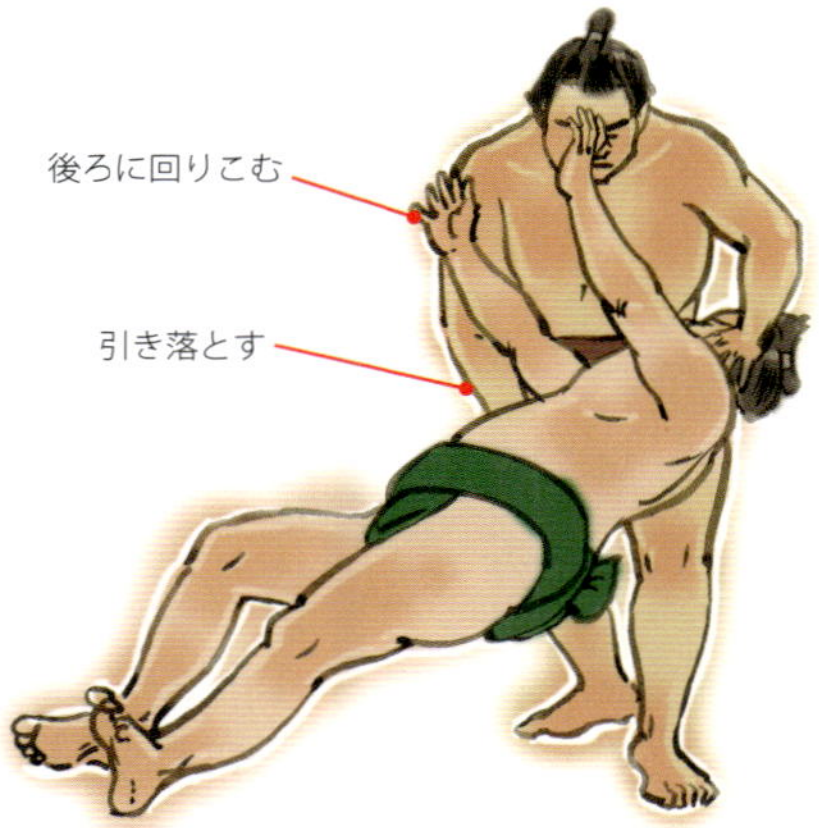
後ろに回りこむ
引き落とす

送《おく》り掛《が》け

相手の後方に回りこみ、内《うち》・外《そと》を問わず、自分の足を相手の足に掛けて倒す。

決まり手メモ

2017年三月場所9日目、三段目の翠富士《みどりふじ》が三段目の神嶽《しんがく》に送り掛けで勝った。

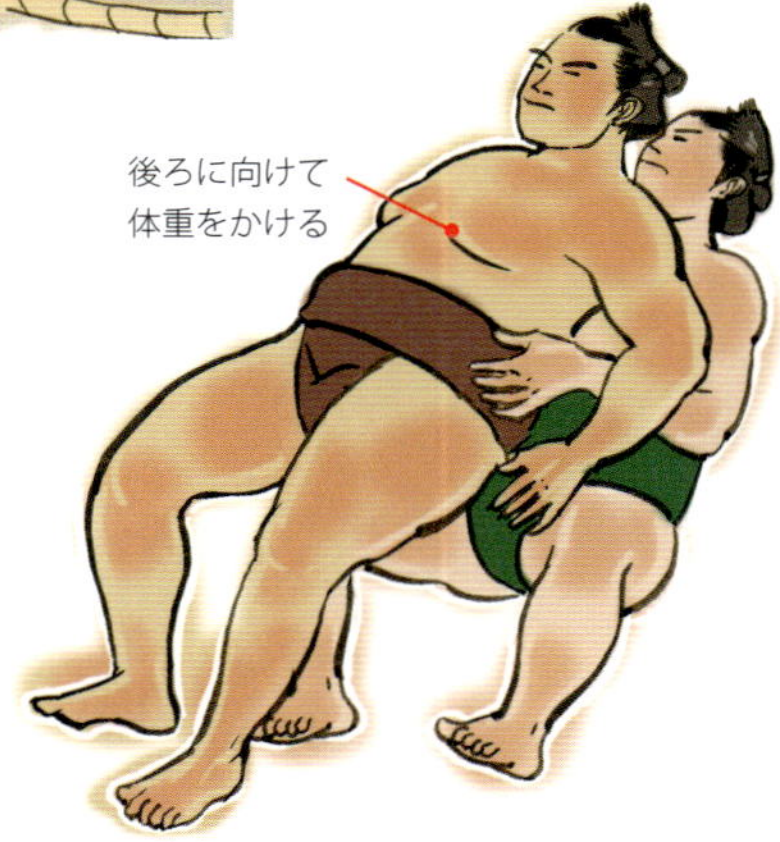
後ろに向けて
体重をかける

送《おく》り引《ひ》き落《お》とし

相手の後ろに回りこみ、相手を引き倒す技で、相手は尻もちをついた格好になる。

決まり手メモ

「技のデパート・モンゴル支店」と称された旭鷲山《きょくしゅうざん》が2002年一月場所9日目、玉乃島《たまのしま》にこの技で勝った。同年五月場所中日8日目にも、やはり玉乃島に対してこの技を決めている。

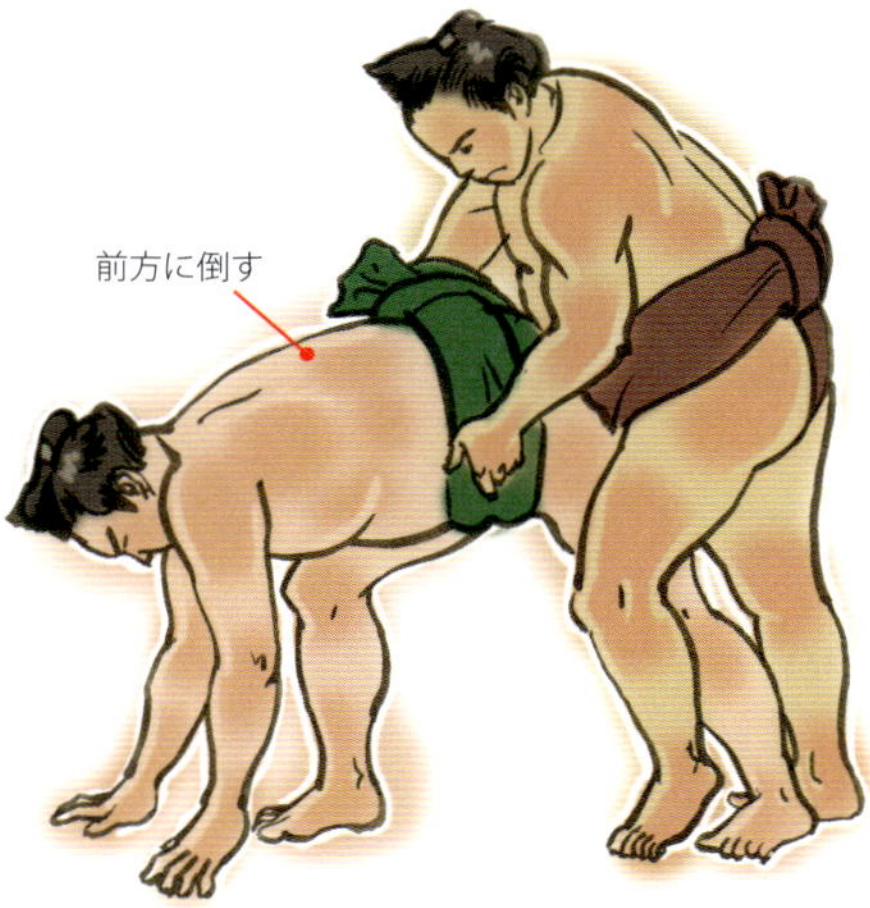
前方に倒す

後《うし》ろもたれ

相手に背を向けて後方からもたれこむように圧力をかけて、土俵の外に出す、または倒す。2001年に追加された新しい決まり手で、流れの中で偶然決まる技でもある。

一 非技

技ではなく、攻防の中で偶然負けてしまうこと

技を掛けられて負けるのではなく、勝負の成り行き上、自分の動きによって偶然的に負ける場合を「非技」という。

非《ひ》技《ぎ》

偶然に生ずる負けだが、決まり手同様、記録される。

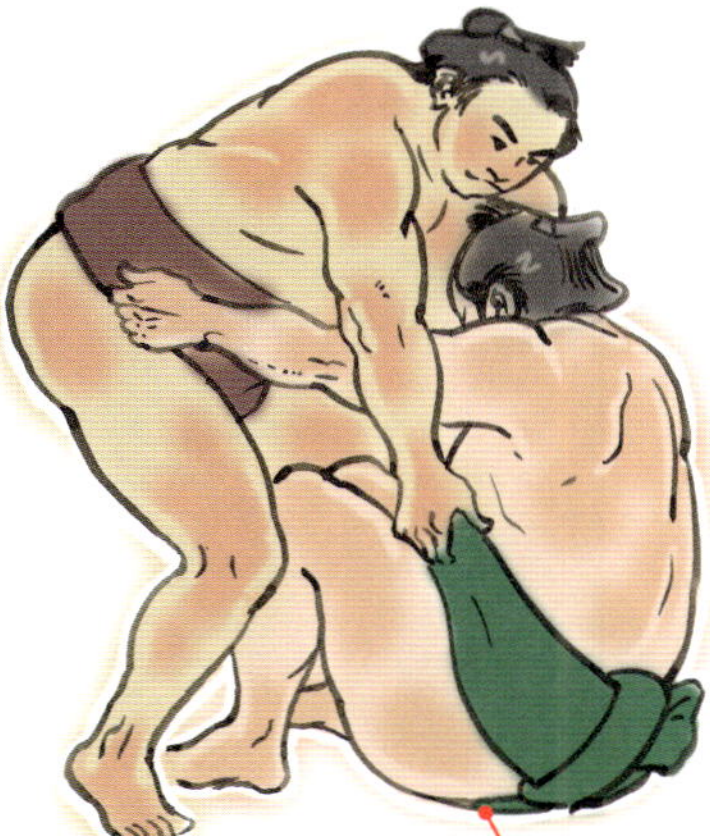

自分から腰をつく

腰砕《こしくだ》け

相手が技を仕掛けていない、または体《たい》が離れて相手の手が触れない状態で、自身が体勢をくずして腰から落ちること。

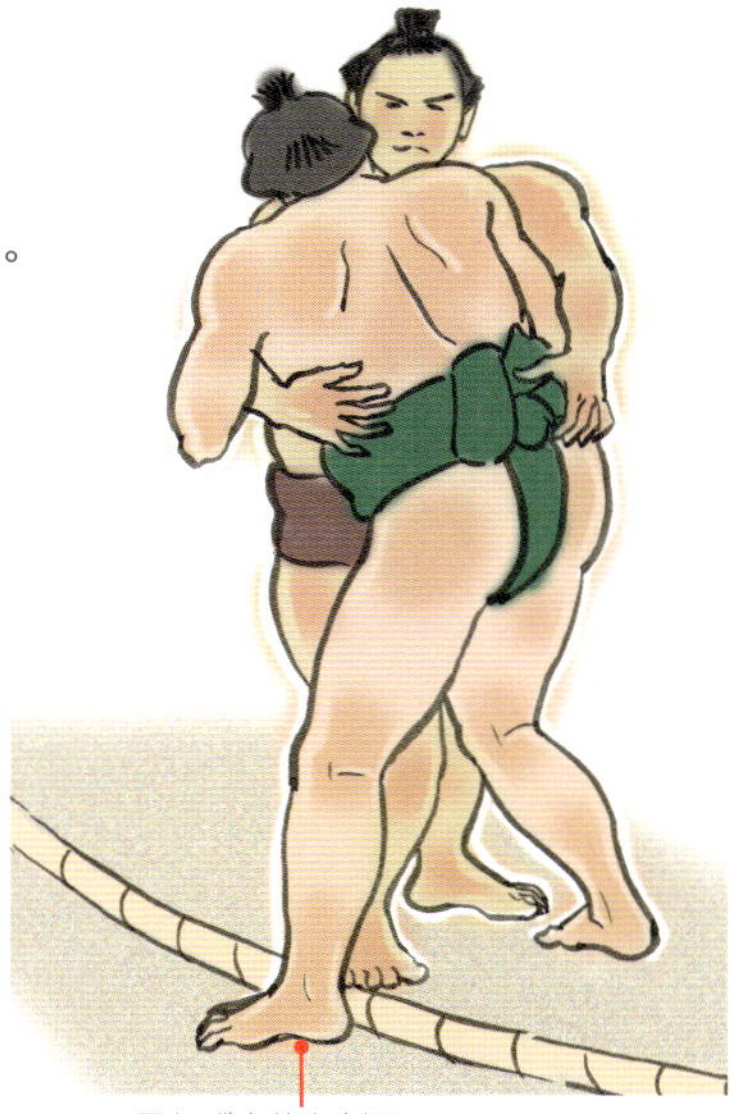

思わず土俵を割る

勇《いさ》み足《あし》

土俵際まで相手を追い詰めながら、勢い余って自分の足が相手より先に土俵外に踏み出すこと。相手を吊った場合は「送り足」として負けにならない。

つき手《て》

相手の力が加わらぬままバランスをくずし、土俵に手をついて負けること。

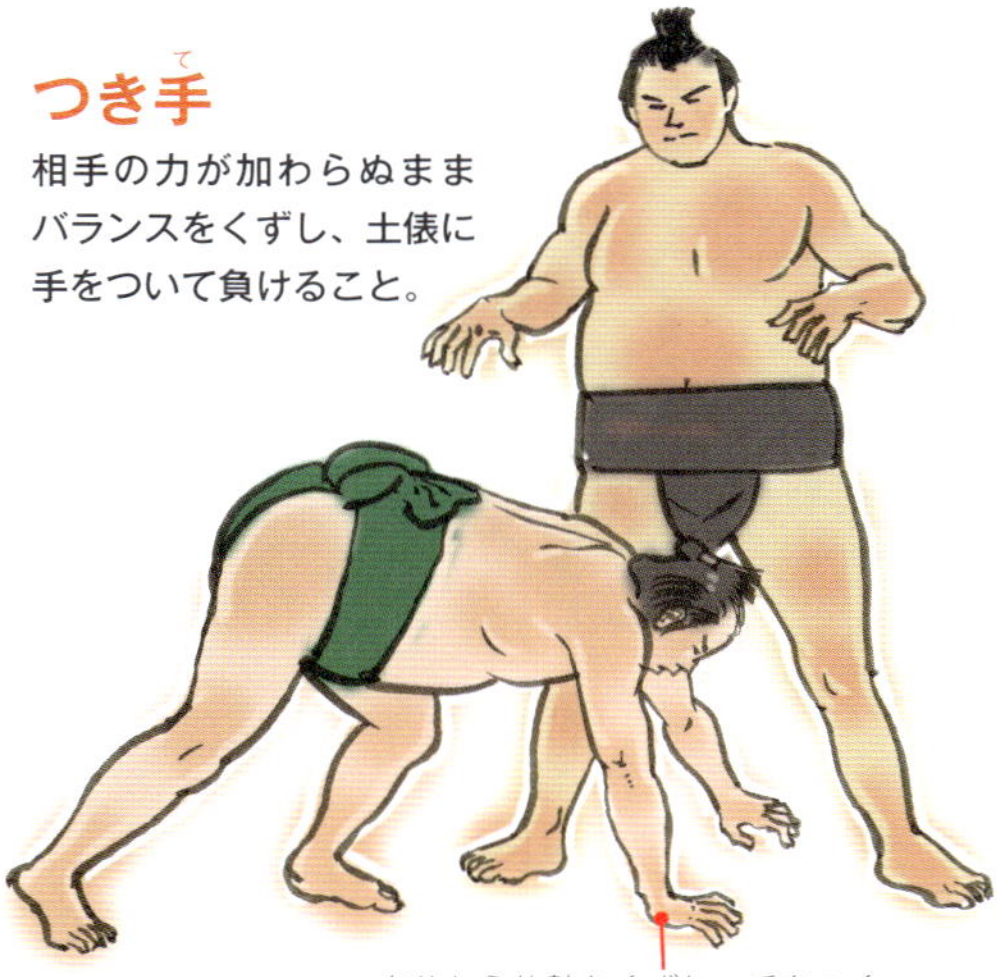

自分から体勢をくずし、手をつく

つき膝《ひざ》

相手の力が加わらぬまま膝をついて負けること。

組み合う前に膝をつく

禁手反則《きんてはんそく》

取組中に、日本相撲協会の「寄附行為施行細則附属規定」中の「禁手反則」（1960年５月８日施行）に定められた禁止行為が認められたときは、その時点でその行為をした力士の負けとなる。その８種類は次の通り。

❶拳で殴ること
❷前髪（まげ）を故意につかむこと
❸目または鳩尾《みぞおち》など急所を突くこと
❹両耳を同時に手のひらで張ること
❺前立褌《まえたてみつ》をつかむ、また横から指を入れて引くこと
❻喉をつかむこと
❼胸、腹を蹴ること
❽一指または二指を折り返すこと

また、前褌《まえみつ》がはずれ落ちた場合も反則負けとなる（不浄負《ふじょうま》け）。いずれの場合も、決まり手としては「反則負け」とされる。

無意識に土俵から出る

踏《ふ》み出《だ》し

相手の力が加わらないのに、あるいはうっかり土俵から足を踏み出してしまうこと。

昭和・平成の名勝負十番

相撲史に燦然と輝く思い出の大一番

一瞬に凝縮された技のスパークというべきだろうか、相撲の勝負が決まるまでの時間は短い。その短さゆえに、力のこもった名勝負はいっそう強く心に刻まれるのであろう。ガチンコ勝負の相撲ならではといえよう。

印象に残る名勝負には、2つのパターンがあるように思われる。一つは、気迫に満ちたぶつかり合い、息をのむ技の攻防、思いがけない逆転など、鮮やかに決まる技を見せつける勝負である。もう一つは、ある時代の到来、また一つの時代の終焉を画する一番である。この両者は、個別のものではなく、技のスパークが時代を画し、一つの時代を象徴する一番は輝かしい技によって演出されているのである。

数々の取組の中から、ここでは昭和・平成大相撲史を象徴するような名勝負十番を選んでみた。

記録の上でしか知らない歴史的な取組に思いをはせ、あるいは記憶の中の大一番を掘り出しながら、名場面を改めて味わってみてはいかがだろうか。

幻の70連勝

○前頭3枚目 安藝ノ海《あきのうみ》－●横綱 双葉山《ふたばやま》

昭和14年（1939）一月場所4日目／決まり手：外掛《そとが》け

1939年一月場所、双葉山は70連勝を賭けた4日目を迎えた。対戦相手は前頭3枚目の安藝ノ海、初顔合わせである。安藝ノ海は立合いから猛然と突《つ》っ張《ぱ》り、右差しで頭をつけ、左上手《うわて》を取った絶好の体勢。苦しくなった双葉山が右からすくった瞬間、安藝ノ海の左外掛けが決まり、双葉山が土俵にくずれ落ちた。
仕度部屋に戻った双葉山は「どうしたって、負けたんですよ」と一言。70連勝は幻と消えたが、双葉山の69連勝は今もって最多連勝記録である。

史上初・横綱同士の全勝対決

○横綱 若乃花《わかのはな》ー●横綱 栃錦《とちにしき》

昭和35年（1960）三月場所千秋楽　決まり手：寄《よ》り切《き》り

栃錦と若乃花の直接対決は1951年五月場所から1960年三月場所までに34回あったが、1960年三月場所千秋楽の対戦は、史上初の全勝横綱同士の対決となった。立合いから左四つとなって激戦が繰り広げられ、栃錦が寄り切ろうとするものの、若乃花の強靭な足腰の前には歯が立たない。最後は若乃花が寄り切って優勝を決めた。栃若の直接対決はこの一番が最後となり、栃錦の力にかげりを感じさせる一番となった。

栃錦は翌五月場所、初日から２連敗すると、「衰えてから辞めるのは本意ではない」と潔く引退を表明。ここに栃若《とちわか》時代が幕を下ろしたのであった。

剛の柏戸と柔の大鵬一騎撃ち

○大関 大鵬《たいほう》ー●大関 柏戸《かしわど》

昭和36年（1961）九月場所千秋楽優勝決定戦
決まり手：うっちゃり

大鵬11勝、柏戸10勝で迎えた1961年九月場所14日目、大鵬の優勝を阻止すべく柏戸は気合い十分であった。右四つから大鵬を土俵際に追い詰めた柏戸が上手投《うわてな》げを打つと、大鵬も懸命に掬《すく》い投《な》げを試み、ほぼ同時に土俵の外へ。軍配は柏戸にあがった。柏鵬相星《はくほうあいぼし》で迎えた翌日の千秋楽では柏戸・大鵬ともに白星をあげ、優勝決定戦へと進んだ。

優勝決定戦は、前日と同じように柏戸がのど輪を決めるなどして大鵬を土俵際に追いこんだものの、必死にこらえた大鵬が最後の最後、うっちゃりを決めて逆転勝利。場所後、柏戸と大鵬はともに横綱昇進をはたし、柏鵬時代の到来を決定づけた。

捨て身の投げか
かばい手か

●横綱 **北《きた》の富《ふ》士《じ》**－●関脇 **貴《たか》ノ《の》花《はな》**

昭和47年（1972）一月場所8日目
決まり手：浴《あ》びせ倒《たお》し

もつれた相撲が多かった北の富士―貴ノ花戦だが、1972年一月場所8日目の一番はいつにも増して激しい攻防となった。左右の外《そと》掛《が》けを繰り出す北の富士と、耐えて投げを打とうとする貴ノ花。その貴ノ花が仰向けに倒れる瞬間、北の富士の右手が土俵についた。25代木《き》村《むら》庄《しょう》之《の》助《すけ》の軍配は貴ノ花にあがったが､すぐに物言いがついた。北の富士の手を「かばい手」とするか「つき手」と見るか。延々５分にもわたる協議の結果は、行《ぎょう》司《じ》差《さ》し違《ちが》えで北の富士の勝ちに。この判定に納得できなかった庄之助は激しく抗議したが、この行為が品位を欠くとして謹慎処分を受けた。判定に対してはファンからも抗議の電話が殺到、北の富士は神経性胃炎を起こして14日目から休場した。

2度の水入りをはさんだ大一番

○前頭4枚目 **魁傑《かいけつ》**－●大関 **旭國《あさひくに》**

昭和53年（1978）三月場所７日目
決まり手：掬《すく》い投《な》げ

1978年三月場所７日目は空前絶後の大一番となった。魁傑が右を差すと旭國も右を差して頭をつける。巻《ま》き替《か》えを繰り返して左がっぷり四つとなり、両者攻めあぐんで水入りとなった。ここまで ４分26秒。再開後、旭國は左《ひだり》内《うち》掛《が》けで攻め、魁傑は右《みぎ》上《うわ》手《て》投《な》げを決めようとするも決まらず、再度水入りに。ここまでさらに ３分25秒。協議の結果、10分後、結びの一番のあとで取り直しということになった。

取り直しの一番も大相撲であった。旭國は左へ飛んで蹴《け》手《た》繰《ぐ》りの奇襲を見せたが魁傑は蹴《け》返《かえ》しで応酬。しつこく喰い下がった旭國だが、ついに魁傑の左からの掬い投げが決まった。再戦は ２分33秒。合計10分19秒にわたる大熱戦で、テレビ中継は ６時23分まで延長された。

宿命のライバル、水入りの熱闘

○横綱 北の湖《きたのうみ》－●横綱 輪島《わじま》

昭和53年（1978）七月場所14日目
決まり手：寄《よ》り切《き》り

1978年、北の湖は絶好調で、一月・三月・五月場所すべてを制して七月場所を迎えた。対する輪島は、三月場所で膝を傷め、五月場所も９勝６敗とふるわなかった。しかしながら、七月場所では輪島も負けを知らず、輪湖《りんこ》13勝の相星《あいぼし》で迎えた14日目。事実上の優勝決定戦ともいうべき取組であったが、それは３分以上にも及ぶ大熱戦となった。

素早く左から下手《したて》を取った輪島が幾度も下手投《したてな》げを仕掛けるものの、北の湖は動じず、左四つの大相撲となって２分52秒で水入り。取組が再開されるやいなや、今度は北の湖が右の上手《うわて》で輪島を振り回すが、輪島も何とかこらえて四つの体勢に戻しはしたものの、最後は北の湖が強烈ながぶり寄《よ》りで、土俵際でしつこく粘る輪島を寄り切った。

○横綱 大乃国《おおのくに》－●横綱 千代の富士《ちよのふじ》

昭和63年（1988）十一月場所千秋楽
決まり手：寄《よ》り倒《たお》し

1988年十一月場所千秋楽、すでに優勝戦線から離脱していた大乃国は、ただならぬ決意を秘めて土俵に臨んだ。前日夜、「どうせ勝てないのだから千代の富士をヒヤッとさせる場面くらい見せろ」と放駒《はなれごま》親方（元・大関魁傑）から揶揄されたことが、闘志に火をつけたのだった。

大乃国は立合い鋭く踏み込んで千代の富士の廻しを取り、相手に左上手を与えない有利な体勢に。一気に寄られた千代の富士が右下手投げを打ったところを左から押しつぶすように寄り倒した。取組後の報道陣のインタビューに対して大乃国は、「俺だって横綱だ！」と珍しく声を荒らげたという。千代の富士の連勝を53でストップさせたこの大一番は、結果的に昭和最後の取組となった。

千代の富士の54連勝ならず

小兵が繰り出した
三所攻め

○前頭9枚目 **舞《まい》の海《うみ》**－●前頭筆頭 **曙《あけぼの》**

平成3年（1991）十一月場所11日目
決まり手：内掛《うちが》け

舞の海4勝6敗、曙5勝5敗とほぼ同じ成績で迎えた1991年十一月場所11日目、200kgを超える巨漢曙と97kgの小兵力士舞の海の対戦は、そのあまりの体格差から、誰もが曙の勝利を予想するところであった。

やや後ろから構えた舞の海は立ち上がった瞬間、すぐさましゃがみこんでフェイントをかけ、そのまま一気に曙の懐に潜りこみ、素早く左下手《ひだりしたて》で廻しを取り、反対の手で曙の足をしっかりとつかんだ。頭は曙の腹部にぴったりついていた。典型的な三所攻《みところぜ》めであった。

曙も負けじと右上手《みぎうわて》を取るが、舞の海が左足で内掛けを仕掛け、2度目の内掛けで曙とともに倒れていった。行司《ぎょうじ》の軍配は舞の海に上がり、劇的な勝利となった。

決まり手は、勝負がつく際に繰り出した「内掛け」であったが、舞の海が見事な三所攻めを見せた珠玉の一番であった。そしてまた、小よく大を制した典型的な一番として、今日でもTVでしばしば放送されている。

首相も感動した手負いの獅子の意地

○横綱 **貴乃花《たかのはな》**－●横綱 **武蔵丸《むさしまる》**

平成13年（2001）五月場所千秋楽優勝決定戦
決まり手：上手投《うわてな》げ

2年ほど前から勢いの衰えが目立っていた貴乃花であったが、好成績をあげつつ迎えた2001年五月場所。初日から連勝を重ねるが、14日目、対武双《むそう》山《やま》戦で右膝を傷め、歩くこともままならない状態となった。

千秋楽は休場必至と目された貴乃花、本割《ほんわり》では武蔵丸にあっけなく敗退したが優勝決定戦で、よもやの事態が起こった。立合いから別人のように息を吹きかえした貴乃花は、武蔵丸に強烈な平手を見舞って激しい攻防、最後は武蔵丸を上手投げで土俵に叩きつけた。その瞬間、貴乃花の顔はまさに鬼の形相。奇跡的な優勝に、当時の小泉純一郎《こいずみじゅんいちろう》首相は表彰式で「痛みに耐えてよく頑張った！　感動した！　おめでとう」と貴乃花をたたえた。気迫みなぎる大熱戦は、この短い言葉とともに深く胸に刻まれることとなった。

白鵬時代到来の予感

○横綱 白鵬《はくほう》－●横綱 朝青龍《あさしょうりゅう》

平成20年（2008）一月場所千秋楽
決まり手：上手投げ

朝青龍は2007年七月場所のあと、ケガを理由に夏巡業を不参加していたにもかかわらず、モンゴルで中田英寿《なかたひでとし》らとサッカーをしている映像が報じられ、日本相撲協会から2場所出場停止の謹慎処分を受けた。復活戦となった2008年一月場所は、朝青龍が「相撲勘《すもうかん》」を取り戻せるかどうかが話題になってもいた。

初日は琴奨菊《ことしょうぎく》をくだしたものの、２日目には稀勢《きせ》の里《さと》に豪快な送《おく》り倒《たお》しを決められ、その後も不安定な取組が続いた。とはいうものの、14日目で13勝１敗と、白鵬と並ぶ成績をあげていた。そうして迎えた注目の千秋楽は、2002年九月場所の武蔵丸－貴乃花戦以来、約５年半ぶりの横綱同士による相星《あいぼし》決戦となった。この場所から茶色の締め込みに変えた白鵬との一番は、白鵬が得意の左上手投げを決めて難なく朝青龍をくだし、３場所連続６度目の優勝をはたした。以後、白鵬の快進撃が今日に続いている。

14代九重親方、忘れられない一番

2002年９月20日。九月場所13日目。西正横綱貴乃花、東正大関千代大海《ちよたいかい》はともに10勝２敗。七月場所で優勝した千代大海は連続優勝を賭けて貴乃花戦に挑んだ。立合い、貴乃花は千代大海の突進をかわして左に変化。土俵際で踏みとどまった千代大海はもう一度貴乃花にぶつかっていった。しかし強靭な足腰の横綱をくずすことができずに惜敗した。千代大海はその後連敗して念願の綱とりはならなかったが、後に貴乃花戦についてこう語っている。「横綱が自分の立合いに対して一目置いたということが、負けてもうれしかったし、土俵人生で忘れられない黒星だった」

九重親方
（元・大関千代大海）

コラム2

奉納相撲

明治神宮 奉納土俵入り 1月

1月5～8日頃に横綱の土俵入りが奉納される。奉納土俵入りは「手数入《でずい》り」とよばれる。写真は拝殿前で土俵入りを披露する横綱鶴竜《かくりゅう》。

伊勢神宮奉納相撲 4月

関西から中部東海などを巡る春巡業に合わせて、伊勢神宮の奉納相撲が行われる。写真は宇治橋を渡り内宮へと向かう年寄と横綱・大関。

出雲大社奉納土俵入り 10月

出雲大社には、相撲の始祖とされる野見宿禰《のみのすくね》をまつる小社があり、島根県での巡業に際しては大社への参拝と横綱土俵入りが行われる。

靖国《やすくに》神社奉納相撲 4月

例年、春の巡業を終えて東京にもどった4月中旬に、靖国神社の春の例大祭に合わせて奉納相撲を行うことが慣例となっている。写真は横綱白鵬《はくほう》。

相撲の起源が神事や宮廷の儀礼に由来することもあってか、神社の例大祭に際して、また地方巡業に際して、神社での奉納《ほうのう》相撲《ずもう》や奉納土俵入《どひょうい》りが行われることが少なくない。節分《せつぶん》などで寺社に力士が呼ばれ、豆まきをするのも、同様の理由からであろう。

1月の明治神宮《めいじじんぐう》奉納土俵入りは、寒空のもと、熱気を帯びた関取《せきとり》の姿が一層りりしく見える。春巡業の一環として伊勢《いせ》神宮で行われる奉納相撲では、色鮮やかな化粧廻《けしょうまわ》しを締めた力士たちが宇治橋《うじばし》を渡って内宮《ないくう》に入る「宇治川渡り」が新緑に映える。4月には、靖国神社奉納相撲が行われ、境内の相撲場において幕内力士と横綱の土俵入りなどを奉納する。

九月場所が終わったあとの秋の巡業が島根県で行われる際には、出雲《いずも》大社奉納土俵入りが催され、十月に行われる全日本力士選士権大会に際しては、明治神宮で横綱《よこづな》土俵入りが奉納される。

第三章

相撲界を支える人々

力士が土俵上で力いっぱい相撲が取れるのは、
相撲を支える多くの関係者があってこそ。
行司、呼出、床山、年寄など、
相撲界の縁の下の力持ちの多彩な仕事を紹介する。

相撲競技の進行

力士が土俵に上がってから下りるまでの競技の進行一切を主導し、取り仕切る。

行司の仕事

烏帽子《えぼし》・直垂《ひたたれ》を身に着け、勝負を裁く

行《ぎょう》司《じ》の主要な仕事は、相撲競技の進行と勝負を決することである。

行司は、力士が土俵に上がって取組をし、土俵を下りるまでの一切を仕切る主導的立場にある。勝負がつけば直ちに東西いずれかに軍配《ぐんばい》を上げ、勝負の判定をする。ただし、「物言い」がついた場合は判断を勝負審判にゆだね、その判定に従うことになる。

華麗な装束に身を包み、「はっきょい」「のこった、のこった」と声をかけて土俵上を動き回る姿がテレビの相撲中継などでおなじみだが、行司の仕事は土俵上の差配にとどまるものではない。土俵祭《どひょうまつり》の祭主、土俵入りの先導役、場内放送、取組編成会議・番付編成会議の書記など、実に多彩である。立行司には「顔触《かおぶ》れ言《ごん》上《じょう》」（→29頁）という仕事もある。番付や電光掲示板の文字を書くことも行司の重要な仕事であり、巡業では、電車やバス、宿泊先の手配から部屋割りまで担当している。また、所属する相撲部屋では、番付の発送、冠婚葬祭の世話、人別帳の作成などにも携わる。

多岐にわたる行司の仕事

呼び上げ以外に、土俵祭の祭主、書きもの、場内放送などを担当する。

土俵入りの先導

右手で軍配を持ち、扇部を左手で支えて水平に保ち、力士を先導して土俵に上がる。十両・幕内の土俵入りでは土俵中央に正面向きに蹲踞《そんきょ》して房回しをし、横綱土俵入りでは向正面の徳俵《とくだわら》に正面向きに蹲踞して房回しをする。写真は幕内土俵入りで力士を先導する行司。

番付や掲示板などの揮毫《きごう》

番付、電光掲示板の文字、触れ、巻など、相撲に関する文字を書くことは行司の仕事。部屋では、冠婚葬祭の表書きなどもする。番付、電光掲示板などは行司の中で相撲文字がうまい行司に割り当てられる。今は、3代木村容堂《ようどう》、2代木村要之助《ようのすけ》、木村勘九郎《かんくろう》の3人が書いている。

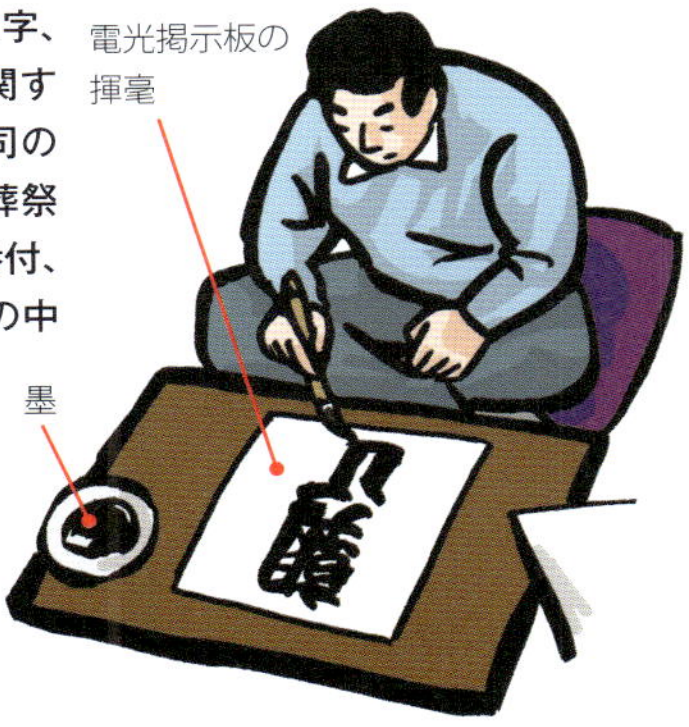

土俵祭の祭主

初日の前日、本場所の無事と五穀豊穣を祈って行われる土俵祭を主宰するのは立行司の仕事。神官姿の行司は、崇高でさえある。土俵祭は一般にも公開されている。

昔の行司装束

江戸時代の『古今相撲大全』(1763年)には「侍烏《さむらい》帽子に素袍《すおう》」とあり、『すまふ評林』(1756年)には裃《かみしも》姿とある。「茶筅髪《ちゃせんぱつ》に陣《じん》羽織《ばおり》、たっつけ袴《ばかま》」などの記録も見えるが、かつては裃姿が主流だった。明治維新以降「ざんぎり頭」になると、その髪型に裃姿が似合わないため、1910年(明治42)、今日のような烏帽子・直垂姿が採用された。

場内放送

「東方《ひがしかた》、☆☆、○○県□□町出身、△△部屋」「西方《にしかた》、～」の呼び上げ、また取組後の「ただいまの決まり手は押し出し、押し出して☆☆の勝ち」の放送も行司の仕事。声のよい、地方なまりのない行司が選ばれる。

立行司への道

行司の階級

序ノ口→序二段→三段目→幕下→十枚目→幕内→三役と階級があり、最高位は立行司。

行司部屋

相撲部屋と同様、行司が生活しながら技能を磨く「行司部屋」が1957年に設立された。1973年に行司部屋が廃止されて以降、行司は相撲部屋に所属することになったが、かわりに若手の研修や互助のための「行司会」が設立され、今に至っている。

1 入門

かつては中学生でスカウトされることが少なくなかった。親方の目にかなう、あるいは地元の愛好者が親方に推薦するというのが基本パターン。

2 見習い行司

相撲教習所で、先輩行司の薫陶を受ける。教習の内容は、相撲を中心とする一般教養、習字など行司に不可欠な技能全般である。かつては先輩行司が相撲を取り、それを判定するといった実習もあったという。

書きものの
仕事は多い

3 相撲文字の習得

相撲の「書きもの」は行司の大事な仕事であるため、習字は行司の必須科目である。習うのは「相撲文字」（→22頁）。太い筆を寝かせて、穂の幅いっぱいを使って隙間をあけずに書くのがコツ。最初に習うのは「山」「海」だそうだ。

直垂
菊綴
軍配
袴
房
裸足

4 幕下行司 三段目行司 序二段行司 序ノ口行司

木綿《もめん》の直垂《ひたたれ》に素足（「はだし行司」とよばれるゆえん）、袴《はかま》は膝《ひざ》までたくし上げる。
菊綴《きくとじ》と軍配《ぐんばい》の房の色＝黒または青
＊序ノ口行司の装束は部屋のお仕着せ

巡業の手配

巡業とは、各地をめぐって行われる花相撲。その手配をするのは行司の仕事。バスの手配、宿舎の部屋割りなど、まるでツアー・コンダクターである。地方巡業は1日1場所で次の巡業地に移動するため、力士の身体的負担も大きい。それだけに行司の差配ぶりがものをいうことになる。

力士と同様、行司も階級社会である。序ノ口《じょのくち》に始まり序二段《じょにだん》、三段目《さんだんめ》、幕下《まくした》、十枚目《じゅうまいめ》、幕内《まくうち》、三役《さんやく》、そして立行司《たてぎょうじ》が最高位となる。立行司は「木村庄之助《きむらしょうのすけ》」か「式守伊之助《しきもりいのすけ》」を名乗り、木村庄之助は結びの一番のみを裁き、次位の式守伊之助は結び前の二番を裁く。行司は地位によって待遇も異なる。また、力士と同様、十枚目に昇進すれば給与がもらえるようになり、一人前と認められる。

行司への道は、相撲部屋の戸をたたくことから始まる。相撲部屋に入り、部屋から行司会を通して推薦を受け、日本相撲協会が承認すると行司として採用される。資格は義務教育を終えた満19歳以下の男子ということだけだが、新規採用は空席があるときのみである。

行司の昇進・降格の評価基準は、年功序列を基本に、判定の的確さ、土俵上の態度、声のよさ、裁《さば》き加減、日常の行状・技術錬磨による。

行司の姓は現在「木村」か「式守」の2つで、入門した部屋によりどちらを名乗るかが決まる。その後昇進すると、昔

8 立行司（相撲協会評議員、親方）

夏は麻、冬は絹の直垂。短刀に印籠。白足袋＋草履。短刀を携えるのは、差し違いをしたら腹を切る覚悟のあらわれ。写真は、39代式守伊之助（後に37代木村庄之助）。

木村庄之助
結びの一番のみを裁く
菊綴と軍配の房の色＝紫

式守伊之助
結び前の二番を裁く
菊綴と軍配の房の色＝紫白

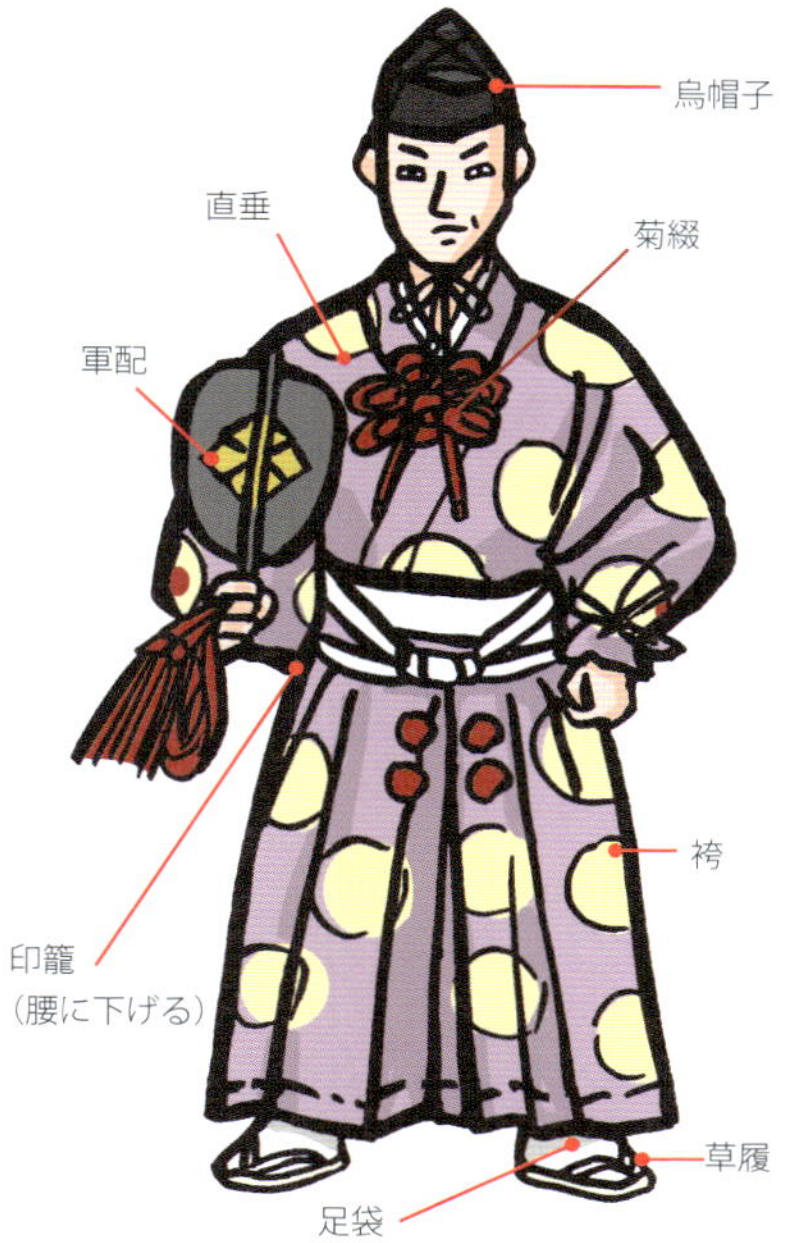

7 三役行司

立行司に次ぐ位で、立行司に休場や不在があればこれに代わり結びの裁きなども行う。
夏は麻、冬は絹の直垂。印籠《いんろう》。白足袋＋草履
菊綴と軍配の房の色＝朱

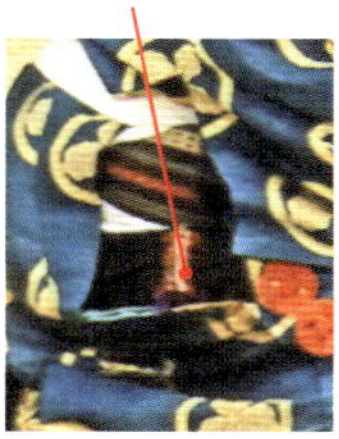

5 十枚目行司

一人前の行司として扱われる。十枚目以上の行司の定員は22名。
夏は麻、冬は絹の直垂。白足袋
菊綴と軍配の房の色＝青白

6 幕内行司

幕内および十枚目を裁く。十枚目（行司）よりさらに技量や人格の陶冶が求められる。
夏は麻、冬は絹の直垂。白足袋
菊綴と軍配の房の色＝紅白

定年引退

行司の定年は65歳。引退にあたって力士からねぎらわれるのは嬉しくも寂しくもある一瞬だという。
写真は、引退にあたって横綱白鵬《はくほう》より花束を贈られる37代木村庄之助。

軍配の持ち方

行司が力士を呼び上げるときの軍配の持ち方には2通りある。軍配を持つ拳を下にする式守家と、軍配を持つ拳を上にする木村家である。式守家は陽を、木村家は陰を表す。ただし、実際はその通りにしないこともあり、一種のしきたりといえよう。また、軍配の形も、以前は式守家が瓢箪型、木村家が卵型と分かれていたが、こちらも今は厳密に分かれていない。

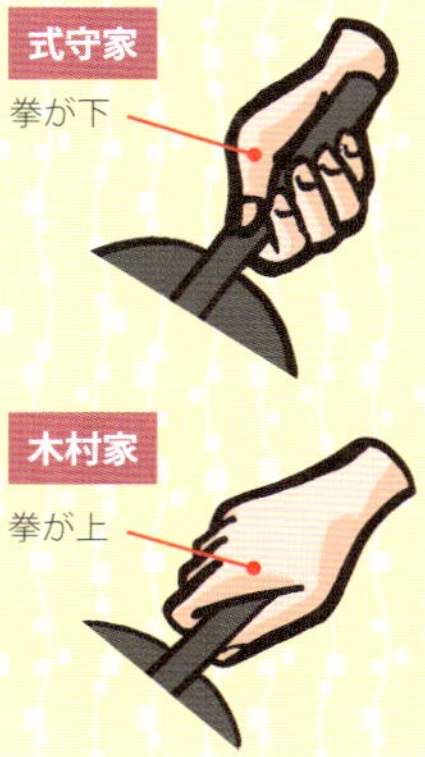

から伝わる由緒ある行司名である名跡《みょうせき》を継ぐ。その際に木村から式守へ、あるいは逆の姓を名乗ることがある。

取組を裁く

勝ち負けの判定が最重要の仕事

行司の仕事で一番大事なのは、相撲競技の円滑な進行をつかさどり、勝負の判定をすることである。そのために、行司はさまざまな「声」を発し、力士を鼓舞しつつ取組を差配する。各々の取組ごとに、呼出の呼び上げに続いて行司が力士名を呼び上げる。仕切りでは、両者の呼吸を合わせるため、「かまえて」などと声をかけて見合わせ、半身に構えて軍配を立てて仕切りを促す。制限時間になったら「時間です」「待ったなし」「手をついて」などの注意を促す声を発する。

取組中は、行司は一カ所に止まらずに審判委員や観客の邪魔にならないように動かねばならず、土俵から出てはいけない。勝敗が決すれば、行司は勝ち力士の方屋《かたや》（東か西）に向けて即座に軍配を上げる。勝負が微妙で判断がつかなくても、必ずいずれかに軍配を上げることが「審判規則　行司」第4条に明記されている。

勝負がついたら、行司・力士は定位置に下がり立礼する。行司は勝ち力士に正対し、四股名《しこな》を呼び上げる（勝《か》ち名乗《なの》り）。勝ち名乗りは、地位に関係なく1回だけ

行司による土俵の進行

「審判規則」に定められた条項に従い、立合いの準備から勝負の終了までを取り仕切る。

1 呼び上げ

呼出の呼び上げに続き、行司は軍配を水平に保ち、呼び上げる力士の方を向いて力士名を呼び上げる。十両最後の一番と幕内三役以上の取組では「かたや××、××、こなた○○、○○」と四股名の前に「かたや」「こなた」をつけて二声で呼び上げる（優勝決定戦を除く）。それ以外は、「××、○○」の一声。

軍配を立てる
装束をたくし上げる
脚を開く

2 見合わせ

仕切りに入ったら、「かまえて」「見合うて」「油断なく」などの声を発しながら、体を東方に向けて顔を正面に向け、軍配を立ててにぎり、力士の呼吸を見る。

軍配の面を正面に見せる

3 立合いと取組中の発声

立合いにあたっては、軍配を返し、力士が立ち上がった瞬間に「はっきよい」（発気揚々＝気分を高め、全力で勝負する）の声を発する。取組中は、「はっきよい」「残った」「よういはっけよい、よい」など。「はっきよい」は動きが止まったとき、「残った」は技を繰り出しているときのかけ声。

4 土俵内を動く

正しく判定をくだすため、取組のよく見えるところへと土俵内を動く。その際、行司は正面（写真左側）に背を向けないようにする。

5 勝負の判定

いかなる場合でも東西いずれかに瞬時に軍配を上げねばならない。軍配は右手で持ち、自身と力士がどこにいようとも、東方が勝てば東方に、西方が勝てば西方に軍配を上げる。

6 勝ち名乗り

右手で軍配を持ち、勝ち力士の前に立って名を呼び、勝利をたたえる。懸賞が懸かった場合は、勝ち名乗りを上げたあと、懸賞金を軍配に載せて左手で扇部を支えて水平に保ち、蹲踞して渡す。

物言い

行司の判定に疑義があると「物言い」がつく。物言いをつけることができるのは審判委員と控え力士だが、物言いがつけば、勝負判定は審判委員の裁定にゆだねられる。物言いの協議は「行司軍配通り」「行司差し違え」「同体取り直し」であるが、差し違えはたいへんな不名誉で「行司黒星」ともいわれる。

髭の伊之助、涙の抗議

19代式守伊之助（1886～1966）は白い髭《ひげ》をたくわえ「髭の伊之助」と親しまれた。その伊之助の引退直前の1958年九月場所初日、平幕北《きた》の洋《なだ》－横綱栃錦《とちにしき》戦で栃錦に軍配を上げたが物言いがつき、北の洋の勝ちと決した。伊之助は、土俵をたたいて涙ながらに十数分にわたって抗議を続けた。そのため出場停止処分を受けたが、報道写真によると北の洋の右肘《みぎひじ》のほうが早く落ちていた。人気行司だった伊之助だけに、この事件は「伊之助涙の抗議」として世間の注目を集めた。

の呼び上げである。不戦勝の場合も勝ち名乗りは上げられる。千秋楽「これより三役」では、「役相撲《やくずもう》に適《かの》う、□□」という勝ち名乗りになる。

こんなとき、どうする

言い間違えたとき

位の低い行司は多くの番数をこなさねばならない。ときには東方と西方を間違えて呼び上げるなどの失敗もあるらしい。そんなときは、あわてて言い直したりしないで、流れを断ち切らないほうがよいという。ただし、あとでお目玉を食うのは仕方ない。

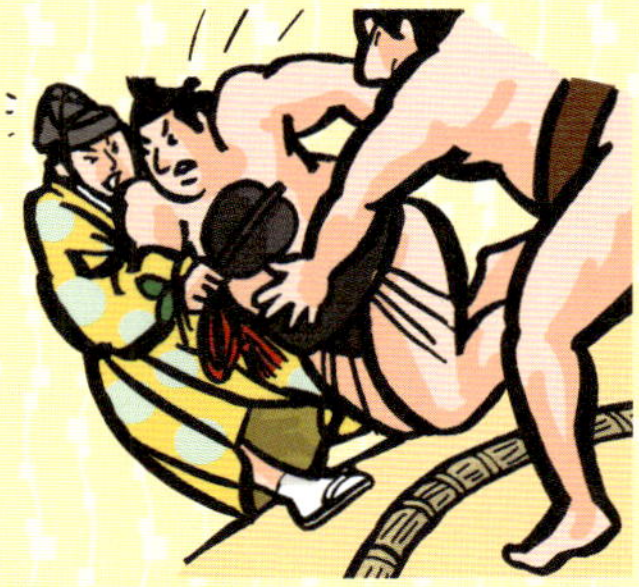

力士と一緒に土俵から落ちたとき

落ち方が悪いと脳震盪《のうしんとう》を起こしてしまう。その場合は、控え行司が勝負判定をする。控えにいるときに力士が落ちてきて装束が破れることもある。いずれの場合も、正常な所作が行えなくなるため、控え行司が代役を務める。

呼出

相撲興行の縁の下の力持ち

呼出の三大仕事

相撲興行の縁の下の力持ちともいうべき呼出の多彩な仕事、中でも特に重要なのが、呼び上げ、土俵築、太鼓だ。

その一
呼び上げ
奇数日は東から、偶数日は西から呼び上げる。十両《じゅうりょう》最後の取組および三役《さんやく》以上の取組では、「ひが～し～、○～○～、○～○～、……」と力士名を2回呼び上げる二声。ただし優勝決定戦は1回のみ。
呼出のいでたち
着物
「紀文《きぶん》」「なとり」「永谷園《ながたにえん》」など広告が入る場合が多い。
白扇《はくせん》
かなり大振りな扇子で、神聖な土俵に唾《つば》を飛ばさないために持つといわれる。
手持ち
当日の取組表をコピーして貼りつなぎ、くるくる巻きにした、いわばカンニングペーパー。
裁着袴《たっつけばかま》
行動しやすいように裾《すそ》を絞った袴。元来は武士の袴であった。
足袋
地下足袋を履いている。

三役呼出克之の呼び上げ

呼《よび》出《だし》という名称、そして土俵上での呼び上げの姿から、呼出の仕事は力士の名前を読み上げることだけと思われがちだが、その仕事は多彩である。テレビ中継の際、箒《ほうき》で土俵を掃いている人、懸賞旗を持って土俵を一巡する人が見えるが、実は彼らは呼出である。その他にも、呼出の仕事は無数といっていいほどある。土俵をつくるのも呼出の仕事といえば、意外だろうか。

数多い呼出の仕事の中で、メインになるのが「呼び上げ」「土俵築《どひょうつき》」「太鼓《たいこ》」である。太鼓とは、本場所の前日、街に出て初日の取組を触れ歩く「触《ふ》れ太鼓《だいこ》」、本場所中毎日、取組の始まりと終わりに「櫓太鼓《やぐらだいこ》」を打つこと。これら3つは分業されていたが、1965年、全員がすべての業務に当たるようになった。この3つは「三大仕事」といわれるが、そのほかにも、取組の折々に柝《き》を入れる（拍子《ひょうし》木《ぎ》を打つ）、力水《ちからみず》や塩を管理する、控え座布団を交換する、制限時間を力士に知らせるなど、呼出はさまざまな仕事をこなしている。

その二 土俵づくりと整備

試合の場である土俵をつくり、取組ごとに乱れてしまう土俵を最良の状態に保つのも呼出の仕事。取組の合間に箒で土俵を掃き、乾燥すれば水打ちをし、常に土俵の条件を保つ。土俵上で力士が大きなけがをした場合は、清めの意味で塩をまくこともある。

土俵築

土俵は、本場所ごとに新たにつくりかえる。本場所の5日前から3日をかけて、呼出総出で行う（119頁）。

その三 太鼓

太鼓には2種類がある。一つは触れ太鼓で、場所前に太鼓を担いで街に出、興行の開催を触れて回る。もう一つは場所中に毎日打つ太鼓で、早朝、客の来場を促す「寄《よ》せ太鼓《だいこ》」と、1日の興行を終えて打つ「跳《は》ね太鼓《だいこ》」である。

触れ太鼓

街に出て初日の取組を触れ歩きながら打つ太鼓。触れ太鼓の口上は、「相撲は明日《みょうにち》が初日じゃぞえ～、×～×～（力士名）には、○～○～（力士名）じゃぞえ～、ご油断では詰まりますぞえ～」など。

寄せ太鼓

本場所の開始を告げて早朝に打つ太鼓。かつては午前6時頃に一番太鼓、午前8時頃に二番太鼓を打っていたが、今は午前8時だけである。「どんと来いどんと来い」のリズムで打つという。

跳ね太鼓

本場所の全取組の終了後に翌日の来場を願いつつ打つ太鼓で、千秋楽には打たない。「てんでんばらばらてんでんばらばら」のリズムで打つという。

記憶に残る名呼出 呼出《よびだし》太郎《たろう》
（1888～1971）

最初は太鼓の名人として名をはせた。面倒見がよく、東西相撲協会の統合に際して大坂《おおさか》の呼出を全員東京に売り込み、また両国《りょうごく》の自宅を長年相撲記者クラブに開放し世話係を務めた（これは定年後も続けられた）。1949年五月場所の番付に呼出16人の名前が載ったが、これは太郎の請願がきっかけであった。1969年、勲六等単光旭日章《たんこうきょくじつしょう》を受章、その祝賀会の席上で高橋義孝《たかはしよしたか》横綱審議委員は「醤油樽叩いてもらう勲六等」の句を披露し祝福した。

まだまだある呼出の仕事

多彩な仕事を手際よくこなす呼出の存在なくして相撲は成り立たない。

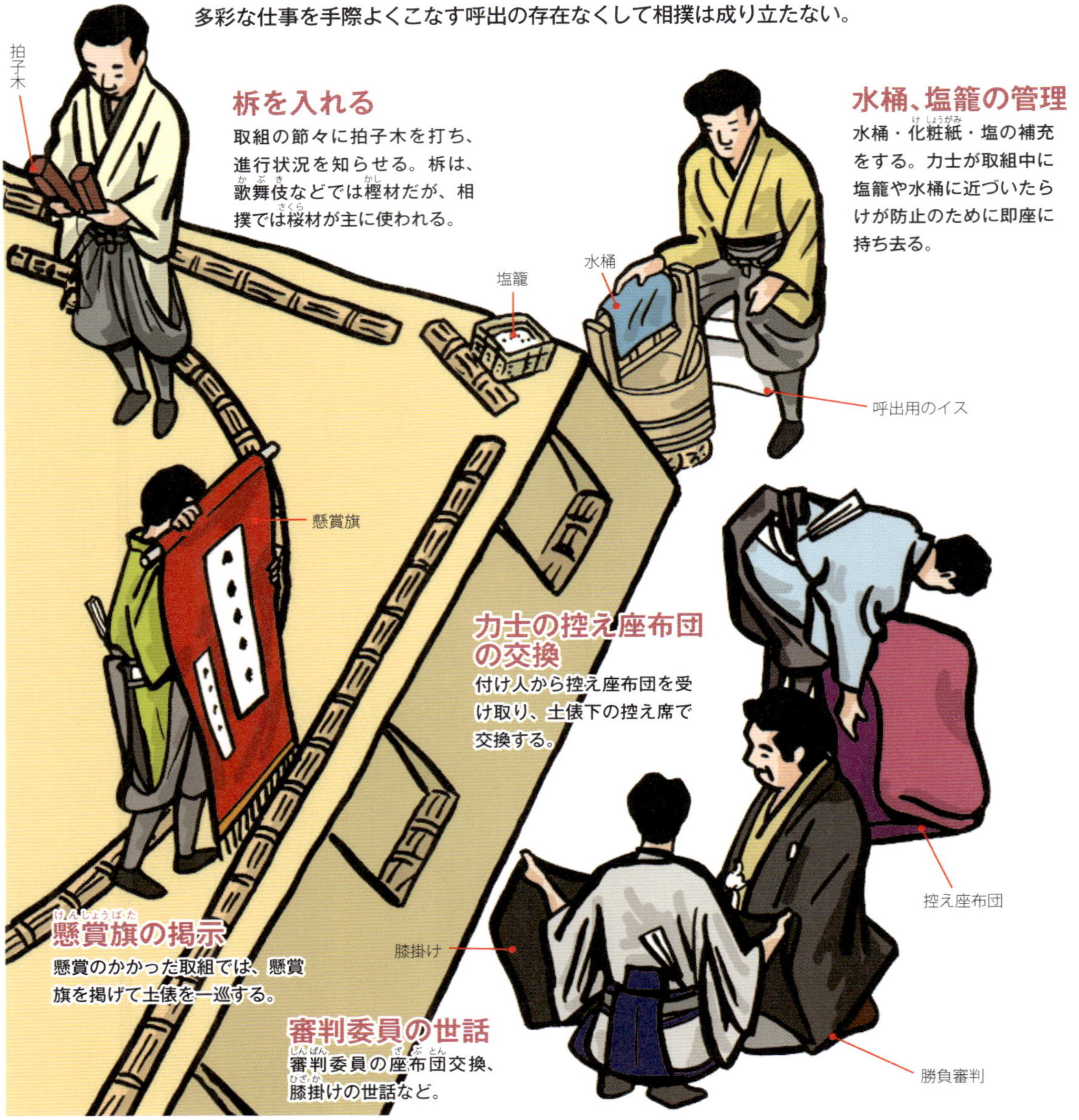
拍子木
柝を入れる
取組の節々に拍子木を打ち、進行状況を知らせる。柝は、歌舞伎《かぶき》などでは樫《かし》材だが、相撲では桜《さくら》材が主に使われる。
水桶、塩籠の管理
水桶・化粧紙《けしょうがみ》・塩の補充をする。力士が取組中に塩籠や水桶に近づいたらけが防止のために即座に持ち去る。
塩籠
水桶
呼出用のイス
懸賞旗
力士の控え座布団の交換
付け人から控え座布団を受け取り、土俵下の控え席で交換する。
控え座布団
懸賞旗《けんしょうばた》の掲示
懸賞のかかった取組では、懸賞旗を掲げて土俵を一巡する。
膝掛け
審判委員の世話
審判《しんぱん》委員の座布団《ざぶとん》交換、膝掛《ひざか》けの世話など。
勝負審判

呼出の仕事は多彩である。先に紹介した「三大仕事」以外で、テレビ中継などで目にする機会の多いものをざっと挙げるだけでも、取組進行の折々に入れる柝《き》（拍子木《ひょうしぎ》打ち）、懸賞《けんしょう》の紹介と懸賞金の授受、水桶《みずおけ》・塩籠《しおかご》の管理、審判委員・行司の補助などがある。そのほか、場所中は会場のバックヤードの雑務、各部屋の雑務もこなさなければならない。

このように、呼出は大相撲の運営になくてはならない存在であるが、その地位は必ずしも高いものではなかった。

呼出に番付制が導入されたのは最近で、1994年（平成6）七月場所からである。十両以上の呼出が本場所の場内アナウンスで紹介されるようになるのも、番付に掲載されるようになるのも、それ以来である（1949年五月場所から10年間、当時の呼出太郎《よびだしたろう》（↓81頁）の尽力もあり、掲載されたことはあった）。

呼出は、日本相撲協会が採用し、各部屋に配属される。力士・行司とは違い四《し》股《こ》名《な》や姓はなく、「太郎《たろう》」「寛吉《かんきち》」「秀男《ひでお》」などと、名前のみでよばれる。

懸賞金授与の補助

懸賞金を束ねて行司に渡す。また懸賞金を受け取り土俵を下りた力士から懸賞金を預かり、熨斗袋《のしぶくろ》の水引《みずひき》にさがりを差しこんで力士に渡す（→33頁）。

制限時間の告知

時計係の審判から時間いっぱいの指示があったら、仕切り直しの際、力士に「時間です」と告げ、タオルを渡す。

呼出の階級

階級	定員	資格
立呼出	1名	勤続40年以上で成績優秀な者、または勤続30年以上40年未満で特に優秀な者。
副《ふく》立呼出	2名以内	
三役呼出	4名以内	
幕内《まくうち》呼出	8名以内	勤続30年以上で成績優秀な者、または勤続15年以上30年未満で特に優秀な者。
十枚目呼出	8名以内	勤続15年以上で成績優秀な者、または勤続10年以上15年未満で特に優秀な者。
幕下《まくした》呼出	全部で45名	幕下呼出以下は人数の定めはなく、全体の枠内で調整される。
三段目呼出		
序二段呼出		
序ノ口呼出		

序列の最上位、立呼出の拓郎

呼出になるまで

呼出は、日本相撲協会が採用し、各相撲部屋に配属される。

採用基準と身分	義務教育を修了した満19歳までの男子。 定年は65歳。 入門から3年間は見習《みならい》（見習期間中、序ノ口《じょのくち》、序二段《じょにだん》に昇進もある）。
序列（1994年七月場所から適用）	立呼出《たてよびだし》から序ノ口呼出まで9階級ある。十枚目《じゅうまいめ》呼出以上の名前が番付に書かれ、場内アナウンスでも呼び上げられる。 千秋楽《せんしゅうらく》の十枚目以下の優勝決定戦では、幕下以下の呼出名もアナウンスされる。
昇降人事	昇格・降格は九月場所後の理事会で行われ、翌年一月場所の番付発表から適用される。
評価基準	基本的には年功序列だが、声のよさ、いでたちのよさなども勘案されるため、追い越し人事もある。

呼出の墓

両国の回向院《えこういん》墓地の奥に、「呼出先祖代々之墓」という供養塚《くようづか》がある。現在のものは1959年 9月に建てられたもの。もとは1931年 5月に建てられていたが、東京大空襲で破損してしまったという。通称を「太鼓塚《たいこづか》」といい、毎年五月場所後に法要が行われている。

呼出の真骨頂はその喉。発声の稽古には血のにじむような努力がある

床山

力士のまげを一手に引き受ける結髪のプロ

高度な技で見事な大銀杏を結う床山

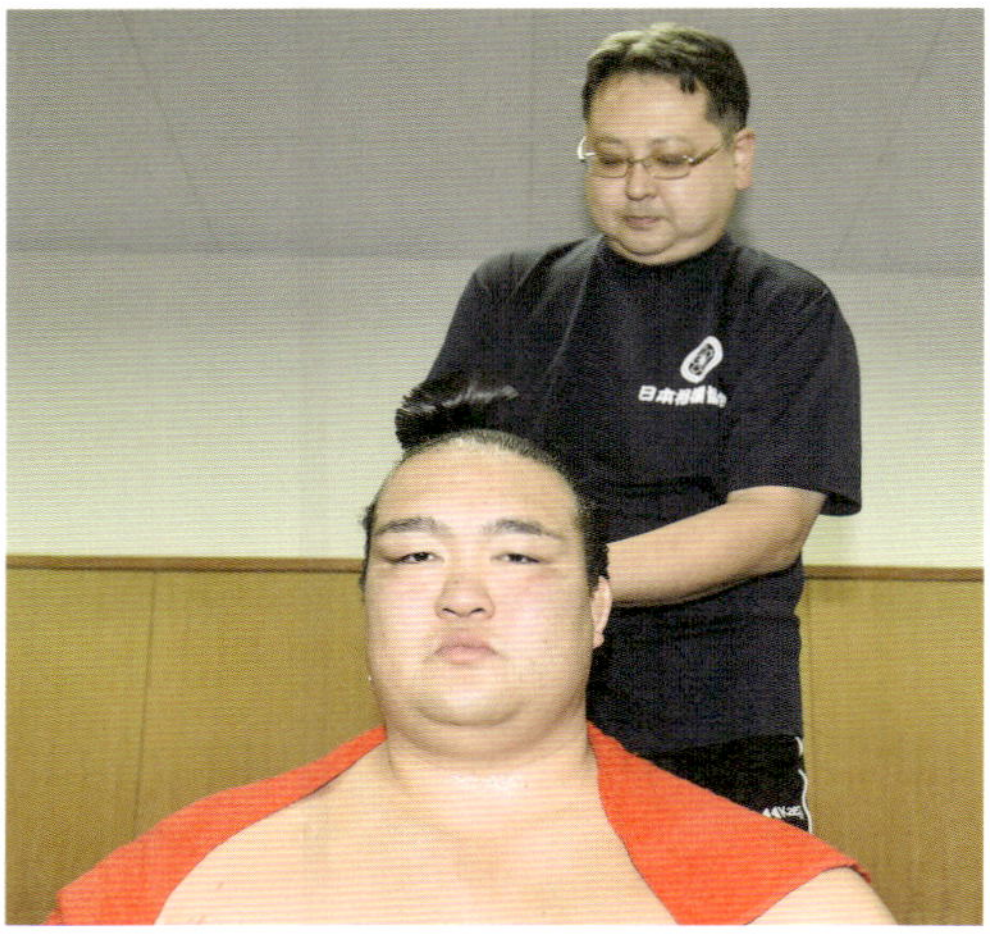

仕度部屋で横綱稀勢の里の大銀杏を結い直す床山の床鳴

床《とこ》山《やま》とは力士のまげを結い上げる専門職で、日本相撲協会が採用し、行司《ぎょうじ》や呼出《よびだし》などと同様、相撲部屋に所属する。定員は50名だが、力士が12名以上所属する相撲部屋に床山がいない場合は、定員を超えて採用することがある。床山は、班を編成し、担当部屋を決めて人数のやりくりをしながら力士の結髪を行う。

採用資格は義務教育を修了した満19歳までの男子で、定年は満65歳。経験は不問で、理容師や美容師の資格は必要ない。床山は、「床寿《とこじゅ》」「床清《とこせい》」などと、「床」をつけた床山名を名乗る。

力士のまげは、関取《せきとり》が公式の場に出る際の大銀杏《おおいちょう》、幕下以下の力士や関取の日常生活の際のちょんまげがあり、どちらも床山が結う。

ベテランになると、髪結いの手応えで力士の調子のよしあしがわかるそうだ。長く同じ力士のまげを結っていると、力士の好みや髪質などが体にしみつき、力士との信頼関係も強くなるため、ベテランの関取は同じ床山にまげを結ってもらうことが多い。

床山が使う道具

床山の技を支える道具類は、櫛だけでも用途に応じて４種類もある。
髪を結うことは力士の命を守る鍵でもある。

元結

まげを縛る紙製の細い紐。

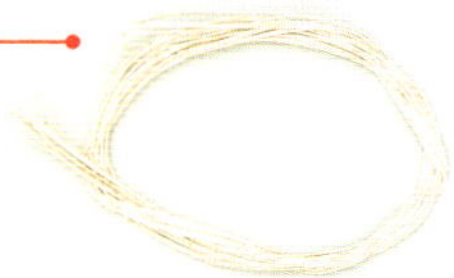

すき油

通称「びんつけ油」。菜種油に九州産の木ロウを混ぜ、香りをつけたもの。

にぎりばさみ

髪の先を切りそろえるときなどに使う。西洋鋏《ばさみ》でなく和鋏が今でも使われる。

そろえ櫛

大銀杏を結い、最後の仕上げをするときに使う。まげを結うときはもちろん、起床後や洗髪後、とりあえずちょんまげ結うときも使う。

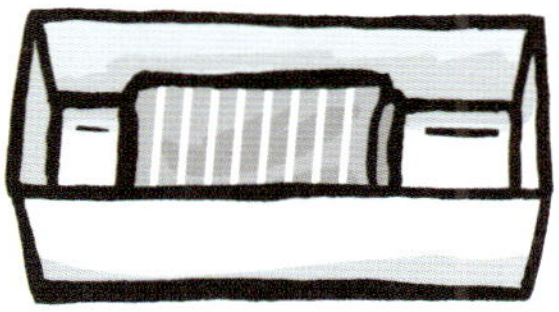

水桶《みずおけ》

髪のくせをなおすときにガーゼを水にひたすために使う。

＊用具のうち、櫛と元結は協会から現物支給。すき油（びんつけ油）は、各床山が負担することになっている。髪を結ってもらったとき、力士は床山に心づけを手渡すが、その心づけを「油銭」という。

髷棒《まげぼう》

大銀杏を結ったとき、側面や後ろのたぼを張り出すように整える棒。

先縛り

大銀杏を結うとき、まげの部分の形を整えるために仮に縛る紐で、元結を結んだら解く。

荒櫛《あらぐし》

すき油をつけたあと、もつれたり固まったりした髪の毛をほぐして整える櫛。

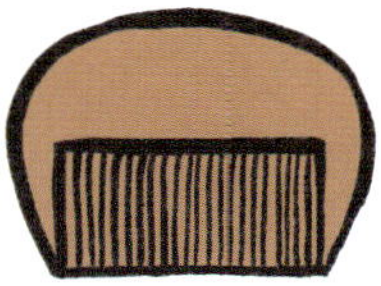

すき櫛

歯の粗い櫛で、髪の汚れやふけを取る。

前かき

大銀杏のはけ先が載る部分の髪を揃えて整える櫛。

都内唯一の びんつけ油製造元

現在、床山が使用しているびんつけ油は、島田商店（東京都江戸川区）が製造している。島田商店は日本髪用の髪油や力士のびんつけ油などの整髪料を製造しているが、都内でびんつけ油を製造しているのは、ここだけだ。この店が製造している「オーミすき油」は両国《りょうごく》近辺の薬局や国技館売店でも販売されている。

床山の道具は、理髪や美容に使う道具とは違い、多くの櫛《くし》を使いこなすことが必要になる。その意味で、手先の仕事のように見えるが、意外に大事なのが歯と顎の力だという。元結《もとゆい》を縛る際、歯でギュッと食いしばって引っ張らなければならないからである。

まげは力士の象徴、大銀杏は関取の花だが、まげには力士の頭部を守る役割もある。それだけに、まげを結うことは力士の命にかかわる大切な仕事になる。元結をしっかり縛ることは、まげの形を整える鍵であるとともに、力士の命を守る要《かなめ》でもある。床山の技、腕は、相撲の肝心を支える文字どおりの礎なのである。

大銀杏を結う

関取の証・大銀杏は、床山の腕の見せどころ。
熟練の技が相撲情緒をいやが上にも引き立てる。

1 元結《もとゆい》を切ってちょんまげを外す。

2 髪に油を塗りこむ。

3 油をのばし髪になじませる。

4 元結をして髪を束ねる。

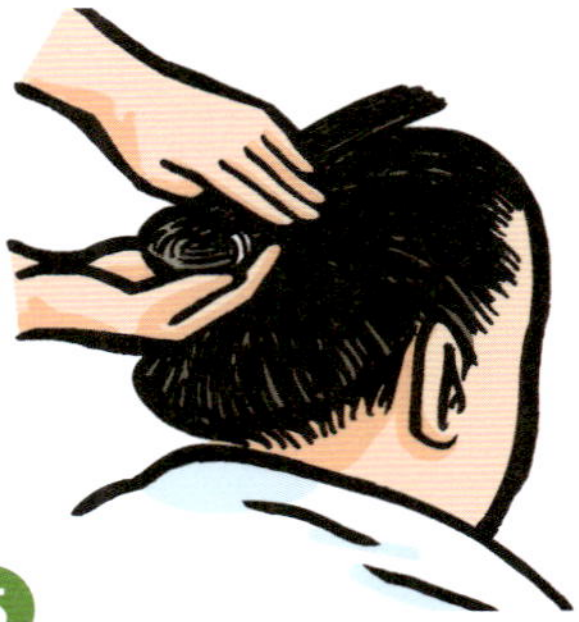

5 束ねた髪を二つに折る。

6 2本目の元結を縛る。

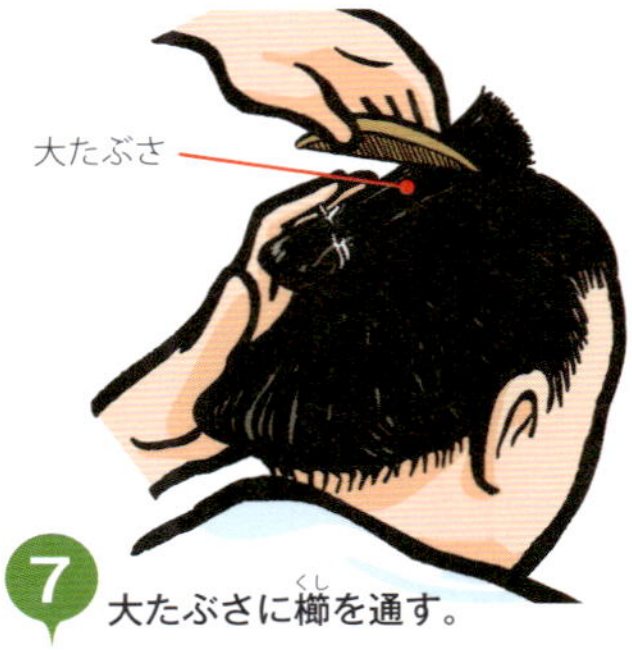

7 大たぶさに櫛《くし》を通す。

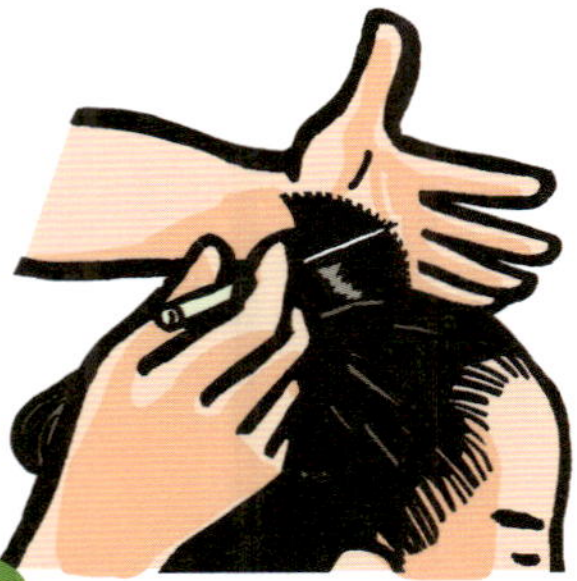

8 まげの先端を立てて銀杏の葉の形を作る。

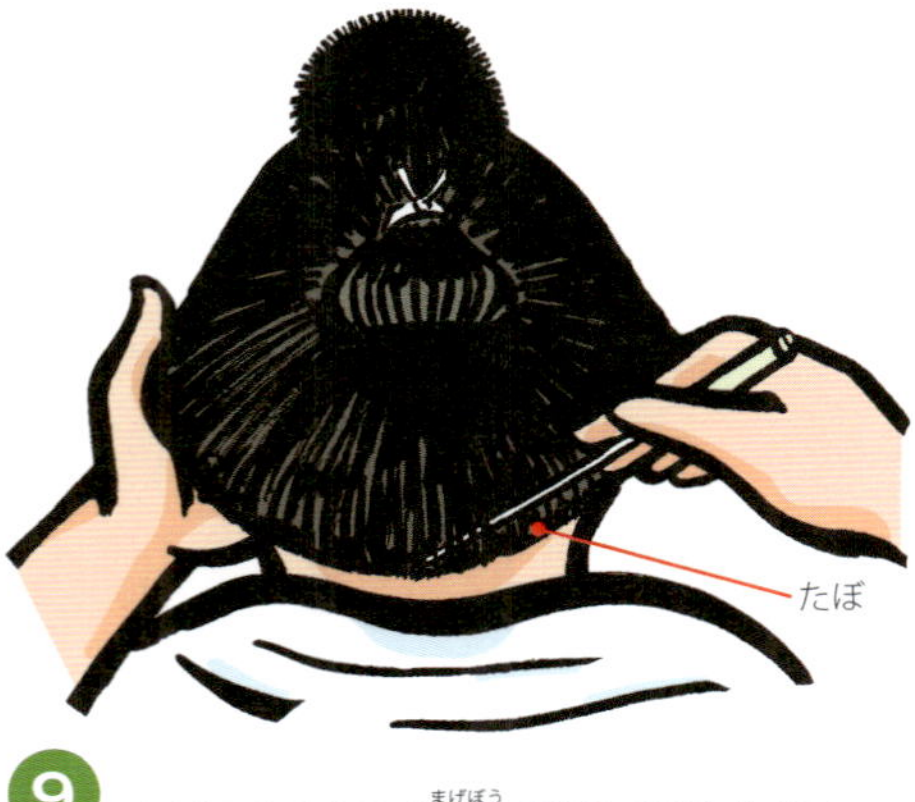

9 たぼのふくらみを髷棒《まげぼう》で整えて出来上がり。

大《おお》銀杏《いちょう》は関取《せきとり》のみに許された髪形である。まげの先端が大きなイチョウの葉に似ていることからこの名がある。原則として、関取は取組を行う際、大銀杏を結って土俵に上がることが義務づけられている。床山は、大銀杏が結えるようになって一人前といわれるが、一人前になるまでには、5年以上かかるといわれ、慣れたベテラン床山でも、大銀杏を結うには15分〜20分を要する。

なお、関取でも大銀杏は正式なときにのみ結うものであり、稽古《けいこ》時など普段の髪形はちょんまげである。

床山の階級

床山の世界も番付に従った階級社会である。
階級が上がるにつれ地位の高い力士の髪を結えるようになる。

階級	条件（資格）	給料
特等床山	勤続45年以上、年齢60歳以上で特に成績優秀な者。 2008年一月場所から番付に名前を掲載するようになった。	36万円以上 40万円未満
一等床山	勤続30年以上の者で成績優秀な者、または勤続20年以上30年未満で特に成績優秀な者。 2012年一月場所から番付に名前を掲載するようになった。	20万円以上 36万円未満
二等床山	勤続20年以上で成績優秀な者、または勤続10年以上20年未満で特に成績優秀な者。 番付の記載はなし。	10万円以上 20万円未満
三等床山	勤続10年以上で成績優秀な者、または勤続５年以上10年未満で特に成績優秀な者。 番付の記載はなし。	4万円以上 10万円未満
四等床山	勤続5年以上で成績優秀な者。	2万9千円以上 4万2千円未満
五等床山	勤続5年未満の者。	2万円以上2万9千円未満 （見習期間は1万4千円以上 2万円未満）

各階級によって決まっており、月給制で、基本給の他に手当もある

出羽海部屋の花相撲で弓取を行う力士に大銀杏を結う特等床山の床安

床山の階級は、最上位の特等から最下位の五等まで6段階となっており、各階級における定員はない。最上位の特等は、1994年に新設された。床山の昇降人事は、毎年九月場所のあとの理事会で決定され、翌年一月場所の番付発表から発効する。昇降の条件は、基本的には年功序列だが、技量も加味される。

床山として採用されると、床山のいない部屋に優先的に配属される。ただし最初の3年間は養成期間とされ、協会が指定する部屋に通い、先輩の床山に指導を仰ぎながら技能を習得し、3年を過ぎれば、自分で技量を磨いて地位を上げていく。

床山にとって、階級と並んで大切なのは、大銀杏を結う技術である。階級とは別に、大銀杏を結えるようになると「関取格扱い」を受けるようになり、幕下以上の力士を担当することができる。幕下以上が「関取格扱い」となるのは、幕下は、普段は大銀杏を結えないが、十両との取組や弓取式、初《しょ》っ切《き》りに出る際などには大銀杏が必要になるからである。

年寄（親方）

大相撲を運営する現役引退力士

力士から年寄へ

現役を引退した力士は、年寄として相撲協会にとどまることができ、大相撲の運営にかかわり、相撲界を支える。

2012年五月場所には幕内初優勝を手にした

年寄（親方）を襲名するには多くの条件があるが、モンゴル出身の関脇旭天鵬（現・11代友綱《ともづな》親方）の場合は日本国籍も取得し、資格十分だった

2015年７月27日に引退、2016年５月29日に断髪式を行った

2017年５月、年寄大島から名跡を変更して11代友綱親方となった

年《とし》寄《より》は、引退した力士で年寄名跡《みょうせき》を襲名した者であり、通常は「親《おや》方《かた》」とよばれる。全員が日本相撲協会の評議員であり、理事等の役職を担当する資格を有し、弟子を養育する義務を負う。

年寄名跡は現在１０５で、年寄株を取得できるのは、日本国籍を有し、①幕内《まくうち》通算20場所以上、関取《せきとり》を通算30場所以上、三役を1場所以上務めた者、あるいは、②横綱《よこづな》・大関《おおぜき》経験者である。

また、現役中の活躍が顕著であった横綱・大関は、一代限り、その四股名《しこな》を冠して年寄になれる（一代年寄）。大鵬《たいほう》、北《きた》の湖《うみ》、貴乃花《たかのはな》が一代年寄となったが、千《ち》代《よ》の富士《ふじ》は一代年寄を辞退して年寄九重《ここのえ》を継いだ。なお、横綱・大関には、横綱は5年間、大関は3年間、現役時代の四股名のままで年寄の資格が与えられる。

年寄は、日本相撲協会の職員として、審判、場内の警備など場所の運営に携わる。また、指導者としての任務もあり、部屋を持たない年寄は「部屋つき親方」としてどこかの相撲部屋に所属し、新弟子の発掘や指導に当たる。

審判委員

土俵際で勝負を見極め、反則などをチェックする厳しい眼で
相撲道を律するのが審判委員（勝負審判）である。

ビデオ判定

物言いがついたときや勝負が微妙なときなど、審判がビデオ室を呼び出し、参考意見を聞く。

勝負審判

土俵のすぐ下で取組の勝敗を見極めるのが審判の役目である。また、力士の相撲態度にも目を光らせている。写真は錦戸《にしきど》親方。

物言い

５人の審判のうち１人でも行司の判定に疑問があったときは、審議を申し出る。反則を見極めるのも審判が行い、行司はその判定をしない。

時計係

仕切りの時間をはかり、制限時間になったら手を挙げて行司、呼出に合図を送る。

日本相撲協会の審判部に配属された年寄は本場所で審判委員（勝負審判）を務める。勝負審判は、土俵の正面に1人、東西に各1人、向正面《むこうじょうめん》の行司溜《ぎょうじだ》まりに2人配置され、行司とは別に相撲勝負の判定に加わる。正面に坐る年寄が審判長を務め、向正面側赤房下（東寄り）の審判が時計係となり、呼出と行司に制限時間を伝える役割と、全体の進行を見極めて制限時間を調節する役割を担う。

本場所の場合、勝負審判は4班に分かれ、ローテーションを組んで順次出場する。装束《しょうぞく》は紋服白足袋で、五月場所は一重の羽織に紋付、七月・九月場所は麻の着物に一重の紋付である。

勝負審判は、勝負の判定を正しく公平に決定する責任があるため、行司の軍配に異議のある場合は「物言い」をつける。物言いがついた場合は、必要に応じてビデオ室とも連絡を取りつつ協議して勝負判定をし、その結果を発表する。勝負の判定だけでなく、土俵上の競技進行に目を配り、相撲競技規定に抵触または違反のないようにする責任もある。

若者頭と世話人

元関取や力士が後輩たちの指導と世話に当たる

若者頭の仕事

現役時代の経験を生かして相撲部屋の面倒を見、場所運営の補助などに従事する。

相撲行事の段取り

靖国神社奉納相撲で関取や行司に段取りを伝える若者頭。さまざまな相撲行事を体験した者ゆえの心くばりがゆきとどいている。
写真は、奉納相撲の段取りを把瑠都《ばると》や琴欧洲《ことおうしゅう》らに説明する陸奥部屋の若者頭福ノ里。

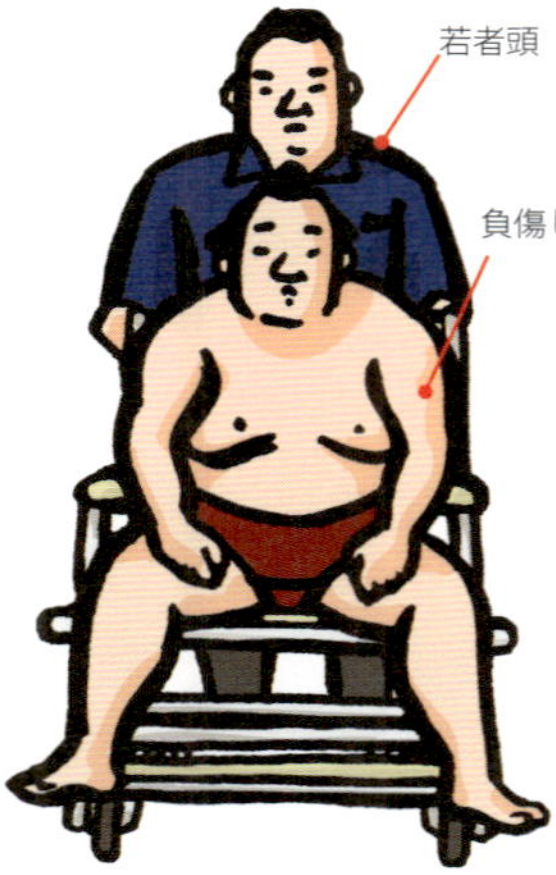

負傷者の退場補助

傷ついた力士を退場させるときにも若者頭が先頭をきって指示を与える。自身で担架や車椅子に負傷力士を乗せて医務室へ連れていくことも多い。

式典の補助

千秋楽の優勝者表彰式では、優勝した力士の補助におおいに活躍する。初めて優勝した力士は、その指導なしではまごついてしまうにちがいない。

大相撲の興行、部屋の運営には、あまり知られていないものの縁の下の力持ちというべき役職がある。それが「若者頭《わかいものがしら》」と「世話人《せわにん》」である。

若者頭は、相撲部屋に所属して力士養成員の監督指導に当たるとともに、相撲競技の円滑な運営のための補助的業務を担う。優勝決定戦のくじ引きをしたり、表彰式では賞状を授賞者に渡したり、賜《し》杯《はい》やトロフィーの持ち運びを手伝ったりと、テレビ中継でもさまざまな仕事に当たる姿を目にすることができる。土俵でけがをした力士を担架で運ぶのも若者頭である。

若者頭は、かつては引退した十両・幕下力士から選ばれていたが、現在いる若者頭はすべて関取経験者である。1995年からは、番付にも名前が記されるようになった。

現役時代の四股名《しこな》を名乗り、部屋では「かしら」とよばれる。日本相撲協会の職員で、定員は8名、定年は65歳である。所属する部屋だけでなく、一門（→148頁）すべての部屋の面倒を見る。

世話人の仕事

若者頭とともに、場所や巡業などにおいて地味ながら大事な雑務全般を担当する。

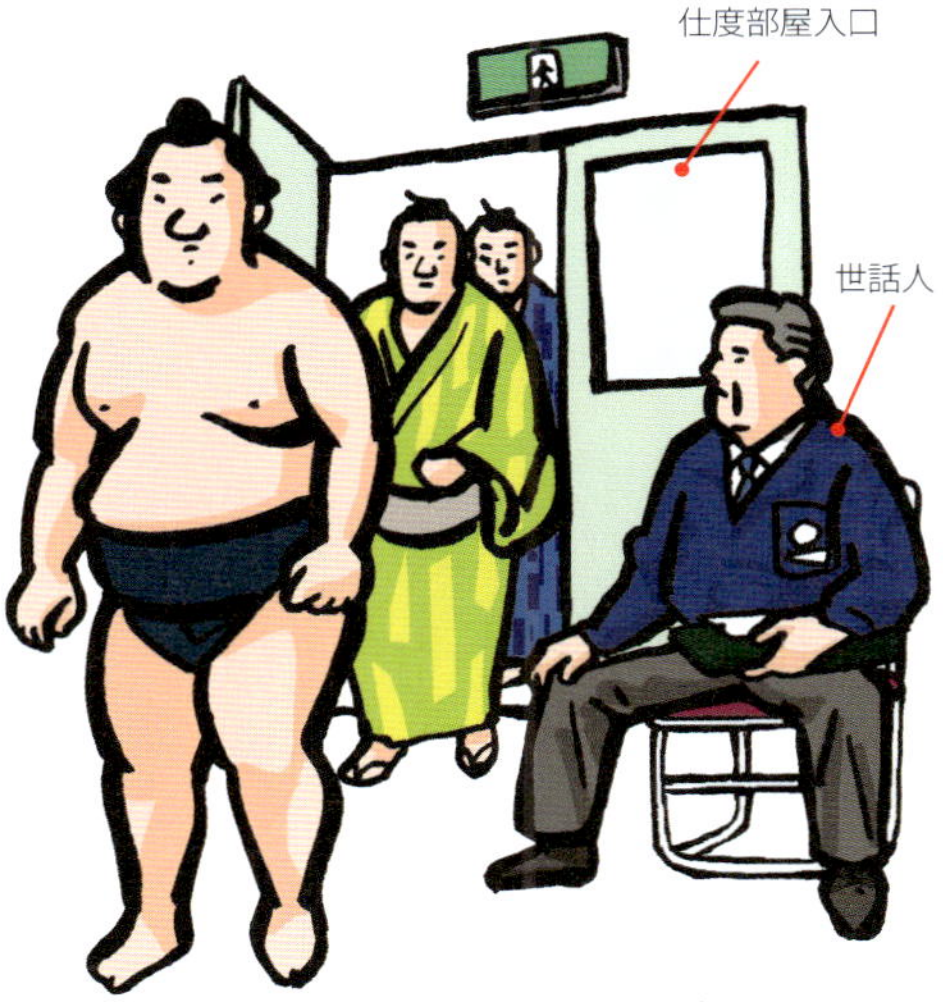

仕度部屋の出入りチェック

仕度部屋など、一般入場者が出入りできない場所の前で、間違えて入場者が入らないようにする。

巡業中の明け荷の管理

巡業先での明け荷の積み下ろしなどを円滑に進められるように付け人を指導する。

相撲用具の運搬

力士が相撲に専念できるように配慮し、相撲競技の進行に必要な品や用具などの管理と、それらの運搬などを行う。

世話人は、若者頭の助手を務め、相撲競技用具の運搬、保管などに当たるとともに、本場所の仕度部屋の管理、総合案内などの客対応、駐車場の管理など、場所運営全般の補佐に当たる。

世話人も日本相撲協会の職員で、定員は13名、定年は65歳である。やはり相撲部屋に所属し、現役時代最高位の四股名を名乗る。世話人も、番付に名前が出る。

世話人は、引退した十両・幕下力士で適格と認められる者から採用するとされているが、幕内経験者が採用されることもある。その業務が多彩で、しかも詳細にわたることから、力士生活が長く、また相撲界の事情によく通じた人が選ばれることが多い。

四股名《しこな》

四股名とは、力士の呼称である。もともとは「醜名」と書いたが、「醜」は「みにくい」という意味ではなく、「逞《たくま》しい」という意味である。「朝《あさ》潮《しお》」などと、いわば姓のみが四股名ととらえられることも多いが、姓+名すなわち「朝潮太郎《たろう》」が四股名である。

四股名のつけ方はさまざまである。多くの場合、親方や先輩の四股名から文字を受け継ぐ、あるいは母校やタニマチなどに因《ちな》むなどしてつけられるが、最近は、高安《たかやす》や遠藤《えんどう》のように本名をそのまま使うこともある。

写真は「御嶽海《みたけうみ》」。長野県出身なので郷土の“御嶽山《おんたけさん》”。出羽海部屋所属で“海”。四股名から出身、所属部屋がすぐにわかる。

日本相撲協会

大相撲を主宰する唯一の組織

本場所の初日および千秋楽には、日本相撲協会理事長が横綱および三役力士を従えて土俵に立ち、協会挨拶を行うのを恒例としている

日本相撲協会の歩みは大相撲の歩み

日本相撲協会の母体は、東京に本拠を置いた東京大角力協会であるが、その起源は江戸時代の「相撲会所」である。相撲会所は、勧進相撲の興行プロモーターともいうべき相撲部屋を統率した組織であった。1889年(明治22)、相撲会所が東京大角力協会に改組され、1925年には財団法人大日本相撲協会と改称され、1927年、大阪角力協会と合併し、全国組織として発足した。1958年に名称を財団法人日本相撲協会に改称、2014年に公益財団法人日本相撲協会に改組し、現在に至っている。

写真は、今でも「大日本相撲協会」時代の玉垣が残る東京都墨田区の「野見宿禰神社」。

正式名称は「公益財団法人日本相撲協会」である。大相撲を主宰するただ一つの職業相撲団体である。事務所を国技館内におき、運営には力士を引退した年寄である評議員が当たっている。年寄には役職があり、理事、監事、委員、参与、(平)年寄で、12の部署を分担して担当する。なお、部の長、理事10名と幹事3名は評議員による選挙で選ばれる。協会の代表となる理事長は、理事の互選による。

協会の運営の目的は、同協会の「定款第三条」に定められ、

・相撲道の伝統と秩序の維持、継承発展
・本場所及び巡業の開催
・開催のための人材の育成
・相撲の指導・普及
・記録の保存及び活用
・相撲を通した国際親善
・それに必要な施設の維持・管理運営

を行っている。これらの活動を通じ、日本独自の相撲文化を正しく伝承し、相撲の指導と普及によってわが国固有の国技である相撲道の維持発展を図り、技術や精神を守り伝えることを目指している。

さまざまな活動

12の部局があり、各部局の長である理事の指示のもと、相撲の発展と普及に尽力している。

事業部

「事業部」は、両国の国技館（→120頁）で行われる年３回の東京本場所の実施運営を行う。

本場所当日の木戸口（写真）における来場者のチケットもぎりと取組表渡しは、事業部の管轄で、年寄が行う。ただし、大阪、名古屋、福岡で開催される地方場所（→128頁）は「地方場所部」が、また地方巡業（→134頁）は「巡業部」がそれぞれ担当する。

指導普及部

相撲道を伝承していくための相撲技術の研修や、青少年・学生を対象とした相撲の指導奨励、また相撲指導書等の出版も担当するのが「指導普及部」である。一般への相撲の普及を目的とした相撲教室などにおいても、協会の年寄が出向き指導を行っている。

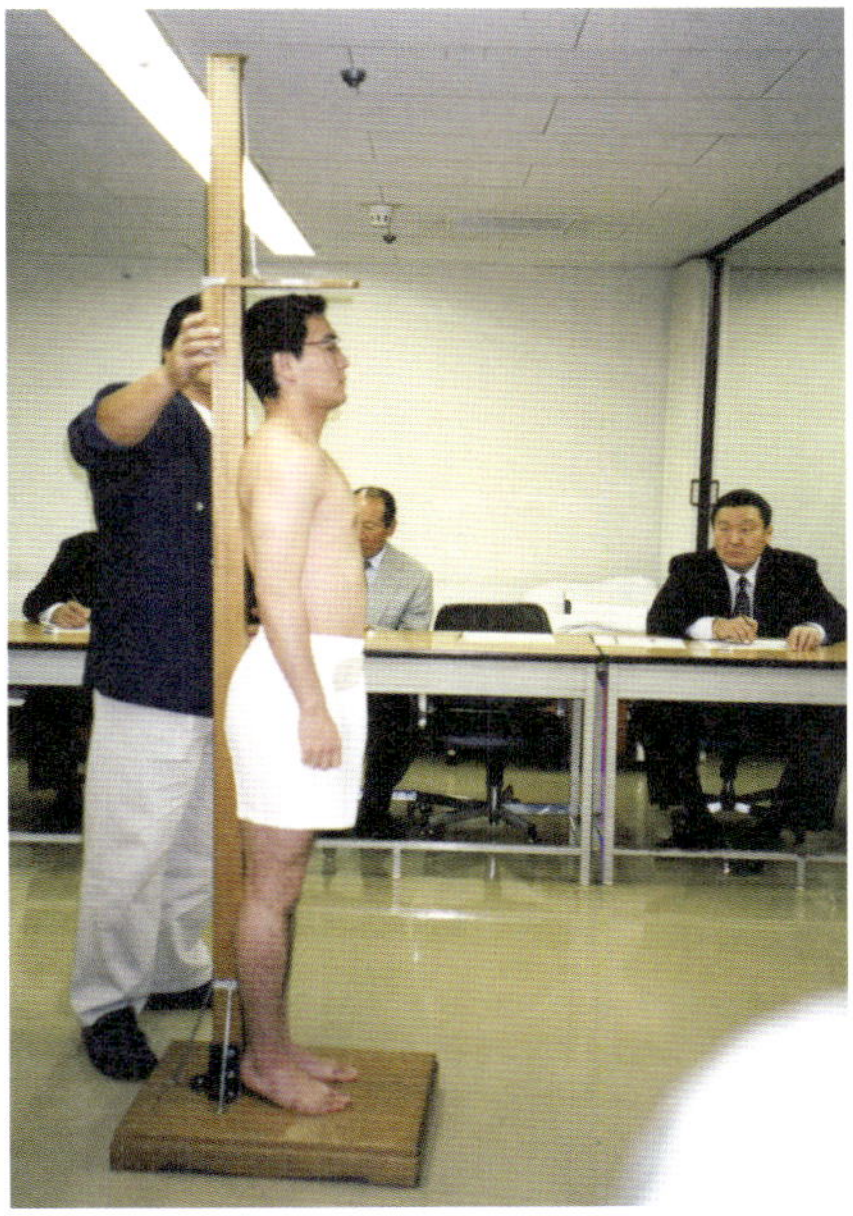

相撲博物館・相撲診療所

「相撲博物館」（上写真、→123頁）は国技館に併設された相撲の関連資料を展示・保管する部局で、日本相撲協会が設立・運営している。初代館長は横綱審議委員会初代委員長だった酒井《さかい》忠正《ただまさ》で、同館の収蔵品は酒井のコレクションがもととなった。館長は協会を退職した元横綱が務めるのが通例となっている。

「相撲診療所」は国技館の地下１階にあり、力士の健康診断やけがの処置ばかりでなく、職員の福利厚生も行っている。また、一般の人の診察も受けつけている。なお、新弟子検査（右写真）の会場もここである。

横綱審議委員会

日本相撲協会には、外部組織による諮問機関として、横綱審議委員会が設置されている。同会は1950年4月21日に発足。相撲に造詣の深い有識者が横綱の昇進にあたってその適否を日本相撲協会に諮問するほか、東京場所での稽古総見などを通して、相撲の技能向上に資している。

コラム3 懸賞

懸賞が懸かった取組に際しては、呼出がスポンサー名を明記した懸賞旗を掲げて土俵を一巡する。たくさんの懸賞が懸かった場合は、2巡、3巡することもある。その間、企業や団体名、キャッチフレーズが場内アナウンスされる。

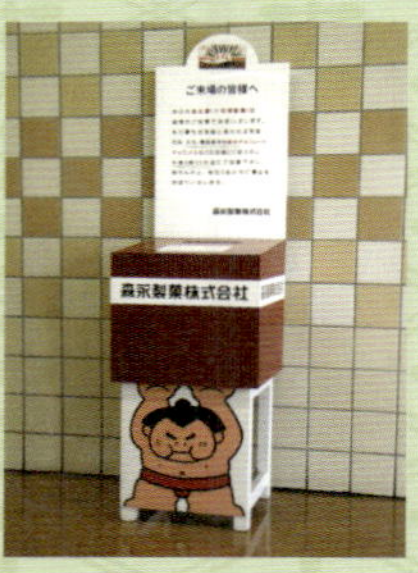

ユニークな懸賞

森永製菓が東京本場所で出す「森永賞」は、当日来場した観客の投票で最多票を得票した取組にかけられる。投票用紙は森永製品の空き箱や包み紙で、森永賞がかかった取組に投票した人の中から抽選で森永製品などがもらえる。

懸賞の熨斗袋は縁起物として、飲食店などで重宝され、有名人のサイン色紙のように掲示されることもある。

懸賞金を受け取る際には手刀を切る（→33頁）が、これは意外と新しい礼式で、1966年（昭和41）から規則として実施されるようになった。

懸賞《けんしょう》とは勝った力士に授与される金銭のことである。原則として幕内の取組に限り、企業や後援会などの団体が懸賞金を提供し、日本相撲協会に申し込んで懸ける。

懸賞金は1本6万2000円で、1日1本以上、1場所15本以上かけることが必要になる。懸賞金6万2000円からは事務経費として5300円が差し引かれ、3万円が熨斗袋《のしぶくろ》に入れられて力士に直接手渡され、残り2万6700円は納税充当金として協会が預かり、引退時に返還される。

平安時代の相撲節会《すまいのせちえ》では勝者に反物や穀物が贈られていたが、武家の時代になると弓矢などが贈られるようになったという。

江戸時代の興行では「投げ纏頭《はな》」という習慣があった。これは、贔屓《ひいき》の力士が勝ったとき、羽織や煙草入れなどを土俵に投げ入れて祝意を示すものである。投げ入れられたものを呼出が勝ち力士に届け、付け人が投げ主に返しに行くと、ご祝儀《しゅうぎ》が出たのである。

金星《きんぼし》や番狂わせなどがあった一番で、会場に座布団が舞う光景が見られるが、これは投げ纏頭の名残だといわれる。

投げ纏頭は1909年（明治42）に禁止されて懸賞制度となり、さまざまな景品が提供されたが、1960年（昭和35）九月場所から懸賞金の制度となり、現在に至っている。

第四章

力士の日常

力士の日常は日々これ厳しい稽古。
稽古をするところが相撲部屋で、力士を育てるのが親方である。
力士は相撲部屋でどのような生活をしているのか。
力士の日常を少しばかり覗いてみよう。

相撲部屋

日本相撲協会の委嘱を受け、年寄（親方）が運営

相撲部屋の始まり

相撲部屋は、江戸時代・宝暦《ほうれき》（1751 ～ 64）の頃に、相撲興行の元締めともいうべき相撲会所《すもうかいしょ》が「相撲部屋」とよばれたことに始まる。同じ頃に、相撲の専業者となった年寄が弟子を自宅で養成するようになり、その稽古場を備えた自宅が「相撲部屋」とよばれるようになった。それらがいつしか合体して現在のような相撲部屋の制度が確立され、相撲部屋が力士の生活の場となったのは明治以降のことである。写真は90年以上続く春日野部屋の正面玄関。

稽古場

相撲部屋の１階には稽古場がある。写真は九重部屋。

新興の相撲部屋

荒汐《あらしお》部屋は、元・小結大豊《おおゆたか》の荒汐親方が2002年に時津風《ときつかぜ》部屋から独立して日本橋浜町に創設した相撲部屋。一般に稽古場は、天窓はあるが外からは見ることのできない構造だが、荒汐部屋の稽古場の一部には大きなガラス窓があり、窓の外から朝稽古を自由に見学することができる。海外の観光客の見学者も多い。

番付札

各相撲部屋の稽古場には、親方を筆頭に、所属する力士や行司などの名が書かれた札が地位順に掲げられている。写真は2003年当時の佐渡ヶ嶽《さどがたけ》部屋の番付札。

相撲部屋は、日本相撲協会が力士の養成を委嘱したところで、年寄名《としよりみょう》跡《せき》を継承した部屋持ちの年寄（親方）が運営する。各々独立しているが、親方の師弟関係の系統により「一門」というグループを形成している（→148頁）。

相撲部屋は、親方個人の住宅と稽古場を兼ねる。相撲部屋に対しては、日本相撲協会から部屋の維持費、弟子の養成にかかる経費、養成員経費などの運営資金が支給される。力士や行司、呼出、床山などは、日本相撲協会の協会員であるが、必ずどこかの相撲部屋に所属しなければならない。部屋に所属する者は、親方の定年や死亡などによって部屋の維持が困難になった場合を除き、原則として移籍は認められない。

相撲部屋の多くは、1階が稽古場、2階以上が親方夫妻や力士たちの居住スペースとなっている。個室に住めるのは関取のみであり、幕下以下の力士は大部屋での共同生活を送る。地方本場所や巡業などもあるため、力士が大部屋で生活するのは1年の半分ほどである。

力士を心身ともに育てる 親方とおかみさん

親方とおかみさんの仕事

荒汐部屋の親方とおかみさんに、それぞれの仕事について話を聞いた。

親方

親方の指導法にはさまざまな方針があるが、指導内容は技の向上だけでなく、力士の安全にも配慮したものである点は共通している。親方の助言ひと言で稽古中の力士の技の質が見ちがえるほどあがることはしばしばある。後方、左端で目を光らせる荒汐親方。

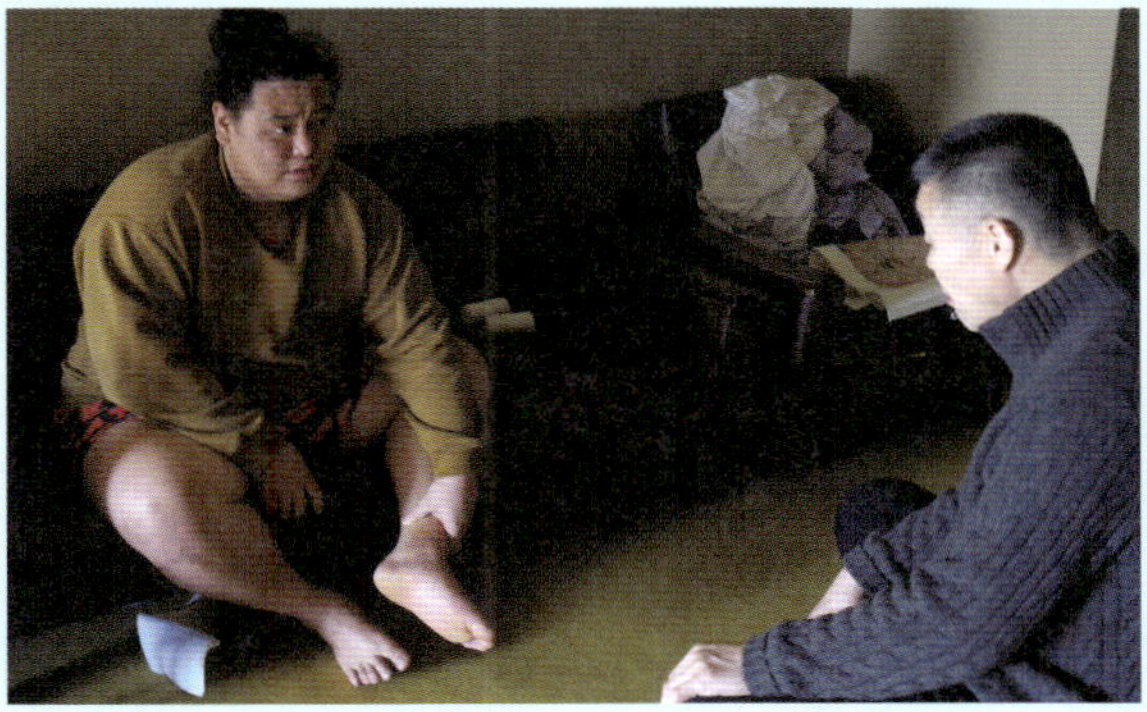

ケガは力士につきものだ。親方は力士から症状を聞いて、稽古復帰のタイミングを指導する。そんなとき、自身の現役のときの体験が役に立つそうだ。
「力士たちは相撲協会に所属する協会の一員です。相撲部屋は、力士を協会から預かり、体を鍛え、技能・相撲道を身に着けて一人前に育てる場と考えています」（荒汐親方談）

地域での活動・後援会への連絡や接待

おかみさん

相撲部屋というひとつの家族を内側から支えるおかみさん。その経験は各家庭での子育てにも通ずるものがあり、地域の活動に参画する（→110頁）一環として、相撲部屋の話をしてほしいという講演依頼を受けることもしばしば（写真）。また、おかみさんは、部屋を支援してくれる方々とつねにコンタクトをとり、案内の手紙を書いたり、電話連絡をしたり、見学会に招待したりする。新たに支援してくれる人や団体を発掘するための努力もおこたらない。

相撲部屋は親方とおかみさんを両親とし、力士を育てる疑似家族である。部屋が目指すところは、力士を相撲の競技者として、また人間として育て上げることである。そのために、親方は相撲と相撲道を教え、おかみさんは相撲を離れて人間性の涵養《かんよう》に腐心する。

親方の主な仕事は、力士の発掘（→98頁）と指導である。親方が自分の型を押しつけても力士は育たない。四股など基本の部分では細かい指導をしても、あとは各々の力士の個性を伸ばすことが大事だ。

おかみさんも、手取り足取り力士の世話をするわけではなく、部屋の雰囲気を把握し、安心安全に稽古ができる環境を整えつつ、人間性を涵養するのである。このつかず離れずの立場を保つのが、難しい。

おかみさんは、会社でいえば総務・経理・渉外を一人でこなす、まさに縁の下の力持ち。部屋の会計をどう切り盛りするか、後援者をどう確保・維持するか。歴史の浅い部屋だと、地方場所の安定的な宿舎探しも困難が多いという。

相撲部屋での力士養成
入門から関取まで

入門

弟子入りは、希望する相撲部屋を訪ねることから始まる。

弟子入り

入門希望の部屋を訪問し、親方を通じて協会に「力士検査届」と必要書類を提出する。

親方
弟子入り希望者

新弟子検査と力士登録

新弟子検査は場所前に行われる。体格上の資格は身長167cm以上、体重67kg以上（3月だけは、その春の中学卒業見込み者に限り身長165cm以上、体重67kg以上）。検査に合格すれば、晴れて力士の仲間入り。四股名《しこな》がつけられる。

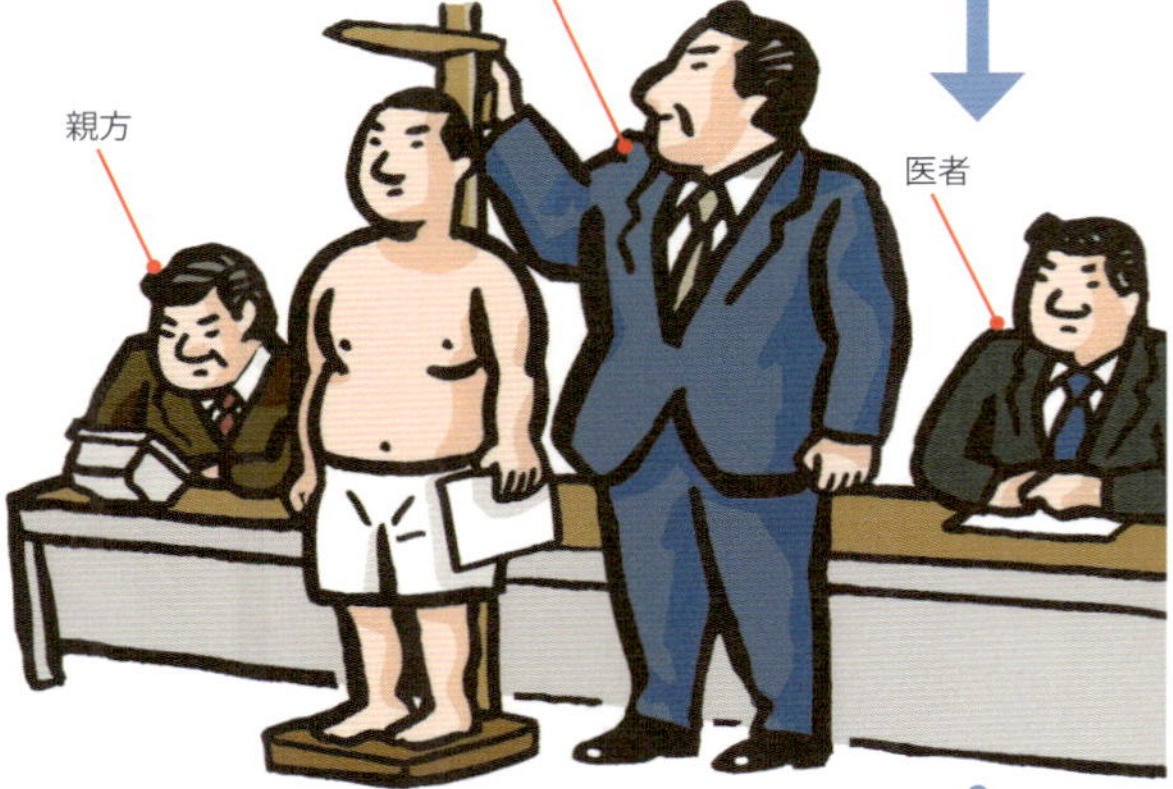
身長、体重を測る
親方
医者

相撲教習所で学ぶ

新弟子になると、国技館内にある相撲教習所で相撲の基本をみっちり勉強する。6ヶ月間の教習（月～金の午前中）で、実技、相撲史、運動医学、国語（書道作文を含む）、社会学一般、自然科学などの教養を身につける。

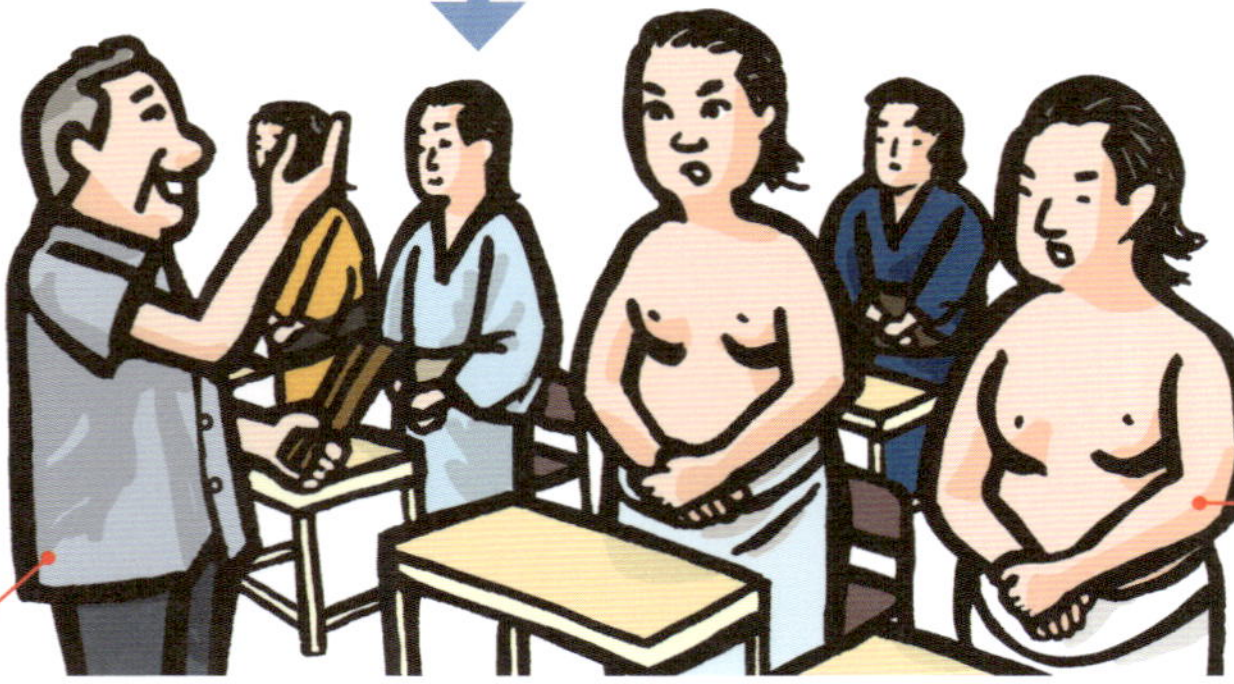
指導員は現役力士や年寄
相撲史、運動医学などを習う

力士になるには、相撲部屋に入門しなければならない。親方自身が全国を回って有能な青少年を発掘する、あるいは後援者やタニマチ（→114頁）からの紹介で相撲部屋の門をたたくというのが伝統的な入門のスタイルである。新弟子の発掘は親方の手腕（目と人脈）にかかっているのである。昨今は、相撲の盛んな学校と相撲界の結びつきも強く、高校・大学の相撲部から弟子入りすることも少なくないようだが、高田川《たかだがわ》親方（元・関脇安芸乃島《あきのしま》）のように、中卒のたたき上げ力士にこだわる親方も健在である。

今は、インターネットを通して相撲界に入るケースも多くなっている。ホームページなどで部屋の情報を得、ここぞという部屋の門を弟子希望者側がたたくのである。中には数日間の体験入門を実施する部屋もある。相撲のことは知らなくてもスポーツ経験者である、あるいは自ら選んだ世界だけに最初から志が高いなど、有望な若者がリクルートされる率も高い。入門のスタイルも、多様化しているのが昨今の相撲界である。

初土俵

初土俵は序ノ口の取組前の前相撲。前相撲を取れば、翌場所から序ノ口に昇進する。

序ノ口に昇進

はじめて番付に名前が載る。とはいうものの最下段にごく小さな文字で。それが序二段、三段目、幕下と、昇進とともに大きな文字になっていく。序二段までは、浴衣、裸足に下駄ばきというでたち。写真は、まだまげの結えない力士もいる序二段の取組。

前相撲からスタート

ざんぎり頭に、まだ体にフィットしていない廻しを締めての初舞台。前相撲を取れば「新序」として、翌場所の序ノ口にランクインされることが決定。なお、新序は千秋楽の表彰式後、審判委員らとともに土俵でお神酒《みき》を上げて、呼出《よびだし》の音頭で手打ち。神送《かみおく》りの儀《ぎ》（→11頁）では行司や審判委員を胴上げする。

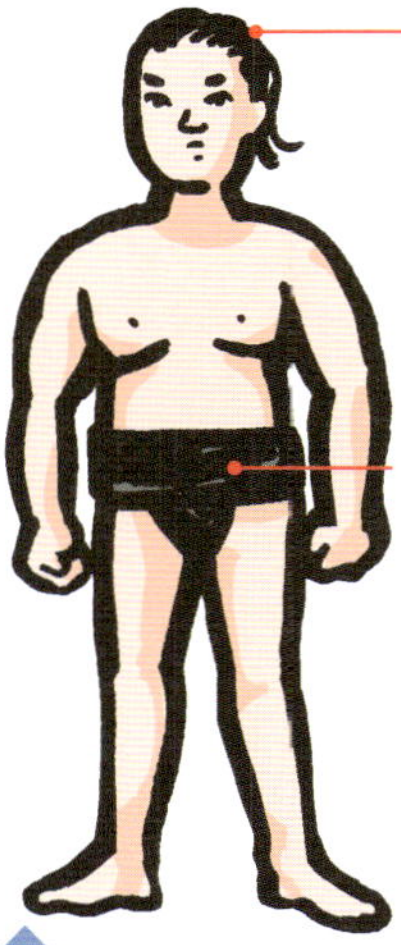
ざんぎり頭
黒木綿の廻し

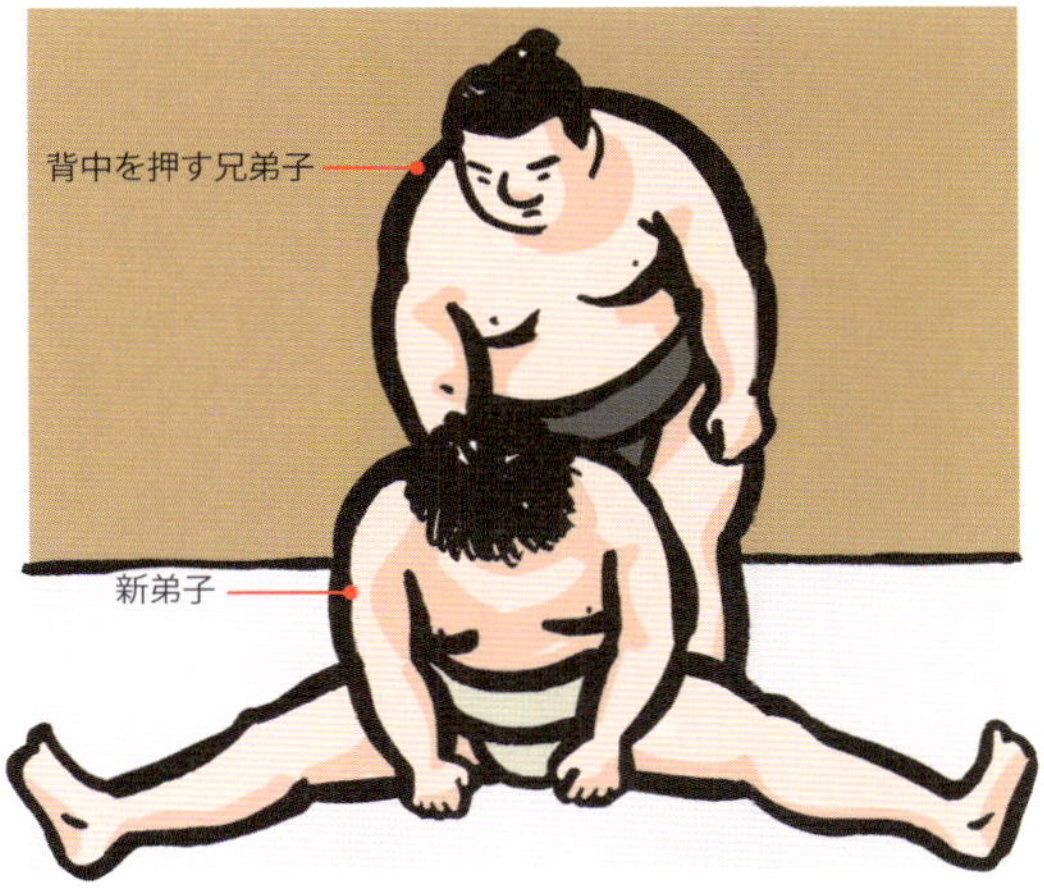
背中を押す兄弟子
新弟子

力士としての体づくり

力士は股関節を柔らかくする股割《またわ》りをする。これをすることでけがを防ぐ。脚を大きく開いて尻を地面に着けた体勢で兄弟子に背中を強く押され、最初は悲鳴をあげる。

外国人力士

現在、外国出身力士（帰化した者を含む）は部屋に1人だけに制限されている（2010年2月以降）。ただし、この規則以前に所属している外国人力士がいる場合と、部屋の合併により複数人数がいる場合は、例外とされる。

外国人力士にとっては、プライバシーのない大部屋での共同生活になじむのにかなりの努力が必要になる。食生活の違いにも苦労するという。それに加え日本語を早く覚えることも求められる。それらを乗り越えて高い地位を獲得している力士も大勢いる。写真は春日野《かすがの》部屋の栃ノ心《とちのしん》（ジョージア出身）。

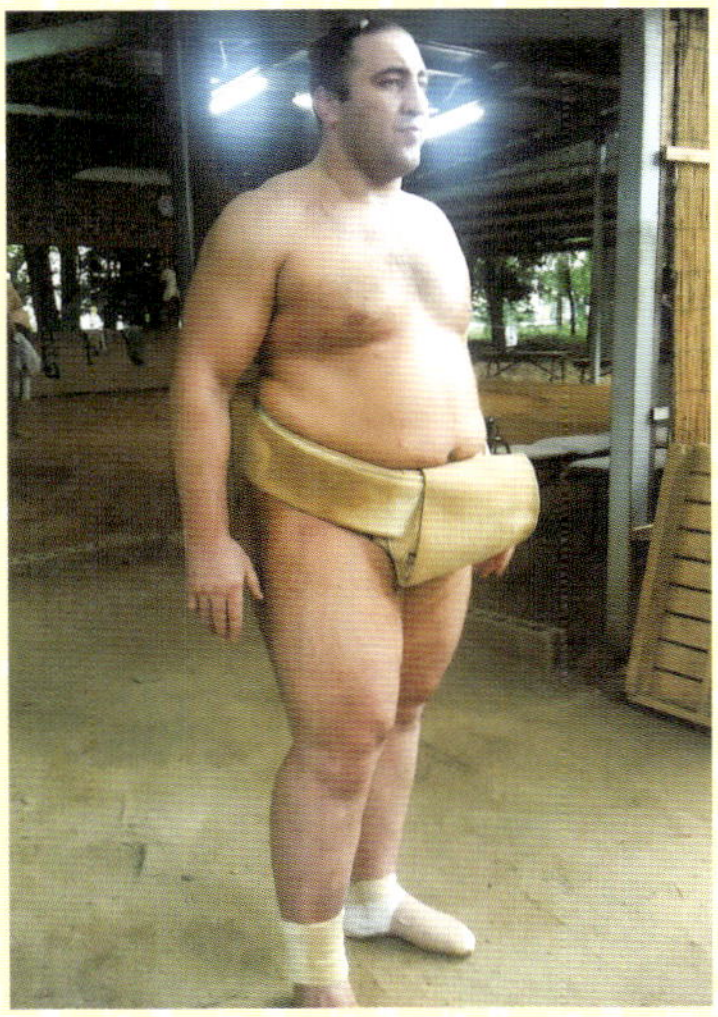

入門直後の力士は、生活環境や食生活の変化で、痩せることも多い。それを乗り越え、体が大きくなり始めたら、本格的な稽古の始まりだ。

初土俵は「前相撲《まえずもう》」で、序ノ口《じょのくち》の取組以前に行われる。前相撲を全休しない限り、翌場所で序ノ口に上がるが、前相撲の成績が、序ノ口での地位を左右する（幕下付出し〈→100頁〉で入門した場合を除く）。前相撲を取って翌場所序ノ口にあがる資格を得た力士は、「新序出世《しんじょしゅっせ》披露《ひろう》」（→35頁）を受ける。

関取に昇進

序ノ口、序二段、三段目、幕下と大勢のライバルとの勝負を勝ち抜き、関取へ昇進するのは力士の中の一部の者だけだ。

アマチュア横綱

幕下付出し《まくしたつけだし》

学生・アマチュア時代に優秀な成績を収めた力士の地位を優遇する制度。全日本相撲選手権大会、全国学生相撲選手権大会、全日本実業団相撲選手権大会、国民体育大会相撲競技（成年男子A）のいずれかに優勝した場合、幕下15枚目でデビュー。全日本相撲選手権大会の優勝＋その他3大会のいずれか1つ以上に優勝した場合、幕下10枚目でデビューする。対象者は25歳未満で、期限はいずれも優勝の日から1年間。ただし、その場所での番付に名前は載らない。

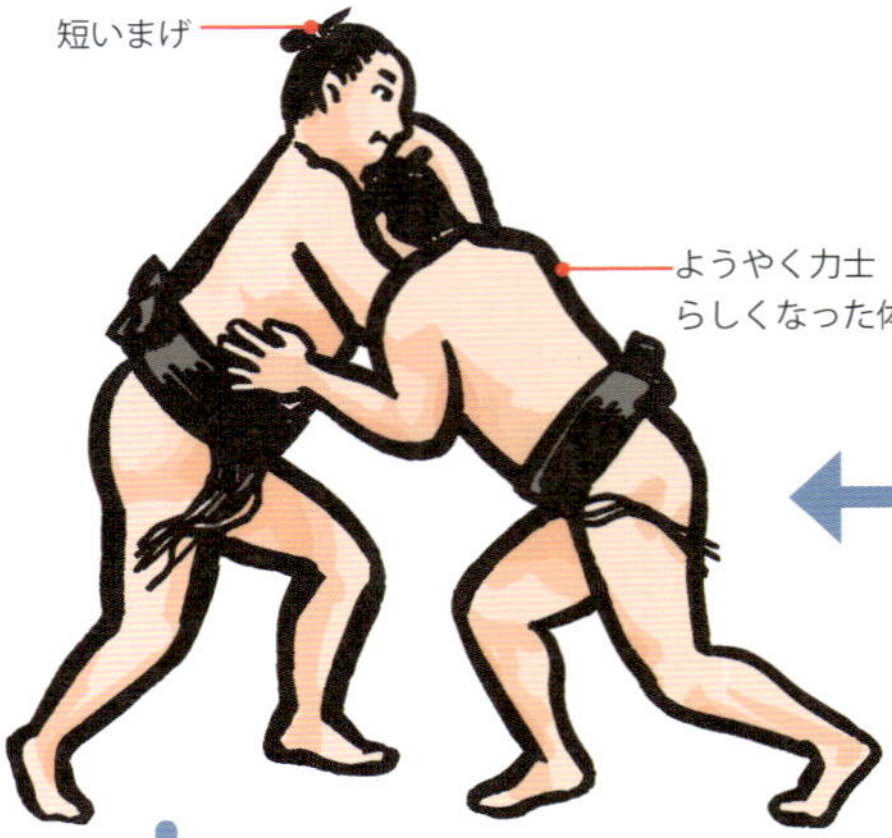
短いまげ
ようやく力士らしくなった体

三段目《さんだんめ》から幕下へ

三段目からは定員があるため、三段目昇進が関取への道の第一関門である。幕下の地位は、十両から陥落する力士数や十両以上の引退力士の有無によって大きく左右される。幕下上位は十両力士との対戦も組まれ、「関取」の座をかけた激しい攻防が見られる。

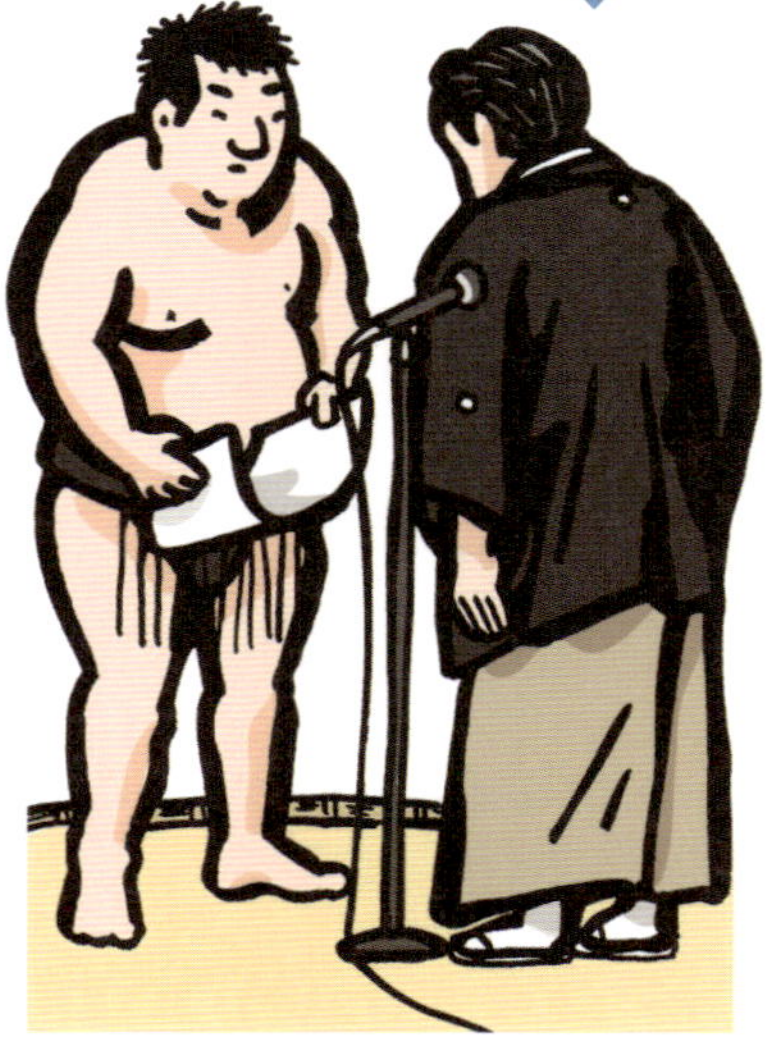

幕下で優勝

稽古に励んだ甲斐あって幕下優勝を勝ち取ると、地位によって十両昇進がかなう。優勝すると千秋楽の優勝力士表彰で大勢の観衆に印象づけられることになる。

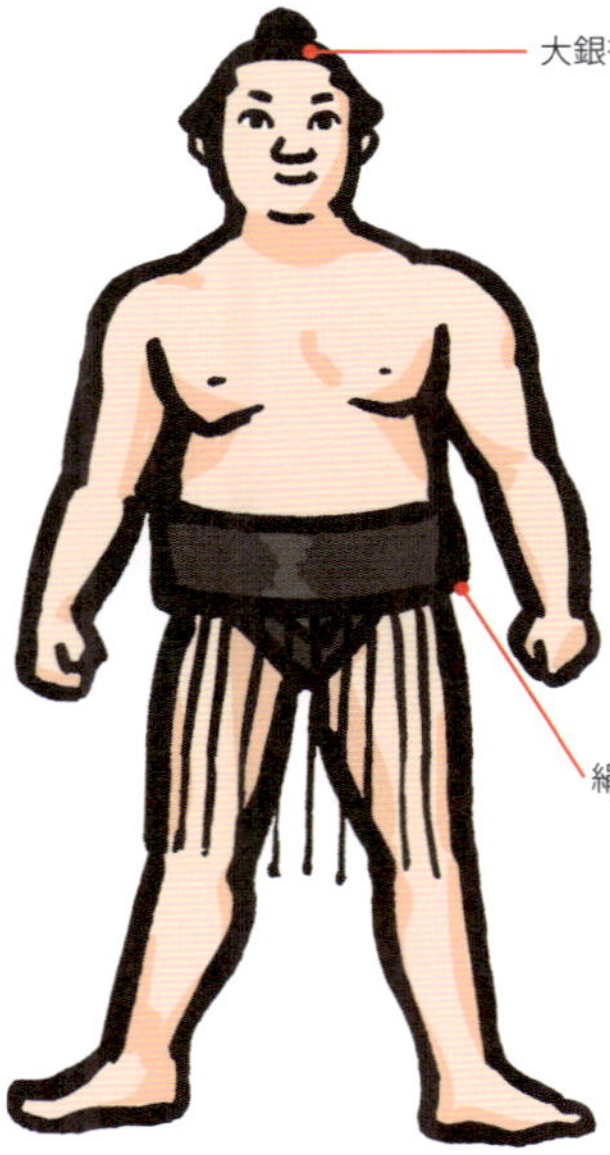
大銀杏が結える
絹の締め込み

十両・幕内に昇進

十両からは「関取」に序される。それまでは関取の付け人についていたのが、立場が逆転、付け人を従える身分に。番付争いはさらに苛酷になり、同時に関取としての品格も求められる。

明け荷

締め込みや化粧回し、さがりなど、取組で必要なものを入れた竹で編まれたつづら。十両以上の力士と行司と親方がもてる。

龍
花

十《じゅう》両《りょう》からは「関取《せきとり》」とよばれ、一人前の力士として遇されるようになる。

関取になると、給料が出るようになり（幕下以下は無給、場所ごとの手当てが出るのみ）、大銀杏《おおいちょう》を結うことができ、化粧廻しを締めて土俵入《どひょうい》りを披露できるようになる。付《つ》け人《びと》がつき、身の回りのことは付け人がやってくれるようになる。力《ちから》水《みず》や塩まきも、関取にのみ許される。さらに、結婚も関取にならなければ許されないし、サインをしたり手形を押したりすることも、関取になってからである。

関取と幕下以下の「力士養成員」では、かくも待遇が違う。しかし、関取になっても先はまだまだ。幕内《まくうち》に昇進し、三役《さんやく》、そして横綱《よこづな》と、頂点への道のりは続く。

現役引退

自分の最高位がなんであろうと、相撲に打ちこんだ日々に悔いのないのがすべての力士の気持ちだろう。

引退の決意

引退を決定するのは、本人である。引退の理由は、けがによることもあれば体力・気力の限界を悟ってのこともある。1991年5月14日、千代の富士が涙ながらに発した「体力の限界！　気力も無くなり、引退することになりました」の一言は、万感の思いのこもった名言であった。

引退会見で相撲人生を振り返る
親方

断髪式《だんぱつしき》

引退に際しては、引退相撲や断髪式などが行われる。関取を30場所以上務めた力士は、国技館で引退相撲を行える。横綱の引退相撲では、最後の横綱土俵入りが披露される。なお、断髪式では、関取でなくても大銀杏を結うことが許される。関係者が少しずつ鋏《はさみ》を入れていき、親方が止め鋏を入れて大たぶさを落とす。

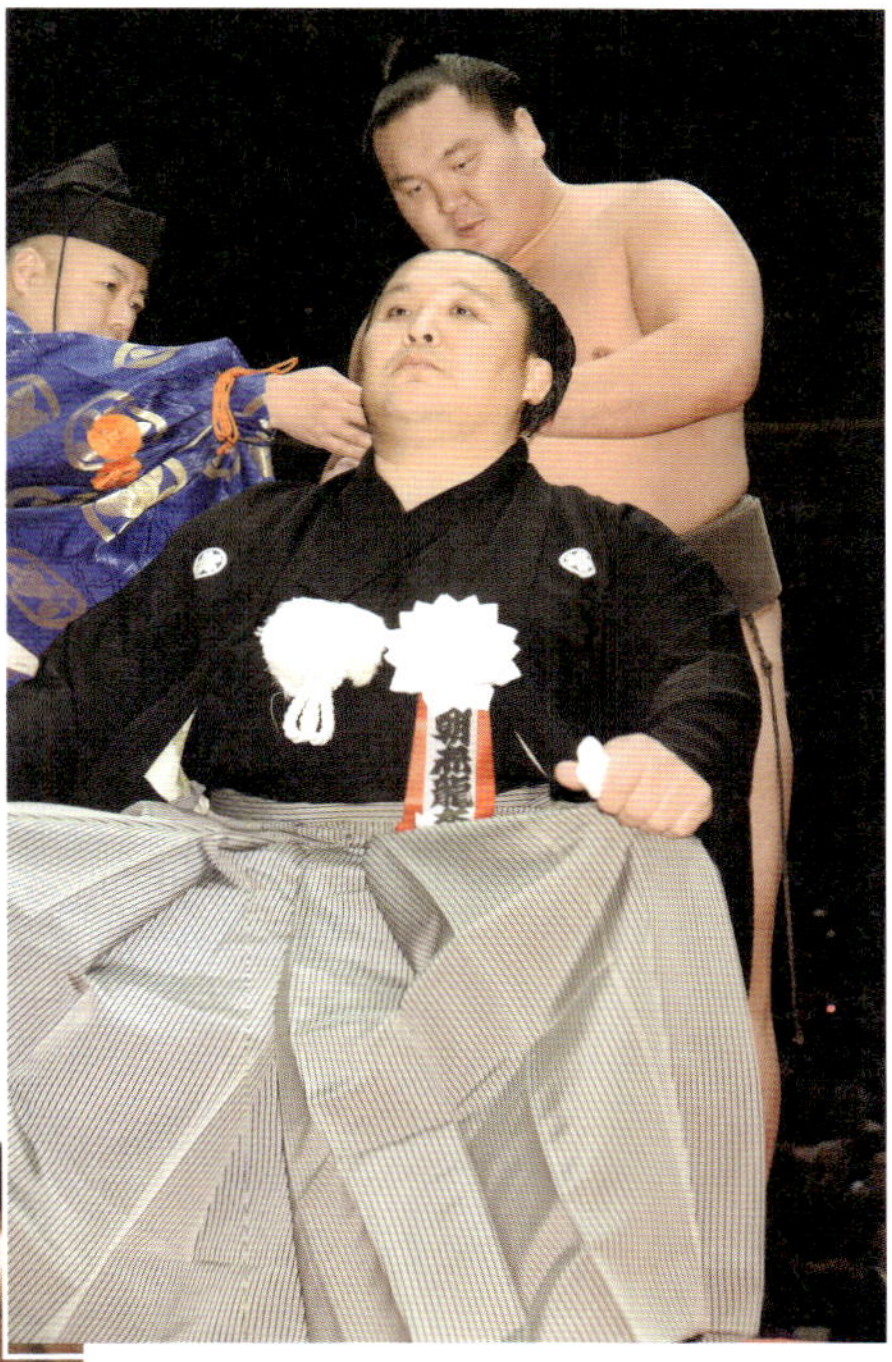

横綱を夢見る

幕内力士になると、自分の四股名《しこな》を染め抜いた着物の着用が許される。幕内力士としての責任を実感する。幕内力士の定員は42人。全力士の7～8％以内という狭き門である。さらに目指すは三役、そして横綱である。

付け人

「若い者」ともよばれ、十両以上の力士につき、身の回りの世話一切を行う。場所中は、廻しの手伝い、取組前のシミュレーションの相手などもする。十両で2～3人、幕内力士で2～5人、横綱になると10人近くの付け人を従える。付け人は親方の指名あるいは関取の指名によって選ばれ、人数不足の場合は他の部屋からつくこともある。写真は、ついた関取の明け荷運びをする付け人。

力士生活にも、終わりのときが必ず来る。引退である。引退後は、年《とし》寄《より》（親方《おやかた》）・若者頭《わかいものがしら》・世話人《せわにん》などとして日本相撲協会に再雇用されて相撲界にかかわる道と、相撲解説者になったり、ちゃんこ料理店を経営したりと相撲界から離れる道がある。新たな「第二の人生」が待っている。

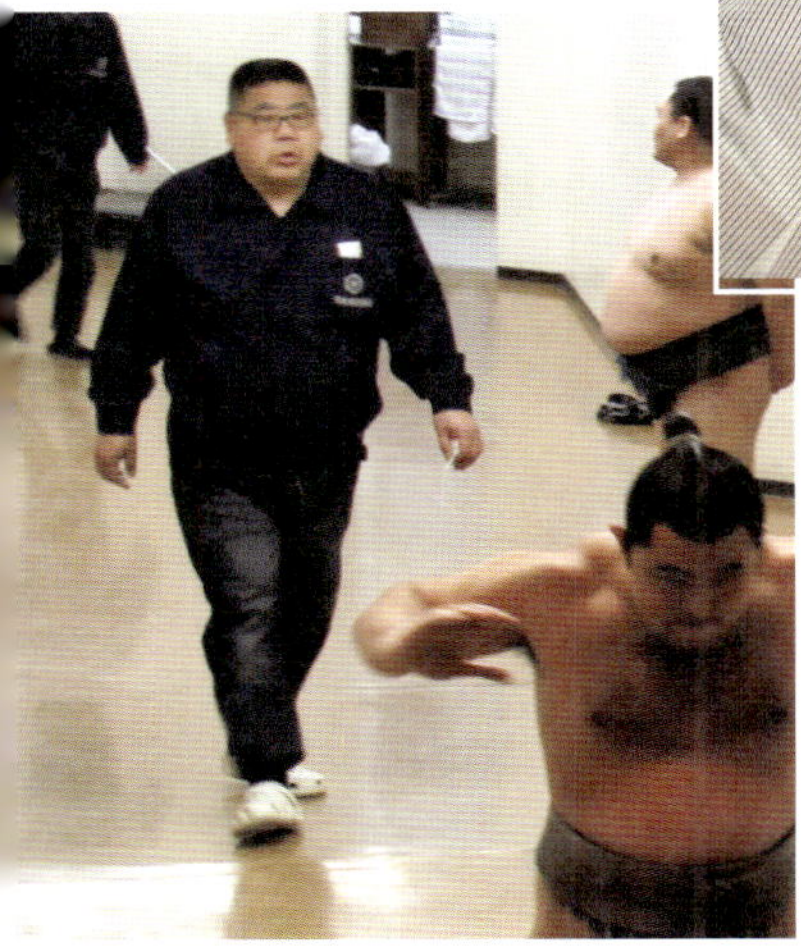

相撲界に残る

年寄・若者頭・世話人になる（→88～91頁）。力士経験を生かして大相撲の発展につくす。写真は、本場所中、花道で忙しく働く若者頭。

力士の一日

稽古に明け、稽古に暮れる

午前
5～6時頃

起床

さっそく稽古廻しをつけて稽古の準備。朝食は摂らず、稽古は番付下位の力士から始まる。

午前
6時頃

関取は
午前8時頃

基本的な稽古（準備運動）

稽古場に出て、四股、股割り、すり足、鉄砲などを繰り返し行い、体をほぐす（→43頁、104頁）。

午前
7時過ぎ

関取は
午前9時頃

実戦的な稽古（土俵上での稽古）

土俵に2人の力士が上がり、申し合い、三番稽古、ぶつかり稽古を繰り返す（→105 ～ 108頁）。
部屋づき親方のいる相撲部屋では、その指導も受けられる。

相撲部屋は力士の生活の場であるが、力士の暮らしは日々これ稽古である。

稽古は早朝6時頃から、番付の低い順に始まる。朝食は摂らず、股割《またわ》り、四股《しこ》、すり足、鉄砲《てっぽう》といった基本的な稽古を各自で行い、実戦的な「申《もう》し合《あ》い」「三番稽《さんばんげい》古《こ》」「ぶつかり稽古」へと進む。稽古が終われば、神棚に手を合わせて土俵を整え、今度は序列の高い順に風呂に入り、「ちゃんこ」（食事）である。

稽古は午前中のみで、ちゃんこが終われば昼寝をし、夜のちゃんこがすめば就寝まで、基本的には自由である。こう書くとずいぶん気楽に見えるかもしれないが、昼寝も大きな体をつくるために不可欠な「稽古」なのである。

力士の休日は、基本的には本場所後の7日間のみで、それ以外は、稽古稽古の毎日である。しかも生活のすべては番付の序列に従って行われる、実に厳しいものなのである。

※タイムテーブルは各相撲部屋により異なることがある。

午前
10時頃

昼食の準備

下位力士の食事担当者は昼食時間に合わせて準備に入る。写真は、稽古廻しをつけたままで米をとぐ若手力士。

午前
11時～

昼食

食事はメニューにかかわらず「ちゃんこ」とよばれる。まず親方と関取など上位力士から食べ始め、その間、下位力士は給仕をする。下位力士は給仕などを終えてからようやく食べられる。写真では、おいしそうな鍋ものに加え、おかずもいろいろ並んでいる。

午後
2時～4時

昼寝

食事を終えて片づけをしてから、力士たちは昼寝をする。昼寝によって食べたものが消化され体をつくる。力士たちは大部屋で思いおもいに横になる。

片づけ・清掃、夕食

午後
4時～6時

2時間ほど眠ったあとは、部屋各所の片づけや清掃をし、夕食担当の下位力士は食材の買出しや夕食の準備に入る。全力士が整理整頓を心がける。

午後
7時～10時

自由時間

夕食のあとは自由時間になる。写真は、湊部屋《みなとべや》の逸ノ《いちの》城《じょう》が自由時間にお出掛けの準備をしているところ。

午後
10時

就寝

翌朝の朝稽古にそなえ、早めに寝床に入る。個室が与えられるのは、十両以上の関取から。

朝稽古

力士の浮沈はひとえに稽古にかかっている

相撲の稽古は早朝から始まり、午前10時～11時頃に終わる。稽古には、基礎体力をつけ、力士としての体をつくるための稽古と、取組に直結する実戦的な稽古の2種類がある。稽古は、何時から何時、などと時間で区切られているわけではなく、各自のペースで行われる。基本的な稽古で体を十分ほぐしたら順次実戦的な稽古に移っていく。

基礎体力をつけ、力士としての体をつくるための稽古は「股《また》割《わ》り」「四股《しこ》」「すり足」「鉄砲《てっぽう》」の四つに代表される。なかでも「四股」はきわめて大事である。相撲は、生身の肉体同士が激しくぶつかり合う格闘技なので、相手に勝つための力をつけると同時に、ぶつかったり転倒したりしてもケガをしない、筋肉を脂肪が覆うような柔らかい体をつくることが必要になる。そのような体をつくるために欠かせないのが基本的な稽古である。

基本的な稽古は文字通り相撲の基礎づくりに直結する。そのため、正しい型ややり方を、親方が細かく指導することも多い。

体をつくる稽古

基本動作

稽古に先立ち「四股」「鉄砲」「すり足」「股割り」などを行い、体を慣らし温める。

鉄砲

太いヒノキの丸太を右手、左手と交互に突く運動。このとき、脇は締め、腰を入れてすり足で前進、後退をくり返す。相撲の技の基本である突き・押しの稽古である。腰を落とし安定した体勢で行う。

四股

脚を大きく開き、背筋をまっすぐにし、膝を直角に曲げて体重を左右の軸足に交互に移動する。片脚を上げ体の安定をとったあと、足を爪先から力を入れて下ろし、腰を落とす。四股は相撲の基本中の基本であり、正しい動作を繰り返すことで腰周りに筋肉がつく。

すり足

腰を落として膝を直角に曲げ、上半身をやや前かがみにして脇を締め、足裏を地面につけたまま左、右と交互に前進する。ゆっくり前進する稽古と速く前進する稽古がある。

股割り

脚を大きく開き、膝を曲げずに腰を落とし地面につける。さらに上体を倒して胸を地面につける。この柔軟な足腰がないまま相撲を取ると、大ケガのもとになる。力士にとって必須のメニューである。稽古前、稽古後に行って、全身の柔軟性を養う。

実戦的稽古

申し合い

仕切りをして取り組み、勝ち力士が土俵に残って次の相手を指名する稽古。

四つに組んで廻しをさぐりあう

立合い。周りには大勢の幕下以下の力士が勝負を見つめる。左端に稽古を見守る大関豪栄道《ごうえいどう》の姿がある

境川《さかいがわ》部屋の申し合い

境川部屋の幕下力士同士の申し合い。申し合いは実戦に近い稽古のひとつで、対戦で勝つと、勝者が次の稽古相手を指名する。

押し出して勝負がついた

勝負が決まると、次の稽古相手に指名してもらおうと、勝者の前に力士がむらがる

申《もう》し合《あ》いは勝ち残り形式で進む対戦型の稽古。2人の力士が土俵上で取り組み、勝った力士が次の力士を指名し、どんどん取組を重ねていく。勝つことで必然的に稽古の量が増え、力がつく。力がつくことを「芽が出る」というが、芽を出したい力士は勝ち残りに「買ってもらう」ために懸命に自分を「売る」。

土俵上の2人しか稽古ができないので、稽古を多くするには勝つか、勝ち力士から指名されなければならない。そのためには自分をアピールすることになる。自分をアピールして相手に指名されることを「稽古を買う」といい、積極的に自分をアピールしない力士を「かまぼこ」という。壁の羽目板に張りついていることから、こう揶揄《やゆ》されるのである。

申し合いや三番稽古《さんばんげいこ》(→106頁)では、親方は細かいことには口を出さず、その力士の苦手な取り口、あるいは伸ばすべき技を端的に指摘し、相撲の流れを力士自身がつくれるように見守ることが多い。親方のひと言で力士の取り口が向上する場面もしばしば見られる。

実戦的稽古

三番稽古

実力の近い力士同士で行う実戦に近い稽古。力士の実力を見るうえでも大事な稽古とされる。

1 相撲規定どおり、立合いは両手を土俵につけて行う

2 若元春（右）が低く当たって頭をつけ、若隆景（左）の上体を起こしにかかる

5 一息入れたあと、再び立ち会う両力士

6 若元春の押しを若隆景が必死にこらえる

三番稽古は、力の近い力士同士が何番も続けて取り組む稽古。技の攻防を身につける実戦に近い稽古で、ときに親方のアドバイス（寸言）を受けながら取組を繰り返すことにより、自分の取り口を固め、欠点を克服する糧となる。「三番」は回数のことでなく、納得できるまで、体力の限界を超えつつ、時間が許す限り延々と続けられる。単に「三番」ともいい、「三番いこうか」といえば「しっかり稽古をしようぜ」という意味になる。

三番稽古をするのは2人の力士だけだが、他の力士は取組を見ることにより、取組の要点を盗もうとする。他人の稽古を見ることもまた、稽古なのである。

荒汐《あらしお》部屋の三番稽古

同じくらいの実力をもつ相手と連続して取り組むことで、技をかけるタイミングの確認や、かけられた技をこらえる力をつけるなど、実戦さながらの稽古となる。写真は荒汐部屋の若隆景《わかたかかげ》と若元春《わかもとはる》の三番稽古の様子。激しい取組となり、一番取るだけで両者とも体は紅潮し、息も荒くなる。

勝負がついたあと、汗をぬぐい、水を含むなどして一息いれたら、また立合いからスタート。互いに勝ったり負けたりしながら相撲勘を鍛える。また番数が多いので体力がつく効果もある。

3 土俵際に追い詰められた若隆景はこらえ、腕を脇に差し入れる

4 若隆景の左掬い投げが決まった

7 若元春は相手の首を取って振り回し、体勢をくずす

8 上体の起きた若隆景を寄り切って、今度は若元春の勝ち

横綱同士の三番稽古

1981年9月に横綱になった九重部屋の千代の富士を兄弟子と慕い、稽古をつけてもらい、大関北勝海は1987年7月に横綱に昇進。ここに、1つの部屋に同時に2人の横綱が誕生した。これ以前にも、二子山部屋の若乃花（2代目）と隆の里などの例があった。写真は、1990（平成2）年1月、千代の富士34歳、北勝海26歳。稽古の鬼といわれた千代の富士と北勝海の「三番稽古」の様子。ちょうど千代の富士が30回目の優勝を懸けた1990年一月場所前の部屋稽古で、両横綱の"凄まじい"までの稽古ぶりに、観る者は体が硬直するような感覚を味わったという。

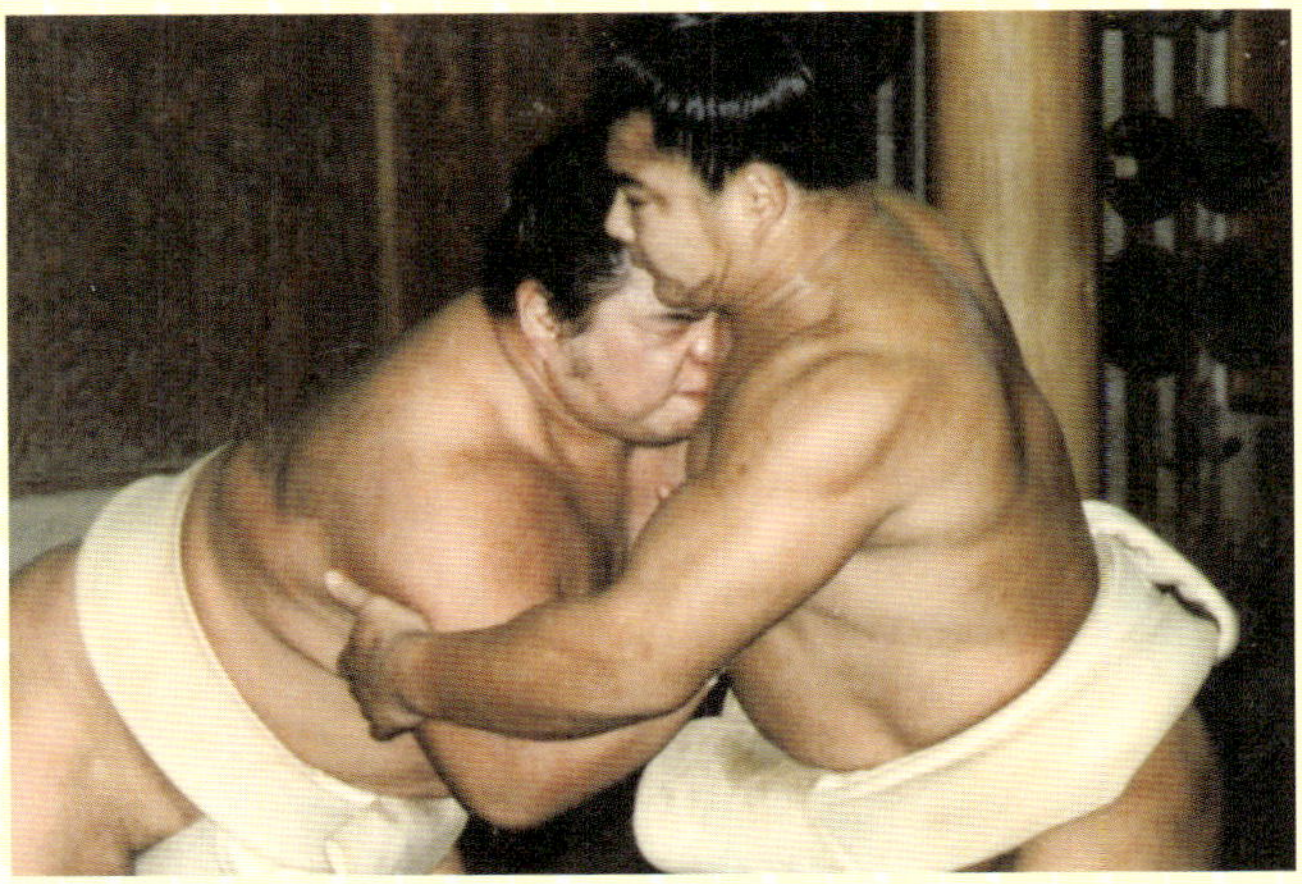

実戦的稽古

ぶつかり稽古

力の強い力士が受け手となり、押し手の力士が相手を押し出す稽古。

1 受け手の胸に頭から当たる

2 筈《はず》にした手を受け手の脇に差し入れる

3 受け手を土俵際まで一気に押す

4 押し手の腰が伸びきったら、突き落して受け身をさせる

5 ❸のあと、押し手の首を押さえてすり足をさせることもある

荒汐《あらしお》部屋のぶつかり稽古

押す側は両脇をしめ、受け手の右の胸をめがけて額から当たる。手は筈の形（→45頁）で相手の脇に差し入れ、突き放すように押す。受け手は両足を広げて腰を割り、右足を踏み込み、ぶつかる側の当たりを踏ん張って受ける。これによって、実戦において相手の攻めを残せる強い腰を鍛えるのに有効である。土俵際まで押された受け手は相手の首を押さえて突き落とし、受け身をさせる。

土俵際附近で半身になって構える受け手に向かって突進して当たり、受け手を反対側の土俵際まで押し切ることを繰り返す稽古。相手が押し切れなくなったら受け手は相手を転がす。押す側は押しと受け身という相撲の基本をしっかり身につけることができ、受け手は押しをこらえる訓練になる。数回ぶつかりを繰り返せば完全に息が上がってしまう、実にハードな稽古である。ぶつかり稽古で朝稽古が終わる。

稽古が終わったら

激しい稽古のあとは神聖な土俵を整える

水つけ

稽古をつけてもらった兄弟子に感謝の意をこめ、柄杓で一杯の水をつける。

締めの運動

稽古の最後に四股、股割り、腕立て伏せ、膝の屈伸などを行い、締めとする。

掃き清め

稽古で荒れた土俵は箒《ほうき》できれいに掃き清められる。清掃は下位力士の役割。

神棚参拝

稽古場にある神棚に一礼して土俵を下りる。このあと、風呂に入る。風呂の順番も番付の上の者が先になる。

土俵に御幣を飾る

土俵の掃き清めがすむと、土俵中央に砂を盛り上げ、御幣を立てて、塩をまく。土俵の神への礼である。神への礼を尽くすのは安全、安泰祈願のためでもある。

稽古が終われば、四股《しこ》、すり足、股《また》割《わ》りなどで体を整えたあと、稽古場の神棚を拝み、土俵を整えて清め、中央に御幣《ごへい》を立てる。その後、番付の順位の高い者から順に入浴し、ちゃんこである。ちゃんこ当番は稽古の途中から準備に入り、順位の低い力士は、入浴に際しては先輩力士の背中流し、食事中は給仕などを行う。ちゃんこの後始末が終わるのは午後1時過ぎ頃で、そのあとは昼寝。実は昼寝も、大きな体をつくる大切な「稽古」なのである。

地域とともにある相撲部屋

地元に密着した相撲部屋をアピール

相撲部屋は、より多くの人たちに相撲に親しんでもらうために、地域に密着した活動を行っている。親方をはじめ部屋全体で地域の行事に積極的に参加したり、独自にイベントを企画したりして、町興しの一翼を担っている。

合宿では、朝稽古の公開ばかりでなく、「ファン感謝デー」などとして、巡業（→134頁）のようなプログラムが組まれ、さまざまなお楽しみが催されることも多い。それは、稽古と紅白試合、ちびっこ相撲、赤ちゃん土俵入り、大銀杏《おおいちょう》結い上げ実演、土俵入り、そして、ちゃんこの無料サービスなどである。

相撲部屋の地元、あるいは合宿や巡業先での懇親会などを通して、「地域とともにある相撲部屋」の活動が行われている。そんな地道な地域活動が、相撲に対する人々の理解を深め、根強い相撲人気を支えているのである。

地元でのイベント

相撲部屋では地域とのつながりを大切に、各種のイベントを催している。

餅つき

お姫様抱っこにご満悦、仕事帰りの地元の双子姉妹

地元の子供たちと触れ合いながらの餅つき。親方「餅をつくぞ～」、力士たち「ウス！（＝臼）」。たとえ受けなくても、楽しく元気よく

式秀《しきひで》部屋in龍ヶ崎

式秀親方（9代目式守秀五郎、元・前頭9枚目北桜）は、2014年より部屋のある茨城県龍ケ崎市の「ふるさと大使」をつとめ、部屋をあげて町興しの一翼を担っている。2018年2月4日（日）、地元で開かれた「まつり・なれしば2018」でも、さまざまなイベントに力士たちが大活躍。

交流イベント

立浪《たつなみ》部屋inつくば

立浪部屋は茨城県つくばみらい市にあり、隣町のつくばAEONで行われた2019年新年のイベントに参加。力士が子供たちに「相撲健康体操」（→112頁）を教えるなどした。

トークショー

別の日、龍ケ崎市のショッピングセンターで式秀親方とおかみさんのトークショーが開かれた。最後におかみさんが相撲甚句を披露、会場を大いに盛り上げた。「やさしく美しい鬼嫁」と親方がいうおかみさんが「ちゃんと前を向いて！」と親方を叱る一幕も。

合宿

数日にわたり神社や寺院を借りて宿泊しながらの出張稽古を行い一般公開するイベントもある。

ぶつかり稽古

迫力あるぶつかり稽古が続き、本番さながらの取組も行われる

町のいたるところにポスターが張られ、雰囲気を盛り上げる

仮設ながら立派な屋根のある土俵がつくられる

出羽海《でわのうみ》部屋の夏合宿

銚子に近い千葉県香取《かとり》郡東庄町《とうのしょうまち》では、毎年、出羽海部屋の夏合宿が行われる。稽古場《けいこば》となる諏訪《すわ》神社では例大祭で奉納相撲《ほうのうずもう》が行われるなど、東庄町は相撲が盛んな土地で、夏合宿は町の人々のお楽しみである。部屋全体が地元の方々と温かく交流していた。

ちびっこ相撲

力士と地元の子供力士との「ぶつかり稽古」もある

赤ちゃん土俵入り

赤ちゃんを抱いて力士が土俵入りをする「赤ちゃん土俵入り」は一番の呼びもの。赤ちゃんは「化粧廻し」をつける

ちゃんこサービス

最後のお楽しみは、ちゃんこの無料サービス

弓取り式

夏合宿の終わりは弓取式で締める

相撲のエッセンスを生かす

相撲健康体操

相撲健康体操とは、四股、鉄砲、すり足、土俵入りなど相撲の基本動作に基づいた健康増進のための体操で、2005年、日本相撲協会によって考案、発表された。

力士の能力を最大限引き出すべく伝統の中でかたちづくられた相撲の稽古《けいこ》や準備運動には、体力づくりにとどまらず、身体の状態を良好に保つためのさまざまな工夫が盛りこまれている。そのエッセンスを取り出し、一般の人の健康づくりにも役立てられるように「12の型」としてアレンジして整えたのがこの相撲健康体操である。効用は、疲労回復、ストレス解消、老化防止、集中力と身体のバランス能力を高める、など。

その効果が評価され、2014年、第11回タニタ健康大賞が日本相撲協会に授与され、各方面から注目が集まっている。日本相撲協会のホームページ※内に、相撲健康体操の型の紹介や動画もあるので、ご参照のうえ、試されてはいかがだろうか。この体操は相撲部屋の公開イベントでも紹介されている。

相撲健康体操の12の型

力士の稽古や基本動作には、人の健康に役立つエッセンスが多く含まれる。それを12種類の動きとして体操にアレンジ。

1 気鎮《きしず》めの型

精神を安定させる効果がある。自然体で膝を外側に大きく無理のない程度に開いて蹲踞《そんきょ》の姿勢をし、鼻からゆっくり息を吸い、ゆっくり口から吐く。

2 塵手水《ちりちょうず》の型

胸の筋肉を伸ばし、肩関節を動かす。両手を膝の内側にのばし、前に出して手を軽くもみ、拍手《かしわで》を打ち、手のひらを開き、両手を大きく左右に広げ、手のひらを下に返す。

3 四股《しこ》の型

足腰を鍛え、体のバランス感覚を養う。無理のない範囲で両脚を開いて腰を落とし、右から四股を踏む。左足に体重をかけて右足を浮かせ、地面を力強く踏みつけて一呼吸静止（左も同様に）。

4 伸脚《しんきゃく》の型

脚の筋肉を伸ばして柔らかくし、膝の関節を安定させる。四股と同じ形に構え、左に重心を移すようにして右脚を伸ばしながら体重をかける（逆も同様に）。

※日本相撲協会ＨＰ／相撲健康体操　http://www.sumo.or.jp/IrohaKnowledge/sumo_kenko_taiso/

5 股割《またわ》り

脚を中心に全身の柔軟性をつくり、内臓の動きを活発化させる。両脚を左右に広く開いて坐り、右手を挙げて上体を左に傾け、左手を挙げて右に傾け、両腕を前に出して大きく左右に振りながら体をねじり、正面に戻して息を吐きながら上体を前に倒す。

6 仕切《しき》りの型

足の指、膝、腰を鍛える。蹲踞の姿勢に構え、前方をにらみつつ右手を地面につき、次に左手を地面につけて上体を前傾させたあと、上体を起こしながら両腕を前に出し、気合を入れる(「ヤア！」の声)。

7 攻《せ》めの型

足腰と二の腕を鍛え、体のバランス感覚を養う。蹲踞の姿勢で少し腰を浮かし、両手を握り胸に引きつけ、開きつつ前に出し、右腕から、腕を斜め上に挙げつつ右に体重をかけて捻る(左も同様に)。「ヤア！」の声で気合を入れる。

8 防《ふせ》ぎの型

体重移動によって足首、膝を強化する。「攻めの型」と同じように構え、右腕を太腿に下ろしつつ体を右にねじって重心を右に(左も同様に)。「ヤア！」の声で気合を入れる。

9 四ツ身《よつみ》の型

足腰とともに、手首、腕力の強化。「攻めの型」と同じように構え、右から、右手を挙げて背中側に引きながらこぶしを握り、右に体重をかけつつ左手を腹前に下ろし、「ヤア！」の声で気合を入れる(左も同様に)。

10 反《そ》りの型

脇腹・腹筋を鍛え、ダイエットにもなる。軽く脚を開き、両手を挙げて指先を見、右手で頭上を抱えるようにしたあと(左手を太腿の後ろにもっていくとよい)、手をふり下ろす。左も同様に。

11 均整《きんせい》の型

下腹に精気を保ち、代謝をよくする。「四股・仕切りの型」に構え、両手で地面に円を描くように2、3回まわす。そのあと、腕を前に出して手のひらを合わせ、すり足の要領で少しずつ前に進みながら上体を起こし、手を合わせたまま肘を張り、中腰のまま腕を真上に上げる。

12 土俵入《どひょうい》りの型

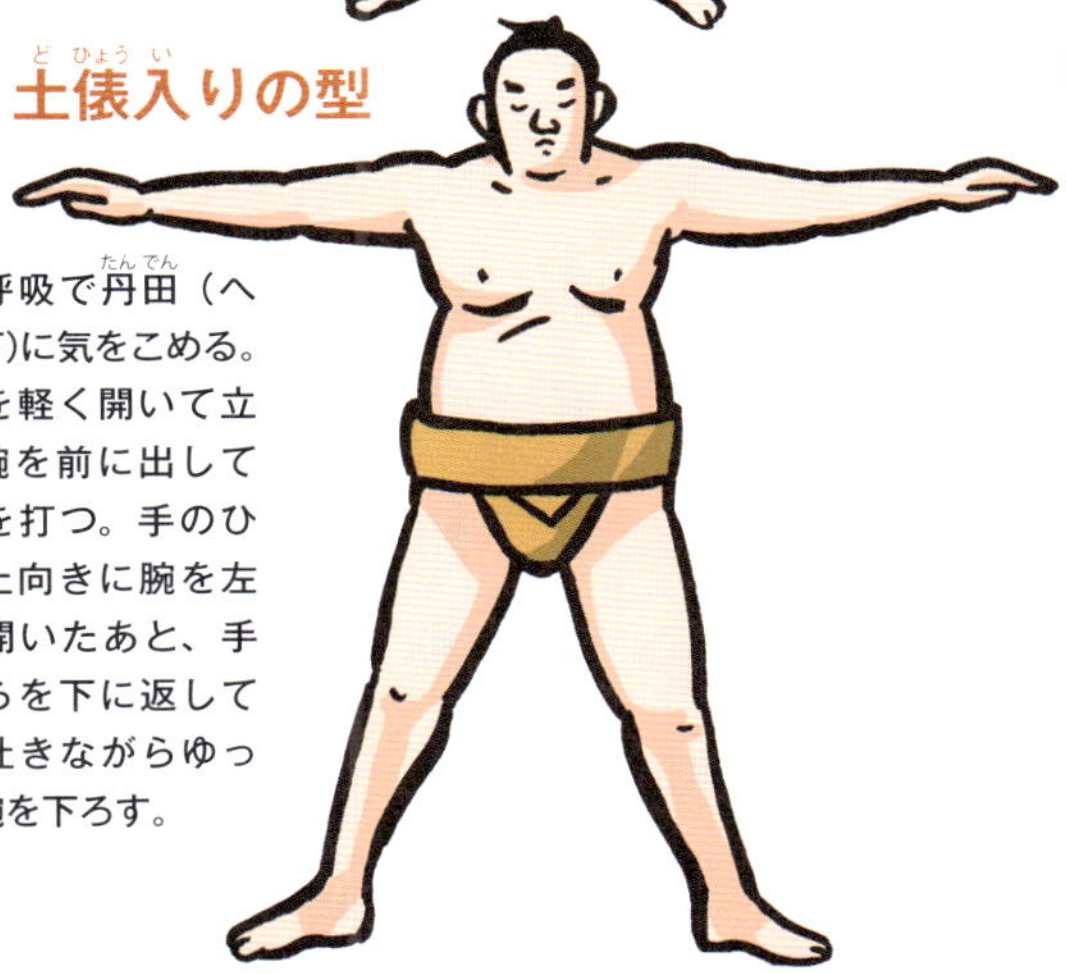

腹式呼吸で丹田《たんでん》(へその下)に気をこめる。下肢を軽く開いて立ち、腕を前に出して拍手を打つ。手のひらを上向きに腕を左右に開いたあと、手のひらを下に返して息を吐きながらゆっくり腕を下ろす。

コラム4

後援会とタニマチ

後援会

相撲部屋の後援会や、力士個人の後援会など、いろいろな後援会がある。

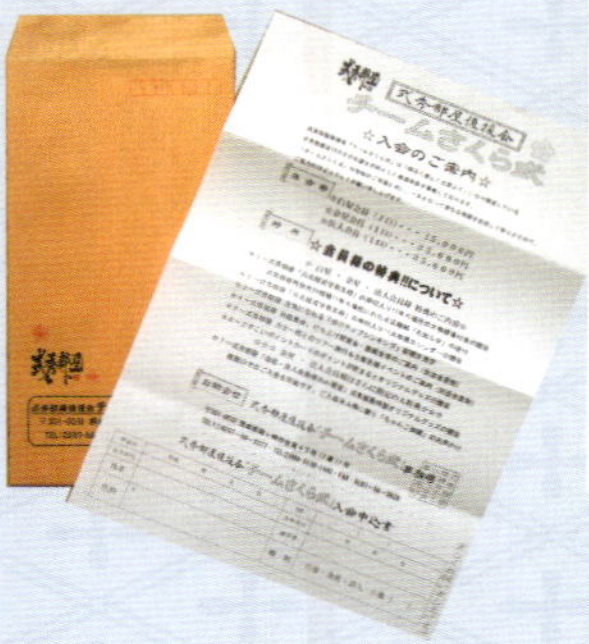

相撲資料コレクション

さる“タニマチ”氏のコレクションルーム。タニマチ歴数十年の筋金入りなので、昭和30年代に活躍した大関松登《まつのぼり》の化粧廻しなど、蒐集《しゅうしゅう》された貴重な相撲関係の品が見える。隣の部屋には手形、写真、幟旗《のぼりばた》、資料書籍などが豊富に揃っている。ちなみに、タニマチとよばれる方々は、相撲を愛し、贔屓の力士への支援を惜しまない。

常陸山会

常陸山を応援する「常陸山会」は、相撲部屋後援会の元祖といわれる。常陸山は角聖《かくせい》とよばれるほど、品格力量抜群の横綱だった。明治40年には渡米して、時のルーズベルト大統領を表敬訪問し会談を行った。会談の後ホワイトハウスにて、首脳陣の前で横綱土俵入りを披露、大変な外交成果を得ることとなった。

後援会とは、贔屓《ひいき》の力士や部屋を支援したり激励したりするための親睦団体である。相撲部屋や巡業先の近隣住民などが力士の世話を買って出たのが、後援という形の支援の始まりだとされる。現在のような後援会は、1904年（明治37）、第19代横綱常陸山《ひたちやま》と彼の所属する出羽海《でわのうみ》部屋を応援するためにつくられた「常陸山会」に始まるといわれる。

熱心に支援する人を相撲界では「タニマチ」という。いわば個人スポンサーのような存在で、金銭的・物質的に余裕のある社会的にステータスの高い人々による支援の形といえる。「タニマチ」の語源については、大阪の谷町七丁目の開業医が力士から治療費を取らなかったことに由来するとも、先に「タニマチ」という言葉があって、あとから美談が創作されたともいわれ、諸説ある。

近年は、テレビ中継やインターネットの広範な普及もあり、好きな力士や部屋の後援会に簡単に参加することができる。個人会員の年会費は1万円〜3万円くらいからと、リーズナブルである。後援会に入ると、本場所の番付や広報紙、さまざまなグッズがもらえたり、新年会や懇親会《こんしんかい》、力士との旅行イベントに参加できたり、といった特典が用意されていることが多い。

第五章

土俵という世界

相撲の舞台は土俵という神聖な場所。
その土俵とはどのような世界か。
本場所が催される国技館や地方場所それぞれの楽しみ。
また、相撲の殿堂国技館と相撲の街両国をクローズアップする。

聖地でもある相撲の競技場

土俵という舞台

江戸時代の土俵と方屋

かつては方屋を4本の柱で支えていた。現在は柱で支える代わりに吊り屋根の四隅には房が下げられている。

一恵斎芳幾筆『勧進大相撲土俵入之図』［国立国会図書館蔵］

吊り屋根

土俵の上屋根。「国技館」の吊り屋根は縦6.65m、横9.90mあり、総重量は6.25t。それを直径2.2cmのワイヤーロープ２本で吊り下げている。屋根の内部には土俵全体を照らす250Wのライトが設置されていて、観戦しやすくテレビ放送にも対応している。ライトは熱線吸収タイプ。

土俵は力士が相撲を取る場所で、寸法や形態が日本相撲協会の相撲規則「土俵規定」に規定されている。

もともと土俵はなく、見物人が取り巻いた径7、8ｍほどのスペースが取組の場であったという。江戸時代は観衆が力士に手を出したり勝負を妨害したりするトラブルが頻発したため、寛文《かんぶん》年間（1661〜73）、競技場の四隅に柱を立てて紐で囲ったが、やがて紐囲いのかわりに地面に俵を置くようになった。延宝《えんぽう》年間（1673〜81）に、柱で支えた方《かた》屋《や》の下に五斗俵《ごとだわら》を置いた丸い土俵が設けられ、享保《きょうほう》年間（1716〜36）には小《こ》俵《だわら》の半分を埋めた土俵ができ、さらに外円をつけた二重土俵となった。1931年（昭和6）4月、内円をなくして径4・55ｍ（15尺）の一重土俵に変更された。内円と外円の間には細かい砂が敷かれていたが、今日「蛇《じゃ》の目《め》」（→118頁）として土俵の外側にその名残をとどめる。1945年秋場所で径16尺にされたが、力士会の反対もあり、1場所限りで15尺に戻され、現在に至っている。

土俵と吊り屋根

土俵の上にある屋根は、もとは柱で支えた方屋であったが、1952 年秋場所から、観戦しやすくするために柱が撤去された。現在の吊り屋根は、千木と鰹木を置いた「神明造」で、神社建築を模したもの。

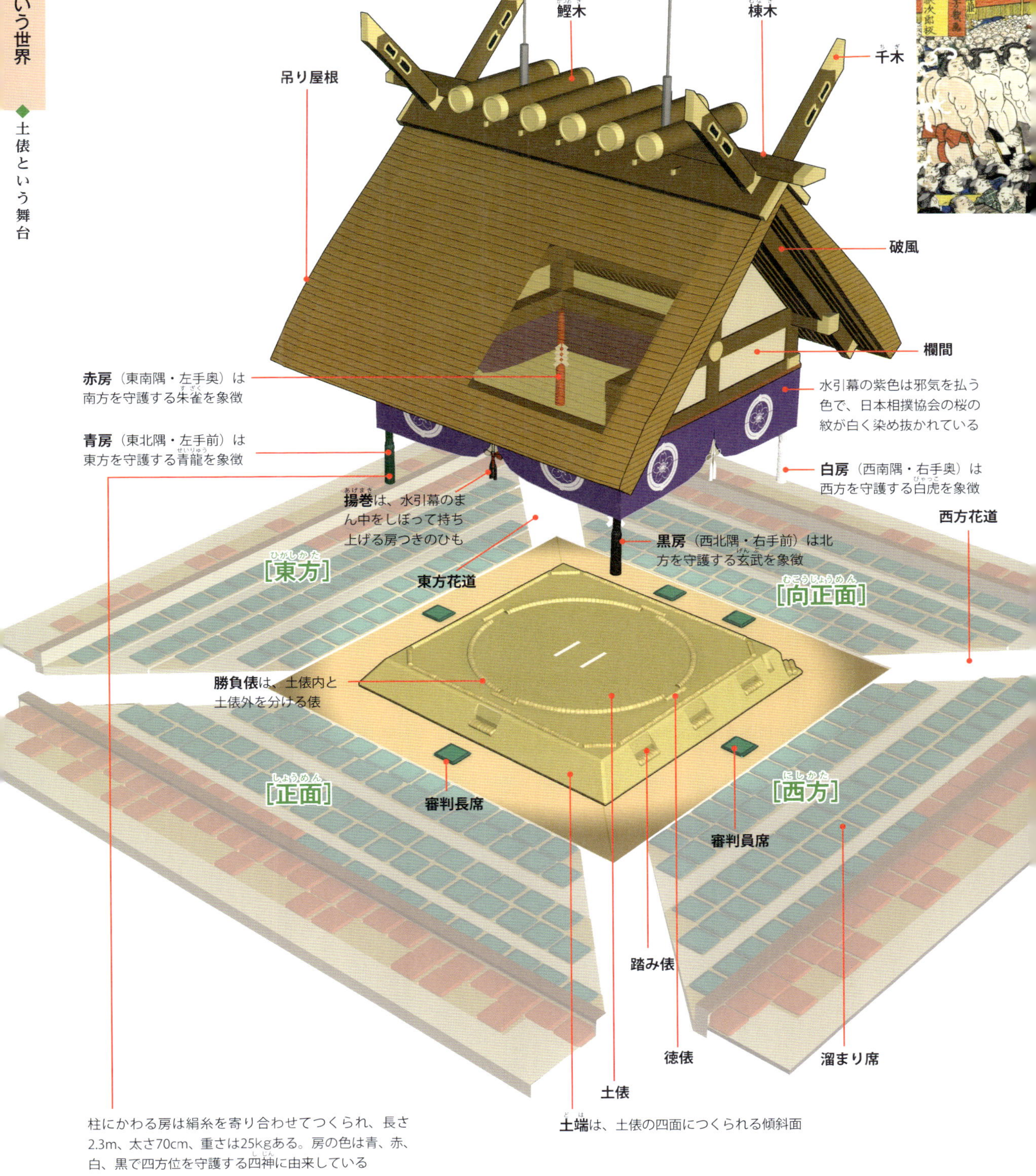
鰹木《かつおぎ》
棟木《むなぎ》
千木《ちぎ》
吊り屋根
破風
欄間
赤房（東南隅・左手奥）は南方を守護する朱雀《すざく》を象徴
青房（東北隅・左手前）は東方を守護する青龍《せいりゅう》を象徴
水引幕の紫色は邪気を払う色で、日本相撲協会の桜の紋が白く染め抜かれている
白房（西南隅・右手奥）は西方を守護する白虎《びゃっこ》を象徴
揚巻《あげまき》は、水引幕のまん中をしぼって持ち上げる房つきのひも
黒房（西北隅・右手前）は北方を守護する玄武《げんぶ》を象徴
西方花道
東方花道
[東方《ひがしかた》]
[向正面《むこうじょうめん》]
勝負俵は、土俵内と土俵外を分ける俵
[正面《しょうめん》]
[西方《にしかた》]
審判長席
審判員席
踏み俵
徳俵
溜まり席
土俵
柱にかわる房は絹糸を寄り合わせてつくられ、長さ2.3m、太さ70cm、重さは25kgある。房の色は青、赤、白、黒で四方位を守護する四神《しじん》に由来している
土端《どは》は、土俵の四面につくられる傾斜面

土俵のサイズ

土俵のサイズは「日本相撲協会寄附行為施行細則　附属規定」の「相撲規則」に規定されている。

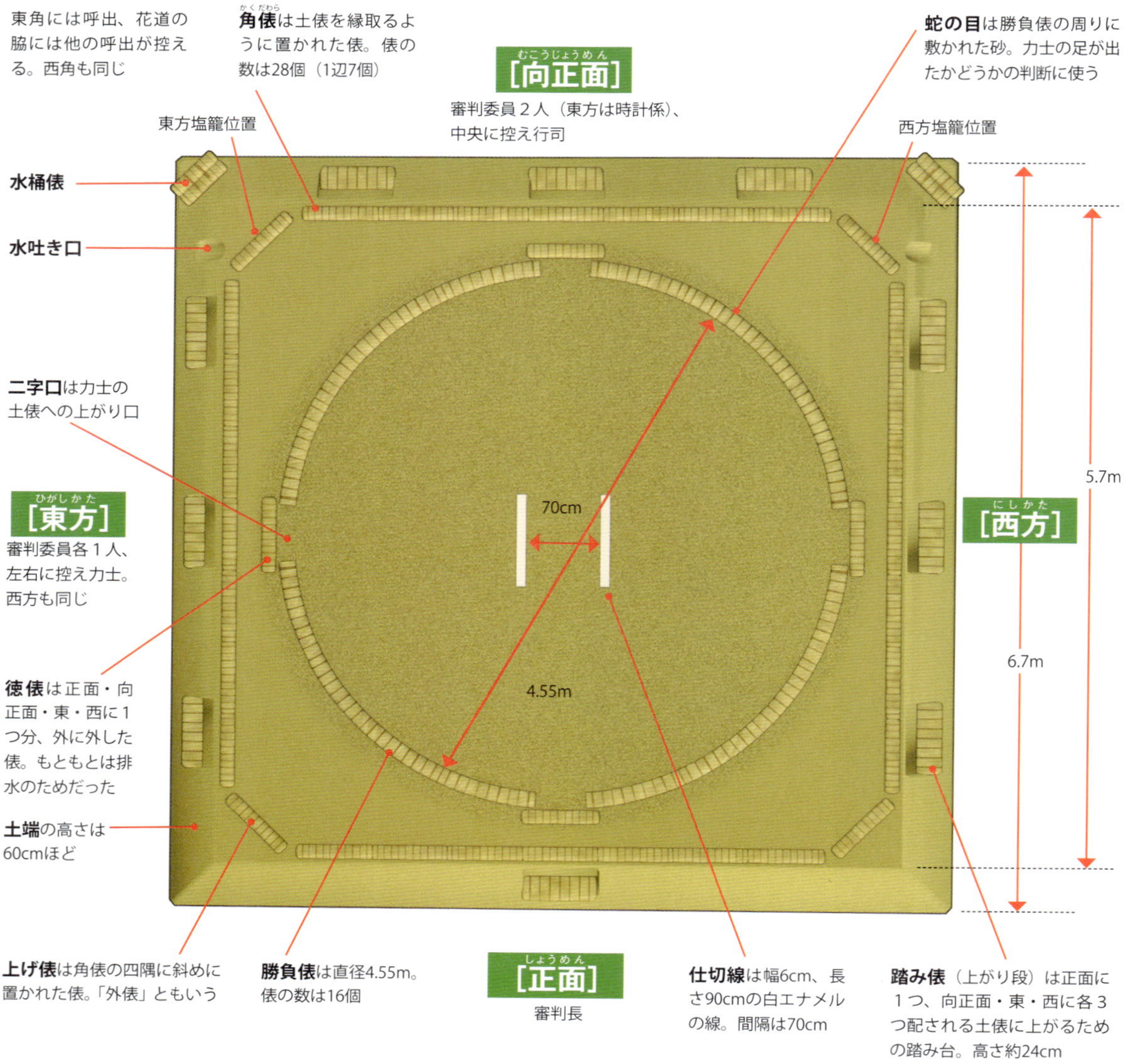

日本相撲協会の「相撲規則」の一つ「土俵規定」によると、土俵の規格は、次のようになっている（要約）。

本場所の土俵は、34cmから60cmの高さで、1辺6・70mの正方形に土を盛り、そこに直径4・55mの円を、小俵《こだわら》をもってつくる（第一条）。小俵は、六分を土中に埋め、四分を地上に出す（第二条）。円の小俵の外に25cm程の幅をもって砂を敷き、踏み越し、踏み切り等を判明しやすくする。これを蛇《じゃ》の目《め》という（第四条）。円内と円外の境界線は、俵の外線である。この円内において競技を行う。4つの徳俵《とくだわら》は円外にあるが、その外線をもって境とする（第五・六条）。土俵中央に70cmの間隔において、白線を引く（第七条）。土俵には水、紙、塩を備える（第八条）。土俵の正面を定め、正面から見て左を東、右を西として東西力士の控え溜《だ》まりを定め、正面の反対側を行司溜まりとする（第九条）。

土俵づくりは「土俵築《どひょうつき》」とよばれる。本場所に際しては、初日の5日前から3日間をかけて、呼出45人が総出で土俵をつくる。

土俵をつくる

本場所の土俵は、呼出の手によって場所ごとにつくり替えられる。
それは競技場であるとともに神の宿る聖なる場所である。

土俵築

土俵は場所ごとにつくり直される。国技館では、表面20cmくらいの土を取り除いて新しい土俵をつくるが、地方場所では土台からつくり直す。そのため、国技館で10tくらい、地方場所では40tほどの土が必要になる。呼出全員で、土を盛り上げ、タタキ、タコといった独特の道具を使い、手づくりでつくり上げる。写真は国技館における土俵築の様子。

荒木田（あらきだ）
東京の旧荒川（隅田川）沿いの荒木田原（現在の荒川区南千住あたり）の土が土俵に好適だったことから、土俵に使う土をこうよぶ

1
表面の土を除いたあとに、新しい荒木田を盛っていく。

2
タコ（押し固める道具）で表面を何度もたたいて強度を上げ、タタキ（均して固める道具）で叩き固め、整える。

3
俵は、麦藁でつくった俵に砂を入れ、ビール瓶で叩いてつくる。俵は、5分の3くらいを土の中に埋める。

4
つくった66個の俵を決まりに従って土俵に埋めていき、完成。

土俵祭《とひょうまつり》

一般の建築での地鎮祭《じちんさい》に当たる。協会幹部や審判委員などが出席し、神官姿の行司が祭主となり、２名の脇行司とともに執り行う。祭主は「故実言上《こじつごんじょう》」の祝詞《のりと》をあげ、春夏秋冬の神々に向け土俵の四隅に神酒《みき》を捧げた後､「方屋開口《かたやかいこう》」を言上し、鎮《しず》め物《もの》（勝栗、洗米、昆布、スルメ、塩、カヤの実）をかわらけに入れ、奉書紙で包んで土俵の中央に納め、神酒を注いで15日間の場所中の無事安全を祈願する。

国技館

相撲のすべてを体験できる相撲のテーマパーク

外観

萌黄色の大屋根が特徴的な国技館。相撲の殿堂にふさわしい堂々とした建物である。

国技館　データ

- ◆用途　大相撲興行・イベントホール
- ◆収容人数　11,098人（B1Fアリーナ1,300席・1F桝2,600席・2Fイス2,600席）
- ◆管理運営　（公財）日本相撲協会
- ◆延床面積　35,700㎡（メインアリーナ）
- ◆階数　地上３階・地下２階
- ◆高さ　39.6m
- ◆竣工　1984年（昭和59年）11月30日
- ◆総工費　150億円
- ◆所在地　〒130-0015東京都墨田区横網1丁目3番28号

両国駅前

総武線両国駅改札を出るとすぐ、目の前に国技館の大きな屋根が目に入る。右奥に見えるのは江戸東京博物館。

JR総武線各駅停車に乗って東京方面から千葉方面に向かい、両国《りょうごく》駅で下車。電車が通り過ぎると萌黄色の大きな屋根が目に入ってくる。それが相撲の殿堂「国技館《こくぎかん》」である。一般的には「両国国技館」の呼称で親しまれているが、正式名称は「國技館」。

国技館は、国鉄バス駐泊場（旧両国貨物駅跡地）跡に建設された地上3階・地下2階の建物で、総工費150億円は協会の自己資金で賄った。1984年（昭和59）11月に完成、翌年の一月場所より使用されている。両国駅西口から国技館の正門までは200mほど。

本場所中、木戸口《きどぐち》（正門）のチケット・ブースに坐ってもぎりをするのは年寄《としより》である。木戸口をくぐると正面、向かって左（北）、向かって右（南）の3つの玄関がある。正面玄関脇には横綱《よこづな》の等身大パネルが、北と南の玄関脇には人気力士遠《えん》藤《どう》の等身大パネルがあり、撮影スポットとなっている。北の玄関の向かいには小さな社が2つある。出世稲荷《しゅっせいなり》と豊国《とよくに》稲荷で、いずれも豊臣秀吉《とよとみひでよし》ゆかりの稲荷だ。

横綱等身大パネル

横綱の等身大パネル。ここも記念撮影のポイント。

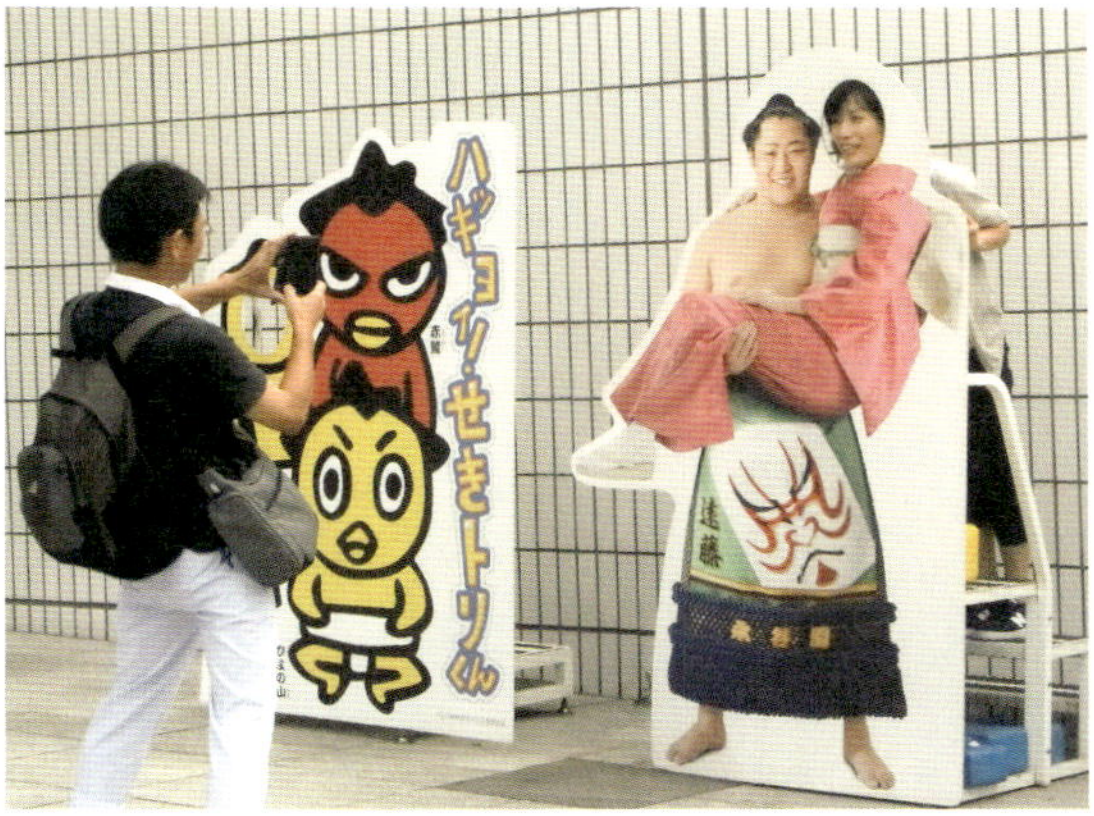

遠藤関だっこ

人気力士・遠藤の等身大パネル。顔出しパネルになっているので、遠藤にお姫様抱っこされた姿で写真におさまる。

昭和天皇御製歌碑

1955年、戦後初めて蔵前《くらまえ》国技館で大相撲を観覧された昭和天皇の御製歌を刻んだ句碑。木戸口右手にある。「ひさしくも／みざりしすまひ／ひとびとと／手をたたきつゝ／みるがたのしさ」

木戸口

本場所に際し、チケットのもぎりをしているのは年寄衆。かつての名力士に会うチャンスでもある。

南門

力士は南門から出入りする。幕内力士の仕度部屋《したくべや》入りは2時頃から。国技館は、当日1回限り退出再入場ができるので、力士の入退場を間近に見るのも一興であろう。

稲荷社

出世稲荷（右）と豊国稲荷（左）。東京場所の土俵祭《どひょうまつり》の日と4月に、相撲茶屋が商売繁盛を祈願する。

観戦しやすさを極めた建築

国技館の構造

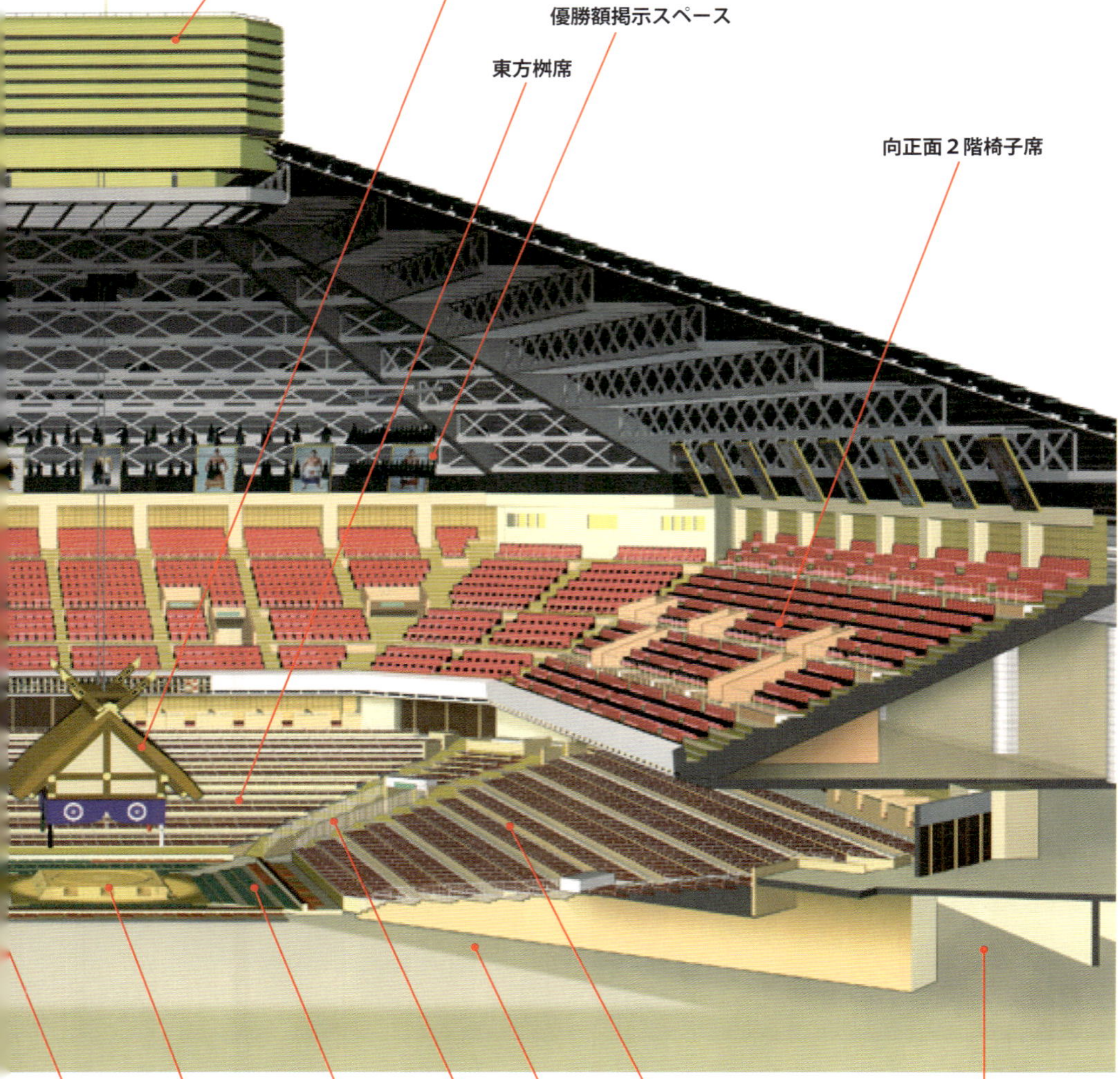

屋根頭飾り
吊り屋根（屋形）
優勝額掲示スペース
東方桝席
向正面２階椅子席
土俵
向正面溜まり席
正面溜まり席
東方花道
西方花道
向正面桝席
地下１階（仕度部屋、行司控室、インタビュールームなど）

建物は3層5階構造になっており、観客席は1・2階である。

1階（メインフロア）

エントランス正面には賜杯《しはい》や各種トロフィーが飾られた「優勝ケース」。右手には「相撲博物館」があり、錦絵や化粧廻しなど相撲に関する江戸時代以来の貴重な資料が展示されている。エントランス奥が国技館本体。エントランスから見ると一段下がった場所の中央に土俵、その周りが土俵溜まり（力士、行司や勝負審判が控える場所）、その後ろが溜まり席（いわゆる「砂かぶり」）。その後ろに桝《ます》席、さらに奥がボックス席となる。座席は、エントランスホールから入ったところが正面《しょうめん》、土俵をはさんでその先が向正《むこうじょう》面《めん》、向かって左が東方《ひがしかた》、右が西方《にしかた》となる。

2階

観覧席はすべて椅子《いす》席。一番最奥が当日売りの自由席となる。土俵からは遠く離れているが、意外と距離を感じない。正面側最前列がロイヤルボックス。天覧《てんらん》相撲では天皇皇后両陛下が坐すほか、各国元首、大使などの観覧の際に使われる。

優勝ケース
エントランスホール正面にある「優勝ケース」には、優勝にまつわるさまざまなグッズ（実物）が展示されている。

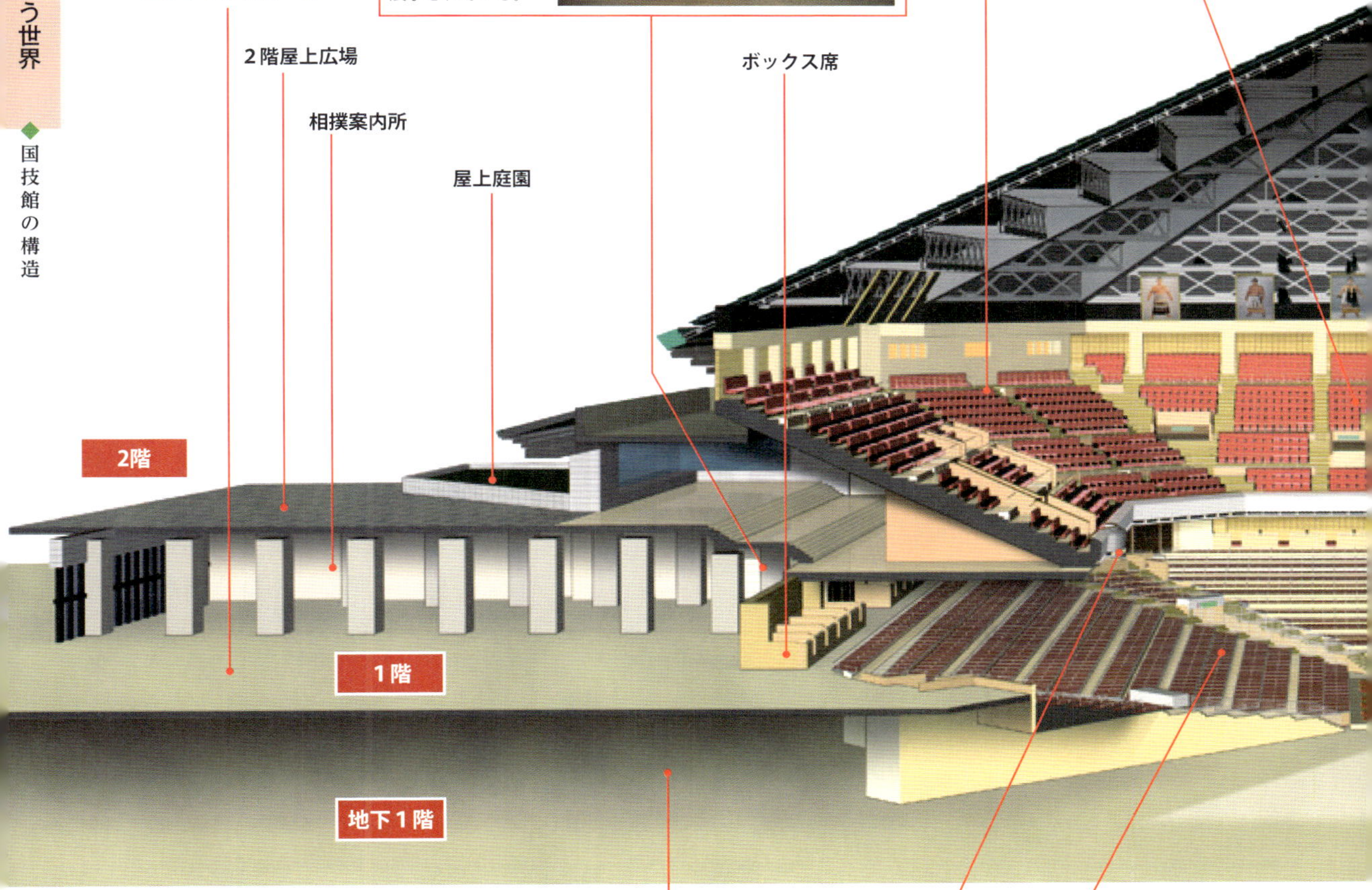
エントランスホール
2階屋上広場
相撲案内所
屋上庭園
ボックス席
正面2階椅子席
東方2階椅子席
2階
1階
地下1階
地下1階（大広間、診療所エリアなど）
ロイヤルボックス
正面枡席

地下1階・2階

地下1階には一般客は立ち入れない。仕度部屋《したくべや》、行司控室《ぎょうじひかえしつ》などの関係者専用施設や、大広間がある。大広間は、力士のみ宴会などのイベントのほか、場所中のみ「大相撲ちゃんこ」の会場として開放される。地下2階は車寄せ（横綱・大関が入退出するときにも使われる）である。

相撲博物館

向かって右の玄関を進んだ左手に入口がある。錦絵や番付、化粧廻しなど、相撲に関する資料を年6回の企画展示により公開している。

開館時間
東京本場所中は9:00 ～ 18:15（無休）
東京本場所以外は10:00 ～ 16:30
（最終入館16:00）

定休日
土曜・日曜・祝日、年末年始休館
（臨時休館もあり）

入館料 無料
（東京本場所中は大相撲観覧券が必要）

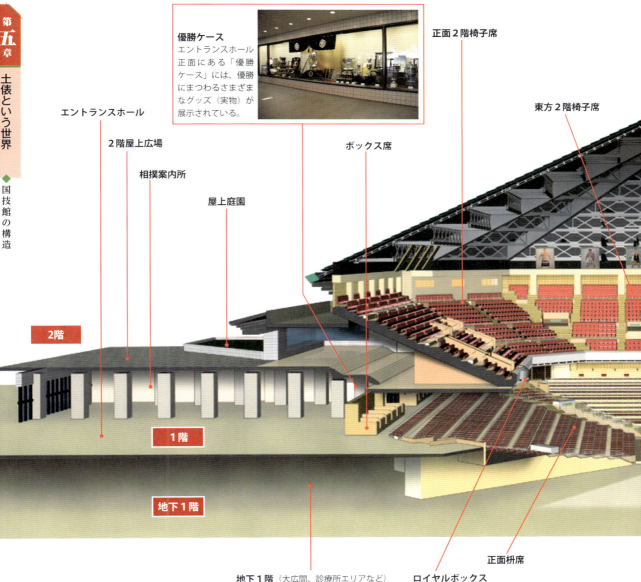

国技館の中

相撲観戦を何倍も楽しくする舞台装置

相撲グッズとグルメ

相撲を見るだけが国技館ではない。館内にはグルメ・グッズがあふれ、
そこはさながら相撲のテーマパークである。

大人気!

バラエティちゃんこ

伊勢ノ海部屋が新登場!!

1日に2,000杯以上売れることもある、
大人気のちゃんこ!!
今回、勢や錦木などが所属する
「伊勢ノ海部屋ちゃんこ」が新登場!!

地下1階「大広間」 12:00~16:00
1杯300円

初日-8日目 鳥のソップ炊き
9日目-千秋楽 豚の味噌炊き

相撲部屋ちゃんこ

地下1階の大広間で場所中毎日12時から。スチロール容器1杯だが、かなりのボリュームがある。入場ちらしにその日の担当部屋が紹介される。

焼き鳥

焼き鳥は人気No1グルメ。冷めてから食べることを前提につくられた焼き加減と味は絶妙の一言。650円（税込）。

レストラン雷電

雷電ちゃんこ定食：
1800円（税込）。

寿司処雷電

特上5貫盛り：
1200円（税込）。
日本酒「獺祭」
700円（税込）。

売店

売店では相撲ファンにうれしいさまざまなお土産品やグッズを販売している。

グッズ

扇子、人形、キーホルダー、カップなど、売店で売っている相撲グッズの数々。国技館限定グッズも少なくないのでチェックを忘れずに。

国技館の建物の中には、さまざまなショップや食事処がある。

土産物店は1階の東方と西方と2階の東方、1階東方奥には、番付売り場がある。

国技館グルメで人気は何といっても焼き鳥である。お土産にもいい。

2階には、食事処が2軒ある。握りたての寿司などが楽しめる「寿《す》司《し》処《どころ》雷《らい》電《でん》」とちゃんこ定食などが楽しめる「お食事処雷電」である。他に、フライドポテト、焼きそばなどの軽食とお弁当、ソフトドリンク、人気のソフトクリームを扱う「国技館カフェ・弁当売店」と、軽食とお弁当、ローストビーフ重やアルコール類などを販売する「肉処雷電」が西方にある。

地下大広間の「相撲部屋ちゃんこ」（場所中12時～）は、日によって部屋、味つけが変わり、1杯300円（2019年現在）でかなりのボリュームである。

大相撲のバックヤード

国技館の地下1階は、関係者以外は立ち入ることができない。
そこには本場所の相撲興行を支えるための設備が整っている。

インタビュールーム

東西の仕度部屋の間にある。役力士に勝った力士や勝ち越した力士にNHKテレビが話を聞く。

行司控室

装束の着替えや、番付をはじめとする書き物などを行う。行司も関取同様、明け荷をもつことができる。

力士風呂場

浴槽は大きなものが1つ。シャワーもついている。

力士控室（仕度部屋）

階級の高いほど部屋の奥に座を占める。横綱は奥の中央を使える。

協会事務所

1階右玄関右手には日本相撲協会の事務室があり、窓口で番付を購入することができる（1部55円）。

また、国技館には普段入ることのできないエリアがある。そこには大相撲を運営する裏方ともいうべき部署が配置されており、大相撲の頭脳を形成している。ただし、毎年ゴールデンウィークに行われる「両国にぎわい祭り」では国技館のバックヤード・ツアーが開催され、そうしたところを見学できる。

花道の奥は地下1階で、東方、西方それぞれに力士控室（仕度部屋《したくべや》）がある。東方、西方に分かれて力士全員で使うが、最奥のスペースは横綱《よこづな》だけが使える場所である。行司《ぎょうじ》の控室、審判委員の控室、テレビ中継のインタビュールームなどがある。相撲診療所では、力士だけでなく一般の診察も受けつけている。

1909~1945年

国技館の変遷

相撲の殿堂が完成するまで

旧国技館

旧国技館は、辰野金吾《たつのきんご》とその教え子葛西萬司《かさいまんじ》の設計で、江戸時代の相撲のメッカ・回向院《えこういん》の東隣に建てられた。鉄柱308本で支えられた大屋根が巨大な傘のように見えたことから、「大鉄傘《だいてっさん》」の愛称で親しまれた。旧国技館は3回の大火災に見舞われた。1917年(大正6)11月29日の売店からの出火、1923年9月1日の関東大震災、1945年3月10日の東京大空襲による焼失である。戦中戦後の軍・GHQの接収などの悲劇にも見舞われたが、相撲史の多くの名場面を演出した。

日大講堂

1952年4月の接収解除後、相撲の場として再使用が検討されたものの、既に蔵前国技館ができていたことなどから断念、国際スタジアムに売却された。1958年6月、国際スタジアムから日本大学に譲渡され、「日大講堂」となった(老朽化のため1983年に解体)。写真は日本大学の講堂になった1980年頃の旧国技館。

国技館は、1909年(明治42)5月30日に竣工、6月場所より使用された。3年がかりの工事であった。国技館の開設により、それまで晴天に限られていた相撲興行が天候に関係なく行えるようになった。

「國技館」の名称は開会式前日に決定した。建設中は「常設館《じょうせつかん》」「角觝尚武館《すもうしょうぶかん》」「大相撲常設館」「相撲館」などとよばれ、「両国元町常設館」の名で開館する予定であった。ところが、作家の江見水蔭《えみすいいん》が執筆した開館式の案内文に「角力《すもう》は日本の国技なり」とあることにヒントを得、当時の年寄尾車《おぐるま》(元・大関大戸平《おおとひら》)が「國技館」を提案、板垣退助(伯爵)が最終決定したという。相撲が国技であるのは「國技館」あってのことなのである。

敗戦後の1945年(昭和20)10月、国技館はGHQに接収され、メモリアル・ホールに改装された。相撲興行は許可されず、明治神宮外苑《めいじじんぐうがいえん》や浜町《はまちょう》につくられた仮設国技館などで興行を行った。その間、本格的な興行場所の必要から、蔵前《くらまえ》に国技館を建設することを決定。1950

1950～1984年

蔵前国技館

1949年に着工され、正式に完成したのは1954年9月であるが、1950年から大相撲がここで行われた。「栃若《とちわか》時代」「柏《はく》鵬《ほう》時代」「輪湖《りんこ》時代」の各黄金時代の舞台となるなど、蔵前国技館は戦後の大相撲で最も活気ある時代を象徴する舞台でもあった。

1985年～現在

現在の国技館

現在の国技館は、延床面積35700㎡、地上３階地下２階の壮大な建物で、計画発表から３年をかけて1984年11月に竣工した。蔵前から両国に相撲の殿堂が戻ってきたことから、両国は「相撲の街」として活気づき、今日に至る。 写真は近代的な大相撲の殿堂として完成した今の「国技館」。

建設が進む新国技館

1970年代後半になると蔵前国技館の老朽化が目立つようになり、改修ではなく新たに建設することが1980年に決定。国鉄から国鉄バス駐泊場（旧両国貨物駅跡地）だった土地を購入し、和の伝統美を残しながら近代的な建築物とする方針で設計が進められた。1982年７月に計画が発表され、翌年３月に起工式が執り行われた。写真は1984年２月、両国駅の隣に建設中の新国技館の様子。鉄骨が組み上がり、外観ができあがりつつある。

年に仮設蔵前国技館が開館した（正式の開館は１９５４年９月）。蔵前国技館は１９８４年まで数多くの名勝負、ドラマの舞台となった。

そして１９８５年１月、現在の国技館が開館したのである。

回向院

江戸時代の相撲は、最初は吉原などの繁華街で行われていたが、1684年（貞享元）に勧進相撲が許されて以後は寺社に限られた。江戸中期は富岡八幡と蔵前八幡、芝神明が中核となり、天明年間（1781～89）からは回向院がメッカとなる。回向院には今も、相撲関係のさまざまな碑刻が見られる。写真は、そうした碑刻のひとつで、歴代の年寄を慰霊するために日本相撲協会が1936年に建立した「力塚」。

両国の「東京本場所」とは異なる趣

3つの本場所

三月場所（大阪場所）

関西に春を呼ぶお水取り、春場所。その春場所が行われるのは、エディオンアリーナ大阪こと大阪府立体育会館。

花道

花道と仕度部屋の間に一般者通路や売店があり、間近に力士の姿を見られるのが大阪場所のいいところ。写真は勝負を終えて一般者通路をとおり仕度部屋に戻る逸ノ城《いちのじょう》。

名勝負

3代目朝潮《あさしお》（1929～88）がこの場所で強く、1956年から3連覇するなど通算5回の優勝のうち4回を大阪で達成、「大阪太郎」とよばれた。他に北勝海が通算8回優勝のうち4回が大阪での優勝。写真は「大阪太郎」こと、第46代横綱の朝潮。

大阪の繁華街ミナミの近くにある、半円形の屋根をもつスポーツ一般に使われる屋内競技場

1953年以降、三月の本場所は大阪で開催され、「大阪場所」「春場所」として親しまれる。

もともと大阪には大坂相撲の歴史があり、相撲人気の根強い土地であるため、毎年大いに盛り上がる。また、中学卒業見込みの入門者が多いため新弟子が多く、「就職場所」の異名がある。三月場所は「荒れる春場所」といわれるが、「荒れる」といわれるのは、大阪場所が始まった最初の場所が波乱続きだったことによる。4横綱で幕を開けたが、羽黒山《はぐろやま》が初日から休場、2日目で3横綱全員に早くも土がつくという大波乱。さらに、4連敗して千《ち》代《よ》の山《やま》が「横綱返上」を申し出、大騒動になった。こうした「波乱」が、「荒れる春場所」を印象づけたのではなかろうか。

大阪府立体育会館

愛称：エディオンアリーナ大阪
〒556-0011
大阪府大阪市浪速区難波中3-4-36

◆収容人数
約8300人（本場所開催時）

◆大阪場所の特徴
売店の通路を通って力士が仕度部屋に行き来するので、力士が間近に見える。
声援やヤジが飛び交い、会場も熱気に包まれる。

◆観覧の予約等
→14頁「観戦の手引き」を参照

七月場所（名古屋場所）

ドルフィンズアリーナの愛称で親しまれる愛知県体育館で開催。熱暑に繰り広げられる熱い本場所である。

館内

3階席まで客席が揺《す》り鉢《ばち》状に並ぶ。2階の2人用桝席が多く設置されている。館内は空調が完備されている。さすがの空調設備も負けるほどの満員の観客の熱気。

名勝負

1989年七月場所千秋楽、横綱北勝海ー横綱千代の富士の優勝決定戦。史上2度目、横綱同士では初となる同部屋決戦。場所前に娘を亡くし、この場所は数珠を首にかけながら場所入りしていた千代の富士が右上手投げで28度目の優勝を果たした。

名古屋城旧二の丸御殿の跡地に建つ。七月場所開催が近づくと、会場の周りの生垣に沿って力士名などを書いた幟旗が掲げられる。西側の正面玄関壁面にはドルフィンズアリーナの愛称が書かれている

愛知県体育館

愛称：ドルフィンズアリーナ
〒460-0032
愛知県名古屋市中区二の丸1-1

◆収容人数　約8000人
（本場所開催時）

◆名古屋場所の特徴
隣接するサブ体育館に仕度部屋があり、仕度部屋が広い。
電光掲示板が正面と向正面にある。

◆観覧の予約等
→14頁「観戦の手引き」を参照

年

6回の本場所のうち、七月場所は名古屋で行われるため、別名「名古屋場所」で親しまれている。日本相撲協会と中日新聞社の共催であるが、日本相撲協会以外が本場所を主催するのは名古屋場所だけである。その関係で毎日必ず1本は中日新聞社が懸賞を出している。名古屋場所が本場所になったのは1958年。かつて開催されていた金山《かなやま》体育館には冷房設備がなく、その暑さから「南洋場所」などといわれた。

1965年より愛知県体育館で開催されるようになった。会場は替わったものの、夏場の気温が高い名古屋場所は「熱帯場所」「南国場所」というにふさわしい。体調管理が難しく調子を落とす上位力士も少なくない。

十一月場所（九州場所）

1年の締めくくりの場所であり、年間最多勝利などの記録もかかる。
福岡国際センターの九州場所は冬でも熱い。

名勝負

2010年十一月場所2日目、横綱白鵬ー前頭筆頭稀勢の里戦

白鵬の連勝を稀勢の里が止めた一番。白鵬はこれに勝っていれば64連勝、この場所の７日目で双葉山の69連勝への挑戦権を得られるはずだった。前場所まで４場所連続で全勝優勝をしていた白鵬が敗れる大一番であった。写真は稀勢の里が白鵬の64連勝を阻止した瞬間。

目の前に博多港を臨む、スポーツや展示会など多目的に利用されるホール。正面入口から観客も力士も入場する。屋根上にある屋根飾りが国技館に似ている

エントランス

正面入口前のエントランスには売店が並び、相撲グッズや弁当、土産ものなどが購入できる。相撲案内所（相撲茶屋）はない。正面エントランスのほか、２階東側にも大相撲売店がある。

一年の締めくくりの十一月場所は九州・福岡で開催され、別名を「九州場所」ともいう。１９５７年に始まり、１９７３年までは西鉄グループの福岡スポーツセンターとの共催だったが、１９７４年から日本相撲協会の自主興行となった。

１９７０年代前半、九州場所は存亡の危機にあった。時期を同じくしてプロ野球西鉄ライオンズの身売り騒動があり、そうした事態に危機感を覚えたタグチ工業社長の田口一幸《たぐちかずゆき》氏らが、「九州から国民的なスポーツである野球と相撲がなくなれば、青少年に与える夢がなくなる」との思いから奔走。そのかいあって九州で本場所が続けられることになったという。

福岡国際センター

〒812-0021
福岡県福岡市博多区築港本町2-2

◆収容人数　約7500人（本場所開催時）

◆九州場所の特徴

座布団が2枚つなぎになっているので座布団投げができない。

力士たちの会場入りをロビーで見ることができる。

◆観覧の予約等

→14頁「観戦の手引き」を参照

力士の移動

地方本場所や巡業への移動に使われる交通機関

新幹線 地方本場所への移動は新幹線。関取はグリーン車だが、幕下以下は普通車。グリーン車といえども体の大きな力士にとっては長時間の移動は厳しい。写真は新大阪駅に着き、宿舎へと向かう力士たち。

自家用車

自家用車は部屋の荷物などを積んで、地方の宿舎へ向かうときに使う。力士は便乗しないことが多い。

バス

部屋ごとに貸切りのバスで移動することも多い。

海外巡業は飛行機で

海外巡業・公演となると飛行機を使うほかない。横綱・大関はファーストクラス、関脇以下はビジネスクラスだが、幕下以下はエコノミークラスである。飛行機での移動の際は、いくつかの便に分乗する。これは、万が一のことを考えてのことでもあり、重量配分のためでもある。

力士の移動には、海外公演・巡業を除き、飛行機は使われず、国内の移動はすべて、電車・バスである。かつては地方場所に際して特別列車（「相撲列車」※とよばれた）を仕立てて移動していたが、今は定時の新幹線での移動が中心となっている。多くの力士が新幹線で移動するときなどは今も「相撲列車」を彷彿《ほうふつ》とさせる光景が見られる。ちなみに、新幹線でも飛行機でも、1人1席であることに変わりはない。

九州場所では、会場と海をはさんだ志《し》賀島《かのしま》に宿舎を構える部屋がある（大嶽《おおたけ》部屋など）。志賀島は陸続きだが、力士たちはフェリーで会場入りする。

※昭和時代、力士が移動するとき国鉄が仕立てた貸切りの臨時列車。

地方場所の宿舎

地方本場所での宿舎は部屋ごとにほぼ決まっている

湊《みなと》部屋の宿舎

寺院や公民館などを宿舎にする。〝門前〟には力士幟がたてられる。

武蔵川《むさしがわ》部屋の宿舎

2018年、名古屋場所の武蔵川部屋の宿舎は、繁華街・大須界隈にある萬松寺《ばんしょうじ》。場所に合わせてさまざまなイベントも行われ、街をあげて名古屋場所を盛り上げる。

御朱印

萬松寺では、武蔵川部屋が宿舎を構えるあいだ、期間限定の特別な御朱印が授与される

力士との触れ合い

稽古のあと、力士との世間話も楽しいひと時である。

稽古場

稽古場は萬松寺の裏にある児童公園。稽古の見学は自由だが、稽古の邪魔にならぬよう配慮が必要。

ファンサービス

稽古中は厳しい表情の武蔵川親方も、稽古が終わればにこやか。ファンへのサインにも気軽に応じてくれる。

地方場所では、ほぼ1ヶ月を宿舎で過ごすことになる。公民館などが宿舎としてよく使われるが、部屋専属のように同じ場所を利用することもある。ただし、新興の部屋などは会場近くの宿舎の確保が難しいとも聞く。

スペースの制約もあり、近隣の公園を稽古場とすることもある。稽古の見学は自由でも、ときに稽古スペースへの入場などが制限される。しかし、稽古が終われば一転、親方も気軽にサインに応じてくれるなど、フレンドリーな「おすもうさん」と触れ合う好機会ともなる。

＊地方場所の宿舎は毎年同じ場所とは限らない。

各地の相撲支援者との交流や奉納相撲など

地方場所での行事

奉納土俵入り 地方場所では、地元の古社に奉納土俵入りをするのが恒例となっている。大阪では住吉《すみよし》大社《たいしゃ》、名古屋では熱田神宮《あつたじんぐう》、九州では住吉神社《すみよしじんじゃ》に、場所の安全、豊作・安寧無事を祈って土俵入りが奉納される。
写真は大阪・住吉大社での第72代横綱稀勢の里の奉納土俵入り。

慰問
福祉施設などの慰問、地元警察の一日署長、一日駅長などをつとめることも地方本場所ならでは。1日限りの巡業ではできないこともあり、「おすもうさん」ならではの風情が生きる。老人ホームではおすもうさんは大人気だ。

交歓会
地方本場所や巡業を支えるのは、地元の後援会。年に一度の地方本場所では、親方や力士と直接触れ合える交歓会が開かれ、相撲部屋と後援会との旧交があたためられる。

本場所は15日間だが、各地方での力士の生活は15日間にとどまらない。先発隊は場所の開始2週間以前に当地に入り、さまざまな準備をする。後始末もあるため、関係者は40日前後を場所の地で過ごすことになる。それだけに、地元との交流も深くなり、各地の古社での奉納《ほうのう》土俵入《どひょうい》り、学校や福祉施設への慰問など、多彩な催しが年中行事のように行われることになる。

楽しい巡業

素顔の力士に出会える

稽古

普段の部屋稽古と同様なぶつかり稽古や申し合いが観衆の前で行われる。

子供相撲

地元の子供力士が土俵にあがって、力いっぱい現役力士にぶつかっていく。この中から次の世代の横綱が誕生するかも。写真は小学生力士が伊勢ヶ濱部屋《いせがはまべや》の宝富士《たからふじ》にいどむ姿。

握手会・記念撮影

力士と近づけるチャンス。握手したり記念写真をいっしょに撮ったりできるのも巡業ならでは。

巡業は、三月場所（大阪場所）、七月場所（名古屋場所）、九月場所（国技館）、十一月場所（九州場所）の終了後、数週間にわたって行われる。三月場所のあとは関西～中部東海～関東を回り、七月場所のあとは東北・北海道地方を中心に、九月場所のあとは中国・四国地方を中心に、十一月場所のあとは九州・沖縄を中心に巡業のスケジュールが組まれる。

巡業の目的は、相撲の普及振興と、各地のファンサービスのためである。多くの場合、自治体など地元団体が勧進元となって招聘《しょうへい》する形を取る。

基本的には1開催場所1日限りの興行で、取組のほか、稽古の公開、力士との握手会やサイン会、櫓太鼓《やぐらだいこ》の打ち分けなどの「お楽しみ」も豊富である。地元の力士や人気力士を中心に人選がなされ、ファンにとっては魅力たっぷりの行事となる。

巡業では、他の部屋の親方にも稽古を見てもらえ、また他の部屋の力士との稽古の機会ともなる。その意味で力士にとっては「稽古場所」という性格ももつ。

巡業のプログラム

大相撲を広く普及させる事業の一環が日本全国で開催される巡業。取組だけでなく、相撲の舞台裏まで披露される。

巡業のスケジュール

興行10日前頃

先発隊（その土地担当の先発年寄1名と、行司・呼出数名ずつ）が現地入り。巡業の日を迎えるまで、地元との交流（懇親会、警察署の一日署長、福祉施設の慰問など）を行う。

興行前日まで

先発呼出と地元ボランティアの協力のもと、土俵築《どひょうつき》を行う。簡易土俵ながら、本場所の土俵築と同様の手順で土俵をつくる。

興行前日

力士や行司、呼出など大相撲一行約270名が巡業地に入る。

当日のプログラム（時刻は目安）

8時 寄《よ》せ太鼓《だいこ》・開場

～ 8時30分 幕下以下の稽古

8時30分～ 10時30分
十両、幕内の稽古

8時～ 9時 握手会、サイン会

10時30分～ 10時45分 子供相撲

10時45分～ 11時 相撲講座

11時～
幕下以下の取組
取組のあいだに初っ切りや相撲甚句、櫓太鼓打ち分けなどのお好み（催し物）
人気力士のまげ結い実演、
横綱綱締め実演、など
勧進元提供のお好み

12時30分
土俵入り
十両力士の土俵入り、十両取組
中入り（休憩）
幕内力士の土俵入り
（赤ちゃん土俵入りなども）

13時30分 横綱土俵入り

13時50分～ 幕内取組

15時 弓取式、打ち出し

15時30分 次の巡業地へとバス移動

声自慢の力士が相撲甚句《すもうじんく》を披露。

お好み

楽しい催し物、あるいは取組以外の相撲を支える奥深い側面を紹介する。

櫓太鼓の打ち分け。

初《しょ》っ切《き》りはおふざけ相撲で観客を笑わせる。

赤ちゃん土俵入り

有名力士にだっこされて土俵入り。でも、たまに大泣きする赤ちゃんもいる。

弓取式

本場所と同様に、興行の終わりには打ち出し太鼓と弓取式がある。

両国・相撲めぐり

両国の街を歩き相撲ゆかりの名所・名物を探す

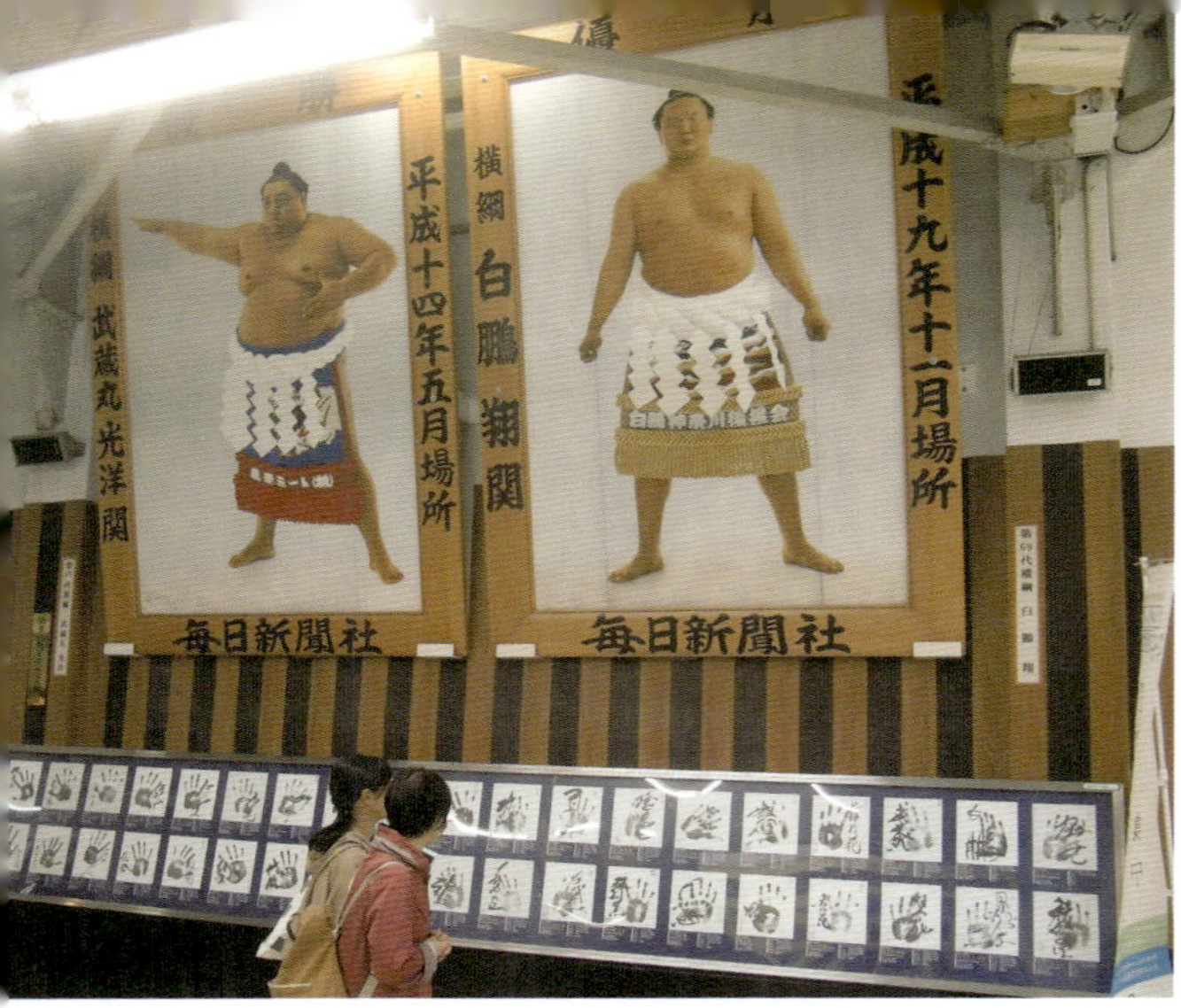

両国駅

駅のコンコースには、ホンモノの優勝額、歴代横綱の手形などが飾られている。

（左）コンコースの優勝額と手形
（下）両国駅駅舎

回向院記者碑

力塚（→127頁）の横に、相撲に貢献した報道関係者の顕彰碑が建つ。

野見宿禰神社《のみのすくねじんじゃ》

相撲の始祖を祀る神社。境内に「歴代横綱之碑」がある。

相撲写真資料館

工藤写真館《くどうしゃしんかん》のコレクション室。明治から平成までの歴史的な相撲写真を展示している。東京場所開催中は毎日、それ以外は火曜日のみ開館。

JR総武線両国《りょうごく》駅に着くと、ホーム越しに国技館の大きな萌黄色の屋根、振り返ればちゃんこ料理店の看板が目に入ってくる。ホームに立ったら、そこはもう相撲の世界まっただ中。両国はまさに相撲の街である。

駅のコンコースには、優勝額の実物、その下には歴代横綱の手形、「横綱と背比べ」などが並び、いやがうえにも相撲の世界に引きこまれる。改札を出て右へ歩を進めれば国技館、反対側に回ればちゃんこ料理店などが軒を並べる繁華街、通りでは自転車に乗った力士とすれ違うなど、相撲の街を実感できる。

両国駅周辺には江戸相撲発祥の回向院《えこういん》や、春日野《かすがの》部屋《べや》、陸奥《みちのく》部屋《べや》、九重《ここのえ》部屋《べや》、出羽海《でわのうみ》部屋《べや》、時津風《ときつかぜ》部屋《べや》、八角《はっかく》部屋《べや》、錦《にしき》戸《ど》部屋《べや》など相撲部屋が点在している。1月、5月、9月の本場所期間中はもちろん、年間を通して相撲関連の行事がしばしば開かれ、また4月～5月に街をあげて催される「両国にぎわい祭り」などのイベントを通じ、いつでも相撲情緒を味わえる街となっている。

相撲小物屋

相撲小物ののれんやカレンダーなどを扱う「高はし」。

キングサイズの衣類が売りのライオン堂

大きいモノ屋

相撲の街らしく、力士ご用達のラージサイズ専門店もある。

八角部屋 隠岐の海、北勝富士など実力派力士を育てている

大きい靴も売っているイマムラ

相撲像 両国駅や国技館通りには力士の石像やブロンズ像が見られ、相撲の街を実感させる

出羽海部屋 若手のホープの一人御嶽海が三役に定着した

相撲部屋 (→150頁)

両国駅近辺には10ほどの相撲部屋があり、街で力士の姿を見かけることも多い。

陸奥部屋 霧馬山などを擁する、元・大関霧島の９代目陸奥親方の部屋

九重部屋 千代大龍、千代の国、千代翔馬などが幕内で活躍中

錦戸部屋 元・関脇水戸泉の部屋。十両にモンゴル出身の水戸龍がいる

両国・相撲グルメめぐり

「ちゃんこ」の他にも相撲の街ならではのグルメがいっぱい

相撲の街・両国のお楽しみの一つに、「相撲グルメ」を味わうことがある。JR両国駅の国技館とは反対側(南側)には、大小さまざまなちゃんこ料理屋が軒を連ねている。店のスタイルはさまざまだが、どの店もメインは「ちゃんこ鍋」で、かなりのボリューム。最近のモンゴル人力士の活躍もあって、モンゴル料理の専門店もある。土産物店では相撲にちなんだ菓子や飲み物が売られている。

花の舞 江戸東京博物館前店 店内に土俵がしつらえられ、桝席風の席もあり、相撲の街を身近に感じながら気楽に飲食できる

相撲像

相撲土産 相撲にちなむ菓子や小物などがある

どすこいドリンク 路地に置かれた飲み物の自動販売機では、何が出てくるかお楽しみの「どすこいドリンク」を売る

ー両国ー江戸NOREN ホールに土俵がしつらえられ、そばや天ぷらなど粋な江戸料理を楽しむことができる

相撲菓子 両国とし田の力士もなか

ちゃんこ料理専門店

それぞれ独自の味を売り物に、
ちゃんこ料理の店が競い合う。

ちゃんこ巴潟
スープの味が４種類から選べる
住所 東京都墨田区両国2-17-6
TEL 03-3632-5600
定休日 無休（６～８月は月曜日）

ちゃんこ霧島両国本店
陸奥部屋の白味噌仕上げ
住所 東京都墨田区両国2-13-7
TEL 03-3634-0075
定休日 無休（年末年始）

ちゃんこ川﨑
鶏ガラのスープ味を80年にわたりまもる
住所 東京都墨田区両国2-13-1
TEL 03-3631-2529
定休日 日曜日・祝日

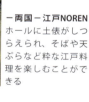

第六章

文化としての相撲

相撲が日本人にもっとも親しまれた競技であるのは、千年近い歴史をもつことはもちろん、浮世絵や芝居、落語や玩具に至るまで、身近な「文化」であったことにもよる。

相撲の歴史

神事から始まり日本の国技へ

古代から明治維新まで

神事から宮廷儀礼、武家のたしなみを経て、庶民の娯楽に。

相撲の祖・野見宿禰と當麻蹶速

垂仁天皇に召された野見宿禰は、力自慢の當麻蹶速と戦ってこれを破り、天皇から蹶速の所領を得たとされる。この二人の説話が相撲の起源として後世に伝わった。

初代横綱明石志賀之助

伝説の力士。宇都宮藩士の子とされ、巨漢で力が強かった。江戸時代初めに各地で相撲を取り、京都で朝廷から「日下開山《ひのしたかいざん》」の称号を与えられる。これが初代横綱とされる一つの理由となっている。

雷電為右衛門《らいでんためえもん》

雷電為右衛門は、通算成績254勝10敗2分14預5無勝負という驚異的な強さで、「天下無双力士」と称される。

「一年を廿日《はつか》で暮らすいい男」

江戸時代の川柳《せんりゅう》。その頃の相撲は春と秋の2回、晴天興行10日というものだった。とはいうものの、江戸時代の力士も、旅興行で各地を回っており、とても「一年を廿日で」暮らせるわけではなかった。

相撲の起源は、神話時代に遡る。『日本書紀』には垂仁《すいにん》天皇7年7月7日のこととして野見宿禰《のみのすくね》と當麻蹶速《たいまのけはや》の相撲がある。726年（神亀《じんき》3）、聖武《しょうむ》天皇は豊作を祈って諸国の神社に相撲を奉納させた。これが国家安寧や五穀豊穣《ごこくほうじょう》を祈る神事相撲の始まりとされる。

相撲は宮廷で「相撲節会《すまいのせちえ》」という儀礼となり、弘仁《こうにん》年間（810〜24）にその例式が確立された。907年（延喜7）に制定された「延喜格《えんぎきゃく》」では射礼《じゃらい》・騎射《きしゃ》・相撲が「三度節《さんどせつ》」と定められて宮中の節日となったが、1174年（承安《じょうあん》4）7月27日を最後に相撲節会は廃絶された。

相撲の伝統は「尚武《しょうぶ》」として武家に引き継がれた。将軍家の「上覧相撲《じょうらんずもう》」もしばしば行われ、強い力士を抱えることが武家社会の一種のステータスだった。

室町時代後期（16世紀前後）に相撲は民間にも定着し、寺社の建立や修理の基金をつくるための勧進相撲《かんじんずもう》も行われるようになった。初代横綱明石志賀之助《あかししがのすけ》なども登場する。見世物あるいは事業としての相撲の始まりである。

明治

第19代横綱常陸山谷右衛門《ひたちやまたにえもん》

品格力量抜群で「角聖《かくせい》」とよばれた大横綱常陸山。1907年には渡米してルーズベルト大統領を表敬訪問。ホワイトハウスで横綱土俵入りを披露した。ここに掲げた大相撲絵葉書は明治時代に巻き起こった絵葉書ブームに乗って作られたもので、旧両国国技館でお土産用としてたくさん販売された。

庶民の娯楽に
江戸

第10代横綱雲龍久吉《うんりゅうきゅうきち》

錦絵に描かれる雲龍はヒゲの濃さが強調されており、雄々しくもユーモラスに描かれているのが特徴。力士は藩主に抱えられることで士分を許されたことが、刀を二本差していることからうかがえる。

明治
今日の相撲の原型

明治時代の力士の酒宴

明治10年頃の錦絵。三大関の着物の絢爛さと迫力は圧巻。境川《さかいがわ》（中央）は“唐獅子牡丹《からじしぼたん》”、朝日嶽《あさひだけ》（右）は“鶴”、雷電（左）は“昇り龍”を染め抜いた着物をまとっており、当時の力士の人気のほどが窺いしれる。背景の赤色には、西洋の絵の具が使われ、江戸錦絵には見られない特色となっている。

勧進相撲は次第に規模が大きくなり、同時にトラブルも続発した。禁令がたびたび出されたが、1684年（貞享元《じょうきょう》）7月、江戸深川・富岡八幡宮《とみおかはちまんぐう》で雷権太夫《いかずちごんだゆう》（年寄）が興行を許可され、勧進相撲は再開される。勧進相撲は江戸時代の庶民の娯楽として定着し、宝暦《ほうれき》（1751～64）頃には、番付などさまざまな制度が整えられた。天明《てんめい》～寛政《かんせい》期（1781～1801）には谷風《たにかぜ》、小野川《おのがわ》、雷電《らいでん》の三強豪力士が登場、相撲人気が空前の高まりを見せた。

1867年に維新を迎え、急速な西洋化が推進される中で裸体の相撲は「野蛮なもの」として排撃されるが、初代梅ケ《うめが》谷《たに》などの力士が出て、1884年（明治17）の明治天皇の天覧相撲《てんらんずもう》を機に、再び社会的に認められるようになった。2代梅ケ谷《うめがたに》、常陸山《ひたちやま》らの活躍で、1909年（明治42）、両国に国技館が開館する前後には、横綱の地位の明文化、興行日数の固定化、優勝制度の制定など、今日の相撲の原型が形づくられた。この時、相撲の維新が成ったともいえるだろう。

昭和初期から現在まで

横綱双葉山の快挙が相撲人気を定着させ、昭和戦後からはテレビ放送が人気に拍車をかけた。

テレビ放映で大人気

昭和（戦後）

栃若時代（昭和30年代）

テレビ観戦を通して相撲人気に火をつけた栃若時代の立役者の手形。右が第44代横綱栃錦、左が第45代横綱若乃花の手形。力士の手形は、縁起物として珍重されてきた。手形には力士の力感と、温かいぬくもりを感じることができる。

柏鵬時代（昭和30 ～ 40年代）

1960年初場所12日目、初顔合わせで新入幕の大鵬の連勝を11で止めたのが小結柏戸。その後、毎場所のように熱戦が続いた。「柏鵬時代」である。「巨人・大鵬・卵焼き」が時代を象徴する言葉となった。

戦争の暗い影

昭和（戦前）

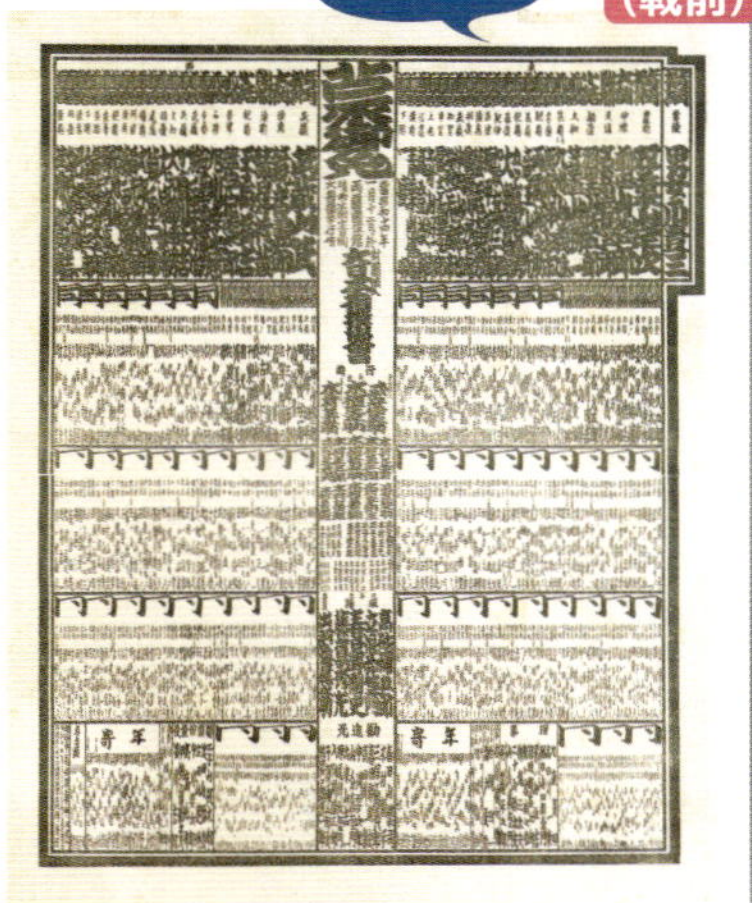

戦争と双葉山の活躍（昭和10年代）

昭和11年一月場所から関脇双葉山が負け知らずの快進撃を始める。昭和13年には横綱に昇進、軍靴の音響く暗い世相に明るい話題を投げかけた。右は69連勝を果たした第35代横綱双葉山、左は横綱双葉山の連勝が69でストップした昭和14年一月場所の番付。一部力士名の上には、「入営」「応召」といった記載が見受けられ、戦時色が見て取れる。

出征兵士への寄書き日章旗

「祈武運長久」としたためられた日章旗に力士が寄書きをしている。力士の寄書きは、百人力が宿るものとして珍重された。写真は昭和17年のもので、常勝のシンボル横綱双葉山定次《さだじ》、横綱男女ノ川登三《みなのがわとうぞう》、横綱羽《は》黒山政司《くろやままさじ》ら12名の署名が見える。

明治時代の後半以降は、相撲の道は決して平坦ではなかった。1923年の関東大震災、世界的な経済不況、戦争へと向かう暗い世相と、盛り上がりに欠ける相撲界であった。

昭和を迎え1927年に東京と大阪の相撲協会が合併、今日の日本相撲協会の前身となる大日本相撲協会が発足。翌年にはラジオの相撲中継開始。1930年代後半になると双葉山《ふたばやま》の69連勝という快挙もあり、相撲人気を押し上げた。

第2次大戦に突入すると、興行は続けられたものの世相は相撲どころではなく、国技館は1944年に軍に接収され、東京大空襲で罹災。戦後は進駐軍に接収された。そのため、相撲興行は仮設施設を転々とし、腰を落ち着けたのは、1950年に蔵前《くらまえ》国技館ができてからである。

1953年五月場所からはテレビの相撲中継が開始され、相撲人気に火をつけた。テレビでの観戦は、居ながらにして取組を間近で見られることから、「テレビ桟敷《さじき》」「茶の間桟敷」などともよばれた。50年代後半は栃錦《とちにしき》と初代若乃花《わかのはな》の「栃《とち》

平成

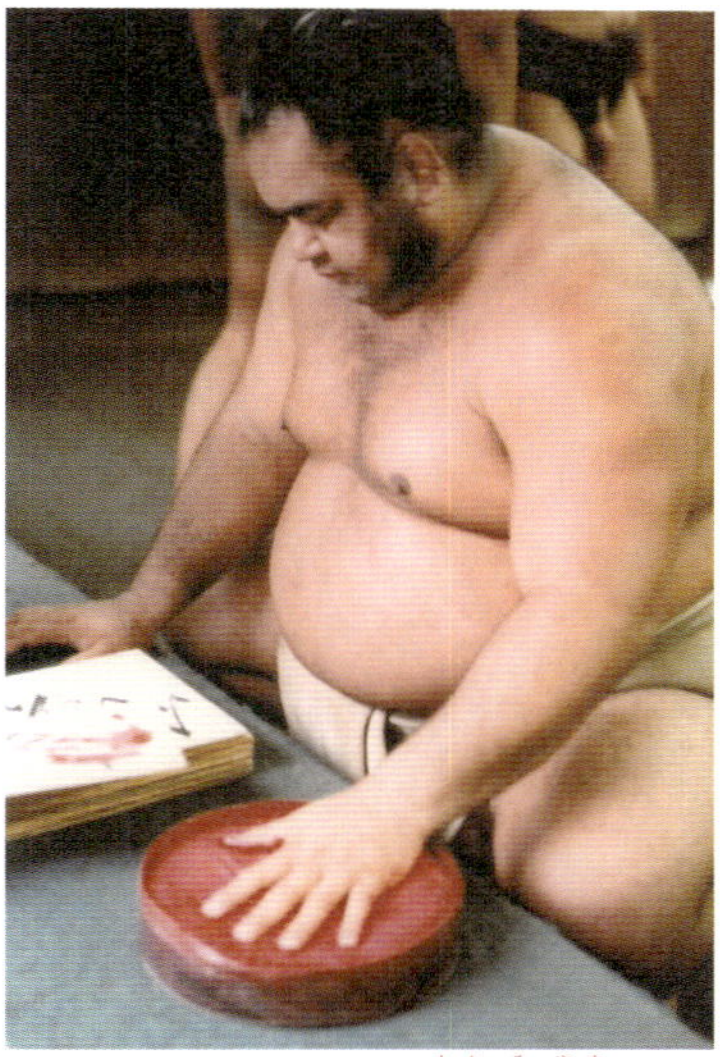

初の外国人関取高見山《たかみやま》

1967年三月場所で十両に昇進し、初の外国人関取となったハワイ出身の高見山。翌年1月に新入幕を果たし、1972年名古屋場所で外国人力士としてはじめて優勝した。以後、外国人力士の活躍が目立つようになる。

輪湖時代（昭和50年代）

昭和50年代は学生相撲出身の輪島と史上最年少横綱北の湖がしのぎを削った「輪湖時代」が土俵の主役だった。15場所連続して千秋楽結びの一番は輪島―北の湖の対決だった。

空前の相撲ブーム

若貴ブーム

1988年（昭和63）春場所に揃って初土俵を踏んだ若貴兄弟。弟の貴乃花は第65代、兄の若乃花は第66代横綱に昇進。兄弟同時横綱という快挙に空前の大相撲ブームが巻き起こった。

モンゴル勢の台頭

2000年頃からモンゴル出身力士が台頭。2005年、朝青龍が史上初の年間全場所制覇。2019年一月場所で横綱白鵬が幕内通算1011勝、横綱通算817勝、横綱在位69場所などの記録を出した。

若《わか》時代」、そして、60年代の柏戸《かしわど》と大鵬《たいほう》の「柏鵬《はくほう》時代」、70年代には輪島《わじま》と北《きた》の湖《うみ》の「輪湖《りんこ》時代」を迎え、相撲人気は不動のものとなった。81年三月場所で輪島が引退すると、北の湖の時代となる。85年の両国国技館完成とともに北の湖が引退、替わって千代《ちよ》の富士《ふじ》の活躍が始まった。

90年代を迎えると、兄弟関取若乃花《わかのはな》・貴乃花《たかのはな》の「若貴《わかたか》ブーム」とあいまって空前の相撲人気。力士はアイドルのような存在となった。その頃、ハワイ出身の大型力士が台頭し、曙《あけぼの》、武蔵丸《むさしまる》が相前後して横綱に昇進。その後、モンゴル人力士の活躍が始まり、2005年、朝青龍《あさしょうりゅう》が史上初の年間全場所制覇という記録を打ちたてた。さらに琴欧洲《ことおうしゅう》（ブルガリア）や把瑠都《ばると》（エストニア）が大関になるなど、相撲界の国際化も定着した。

2010年前後からは不祥事が続きブームに水を差すこととなった。とはいうものの、今日の白鵬《はくほう》、遠藤《えんどう》などに連なる強豪、人気力士の続出で、本場所も巡業も連日「満員御礼」。相撲人気はとどまるところを知らない。

日本の大衆文化に見る相撲

相撲と文化

浄瑠璃 **『双蝶々曲輪日記』二段目「角力場」**

大関濡髪長五郎《ぬれがみちょうごろう》と飛び入りの素人力士放駒長吉《はなれごまちょうきち》の相撲は、濡髪があっけなく土俵を割って放駒が勝った。実はこの相撲、放駒の後ろ盾の平岡郷左衛門《ひらおかごうざえもん》が遊女吾妻を身請けするために画策した八百長相撲であった。事の真相を知った放駒は怒り、濡髪と大喧嘩となる。［提供　松竹株式会社］

演劇 **『一本刀土俵入り』**

関取の夢破れた駒形茂兵衛《もへえ》を、取手《とりで》宿の酌婦お蔦《つた》は巾着まで与えて励ました。10年後、博徒に身を落とした茂兵衛がお蔦を訪ね、ヤクザを追い払って恩返しをする人情話。幕切れのセリフが泣かせる。写真は、ゆかりの茨城県取手市にある記念モニュメント。

歌舞伎 **め組の喧嘩**

1805年に江戸・芝神明《しばしんめい》の境内で力士と鳶《とび》が大喧嘩した実際の事件を、め組の頭辰五郎《たつごろう》を主役として脚色した芝居。鳶頭辰五郎の心意気と、派手な大人数の立ち回りが見もので、華やかな舞台であることから、正月芝居によく上演される。

江戸庶民の三大娯楽といえば芝居、悪所（遊郭）に相撲である。それほどの人気を誇っただけに、相撲を題材にした芸能や絵画（浮世絵）なども多い。相撲は、江戸文化を支える大黒柱でもあったのである。

大人気の相撲をテーマにした芝居を人気俳優に演じさせることは興行上も有利であったため、歌舞伎《かぶき》・浄瑠璃《じょうるり》では相撲に題材をとった狂言《きょうげん》がしばしばつくられ、それらは「相撲物《すもうもの》」とよばれた。

浄瑠璃では、1749年（寛延《かんえん》2）に大坂竹本座《たけもとざ》で初演された『双蝶々曲輪日記《ふたつちょうちょうくるわのにっき》』が相撲物の代表といえよう。この狂言は翌年、歌舞伎に翻案されて京都嵐三右衛門《あらしさんえもん》座《ざ》で演じられ、人気演目の一つとなった。全九段にも及ぶ長編だが、荒事《あらごと》芸《げい》が際立つ二段目「角力場《すもうのば》」と詩情豊かな八段目「引窓《ひきまど》」は、今日もしばしば演じられる。歌舞伎では、『四紅葉思恋深川《よつもみじおもいのふかがわ》』（1804年）、『勝相撲浮名花触《かちずもううきなのはなぶれ》』（1810年）などの演目を見ることができ、明治以降も『神明恵和合取組《かみのめぐみわごうのとりくみ》』（1890年、通称『め組の喧嘩』）、『櫓太鼓出世取組《やぐらだいこしゅっせとりくみ》』

歌舞伎・芝居・落語など

大人気娯楽であった相撲は、芝居や落語などを通して庶民の生活に浸透。

落語 『花筏』 あらすじ

大関花筏の替え玉となった提燈屋が、地元の強豪千《ち》鳥《どり》ヶ《が》浜大《はまだい》五郎《ごろう》と取り組むことに。提燈屋は千鳥ヶ浜の怪力を恐れ、千鳥ヶ浜は替え玉と知らず恐怖に打ち震える。取組は提燈屋の突きに千鳥ヶ浜は腰が砕けてしまう。「大した張り手だ！」「当たりメェよ、提燈屋だ」。

俳句 相撲名句十選

月のみか雨に相撲もなかりけり（芭蕉）
相撲取りならぶや秋のからにしき（服部嵐雪）
裸身に夜半の鐘や辻相撲（炭太祇）
子を抱て行司に立や辻角力（馬場存義）
負まじき角力を寝物がたり哉（与謝蕪村）
やはらかに人分け行くや勝角力（高井几董）
雪の夜や膝に子を置く角力取（常世田長翠）
うす闇き角力太鼓や角田川（小林一茶）
廻向院の相撲はじまる松の内（正岡子規）
投げられて負けてもまけぬ相撲哉（尾崎放哉）

芭蕉の句は『奥の細道』の敦賀での作句。勧進相撲が雨で中止となり、名月ともども見られず残念だと詠った

落語

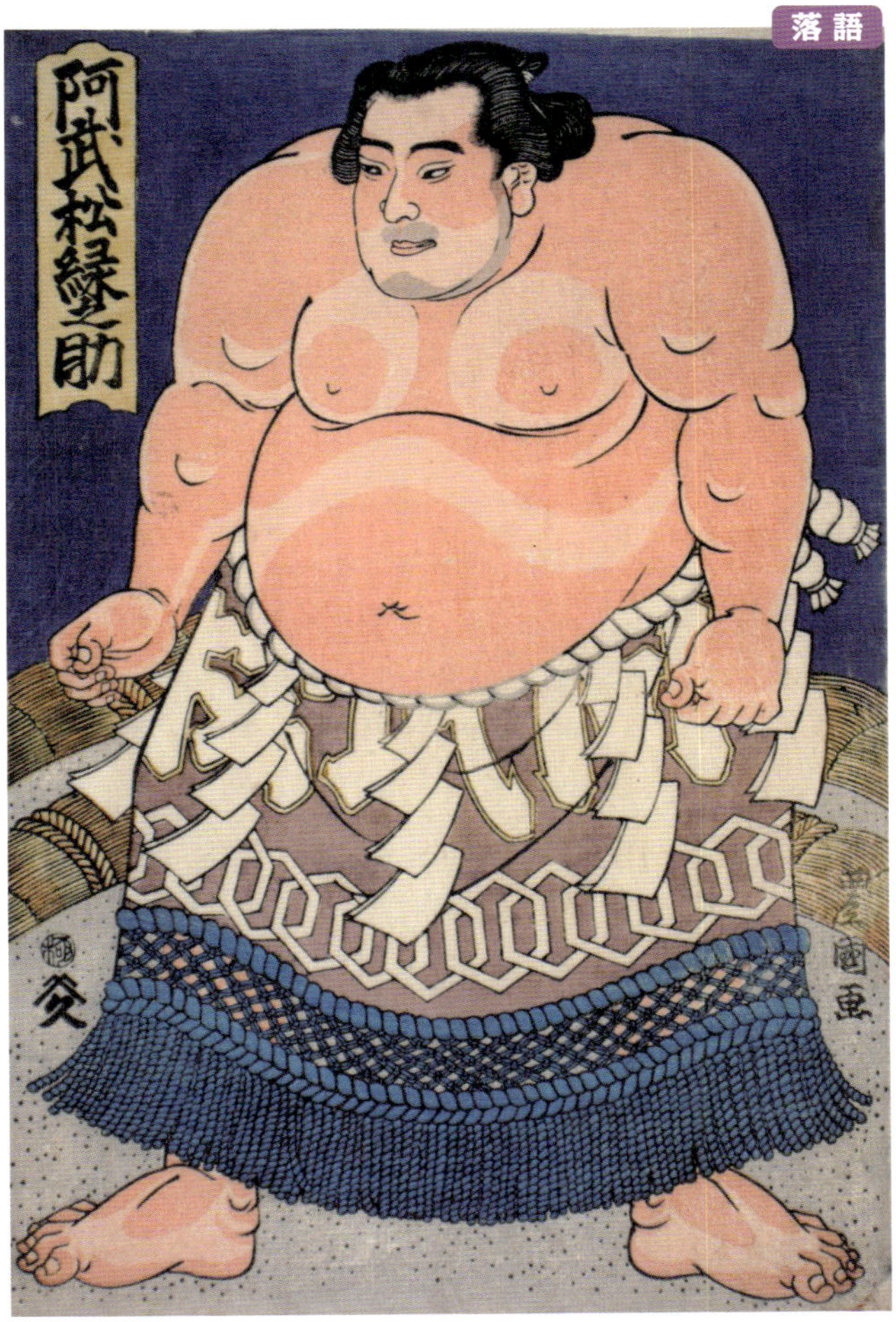

『阿武松』 あらすじ

関取武隈文右衛門《たけくまぶんえもん》に入門した若者が人間離れした大食い。あまりの大食いのため破門されてしまう。事情を知った関取鎹山喜平次《きへいじ》に鍛え上げられたその若者、みるみる出世をし、遺恨ある武隈に見事勝利。その相撲が長州公の目にとまり、第6代横綱阿武松緑之助《みどりのすけ》へと出世を遂げる。

（1900年）などがある。

大衆演劇として生まれた、長谷川伸《はせがわしん》の『一本刀土俵入り《いっぽんがたなどひょういり》』（1931年）は、〝姐さんにせめて見てもらう駒形《こまがた》の、しがねえ姿の土俵入りでござんす〟という最後の台詞《セリフ》が印象的な名作で、歌舞伎、映画や歌謡曲としても親しまれている。

芝居と並ぶエンターティメントである落語《らくご》にも相撲に題材をとったものも少なくない。提燈屋《ちょうちんや》が大関《おおぜき》の身替わりとなって相撲を取る『花筏《はないかだ》』、大飯ぐらいの若者が関取鎹山《しころやま》の目にとまり、鍛えられて出世し、横綱になるという『阿武松《おうのまつ》』などは、いまも人気演目である。

相撲人気の高まりが俳諧《はいかい》ブームと時を同じくしたこともあり、相撲は俳句《はいく》にもしばしば詠われた。第7代横綱稲妻雷五郎《いなづまらいごろう》（1802〜77）は俳諧をよくし、

青柳の風にたをれぬ力かな
あらそわぬ風に柳の相撲かな

など、力士ならではの句を残した。正岡《まさおか》子規《しき》は相撲を好み、相撲の句も多い。なお、相撲節会《すまいのせちえ》が7月7日に行われたことから、相撲は秋の季語となっている。

浮世絵・玩具

浮世絵からメンコや人形まで、相撲を題材にした玩具も次々登場。

相撲遊び

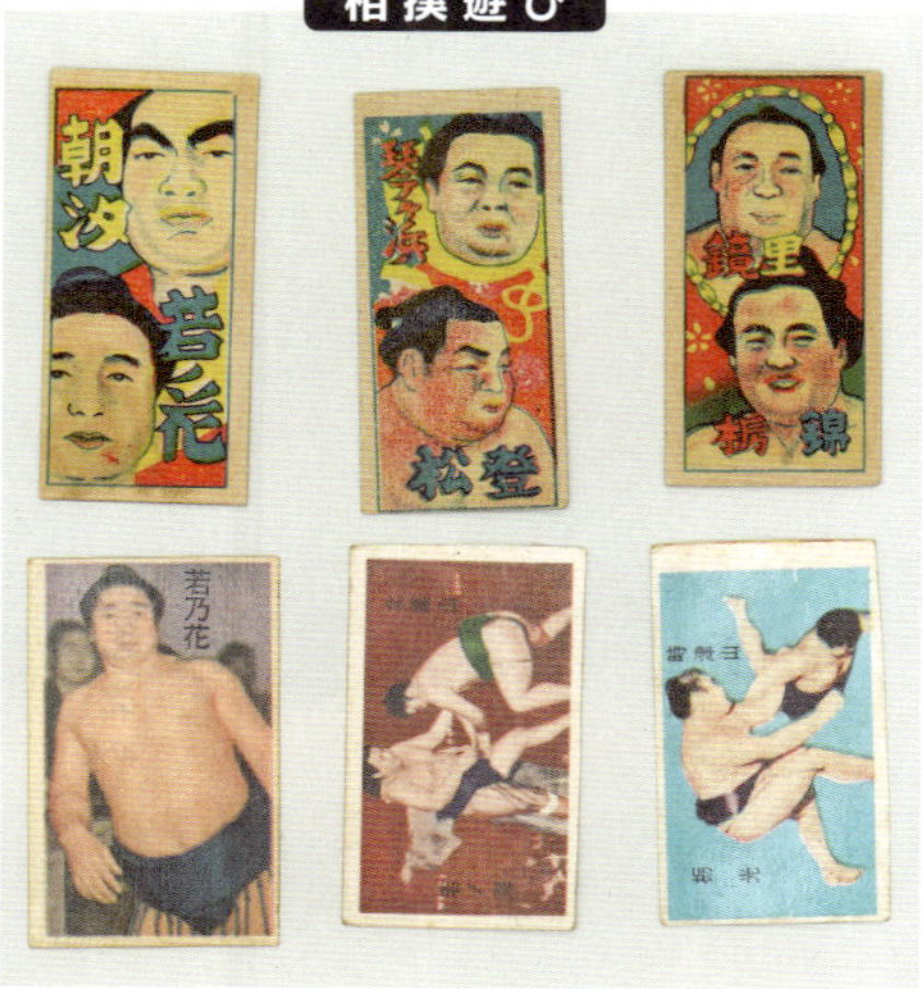

メンコ

戦後につくられた「角メンコ」の一つ。角メンコは栃若時代のものが圧倒的に多い。子供たちはひいきの力士のメンコを手にして相手に戦いを挑む。相手のメンコが裏返ったら勝負ありだが、勝負あるまで交互に繰り返す。

板相撲

熊本県八代《やつしろ》市日奈久温泉の木製玩具。力士の両腕の真ん中の穴に棒を差し込んで動かすと、相撲を取る。江戸時代、肥後《ひご》国で名をはせた関取嶋ヶ崎が横綱に挑戦しようと江戸に向かう途中に毒殺されたことから、嶋ヶ崎を偲んでつくられたともされる。

相撲絵

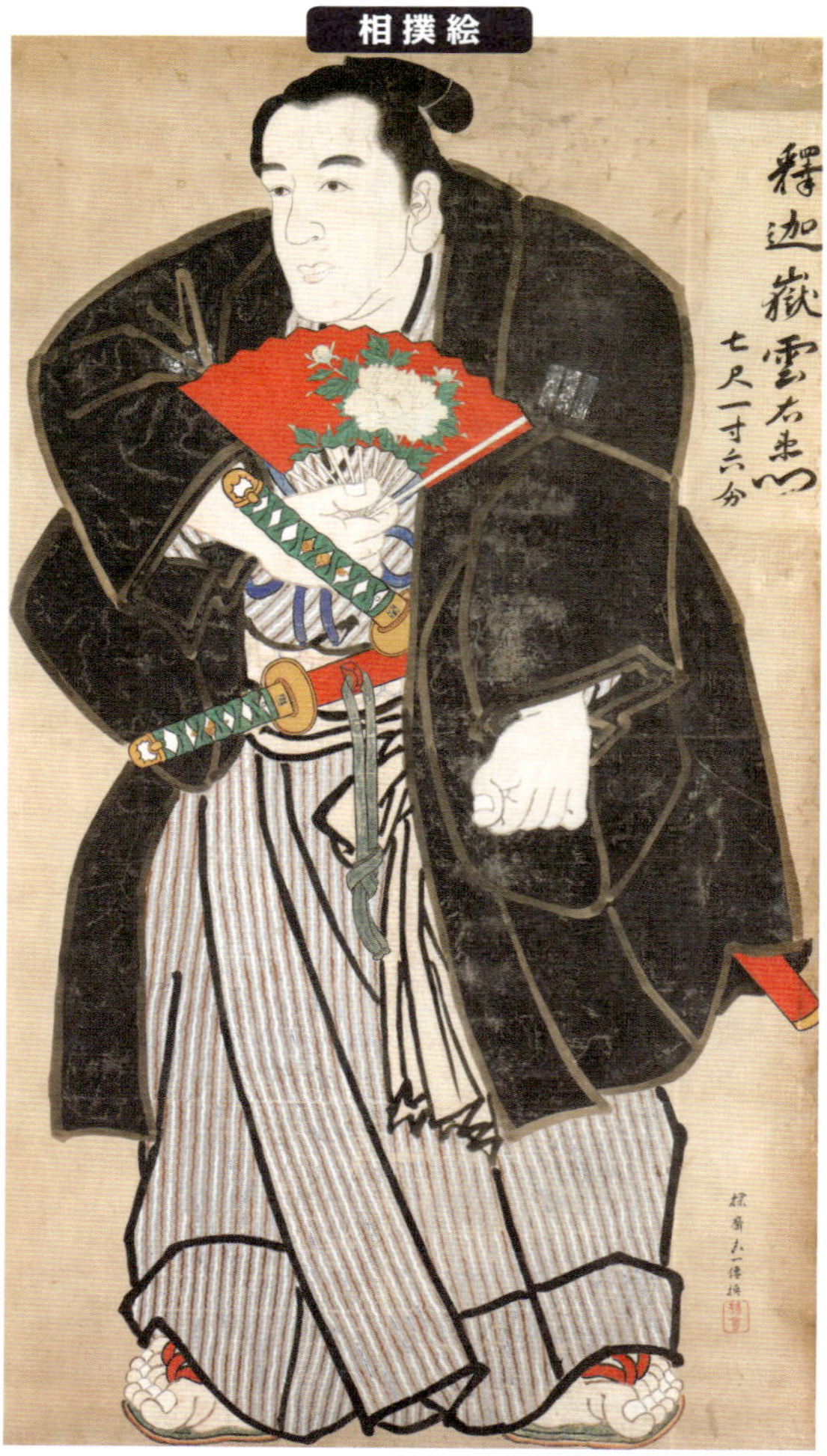

釈迦嶽雲右衛門《しゃかがたけくもえもん》の等身大浮世絵

力士の大きさをどう表現するか。行きついた先に等身大浮世絵がある。釈迦嶽(1749~75)は身長227cm、体重180kgの巨漢。巨大な画面いっぱいに描かれたその姿は圧巻の一言である。

力士や相撲を題材にした浮世絵は「相撲絵《すもうえ》」というジャンルを確立していた。相撲絵には、人気力士の風貌や土俵上での取組はもとより、日常生活や稽古場風景なども描かれた。力士の巨体や土俵の雰囲気を臨場感たっぷりに伝えるために、二枚続、三枚続、そして等身大の姿絵もある。

相撲は、玩具や遊びを通して生活の中にも広がっている。オオバコの茎を引っ張りあう「オオバコ相撲」、紙に描いた力士を闘わせる「トントン相撲」、空き地や校庭でとる草相撲など、子供たちの身の回りには相撲遊びがたくさんあった。

カルタやメンコも、昭和前半に子供時代を送った方には懐かしい玩具であろう。メンコの裏側には四股名《しこな》、身長、体重、得意技などが記載されていた。

江戸時代に流行した「板相撲《いたずもう》」は、現在は熊本県の日奈久温泉《ひなぐおんせん》土産の郷土玩具に名残をとどめている。薄板を切り抜いてつくった力士を向き合わせて取り組ませる。力士の姿をかたどった「相撲人形」も数多く伝えられている。

相撲神事

神事であった相撲は、伝統行事として今日に伝承される

ネッテイ相撲

平安時代の相撲節会《すまいのせちえ》に由来するとされる神事。青い裃《かみしも》姿の舞い手２人が「ヨイ、ヨイ、ヨイ」の掛け声で四股《しこ》を踏み、手を振り下ろして天地の荒ぶりを鎮めた後、互いの首をとって３度跳び上がり、もとの位置に戻れるかどうかで豊凶を占う。（兵庫県養父《やぶ》市）

泣き相撲

幼児の泣き声を土俵上で競わせる神事。幼児の成長を祈って行われるが、氏神に新しい氏子を披露する意味もある。先に泣いた方を勝ちとするもの、逆に負けとするものと地域によって異なるが、引き分けあるいは両者とも勝ちとする例もある。（岩手県花巻《はなまき》市、栃木県鹿沼《かぬま》市ほか）

大山祇神社の一人角力

春の御田植祭《おたうえさい》（旧暦5月5日）と秋の抜穂祭《ぬきほさい》（旧暦9月9日）に行われる。行司を前に、「一力山」という力士が一人で相撲の所作をし、目に見えない稲の精霊と三番の勝負をし、一番目は精霊が、二番目は一力山が、三番目は精霊が勝つ。いわば「エア相撲」だが、全国的にもたいへん珍しい行事。（愛媛県今治《いまばり》市）

阿曽《あそ》の相撲甚句《すもうじんく》

利椋八幡《とくらはちまん》神社の例祭で、相撲甚句と相撲踊りが奉納される。10人の踊り手は豪華な化粧廻しをつけ、行司の拍子木に合わせて土俵入りし、甚句に合わせて「ヤストコヤストコヤストコショ」などと威勢よく囃子《はやし》を入れながら踊る。（福井県敦賀《つるが》市）

玉祖《たまのおや》神社の占手《うらて》神事

例大祭前日に行われ、羽二重《はぶたえ》の褌をつけた２人の力士が手を組み合って相撲に似た所作を繰り返し、最後は両手を取み、手のひらで12回（閏年は13回）地面をたたく。その後、両人双手を挙げ、北面して鬨《とき》の声を発して退出する。（山口県防府《ほうふ》市）

相撲はもともと神事としての性格を強くもつものであったが、それが神社の祭礼として地域に定着したものも少なくない。祭礼では天下泰平《てんかたいへい》、子孫繁栄《しそんはんえい》、五穀豊穣《ごこくほうじょう》、大漁《たいりょう》などが祈願されるが、その際、相撲、舞楽《ぶがく》、流鏑馬《やぶさめ》、競馬《けいば》などの芸能が奉納されたのである。

祭礼にはまた、吉凶の占いという意味あいもある。相撲では、どちらが勝つかによって五穀豊穣や豊漁を占うことがあるが、そうした神事では、双方がご利益をいただくために引き分けで決着するようになっていることも少なくない。また、不作のおそれがある土地の力士に対して、あえて勝ちを譲ることもある。

ユニークなのは神と相撲を取るという愛媛県大三島《おおみしま》にある大山祇神社《おおやまずみじんじゃ》の「一人角力《ひとりずもう》」である。稲の霊と相撲を取って霊が勝つと豊作となるとされているため、力士は常に負けることになる。

こうした相撲神事は、各地で多彩な形をとって伝承されている。なかには季節の風物詩としてニュースなどで全国的に知られたものもある。

相撲部屋と一門

大相撲には、相撲部屋の系統ごとに「一《いち》門《もん》」という一種の派閥が存在する。弟子が師匠から独立して新しく相撲部屋を興すなどして確立されたもので、いわば本家と分家といった関係で、連合稽古や冠婚葬祭などで一門が協力しあう。部屋持ち年寄と部屋つき年寄の日本相撲協会での待遇は変わらないが、部屋を持つには莫大な資金が必要なこともあり、皆が部屋持ちにならず、もと所属した部屋で後進を指導する年寄もいる。

二所ノ関一門

佐渡ヶ嶽部屋《さどがたけべや》	師匠／佐渡ヶ嶽満宗（元関脇・琴ノ若） 年寄／粂川佳弘（元小結・琴稲妻）、 白玉克之（元前頭3枚目・琴椿）、 浜風政宗（元前頭3枚目・五城楼）
片男波部屋《かたおなみべや》	師匠／片男波良二（元関脇・玉春日） 年寄／熊ヶ谷大輔（元前頭九枚目・玉飛鳥）、 楯山大造（元関脇・玉ノ富士）
峰崎部屋《みねざきべや》	師匠／峰崎修豪（元前頭2枚目・三杉磯） 年寄／花籠忠明（元関脇・太寿山）
田子ノ浦部屋《たごのうらべや》	師匠／田子ノ浦伸一（元前頭8枚目・隆の鶴） 年寄／荒磯寛（元横綱・稀勢の里）
尾車部屋《おぐるまべや》	師匠／尾車浩一（元大関・琴風） 年寄／押尾川（元関脇・豪風）
二所ノ関部屋《にしょのせきべや》	師匠／二所ノ関六男（元大関・若嶋津） 年寄／放駒新（元関脇・玉乃島）、湊川忠晃（元小結・大徹）、 松ヶ根栄来（元前頭8枚目・玉力道）
芝田山部屋《しばたやまべや》	師匠／芝田山康（元横綱・大乃国）
高田川部屋《たかだがわべや》	師匠／高田川勝巳（元関脇・安芸乃島）
鳴戸部屋《なるとべや》	師匠／鳴戸勝紀（元大関・琴欧洲）
西岩部屋《にしいわべや》	師匠／西岩忍（元関脇・若の里）
湊部屋《みなとべや》	師匠／湊孝行（元前頭2枚目・湊富士）
錣山部屋《しころやまべや》	師匠／錣山矩幸（元関脇・寺尾） 年寄／立田川豊英（元小結・豊真将）
大嶽部屋《おおたけべや》	師匠／大嶽忠博（元十両4枚目・大竜）
阿武松部屋《おうのまつべや》	師匠／阿武松広生（元関脇・益荒雄） 年寄／不知火匡也（元小結・若荒雄）、 音羽山健二（元前頭8枚目・大道）
千賀ノ浦部屋《ちがのうらべや》	師匠／千賀ノ浦太一（元小結・隆三杉） 年寄／常盤山靖仁（元関脇・舛田山）

時津風一門

時津風部屋《ときつかぜべや》	師匠／時津風正博（元前頭3枚目・時津海） 年寄／間垣祐哉（元前頭筆頭・土佐豊）、 枝川秀樹（元前頭筆頭・蒼樹山）、 武隈敏正（元前頭筆頭・蔵玉錦）
鏡山部屋《かがみやまべや》	師匠／鏡山昇司（元関脇・多賀竜） 年寄／勝ノ浦利郎（元前頭2枚目・起利錦）
井筒部屋《いづつべや》	師匠／井筒好昭（元関脇・逆鉾）
伊勢ノ海部屋《いせのうみべや》	師匠／伊勢ノ海準人（元前頭3枚目・北勝鬨） 年寄／立川敏生（元関脇・土佐ノ海）、 甲山剛（元前頭11枚目・大碇）
陸奥部屋《みちのくべや》	師匠／陸奥一博（元大関・霧島） 年寄／浦風冨道（元前頭筆頭・敷島）、 立田山裕教（元前頭筆頭・薩洲洋）
荒汐部屋《あらしおべや》	師匠／荒汐崇司（元小結・大豊）
追手風部屋《おいてかぜべや》	師匠／追手風直樹（元前頭2枚目・大翔山）
中川部屋《なかがわべや》	師匠／中川憲治（元前頭14枚目・旭里）

出羽海一門

出羽海《でわのうみ》部屋	師匠／出羽海昭和（元前頭2枚目・小城乃花） 年寄／中立康照（元小結・小城錦）、高崎龍水（元前頭6枚目・金開山）、出来山双一（元関脇・出羽の花）
春日野《かすがの》部屋	師匠／春日野清隆（元関脇・栃乃和歌） 年寄／竹縄泰一（元関脇・栃乃洋）、富士ヶ根全陽（元小結・大善）、二十山仁（元小結・栃乃花）、三保ヶ関篤志（元前頭筆頭・栃栄）、岩友守（元前頭7枚目・木村山）、待乳山孝晴（元小結・播竜山）
山響《やまひびき》部屋	師匠／山響謙司（元前頭筆頭・巌雄） 年寄／小野川明義（元前頭2枚目・北太樹）
玉ノ井《たまのい》部屋	師匠／玉ノ井太祐（元大関・栃東）
入間川《いるまがわ》部屋	師匠／入間川哲雄（元関脇・栃司） 年寄／若藤信英（元前頭4枚目・皇司）
式秀《しきひで》部屋	師匠／式守秀五郎（元前頭9枚目・北桜）
境川《さかいがわ》部屋	師匠／境川豪章（元小結・両国） 年寄／関ノ戸竜太（元小結・岩木山）、中村哲博（元前頭2枚目・佐田の富士）、君ヶ濱幸観（元前頭14枚目・寶千山）
尾上《おのえ》部屋	師匠／尾上圭志（元小結・濱ノ嶋） 年寄／佐ノ山浩作（元前頭12枚目・里山）
藤島《ふじしま》部屋	師匠／藤島武人（元大関・武双山） 年寄／大鳴戸武春（元大関・出島）、山分喬喜（元前頭筆頭・武雄山）、春日山翔（元前頭2枚目・翔天狼）、清見潟隆志（元前頭3枚目・武州山）
木瀬《きせ》部屋	師匠／木村瀬平（元前頭筆頭・肥後ノ海） 年寄／稲川有希（元小結・普天王）
武蔵川《むさしがわ》部屋	師匠／武蔵川光偉（元横綱・武蔵丸） 年寄／雷徹（元小結・垣添）
二子山《ふたごやま》部屋	師匠／二子山雅高（元大関・雅山）
立浪《たつなみ》部屋	師匠／立浪耐治（元小結・旭豊）

高砂一門

高砂《たかさご》部屋	師匠／高砂浦五郎（元大関・朝潮） 年寄／錦島太郎（元関脇・朝赤龍）、若松武彦（元前頭筆頭・朝乃若）
東関《あずまぜき》部屋	師匠／東関大五郎（元前頭10枚目・潮丸） 年寄／振分精彦（元小結・高見盛）、大山進（元前頭2枚目・大飛）
九重《ここのえ》部屋	師匠／九重龍二（元大関・千代大海） 年寄／谷川英樹（元関脇・北勝力）
八角《はっかく》部屋	師匠／八角信芳（元横綱・北勝海） 年寄／陣幕哲也（元前頭筆頭・富士乃真）
錦戸《にしきど》部屋	師匠／錦戸眞幸（元関脇・水戸泉） 年寄／千田川順（元小結・闘牙）

伊勢ヶ濱一門

伊勢ヶ濱《いせがはま》部屋	師匠／伊勢ヶ濱正也（元横綱・旭富士） 年寄／桐山国由（元小結・黒瀬川）
友綱《ともづな》部屋	師匠／友綱勝（元関脇・旭天鵬） 年寄／玉垣伸哉（元小結・智乃花）、大島隆登（元関脇・魁輝）
宮城野《みやぎの》部屋	師匠／宮城野誠志（元前頭13枚目・竹葉山） 年寄／高島大造（元関脇・高望山）
浅香山《あさかやま》部屋	師匠／浅香山博之（元大関・魁皇）
朝日山《あさひやま》部屋	師匠／朝日山宗功（元関脇・琴錦）

＊相撲部屋のデータは2019年3月現在。

部　屋	住　所	最寄り駅
出羽海部屋	東京都墨田区両国2-3-15	東京都交通局大江戸線両国駅、ＪＲ総武線両国駅
春日野部屋	東京都墨田区両国1-7-11	東京都交通局大江戸線両国駅、ＪＲ総武線両国駅
立浪部屋	茨城県つくばみらい市陽光台4-3-4	首都圏新都市鉄道つくばエクスプレスみらい平駅
藤島部屋	東京都荒川区東日暮里4-27-1	ＪＲ常磐線日暮里駅、ＪＲ山手線鶯谷駅
山響部屋	東京都江東区東砂6-6-3	東京地下鉄東西線南砂町駅
玉ノ井部屋	東京都足立区西新井4-1-1	東京都交通局日暮里・舎人ライナー西新井大師西駅
式秀部屋	茨城県龍ケ崎市佐貫4-17-17	ＪＲ常磐線佐貫駅
入間川部屋	埼玉県さいたま市中央区八王子3-32-12	ＪＲ埼京線与野本町駅
境川部屋	東京都足立区舎人4-3-16	東京都交通局日暮里・舎人ライナー見沼代親水公園駅
木瀬部屋	東京都墨田区立川1-16-8	東京都交通局大江戸線・東京都交通局新宿線森下駅
尾上部屋	東京都大田区池上8-8-8	東急電鉄池上線池上駅
武蔵川部屋	東京都江戸川区中央4-1-10	ＪＲ総武線新小岩駅
二子山部屋	埼玉県所沢市北岩岡366	西武鉄道新宿線新所沢駅
佐渡ヶ嶽部屋	千葉県松戸市串崎南町39	北総鉄道北総線松飛台駅
片男波部屋	東京都墨田区石原1-33-9	東京都交通局大江戸線両国駅、ＪＲ総武線両国駅
大嶽部屋	東京都江東区清澄2-8-3	東京都交通局大江戸線・東京地下鉄半蔵門線清澄白河駅
高田川部屋	東京都江東区清澄2-15-7	東京都交通局大江戸線・東京地下鉄半蔵門線清澄白河駅
湊部屋	埼玉県川口市芝中田2-20-10	ＪＲ東北本線蕨駅
尾車部屋	東京都江東区清澄2-15-5	東京都交通局大江戸線・東京地下鉄半蔵門線清澄白河駅
峰崎部屋	東京都練馬区田柄2-20-3	東京地下鉄有楽町線地下鉄赤塚駅、東武鉄道東上線下赤塚駅
田子ノ浦部屋	東京都江戸川区東小岩4-9-20	ＪＲ総武線小岩駅
二所ノ関部屋	千葉県船橋市古作4-13-1	ＪＲ武蔵野線船橋法典駅
阿武松部屋	千葉県習志野市鷺沼5-15-14	ＪＲ総武線幕張本郷駅、京成電鉄千葉線京成幕張本郷駅
芝田山部屋	東京都杉並区高井戸東2-26-9	京王電鉄井の頭線高井戸駅
錣山部屋	東京都江東区清澄3-6-2	東京都交通局大江戸線・東京地下鉄半蔵門線清澄白河駅
千賀ノ浦部屋	東京都台東区橋場1-16-5	東京地下鉄日比谷線南千住駅
鳴戸部屋	東京都墨田区向島1-22-16	東武鉄道伊勢崎線とうきょうスカイツリー駅
西岩部屋	東京都台東区寿4-4-9	東京地下鉄銀座線田原町駅
友綱部屋	東京都墨田区業平3-1-9	東京地下鉄半蔵門線押上駅
宮城野部屋	東京都墨田区八広2-16-10	京成電鉄押上線曳舟駅
伊勢ヶ濱部屋	東京都江東区毛利1-7-4	東京都交通局新宿線・東京地下鉄半蔵門線住吉駅
浅香山部屋	東京都墨田区緑4-21-1	ＪＲ総武線錦糸町駅
朝日山部屋	千葉県鎌ケ谷市くぬぎ山2-1-5	新京成電鉄新京成線くぬぎ山駅
時津風部屋	東京都墨田区両国3-15-4	東京都交通局大江戸線両国駅、ＪＲ総武線両国駅
伊勢ノ海部屋	東京都文京区千石1-22-2	東京都交通局三田線千石駅
井筒部屋	東京都墨田区両国2-2-7	東京都交通局大江戸線両国駅、ＪＲ総武線両国駅
鏡山部屋	東京都葛飾区新小岩3-28-21	ＪＲ総武線新小岩駅
陸奥部屋	東京都墨田区両国1-18-7	東京都交通局大江戸線両国駅、ＪＲ総武線両国駅
追手風部屋	埼玉県草加市瀬崎5-32-22	東武鉄道伊勢崎線谷塚駅
荒汐部屋	東京都中央区日本橋浜町2-47-2	東京都交通局新宿線浜町駅
中川部屋	神奈川県川崎市幸区南加瀬5-7-2	ＪＲ横須賀線新川崎駅
高砂部屋	東京都墨田区本所3-5-4	東京都交通局大江戸線両国駅、ＪＲ総武線両国駅
九重部屋	東京都墨田区石原4-22-4	東京都交通局大江戸線両国駅、ＪＲ総武線両国駅
東関部屋	東京都葛飾区柴又2-10-13	京成電鉄金町線柴又駅
八角部屋	東京都墨田区亀沢1-16-1	東京都交通局大江戸線両国駅、ＪＲ総武線両国駅
錦戸部屋	東京都墨田区亀沢1-16-7	東京都交通局大江戸線両国駅、ＪＲ総武線両国駅

＊データは2019年3月現在。

相撲部屋一覧

相撲用語

S マークの用語は、一般的な相撲用語。
G マークの用語は、業界用語や隠語。
w マークの用語は、技や取組に関する用語。

【あ行】

合い口【あいくち】 w
力士同士の勝負上の相性のよしあしのこと。実力や番付にかかわらず、よく勝てる相手を「合い口が良い」、逆に勝てない相手を「合い口が悪い」という。

相手十分【あいてじゅうぶん】 w
相手にとって十分（有利）という意味で、自分が不利になること。「向こう十分」とも。反対語「自分十分」。

相星【あいぼし】 w
対戦する両力士が同じ成績であること。報道用語。

明け荷【あけに】 S
化粧廻しや締め込みなど身の回りのものを入れて持ち運ぶ蓋つきの箱。竹籠に和紙を何重にも張り、漆を塗ったもので、大きさはおよそ80cm×45cm×30cm。十両以上の力士と行司と親方がもて、1人1つだが、横綱は3つもつ。同期生や後援者が贈る。

顎をかます【あごをかます】 w
頼まれごとを断ること。「あご」だけでキャンセルの意味にもなる。「鉄砲かます」とも。

足が流れる【あしがながれる】 w
体の動きに足がついてこず、上体よりも両足が後ろに残ること。

アンコ型【あんこがた】 w
太っている力士のこと。魚の鮟鱇（あんこう）の形に由来する。

兄弟子【あんでし】 S
先に入門した力士のことで、年齢や番付には関係ない。行司・呼出・床山も同様。また、幕下二段目、三段目力士のこと。

アンマ【あんま】 G
自分より地位が上の力士の稽古相手になること。

一代年寄【いちだいとしより】 S
現役時代の功績が顕著（概ね優勝20回以上）な横綱に特例的に許される一代限りの年寄名跡。年寄名には引退時の四股名が使われる。これまでに大鵬、北の湖、貴乃花が一代年寄だが、貴乃花退職後の今、一代年寄は存在しない。なお、千代の富士は一代年寄を辞退して年寄九重を継いだ。

一枚廻し【いちまいまわし】 w
相手の廻しの一番上の一枚だけを取った状態のこと。一、二枚を取ると切られにくくなり、「廻しを取ったら親指を通せ」と教えるように、親指でしっかり握ることがポイントとなる。

受け相撲【うけずもう】 w
相手の出方を待って受けるような消極的な相撲。

受けに入る【うけにはいる】 w
相手に攻められて守勢になること。

えびすこ G
大食漢の力士、また大食いのこと。

大頭【おおがしら】 G
幕下筆頭のこと。この位置で勝ち越せば十両に昇格できるが、十両の定員に欠員が出なければ昇格は見送られることから、「貧乏神」ともいわれる。

お米【おこめ】 G
お金、お小遣いのこと。江戸時代の関取が扶持（給料）を米で貰っていたことから。

おす G
相手におごらせること。

泳ぐ【およぐ】 w
叩かれたり引かれたりして前のめりになったとき、上体の動きに足がついていかない状態のこと。類義語「足が流れる」。

恩を返す【おんをかえす】 G
稽古などで世話になった力士に本場所で勝つこと、または番付で抜くこと。

【か行】

かい出す【かいだす】 G
稽古で大勢の力士から指名して土俵に上がらせること。

腕【かいな】 w
肘から肩までの上腕部のこと。

返し技【かえしわざ】 w
上手投げに対抗して下手投げを打ち返すなど、相手が仕掛けてきた技を利用して技を仕掛けること。報道用語。

固くなる【かたくなる】 G
怒ること。「そう固くなるなよ」などという。

がっぷり w
両者ががっちりと組み合い、互いの廻しを取ること。

角番【かどばん】 S
前場所で負け越していて今場所で負け越すと降格になる状況にある三役のこと。

かます G
質に入れること。質屋を「かまし屋」という。また、いたずらをすること。

かまぼこ G
稽古をサボること。土俵に入ろうとせずに羽目板（稽古場の壁）にくっついていることから。

かわいがる G
稽古で上位力士が下位力士を厳しく鍛えること。期待の大きい力士ほどかわいがられる。また、門限を破るなどしたときの懲罰として、あるいは、しつけや精神鍛錬のためにかわいがることもある。

変わり身【かわりみ】 w
位置や姿勢をとっさに変化させることで、先手を取るか相手の攻撃をかわす際に有効。類義語「変化」。

柝【き】 S
呼出が打つ拍子木のこと。最初の取組が始まる30分前に東西の仕度部屋に「一番柝」が入れられ、15分前に「二番柝」が、5分前に花道直前で「呼び柝」が入れられる。「呼び柝」は、その日最初の取組前、十両土俵入り直後の取組前、幕内取組前の計3回入る。「あがり柝」は弓取式の終了とともに入れる柝で、これを合図に打ち出しとなる。

北を向く【きたをむく】 G
すねたり、ヘソを曲げたりすること。または、変わり者のこと。

気負け［きまけ］ G
気合や貫録で圧倒され、勝負にならない負け方をすること。「位負け」とも。

逆足［ぎゃくあし］ W
四つに組んだとき、差し手と反対側の足が前に出ていること。相手に上手を与えにくい反面、投げや捻りにもろく、攻めにくい。反対語「順の足」。

給金直し［きゅうきんなおし］ G
勝ち越しを決めること。勝ち越すと場所ごとに支給される給金が上がることに由来し、勝ち越しのかかった取組を「給金相撲」という。反対語「向こう給金」。

嫌う［きらう］ W
相手の思うようにさせないこと。立合いで自分の呼吸が合わないこと。

金星［きんぼし］ W
平幕力士が横綱に勝つこと。横綱の反則負けは金星にならない。

金星［きんぼし］ G
美人、または勝負運がある女性のこと。反対語「おかる」。

銀星［ぎんぼし］ W
平幕力士が大関に勝つこと。公式には記録されず、昇給にも関係しない。

稽古場横綱［けいこばよこづな］ G
稽古では強いものの本場所で好成績を上げられない力士をからかう言葉。

化粧紙［けしょうがみ］ S
二つ折りの白の半紙で、力水をつける際に口や顔を清めるために使う。取組中に元結が外れた場合は、取組を中断して土俵下で化粧紙を紙縒りにして応急処置を行う。「力紙」ともいう。

化粧廻し［けしょうまわし］ S
関取が土俵入りの際に締める装飾が施された廻しのこと。横綱は太刀持ち・露払いとともに三つ揃いの化粧廻しを使用する。化粧廻しに限り、さらしをつけた上に締める。

腰が浮く［こしがうく］ W
相手の攻めにより上体が伸びて体の重心が高くなること。

腰が伸びる［こしがのびる］ W
相手の強い引きつけにより、あるいは土俵際まで攻め込まれて棒立ちになった状態。

腰から出る［こしからでる］ W
押し、寄り、突っ張りの際、腰を押し出すように体全体で攻めること。

腰を入れる［こしをいれる］ W
腰を低く構え、廻しを強く引いて相手の体を浮かせる、または自分の腰に相手を乗せるように体を近づけること。

ごっつあん G
「ごちそうさま」が訛った言葉で、「ごっちゃん」とも。関西の商売人の「まいど」のようなオールマイティな言葉。

後の先［ごのせん］ W
相手より遅く立つように見えて、すばやく自分に有利な体勢に持ちこむこと。

こんぱち G
額を人差し指ではじく、いわゆる「デコピン」。初めてまげを結った力士が親方や兄弟子に挨拶すると、こんぱちをされてご祝儀をもらえる。軽い失敗を戒めるときにもこんぱちをする。

【さ行】

差し勝つ［さしかつ］ W
差し手争いで自分の得意な型に持ちこむこと。反対に、相手に得意な型に組まれることを「差し負ける」という。

差し違い［さしちがい］ S
行司の勝負判定に勝負審判の物言いがつき、行司の軍配が覆されること。差し違いは行司にとって大変な不名誉であり、降格の条件にもなる。

差し身［さしみ］ W
相手に対して下手を差すときの身のこなし。自分に有利な差し手に組むのが早いことを「差し身がいい」という。

鹿をきめる［しかをきめる］ G
とぼけること。花札の10月の札に描かれている鹿が横を向いていることに由来する。

仕度部屋［したくべや］ S
土俵に入る前後、東西の全力士が控える大部屋のこと。

自分十分［じぶんじゅうぶん］ W
自分に優位な（得意な）組み手になること。反対語「相手十分」。

締め込み［しめこみ］ S
関取が締める取組用の廻しの正式名称。絹のサテン織で、稽古用の廻し（木綿の白廻し）と区別される。廻しの色は「紺または紫系統の色」と定められているが、実際は自由である。

出世名［しゅっせな］ S
出世した力士が名乗り、相撲部屋で代々継承される四股名。高砂部屋の朝潮、出羽海部屋の両国などがある。

昇進伝達式［しょうしんでんたつしき］ S
横綱、大関に昇進が決まると、相撲協会から理事と一門の審判委員の2名が使者として力士の所属部屋に派遣され、推挙されたことを伝える。使者の口上を力士と師匠で受け、力士が感謝と今後の精進の決意を述べて終わる。

初っ切り［しょっきり］ S
花相撲や巡業などの際、相撲の禁じ手（反則技）をおもしろおかしく紹介する、コントのような見世物。幕下以下の力士と行司が演じるが、初っ切りを演じる力士は大銀杏を結う。

しょっぱい G
相撲が弱い、また消極的であること。土俵に這ってばかりで塩にまみれていることから。

初日が出る［しょにちがでる］ W
その場所の初白星を挙げること。早い段階で初白星が出た場合は使わず、黒星続きでようやく勝ったときに使う。

スカす［すかす］ G
部屋から逃げ出すこと。あとで思い直す力士もいるため引退届を出さないことが多い（引退届を出すと復帰できないため）。「けつを割る」「わらじを履く」「旅に出る」などともいう。

頭突きをかます［ずつきをかます］ G
厳しく叱ること。

相撲甚句［すもうじんく］ S
相撲を題材にした七五調の囃子歌で、花相

撲や巡業などで披露される。幕下以下の力士が相撲甚句を披露する際は大銀杏を結う。

石炭をたく［せきたんをたく］ G
急ぐこと。「石炭たけ！」は、「さっさとやれ！」という意味。

関取［せきとり］ S
十両以上の力士のこと。名乗っただけで関所を通れたことに由来するという。幕下以下の力士は「取的（とりてき）」とよばれる。

ソップ型［そっぷがた］ w
痩せ型の力士、脂肪が少なく筋肉質の力士のこと。スープのだしを取る鶏ガラのようだという意味だが、悪口ではない。反対語「アンコ型」。

蹲踞［そんきょ］ S
爪先立ちで踵の上に尻を載せて腰をおろし、膝を開いて上体を起こし、相手と正対する。相手を敬う意味がある。

【た行】

体が浮く［たいがうく］ w
相手の強い引きつけなどによって腰が伸び、重心が上がること。

体さばき［たいさばき］ w
体の動かし方、身のこなし方。

体を預ける［たいをあずける］ w
投げや寄りを許さないために相手に密着し、自分の全体重を預けるようにして圧力をかけること。

体を入れ替える［たいをいれかえる］ w
土俵際に押し込まれた力士がくるりと身をかわして相手と入れ替わり、逆襲に転じること。「体が替わる」ともいう。

体を開く［たいをひらく］ w
相手に正対していた体を斜めに向き直ること。体を開くと相手は目標を失う。

タコになる［たこになる］ G
思い上がって天狗になること。それを諫めることを「タコを釣る」という。

立合い不成立［たちあいふせいりつ］ w
手つきが不十分であったり仕切り線の外に手が出たりし、立合いの条件を満たしていないこと。その場合は、行司あるいは審判委員から「待った」がかかる。

炭団［たどん］ G
黒星のこと。星取表では●で表されるため、炭団に見立ててこうよばれる。

たぶさ S
大銀杏やまげを結ったとき、元結で縛って束ねて頭頂部に載せた髪の部分。大銀杏の場合は「大たぶさ」という。

溜まり席［たまりせき］ S
土俵に最も近い観覧席。いわゆる「砂かぶり」。

断髪式［だんぱつしき］ S
引退力士がまげを切り落とす儀式。十両以上は国技館で断髪式を行うことができる。参列者が少しずつまげに鋏を入れ、最後は師匠が止め鋏を入れる。幕下以下の力士が引退するときも、断髪式では大銀杏を結う。

力が入る［ちからがはいる］ G
疲れること。長時間の取組や長距離の移動などの際、こういう。

力水［ちからみず］ S
力士が土俵に上がる際の清めの水。「化粧水」とも。前の取組に勝った力士（敗者の側は次の控え力士）が水をつける。結びの一番で控え力士がいない場合は二番前の勝ち残り力士がつけるが、負け残りの場合は付け人がつける。

ちゃんこ S
力士の料理、食事のこと。ちゃんこ鍋に限らず、力士の料理はすべて「ちゃんこ」という。

注文上手［ちゅうもんじょうず］ w
奇襲作戦をしばしば取り、自分に有利な相撲を取る力士、またその取り口。

注文相撲［ちゅうもんずもう］ w
→変化

付け出し［つけだし］ G
苦労しらずのこと。付け出し力士は新弟子時代の苦労を知らないことから。

土つかず［つちつかず］ w
本場所で初日から連勝している状態のこと。

つっかける w
立合いで相手が十分に仕切っていないのに一方的に立ち上がることで、立合い不成立となる。相手に合わせずに立ち上がろうとすることを「立ち急ぐ」という。

綱打ち［つなうち］ S
横綱の綱をつくること。新しい綱は、新横綱が誕生したときと、年3回の東京場所前につくられる。横綱が所属する部屋で、部屋や一門の力士が集まり、掛け声に合わせてつくられる。新横綱の綱打ちは「綱打ち式」「綱打ち祝い」といい、紅白の鉢巻きを締めた力士によって特ににぎにぎしく行われる。

出足［であし］ w
前に出る足運びのこと。相撲では常に前に出ることが基本であり、出足のよしあしが勝敗を握る重要なポイントになる。出足の力を生かした相撲を「出足相撲」という。

手打ち式［てうちしき］ S
本場所興行が無事に終了したことを祝う儀式で、千秋楽の取組終了後、結びまで務めた審判委員、その場所の新序が土俵に上がり、お神酒を酌み交わし、呼出の音頭で三本締めをし、「神送りの儀」として新序が行司や審判委員を胴上げして終了する。

出方［でかた］ S
相撲案内所でサービスに従事する男性職員。約250人おり、客の案内、飲食物・土産物の手配のほか、清掃なども行う。たっつけ袴の現在の服装は、1909年、国技館（旧）の落成時に定められた。

出稽古［でげいこ］ S
他の相撲部屋へ稽古に出向くこと。

手相撲［てずもう］ G
自分の金で飲食すること。「自分でする」の意味から、自慰行為の隠語でもある。

てらをきる G
金品を盗んだり、ピンハネしたりすること。

電車道［でんしゃみち］ w
立合いから一直線に寄り切られ、または押し出されること。略して「シャミチ」とも。

天覧相撲［てんらんずもう］ S
天皇が観戦する相撲のこと。天皇以外の皇族が観戦する相撲を「台覧相撲」という。

年寄名跡［としよりみょうせき］ S
年寄（親方）になるための権利およびその

証書。「年寄株」「親方株」ともよばれる。一代年寄および封印中の根岸家を除き、現在105家ある。

どすこい G
相撲甚句の合いの手の掛け声。「どっこい」がなまったものといわれる。「どっこい」はもともと頑固者の意。

飛び違い［とびちがい］ W
立合いで両力士がともに変化を見せること。

土俵が荒れる［どひょうがあれる］ W
報道用語で、番狂わせや物言いが多い場所のこと。

土俵溜まり［どひょうだまり］ S
土俵のすぐ下の、審判委員、控え力士、控え行司などが坐るところ。その後ろが「溜まり席」である。

巴戦［ともえせん］ S
最高成績3人で行われる優勝決定戦。取組の順番はくじ引きで決められる。

取りこぼし［とりこぼし］ W
勝って当たり前と思われる力士に負けること。

取的［とりてき］ G
幕下以下の力士の俗称で、序二段以下を指すことが多い。幕下以下の正式名称は「力士養成員」で、昔は「褌担ぎ」ともいった。

泥着［どろぎ］ W
稽古場などで力士が廻しの上に羽織る浴衣。

トンネル［とんねる］ G
連敗で黒星が並ぶ状態。連敗を脱することを「トンネルを抜ける」という。

【な行】

中剃り［なかぞり］ S
髪が多い力士のまげを結いやすくするために、頭の中央部の髪を剃ること。

二枚腰［にまいごし］ W
柔軟で弾力性のある腰のこと。相手の押しや寄り、投げなどを土俵際でよく残せる腰。「粘り腰」「残り腰」とも。

入幕［にゅうまく］ S
十両から幕内に昇進すること。新たに昇進する場合は「新入幕」、幕内経験者が十両に落ちて再度幕内に昇進する場合は「返り入幕」「再入幕」という。

抜き上げる［ぬきあげる］ W
両廻しを取ったり抱きかかえたりして相手の体をまっすぐ上方へ吊り上げること。

乗り込み初日跳ね立ち［のりこみしょにちはねだち］ G
巡業で、開催地に到着したその日に興行をし、その日のうちに次の巡業地へと出発すること。

【は行】

ハーちゃん［はーちゃん］ G
愛嬌のある人、おっちょこちょいな人。「はあたろう」ともいう。

端紙［はがみ］ G
借金の証書のこと。借金をすることを「端紙を入れる」という。力士の借金は出世払いとされた。

挟む［はさむ］ W
廻しを取らず、おっつけるか絞って相手の体を両側から押さえこみ、重心を浮かせること。

筈押し［はずおし］ G
ごちそうになること。単に「押す」ともいう。

筈にかかる［はずにかかる］ G
お相伴して飲食をすること。

花相撲［はなずもう］ S
番付の昇降や給金と関係のない相撲のことで、本場所以外の巡業やトーナメント相撲、親善相撲や奉納相撲、引退相撲などを指す。

馬力［ばりき］ G
酒のこと。酒を飲むことを「馬力をかける」、酒に強いことを「馬力が強い」という。

張出［はりだし］ S
番付の欄外に四股名が書かれること。横綱と三役は東西各1名が基本だが、これを超えた場合は、超えた力士が「張出」となる。

馬簾［ばれん］ S
化粧廻しの前垂れの下についている房のこと。馬簾の色に紫を使えるのは横綱、大関、元大関および横綱土俵入りの太刀持ち、露払いに限られる。

番狂わせ［ばんくるわせ］ W
番付の下位力士が上位力士を破ること。特に横綱、大関を破ったときに使われる。

番付札［ばんづけふだ］ S
相撲部屋の稽古場に掲げられる木製の名札。横綱を筆頭に地位の順に並べられる。親方、行司、呼出、床山も同様に掲げられる。部屋によっては、歴代の関取の四股名が掲げられることもある。

半身［はんみ］ W
足を前後に大きく開き、体を開いて構える体勢。防御に有効。

引き足［ひきあし］ W
攻防の中で意図的に後退したり相手の側方に回りこんだりするときの足の運び。

肘を張る［ひじをはる］ W
差し手の肘を張り出し、相手の上手を切ったり上手を取らせないようにしたりすること。「腕を張る」とも。

引っ掛ける［ひっかける］ W
相手の腕をつかんで自分のほうに引くこと。

日下開山［ひのしたかいざん］ S
江戸時代、現在の横綱に相当する力士に与えられた称号。もともと「天下一」という呼称があったが、将軍を「天下様」とよぶようになったため使えなくなり、この称号を使うようになったという。

平幕［ひらまく］ S
前頭のこと。特に、役力士との対比の意味で使われる。

不戦勝［ふせんしょう］ W
取組編成会議のあとで対戦相手が出場できなくなり、戦わずして勝つこと。呼出が「不戦勝」の触れを出したあと、不戦勝力士は土俵に上がり、勝ち名乗りを受ける。

褌担ぎ［ふんどしかつぎ］ G
取的（序ノ口、序二段）の別称。明け荷を運ぶことに由来するが、最近はあまり使われない。

変化［へんか］ W
立合いで左右いずれかに逃げて正面から当たらないこと。「注文相撲」ともいう。

棒差し［ぼうざし］ W
腕をまっすぐにして差した状態のこと。棒差しは上手を取られやすく、肘を極められやすい。

星を拾う［ほしをひろう］ W
負けを覚悟した相撲に思いがけず勝つこと。

盆中［ぼんなか］ G
気を利かせること。また、力士志願者が稽古体験に来たとき、いい気分にさせるためにわざと負けること。

本割［ほんわり］ S
本場所の取組のこと。

【ま行】

前捌き［まえさばき］ W
立合いの際、先手を取るためにする差し手争いで有利な体勢をつくること。

前相撲［まえずもう］ S
入門したばかりの力士や番付外の力士が序ノ口の取組前に取る相撲のこと。

巻［まき］ S
横綱以下、序ノ口までの全力士を、番付順に上を東方、下を西方として一覧にした巻紙。取組が終わると割場の行司が勝負の相手方の力士名を、相手が勝てば右上に、負ければ左下に書き加えていく。取組編成や番付編成の原簿となる。

負け残り［まけのこり］ S
控え力士が必ず１名いなければならないため、結び直前で負けた力士がそのまま控えること。ただし、ゲンかつぎの意味から、負け残りの力士は力水をつけない。

待った［まった］ W
立合いで呼吸が合わなかったり気合が入らなかったりして立ち上がらないこと。故意とみなされた場合は、負けになる。立合いが成立していない場合は行司か審判が「待った」をかけることもある。取組が長引いて水入りになったとき、廻しが緩んだときなどにも「待った」がかけられる。

廻し［まわし］ S
力士が稽古や取組で使用するふんどしのことで、「褌（みつ）」ともいう。幕下以下は稽古も取組も黒の木綿製だが、関取は稽古では白の木綿製、取組では絹の締め込みをつける。

廻しが遠い［まわしがとおい］ W
相手に廻しを取らせてもらえない状態。

廻し待った［まわしまった］ W
取組中に廻しが緩んだ場合、取組を中断し、行司が緩んだ廻しを締めること。

廻しを切る［まわしをきる］ W
いったん取られた廻しから手を放させること。

褌［みつ］ S
廻しのこと。

向こう給金［むこうきゅうきん］ G
負け越しが決まること。反対語「給金直し」。

向正面［むこうじょうめん］ S
土俵上で正面の反対側。取組開始時に行司が立つ側。

胸を合わせる［むねをあわせる］ W
両力士が廻しを引きつけ、体を密着させること。吊り、投げなどの技を繰り出す前に必要な体勢づくりでもある。

胸を借りる［むねをかりる］ S
兄弟子や上位力士に稽古をつけてもらうこと。兄弟子や上位力士が下位力士に稽古をつけることを「胸を貸す」という。

目が開く［めがあく］ W
初日から連敗していた力士が初白星を挙げること。初白星で「片目が開く」、２勝目で「両目が開く」ともいう。

芽を出す［めをだす］ G
本場所・稽古場を問わず、相撲で初めて勝つこと。

もむ G
申し合いで、指名を得ようとして土俵上に飛びこんでいくこと。

もろ出し［もろだし］ G
取組中に廻しが緩んで陰部が露出した状態。勝負規定で反則負け（「不浄負け」）となるが、「両差し」にかけてしゃれた言葉。

【や行】

家賃が高い［やちんがたかい］ G
実力以上の地位に昇進して苦戦すること。

やまいく G
病気や怪我をすること。「病に入る」がなまった言葉。

山稽古［やまげいこ］ S
土俵以外の屋外で行う稽古のこと。山稽古では格上が若手に胸を貸すのが伝統。

ゆるふん G
廻しを緩く締めること。相手に廻しを取らせないための作戦だが、極端な「ゆるふん」は「廻し待った」につながることもある。

世方［よかた］ G
相撲界から見て相撲界以外の人のこと。

横綱大関［よこづなおおぜき］ S
横綱がいなくても大関を欠くことはできないため、大関不在の場合は横綱が横綱大関を名乗る。１９５９年五月場所で朝潮、同年七月・九月場所で初代若乃花、１９７５年初場所で輪島が横綱大関となった。

横綱相撲［よこづなずもう］ W
横綱が正攻法で危なげなく勝利すること。

【ら・わ行】

力士［りきし］ S
相撲協会に入門して新弟子検査に合格して力士になる。アマチュア選手は力士ではない。力士という言葉が定着したのは元禄時代（１６８８～１７０４）といわれ、それ以前は「健児」「相撲人」などとよばれていた。

割［わり］ S
取組のことで、取組を書いた紙を「割紙」といい、幕内と十両だけのものは「小割」「顔触れ」ともよぶ。優勝決定戦は「割」とはいわない。

割を壊す［わりをこわす］ S
下位力士が好成績を挙げてきたときは終盤にその力士を横綱や三役と組ませる結果、横綱、大関同士の取組の一部を飛ばすこと。「割を崩す」ともいう。

歴代横綱一覧

代数	四股名	出身地	生年月日	横綱昇進場所	現役最終場所
初代	**明石　志賀之助**	栃木県宇都宮市	不明	不明	不明
2代	**綾川　五郎次**	栃木県栃木市	不明	不明	明和2（1765）年1月
3代	**丸山　権太左衛門**	宮城県登米市	正徳3（1713）年	寛延2（1749）年8月	寛延2（1749）年11月†
4代	**谷風　梶之助**	宮城県仙台市	寛延3（1750）年8月8日	寛政元（1789）年11月	寛政7（1795）年1月†
5代	**小野川　喜三郎**	滋賀県大津市	宝暦8（1758）年	寛政元（1789）年11月	寛政9（1797）年10月
6代	**阿武松　緑之助**	石川県鳳珠郡	寛政3（1791）年	文政11（1828）年3月	天保6（1835）年10月
7代	**稲妻　雷五郎**	茨城県稲敷郡	享和2（1802）年	文政12（1829）年10月	天保10（1839）年11月
8代	**不知火　諾右衛門**	熊本県宇土市	享和元（1801）年	天保11（1840）年11月	天保15（1844）年1月
9代	**秀ノ山　雷五郎**	宮城県気仙沼市	文化5（1808）年	弘化2（1845）年11月	嘉永3（1850）年3月
10代	**雲龍　久吉**	福岡県柳川市	文政6（1823）年	文久元（1861）年10月	元治2（1865）年2月
11代	**不知火　光右衛門**	熊本県菊池郡	文政8（1825）年3月3日	文久3（1863）年11月	明治2（1869）年11月
12代	**陣幕　久五郎**	島根県松江市	文政12（1829）年5月3日	慶応3（1867）年4月	慶応3（1867）年11月
13代	**鬼面山　谷五郎**	岐阜県養老郡	文政9（1826）年	明治2（1869）年3月	明治3（1870）年11月
14代	**境川　浪右衛門**	千葉県市川市	天保12（1841）年4月8日	明治10（1877）年1月	明治14（1881）年1月
15代	**梅ヶ谷　藤太郎**（初代）	福岡県朝倉市	弘化2（1845）年2月9日	明治17（1884）年5月	明治18（1885）年5月
16代	**西ノ海　嘉治郎**（初代）	鹿児島県薩摩川内市	安政2（1855）年1月3日	明治23（1890）年5月	明治29（1896）年1月
17代	**小錦　八十吉**	千葉県山武郡	慶応3（1867）年10月15日	明治29（1896）年5月	明治34（1901）年1月
18代	**大砲　万右衛門**	宮城県白石市	明治2（1869）年11月28日	明治34（1901）年5月	明治41（1908）年1月
19代	**常陸山　谷右衛門**	茨城県水戸市	明治7（1874）年1月19日	明治37（1904）年1月	大正3（1914）年5月
20代	**梅ヶ谷　藤太郎**（2代目）	富山県富山市	明治11（1878）年3月11日	明治37（1904）年1月	大正4（1915）年6月
21代	**若島　権四郎**	千葉県市川市	明治9（1876）年1月19日	明治38（1905）年6月	明治40（1907）年1月
22代	**太刀山　峰右衛門**	富山県富山市	明治10（1877）年8月15日	明治44（1911）年6月	大正7（1918）年1月
23代	**大木戸　森右衛門**	兵庫県神戸市	明治9（1876）年5月13日	大正2（1913）年1月	大正3（1914）年1月
24代	**鳳　谷五郎**	千葉県印西市	明治20（1887）年4月3日	大正4（1915）年6月	大正9（1920）年5月
25代	**西ノ海　嘉治郎**（2代目）	鹿児島県西之表市	明治13（1880）年2月6日	大正5（1916）年5月	大正7（1918）年5月
26代	**大錦　卯一郎**	大阪府大阪市	明治24（1891）年11月25日	大正6（1917）年5月	大正12（1923）年1月
27代	**栃木山　守也**	栃木県栃木市	明治25（1892）年2月5日	大正7（1918）年5月	大正14（1925）年5月
28代	**大錦　大五郎**	愛知県弥富市	明治16（1883）年7月22日	大正7（1918）年5月	大正11（1922）年1月
29代	**宮城山　福松**	岩手県一関市	明治28（1895）年2月27日	大正11（1922）年5月	昭和6（1931）年1月
30代	**西ノ海　嘉治郎**（3代目）	鹿児島県霧島市	明治23（1890）年11月2日	大正12（1923）年5月	昭和3（1928）年10月
31代	**常ノ花　寛市**	岡山県岡山市	明治29（1896）年11月23日	大正13（1924）年5月	昭和5（1930）年5月
32代	**玉錦　三右衛門**	高知県高知市	明治36（1903）年12月15日	昭和8（1933）年1月	昭和13（1938）年5月†
33代	**武蔵山　武**	神奈川県横浜市	明治42（1909）年12月5日	昭和11（1936）年1月	昭和14（1939）年5月
34代	**男女ノ川　登三**	茨城県つくば市	明治36（1903）年9月17日	昭和11（1936）年5月	昭和17（1942）年1月
35代	**双葉山　定次**	大分県宇佐市	明治45（1912）年2月9日	昭和13（1938）年1月	昭和20（1945）年11月
36代	**羽黒山　政司**	新潟県新潟市	大正3（1914）年11月18日	昭和17（1942）年1月	昭和28（1953）年9月

†は、現役中に物故した力士。

22代横綱太刀山
「四十五日の鉄砲」とよばれた突っ張りで出世。

20代横綱梅ヶ谷（2代目）
「角聖」といわれた常陸山のよきライバル。

8代横綱不知火　江戸時代後期の大関。
吉田司家から横綱を許された。

代数	四股名	出身地	生年月日	横綱昇進場所	現役最終場所
37代	**安藝ノ海　節男**	広島県広島市	大正３（1914）年５月30日	昭和18（1943）年１月	昭和21（1946）年11月
38代	**照國　萬藏**	秋田県湯沢市	大正８（1919）年１月10日	昭和18（1943）年１月	昭和28（1953）年１月
39代	**前田山　英五郎**	愛媛県八幡浜市	大正３（1914）年５月４日	昭和22（1947）年11月	昭和24（1949）年10月
40代	**東富士　欽壹**	東京都台東区	大正10（1921）年10月28日	昭和24（1949）年１月	昭和29（1954）年９月
41代	**千代の山　雅信**	北海道松前郡	大正15（1926）年６月２日	昭和26（1951）年９月	昭和34（1959）年１月
42代	**鏡里　喜代治**	青森県三戸郡	大正12（1923）年４月30日	昭和28（1953）年３月	昭和33（1958）年１月
43代	**吉葉山　潤之輔**	北海道石狩市	大正９（1920）年４月３日	昭和29（1954）年３月	昭和33（1958）年１月
44代	**栃錦　清隆**	東京都江戸川区	大正14（1925）年２月20日	昭和30（1955）年１月	昭和35（1960）年５月
45代	**若乃花　幹士** （初代）	青森県弘前市	昭和３（1928）年３月16日	昭和33（1958）年３月	昭和37（1962）年３月
46代	**朝潮　太郎**	鹿児島県大島郡	昭和４（1929）年11月13日	昭和34（1959）年５月	昭和37（1962）年１月
47代	**柏戸　剛**	山形県鶴岡市	昭和13（1938）年11月29日	昭和36（1961）年11月	昭和44（1969）年７月
48代	**大鵬　幸喜**	北海道川上郡	昭和15（1940）年５月29日	昭和36（1961）年11月	昭和46（1971）年５月
49代	**栃ノ海　晃嘉**	青森県南津軽郡	昭和13（1938）年３月13日	昭和39（1964）年３月	昭和41（1966）年11月
50代	**佐田の山　晋松**	長崎県南松浦郡	昭和13（1938）年２月18日	昭和40（1965）年３月	昭和43（1968）年３月
51代	**玉の海　正洋**	愛知県蒲郡市	昭和19（1944）年２月５日	昭和45（1970）年３月	昭和46（1971）年９月†
52代	**北の富士　勝昭**	北海道旭川市	昭和17（1942）年３月28日	昭和45（1970）年３月	昭和49（1974）年７月
53代	**琴櫻　傑将**	鳥取県倉吉市	昭和15（1940）年11月26日	昭和48（1973）年３月	昭和49（1974）年５月
54代	**輪島　大士**	石川県七尾市	昭和23（1948）年１月11日	昭和48（1973）年７月	昭和56（1981）年３月
55代	**北の湖　敏満**	北海道有珠郡	昭和28（1953）年５月16日	昭和49（1974）年９月	昭和60（1985）年１月
56代	**若乃花　幹士** （２代目）	青森県南津軽郡	昭和28（1953）年４月３日	昭和53（1978）年７月	昭和58（1983）年１月
57代	**三重ノ海　剛司**	三重県松阪市	昭和23（1948）年２月４日	昭和54（1979）年９月	昭和55（1980）年11月
58代	**千代の富士　貢**	北海道松前郡	昭和30（1955）年６月１日	昭和56（1981）年９月	平成３（1991）年５月
59代	**隆の里　俊英**	青森県青森市	昭和27（1952）年９月29日	昭和58（1983）年９月	昭和61（1986）年１月
60代	**双羽黒　光司**	三重県津市	昭和38（1963）年８月12日	昭和61（1986）年９月	昭和62（1987）年11月
61代	**北勝海　信芳**	北海道広尾郡	昭和38（1963）年６月22日	昭和62（1987）年７月	平成４（1992）年３月
62代	**大乃国　康**	北海道河西郡	昭和37（1962）年10月９日	昭和62（1987）年11月	平成３（1991）年７月
63代	**旭富士　正也**	青森県つがる市	昭和35（1960）年７月６日	平成２（1990）年９月	平成４（1992）年１月
64代	**曙　太郎**	米国ハワイ州	昭和44（1969）年５月８日	平成５（1993）年３月	平成13（2001）年１月
65代	**貴乃花　光司**	東京都中野区	昭和47（1972）年８月12日	平成７（1995）年１月	平成15（2003）年１月
66代	**若乃花　勝**	東京都中野区	昭和46（1971）年１月20日	平成10（1998）年７月	平成12（2000）年３月
67代	**武蔵丸　光洋**	米国ハワイ州	昭和46（1971）年５月２日	平成11（1999）年７月	平成15（2003）年11月
68代	**朝青龍　明徳**	モンゴル・ウランバートル市	昭和55（1980）年９月27日	平成15（2003）年３月	平成22（2010）年１月
69代	**白鵬　翔**	モンゴル・ウランバートル市	昭和60（1985）年３月11日	平成19（2007）年７月	
70代	**日馬富士　公平**	モンゴル・ゴビアルタイ県	昭和59（1984）年４月14日	平成24（2012）年11月	平成29（2017）年11月
71代	**鶴竜　力三郎**	モンゴル・スフバートル県	昭和60（1985）年８月10日	平成26（2014）年５月	
72代	**稀勢の里　寛**	茨城県牛久市	昭和61（1986）年７月３日	平成29（2017）年３月	平成31（2019）年１月

＊2019年１月現在。

63代横綱旭富士
天性の相撲勘を発揮して横綱に昇進した。

58代横綱千代の富士
角界初の国民栄誉賞を受賞した。

54代横綱輪島　学生相撲から花籠部屋へ入門。「蔵前の星」とよばれた。

後援会（こうえんかい）114
国技館（こくぎかん）120、122、124、126
国技館の座席（こくぎかんのざせき）15
御前掛（ごぜんがかり）35
小結（こむすび）25、27

さ 行

三賞（さんしょう）39
三段目（さんだんめ）24、27
三番稽古（さんばんげいこ）106
三役（さんやく）25
三役揃い踏み（さんやくそろいぶみ）35
塩まき（しおまき）31
四股（しこ）30、43、104
四股名（しこな）91
死に体（しにたい）42
賜杯（しはい）39
蛇の目（じゃのめ）116、118
十両（じゅうりょう）25、27
十両土俵入り（じゅうりょうどひょういり）34
宿舎（しゅくしゃ）132
巡業（じゅんぎょう）134
場内放送（じょうないほうそう）75
序二段（じょにだん）24、27
序ノ口（じょのくち）24、27
不知火型（しらぬいがた）36、37
新序出世披露（しんじょしゅっせひろう）11、35
審判委員（しんぱんいいん）89
相撲案内所（すもうあんないじょ）16
相撲健康体操（すもうけんこうたいそう）112
相撲興行日数（すもうこうぎょうにっすう）20
相撲神事（すもうしんじ）147
相撲茶屋（すもうぢゃや）16
相撲と大衆文化（すもうとたいしゅうぶんか）144
相撲博物館（すもうはくぶつかん）93、123
相撲部屋（すもうべや）96、137、148、150
相撲部屋ちゃんこ（すもうべやちゃんこ）124
相撲文字（すもうもじ）22、76
相撲列車（すもうれっしゃ）131
すり足（すりあし）43、104
関取（せきとり）24
関脇（せきわけ）25、27
節分豆まき大会（せつぶんまめまきたいかい）8
世話人（せわにん）91
反り手（そりて）61
蹲踞（そんきょ）31

た 行

台覧相撲（たいらんずもう）34
立合い（たちあい）32

【索 引】

あ 行

相四つ（あいよつ）46
明け荷（あけに）100
朝稽古（あさげいこ）19、104
頭四つ（あたまよつ）47
板番付（いたばんづけ）23
一門（いちもん）148
いなす 48
インタビュールーム 125
浮世絵（うきよえ）141、145、146
雲龍型（うんりゅうがた）36、37
回向院（えこういん）127、136
大銀杏（おおいちょう）27、86
大関（おおぜき）25、27
おかみさん 97
送り足（おくりあし）43
おっつける 49
親方（おやかた）88、97

か 行

外国人力士（がいこくじんりきし）99、143
腕をかえす（かいなをかえす）49
腕を極める（かいなをきめる）48
腕を手繰る（かいなをたぐる）49
顔触れ言上（かおぶれごんじょう）29
掛け手（かけて）54
かち上げ（かちあげ）45
勝ち名乗り（かちなのり）79
かっ撥じく（かっぱじく）48
がっぷり四つ（がっぷりよつ）46
かばい手（かばいて）42
がぶり寄り（がぶりより）47
神送りの儀（かみおくりのぎ）11
柝（き）82
基本技（きほんわざ）50
決まり手（きまりて）50
旧国技館（きゅうこくぎかん）126
行司（ぎょうじ）74
行司控室（ぎょうじひかえしつ）125
禁手反則（きんてはんそく）65
食い下がる（くいさがる）47
蔵前国技館（くらまえこくぎかん）127
化粧廻し（けしょうまわし）35
現役引退（げんえきいんたい）101
けんか四つ（けんかよつ）46
懸賞金（けんしょうきん）33、94

懐に入る（ふところにはいる）……47
触れ（ふれ）……28
変化（へんか）……48
奉納相撲（ほうのうずもう）……72
奉納土俵入り（ほうのうどひょういり）……72、133
本場所（ほんばしょ）……10、12、14、18、128

ま行

前頭（まえがしら）……25、27
巻（まき）……29
巻き替える（まきかえる）……49
幕内（まくうち）……25、27
幕内土俵入り（まくうちどひょういり）……34
幕内優勝（まくうちゆうしょう）……39
幕下（まくした）……24、27
幕下付出し（まくしたつけだし）……100
マス席（ますせき）……15、17
股割り（またわり）……43、104
待った（まった）……32
水入り（みずいり）……32
向こうづけ（むこうづけ）……47
申し合い（もうしあい）……105
潜る（もぐる）……47
物言い（ものいい）……79、89
両差し（もろざし）……47
両手突き（もろてづき）……44

や行

優勝額（ゆうしょうがく）……40
優勝パレード（ゆうしょうぱれーど）……40
弓取式（ゆみとりしき）……13、38
横綱（よこづな）……26、27、156
横綱昇進伝達式（よこづなしょうしんでんたつしき）……26
横綱審議委員会（よこづなしんぎいいんかい）……93
横綱綱打ち式（よこづなつなうちしき）……26
横綱土俵入り（よこづなどひょういり）……36
四つ（よつ）……46
呼出（よびだし）……80

ら行

両国にぎわい祭り（りょうごくにぎわいまつり）……9
輪湖時代（りんこじだい）……69、143

わ行

若い衆（わかいしゅう）……17
若者頭（わかいものがしら）……90
太刀持ち（たちもち）……36
立行司（たてぎょうじ）……77
タニマチ……114
断髪式（だんぱつしき）……101
ちゃんこ……103、111、138
突き・押し（つき・おし）……44
突き放し（つきはなし）……44
付け人（つけびと）……101
突っ張り（つっぱり）……44
露払い（つゆはらい）……36
吊り屋根（つりやね）……116、117
出方（でかた）……17
鉄砲（てっぽう）……104
手四つ（てよつ）……47
天覧相撲（てんらんずもう）……34
特殊技（とくしゅわざ）……62
徳俵（とくだわら）……43、118
時計係（とけいがかり）……89
床山（とこやま）……84
年寄（としより）……88
栃若時代（とちわかじだい）……67、142
土俵（どひょう）……118
土俵築（どひょうつき）……81、119
土俵祭（どひょうまつり）……10、75、119
取組編成（とりくみへんせい）……28

な行

投げ手（なげて）……52
日本相撲協会（にほんすもうきょうかい）……92
入門（にゅうもん）……98
猫だまし（ねこだまし）……45
のど輪（のどわ）……45

は行

柏鵬時代（はくほうじだい）……67、142
挟みつける（はさみつける）……49
筈（はず）……45
筈押し（はずおし）……45
初土俵（はつどひょう）……99
花相撲（はなずもう）……9
張り差し（はりさし）……44
張り手（はりて）……44
番付（ばんづけ）……22、23
番付外（ばんづけがい）……25
非技（ひぎ）……65
引きつける（ひきつける）……49
ビデオ判定（びでおはんてい）……89
捻り手（ひねりて）……58
ぶちかまし……45
ぶつかり稽古（ぶつかりげいこ）……108

■著
田中　亮

■資料提供・指導
上條健児

■取材協力
荒汐部屋

■写真提供
公益財団法人　日本相撲協会

■写真協力
京須利敏
第37代木村庄之助
千代田区青少年委員会
松竹株式会社
日本俳優協会
防府観光コンベンション協会
敦賀観光協会
岩手県観光協会
熊本県伝統工芸館
島田商店

■ STAFF
編集：ヴィトゲン社
イラスト：大橋ケン、川名　京、古藤祐介
撮影：大島隆義、柿島達郎、加戸昭太郎、田中　亮
本文デザイン：来夢来人
校正：くすのき舎
企画・編集：成美堂出版編集部（安永敏史）

［主な参考文献］

・大相撲決まり手大図鑑　ベースボール・マガジン社　2016年5月

・大相撲知れば知るほど　「相撲」編集部／編著
ベースボール・マガジン社　2015年7月

・大相撲力士名鑑（平成三十年版）　京須利敏・水野尚文／編著
共同通信社　2017年12月

・相撲大事典（第二版）　金指　基／著、㈶日本相撲協会／監修
現代書館　2007年1月

・呼出秀男の相撲ばなし　山木秀男／著　現代書館　2016年1月

・大相撲の解剖図鑑　伊藤勝治／編　エクスナレッジ　2016年9月

・裏まで楽しむ！大相撲　行司・呼出・床山のことまでよくわかる！
ダグハウス／編　KADOKAWA　2017年9月

・相撲　SUMO　下川隆司ほか／著　あき書房　2002年12月

・相撲　ものと人間の文化史179　土屋喜敬／著
法政大学出版局　2017年4月

・大相撲手帳　杉山邦博／監修　東京書籍　2016年8月

・大相撲行司の伝統と変化　根間弘海／著
専修大学出版局　2010年7月

・大相撲の魅力　相撲アナが語りつくす　銅谷志朗／著
心交社　2009年5月

・力士はなぜ四股を踏むのか？　大相撲の「なぜ？」がすべてわかる本
工藤隆一／著　日東書院本社　2007年5月

・大相撲支度部屋　床山の見た横綱たち　小林照幸／著
新潮社（新潮文庫）　2000年3月

・大相撲の事典　沢田一矢／編　東京堂出版　1995年9月

全部わかる大相撲ガイド

著　者　田中《たなか》　亮《あきら》

発行者　深見公子

発行所　成美堂出版
〒162-8445　東京都新宿区新小川町1-7
電話(03)5206-8151　FAX(03)5206-8159

印　刷　共同印刷株式会社

ISBN978-4-415-32472-2
落丁·乱丁などの不良本はお取り替えします
定価はカバーに表示してあります